Ignaz Schwarz

Das Wiener Ghetto

Seine Häuser und seine Bewohner

EHV
HISTORY

Ignaz Schwarz

Das Wiener Ghetto

Seine Häuser und seine Bewohner

ISBN/EAN: 9783955644321

Auflage: 1

Erscheinungsjahr: 2013

Erscheinungsort: Bremen, Deutschland

EHV
HISTORY

DAS WIENER GHETTO

SEINE HÄUSER UND SEINE BEWOHNER

I.

DAS JUDENVIERTEL IN DER INNEREN STADT BIS ZU SEINER AUFHEBUNG IM JAHRE 1421

NACH DEN EINTRAGUNGEN DER WIENER STÄDTISCHEN GRUNDBÜCHER UND ANDEREN ARCHIVALISCHEN QUELLEN.

II.

DIE JUDENSTADT IM UNTEREN WERD. 1625—1670

DAS GRUNDBUCH DER JUDENSTADT (1632). — URKUNDLICHE NACHRICHTEN ZUR GESCHICHTE DER JUDENHÄUSER. — DIE AUF JUDEN BEZÜGLICHEN EINTRAGUNGEN DES STÄDT. TOTENPROTOKOLLS 1648—1669.

IM AUFTRAGE DER HISTORISCHEN KOMMISSION DER ISRAELITISCHEN KULTUSGEMEINDE IN WIEN

BEARBEITET

VON

DR. IGN. SCHWARZ

MIT ZWEI PLÄNEN UND 7 TEXTABBILDUNGEN

Vorwort

Den ersten Versuch zur Rekonstruierung des topographischen Bildes der Wiener Judenstadt im Mittelalter hat der verdienstvolle Wiener Lokalhistoriker Albert von Camesina unternommen. Doch abgesehen davon, daß seine — im 15. Bande der Ber. u. Mitt. des Wiener Altertumvereines (1875) erschienene — Arbeit an zahlreichen, mitunter schweren Lesefehlern leidet, ist sie ein Torso geblieben, da sie im ganzen die topographische Geschichte von nur 13 Judenhäusern umfaßt,[1] mithin für irgendwelche Schlußfolgerungen über Umfang und Schicksal der Judenstadt zur Zeit ihrer Aufhebung im Jahre 1421 ganz ungeeignet ist. Immerhin gebührt der Arbeit Camesinas das Verdienst, den Weg, der zur Hauptquelle der Geschichte der Judenstadt, zu den städtischen Grundbüchern führt, gezeigt zu haben.

Das städtische Grundbuch mit seinen verschiedenen Kategorien, seit 1360 eine ständige Institution für die mit Immobilien vorzunehmenden Transaktionen enthält in seinen Eintragungen bis zum Jahre 1421 nur ganz sporadisch auf Häuser der Judenstadt bezügliche Aufzeichnungen. Diese bildeten zweifellos den Inhalt des derzeit noch verschollenen Judengrundbuches. Erst im Jahre 1421, wo das Häuserkontingent der Judenstadt aufgehört hat, ein exemter Teil des Stadtgebietes zu sein, beginnt naturgemäß als Folge des Besitzwechsels die Reihe der grundbücherlichen Eintragungen, in erster Linie als Kauf- und Gewer-anschreibungen der neuen Besitzer.

Auf Grund der ziemlich genauen topographischen Bestimmungen der Lage der einzelnen Häuser, sowohl in Hinblick auf den Anrainer als das Gegenüber läßt sich, wie dies schon Camesina in seinem Plan der Judenstadt getan hat, das äußere Bild der Judenstadt mit Erfolg wiederherstellen. Es läßt sich nicht leugnen, daß einige Ungenauigkeiten und Widersprüche in den Grundbuchsbeschreibungen der Klarheit des Gesamtbildes vielleicht

---

[1]) *Es sind dies die Häuser Nr. 355, 356, 357, 359, 360, 361, 362, 363, 385 C, D, E, F, G.*

hie und da Eintrag tun, doch ist das Ergebnis für die Lokalisierung der einzelnen Judenhäuser immerhin ein so befriedigendes, daß wir die kleinen Unebenheiten — bis zum etwaigen Auftauchen des verloren gegangenen Judengrundbuches — mit in den Kauf nehmen können.

Die vorliegende Arbeit erhebt nicht den Anspruch eine Geschichte der Judenstadt zu sein. Für diese wird erst dann die Zeit gekommen sein, wenn einmal das gesamte einschlägige Wiener Urkundenmaterial zutage gefördert wird und wenn die kultur- und sittengeschichtlich nicht hoch genug anzuschlagenden hebräischen Quellen des Mittelalters, hauptsächlich die zumeist Vorkommnisse des Alltagslebens wiedergebenden Sammlungen von Rechtsgutachten (Responsen) für historische Zwecke benutzbar vorliegen werden.

Als nicht ganz unwichtige Vorarbeit für diese etwa 200jährige Lebensgeschichte des Wiener Ghettos habe ich die Zusammenfassung aller auf die äußere Geschichte der Judenstadt bezüglichen Momente betrachtet, insoweit sie das topographische Bild des Ghettos in der einen oder andern Hinsicht vervollständigen.

Wollte ich nun neben der Lokalisierung der einzelnen Judenhäuser auch ein möglichst getreues Bild der mit der Aufhebung der Judenstadt vorgenommenen Prozeduren und ihrer Folgen bieten, so mußte ich außer der die Ereignisse der Häusertransaktionen geschäftlich trocken behandelnden Quelle der Grundbücher auch noch andere gleichzeitige Quellen berücksichtigen. Unter diesen stehen an erster Stelle die, leider erst mit dem Jahre 1424 beginnenden Kammeramtsrechnungen der Stadt Wien. Im Zusammenhange damit, was wir aus den Grundbuchseintragungen über die von der Stadt in eigener Regie betriebene Häusertransaktion wissen, bieten die Kammeramtsrechnungen einen lehrreichen Einblick in die einzelnen Phasen dieses nicht besonders dankbaren Geschäftes.

Für die ältere Geschichte einzelner Häuser, hauptsächlich als Konsequenz ihres Dienstverhältnisses zu der einen oder anderen Grundherrschaft bieten andere Quellen mehr oder weniger ausführliche Daten. Das grundlegende Material des Stadtarchivs und der aus anderen Archiven geschöpfte Wiener Urkundenstoff liegt derzeit in den 7 Bänden der 1. und 2. Abteilung der

„Quellen zur Geschichte der Stadt Wien“ in Form von Regesten gedruckt vor[1]), ebenso der 1. Band der 3. Abteilung, der das älteste Grundbuchsmaterial umfaßt.[2]) Den 2. Band dieser Abteilung, dem ich mannigfache wichtige Aufklärung verdanke, konnte ich in Aushängebogen benützen. Auch das sonstige, für die Geschichte der Juden in Wien bisher unbeachtet gebliebene mittelalterliche Quellenmaterial des städtischen Archivs (Dienstbücher und Rechnungen des Bürgerspitals, Gültenbuch der Stadt Wien, Stadtbücher) hat zur Beleuchtung der einen und anderen Frage nicht unwesentlich beigetragen.[3]) Für die ältere Häuserchronik boten außer den angeführten Quellen die Dienstbücher und Urkunden des Deutschen Ritterordens, für den Stand der Häuser in der Judenstadt die den Hofquartierbüchern entnommenen Häuserbeschreibungen manch aufklärende Angabe.[4])

Versucht man das uns erhalten gebliebene urkundliche Material auf seine Bedeutung für die Geschichte der Judenstadt zu prüfen, so muß vor allem mit Bedauern konstatiert werden, daß die wichtigsten Quellen für die mehrhundertjährige Geschichte der inneren Entwicklung des Ghettos verloren gegangen sind. Was sich an einzelnen Urkunden erhalten hat, beleuchtet eigentlich nur indirekt das Leben und Treiben der Ghettobewohner. Das grundlegende Quellenmaterial, das uns mit den Vorbedingungen der Entstehung und der Entwicklung der Judenstadt bekannt machen würde, ist wohl zum großen Teil in der Katastrophe vom Jahre 1421 untergegangen. Was die fanatische Zerstörungswut damals verschont oder übersehen hat, ist später noch in Verlust geraten.[5]) Außer dem „Judenrichterbuch“, für dessen Verlust uns wenigstens teilweise die erhalten gebliebenen Urkunden und die Eintragungen der Grundbücher (Gewer-, Satz- und Verbotbücher) entschädigen, ist der Verlust des Grundbuches der Judenstadt mit seinen sicher

[1]) Statt der Regesten bringe ich in den Beilagen die meisten Urkunden in extenso.

[2]) Im Text mit QGW und der Zahl der Abt. und des Bandes abgekürzt.

[3]) Das Verzeichnis der benützten handschriftlichen Quellen s. weit. unten.

[4]) Die den urkundlichen Beilagen vorgesetzten Nummern entsprechen der für lokalhistorische Studien üblichen Häusernumerierung vom Jahre 1822.

[5]) So u. a. das für die Geschichte der Judenverfolgung wichtige Material der offiziellen Inventare und Protokolle, das 1565, anläßlich der Aufteilung des österreichischen Hausarchivs noch vorhanden war.

unschätzbaren Daten zur Häuserchronik des Ghettos zu beklagen[1]). Was uns an Urkunden und offiziellen Aufzeichnungen erhalten geblieben ist, gehört einer Zeit an, wo mit der Aufhebung der Ausnahmsstellung der Judenstadt ihr Grund und Boden dem städtischen Grundbuch einverleibt wurde. Die unabsichtliche Reminiszenz an den jüdischen Vorbesitzer, für den Grundbuchsführer ein technischer Behelf, wird so für uns zur unschätzbaren Geschichtsquelle des Lebensabends der Wiener Judenstadt.

* * *

Es wäre mir nicht möglich gewesen, meiner Arbeit die im Interesse der Klarheit des zu entwerfenden Bildes notwendige breite Grundlage zu geben, hätte ich mich nicht der weitestgehenden Unterstützung seitens der das archivalische Material verwahrenden Faktoren erfreut. Dem Entgegenkommen des Präsidiums des k. k. Landesgerichts als früheren und des Wiener Stadtrates, resp. des städtischen Archivs als derzeitigen Besitzers des grundbücherlichen Materials war es zu danken, daß ich eine große Reihe der in Betracht kommenden Bände in kurzer Zeit durcharbeiten konnte. Wesentlich gefördert wurde meine Arbeit durch die dankenswerte Unterstützung seitens der Leitung und der Beamten des Wiener Stadtarchivs, die mir die Benützung des sonstigen Quellenmaterials in jeder Hinsicht erleichterte. Ebenso gebührt mein Dank dem Wiener Altertumsverein, der als Herausgeber der Grundbücher die Exzerpierung der bisher unedierten Bände und auch die Benützung des Camesinaschen Planes der Judenstadt als Grundlage für den von mir neu entworfenen Plan in liberalster Weise gestattete. Auch aller übrigen Institute, die mir ihr archivalisches Material in entgegenkommendster Weise zur Verfügung stellten, wie des Haus-, Hof- und Staatsarchivs, des Archivs des Deutschen Ritterordens und des k. u. k. Reichsfinanzarchivs (Hofkammerarchiv) sei hier dankbar gedacht.

Wien, im März 1909.

---

[1]) *Sicher ist bei dieser Gelegenheit auch eine große Anzahl von privaten Aufzeichnungen der Bewohner der Judenstadt zugrunde gegangen. Was sich an solchen erhalten hat, dürfte vielleicht in den hebräischen Vorsatzblättern gleichzeitiger Handschriften (Wiener Hofbibliothek, Stadtarchiv, Grundbücher etc.) wiederzufinden sein. Eine systematische Prüfung dieser Überbleibsel wäre sehr zu wünschen.*

Inhalt

Berichtigungen und Ergänzungen

Seite 11, Anm., Zeile 11 von oben „Joh.(?)“ zu streichen und durch „Jans der“ zu ersetzen.

Seite 15, Zeile 20 von oben lies statt 2500: 3000.

Seite 16, Zeile 22 von oben lies statt Maidlein: Moidlein.

Seite 22, Zeile 14 von oben lies statt 35: 40.

Seite 22, Zeile 15 von oben lies statt 3756: 4296.

Seite 22, Zeile 19 von oben lies statt 3500: 4000.

Seite 36, Zeile 15 von oben Parenthese vor *geßlein* zu streichen.

Seite 40, Zeile 14 von oben nach „bereits“ einzufügen: bezeichnet.

Seite 44, Anm. 101, Zeile 2 nach „das“ einzufügen: 1461.

Seite 150, zu „Esram“, zwischen 1357 und 1 einzuschalten: 363. 1351, 385G, 1 zu streichen, resp. zu dem vorhergehenden Namen Efferl zu setzen.

Seite 219, 2. Sp., letzte Zeile, nach Enoch Benisch nachzutragen: Umb ain Hauss Victor Benisch.

Seite 224, 12. Da Moyses Fröschl schon 1644 gestorben ist, soll der Eintrag wahrscheinlich lauten: Moyses Fröschl Erben, nunc Abraham Höcht.

Seite 250, Nr. 80. In Beil. H zu 42/1670 (Stadtarchiv) lautet der Name: Menzl.

Seite 251, Nr. 107. In Beil. H lautet der Name: Lazarus Wexler.

Verzeichnis der benützten Handschriften

Archiv der Stadt Wien

A. Grundbücher

Nach der inzwischen erfolgten Übergabe der Grundbücher an das Archiv der Stadt Wien erhielten die Bände neue Archivssignaturen, die ich der alten Bezeichnung in Klammern beifüge.

GB. 15 (Rep. 121, Nr. 1, 2). Gewer-, Satz- und Verbotbuch der Stadt Wien 1373—1419.

GB. 16 (Rep. 121, Nr. 1, 3). Gewerbuch 1420—1437.

GB. 17 (Rep. 121, Nr. 1, 4). Gewerbuch 1438—1473.

GB. 57 (Rep. 121, Nr. 2, 1). Satzbuch 1388—1419.

GB. 58 (Rep. 121, Nr. 2, 2). Satzbuch 1420—1437.

GB. 59 (Rep. 121, Nr. 2, 3). Satzbuch 1438—1473.

GB. 519 (Rep. 61, Nr. 25, 1). Gewer- und Satzbuch über den Judenbezirk. 1632—1660.

GB. 520 (Rep. 61, Nr. 25, 2). Satzbuch 1639—1660.

GB. 523 (Rep. 61, Nr. 27, 1). Gewerbuch der Leopoldstadt 1675—1731.

GB. 582 (Rep. 100, 17). Index uber der Jüdischen Gemain Grundtpuech im untern Wörth.

GB. 709 (Rep. 121, Nr. 10, 1). Grundbuch des Bistums 1408—1498.

GB. 788 (Rep. 121, Nr. 15, 1). Grundbuch v. St. Marx 1413 u. ff.

GB. 1079 (Rep. 122, Nr. 3, 5). Dienstbuch der Schotten 1390.

GB. 1086 (Rep. 122, Nr. 5, 1). Satzbuch der Schotten 1381—1394.

GB. 1087 (Rep. 122, Nr. 5, 2). Satzbuch der Schotten 1394—1406.

GB. 1088 (Rep. 122, Nr. 6, 1). Satzbuch der Schotten 1406—1415.

B. Sonstige Hss. des Stadtarchivs

Kammeramtsrechnungen (abgek. K.-R.), 1424—1435 (Rep. 164, 1 u. ff.).

Gültenbuch der Stadt Wien 1418 u. ff. (Rep. 124, 16).

Stadtbuch (Testamentenbücher, abgek. St.-B.), 3 Bände 1396—1430 (Rep. 124, 19).

Dienstbuch des Bürgerspitals I. 1292—1305 (Rep. 123, 4).
II. 1326 u. ff. (Rep. 123, 3).
„ „ „ III. 1342 u. ff. (Rep. 123, 3, 2, 3, 4).

Kopialbuch des Bürgerspitals, um 1370 (Rep. 123, 6).

„Sambler“ (Empfang u. Ausgab der Leopoldstadt), 1670—84 (Rep. 134, 7).

K. u. k. Haus-, Hof- und Staatsarchiv

Hs. 14. Oesterr. Diplomatar 1322—1323.

Hs. 15. Diplomatar d. Herzog Albrecht II. u. Rudolf IV. 1308—1359.

Hs. 16. Diplomatar d. Herzoge Albrecht IV., Albrecht V., Ernst, Leopold IV. und Wilhelm. 15. Jahrh.

Archiv des Deutschen Ritterordens

Codex 128. Dienst- und Gültenbuch, um 1340 u. ff.

K. u. k. Reichsfinanzarchiv

Hofquartierbuch 1566.

I. TEIL

Das Judenviertel in der inneren Stadt bis zu seiner Aufhebung im Jahre 1421

Nach den Eintragungen der Wiener städtischen Grundbücher und anderen archivalischen Quellen

Mit urkundlichen Beilagen, einem Plane und 4 Textillustrationen

Vorgeschichte und Verlauf der Aufhebung der Judenstadt.

Mit dem öffentlichen Rufe,[1]) der am 12. März 1421 auf den Plätzen Wiens ertönte und Leib und Gut der Juden für verfallen erklärte, wurde der erste Axthieb gegen den Bestand der Wiener Judenstadt geführt. Die Ruhepause, die der Judenstadt seit der großen Brandkatastrophe und der sich anschließenden Plünderung im Jahre 1406 gegönnt war, hatte nur eine ganz kurze Dauer.[2]) Sie hätte vielleicht hingereicht, um unter ruhigen Verhältnissen der fast blutleer gewordenen Judenstadt neue Kräfte zuzuführen und ihr die Erfüllung ihrer einzigen Aufgabe, sich durch intensive Betreibung des Darlehensgeschäftes steuerkräftig zu erhalten, noch ermöglicht.[3]) Doch es sollte anders kommen. Man hielt gerade

---

[1]) Neuestens von A. Goldmann im Anhang zu „Das Judenbuch der Scheffstraße zu Wien" (Quellen und Forschungen zur Gesch. d. Juden in Deutsch-Österr. I, Wien 1908), S. 132 nach der Münchner Hs. Cgm. 335 veröffentlicht.

[2]) Emek habacha ed. Wiener S. 58: „Im Jahre 5166, d. i. das Jahr 1406, brach am Freitag Abend in der Synagoge in der Judengasse in Wien Feuer aus, welches alle Judenhäuser ringsherum verzehrte." Ebendorfer bei Pez II, 829. Kleine Klosterneuburger Chronik (ed. Zeibig in Arch. f. österr. GQ. VII, 238). Cgm. 317 der Münchner Hof- und Staatsbibl., fol. 141 (im Faksimile wiedergegeben in Gesch. d. St. Wien II, 1, 72). Hier dürfte es angezeigt sein, einen Lesefehler Krones', der die Stelle aus der Münchner Hs. in den Mitt. d. Inst. f. österr. Geschichtsforsch. VII, 248 zuerst veröffentlichte, richtigzustellen. Der Schlußsatz der Nachricht über den Brand lautet nämlich in korrekter Lesung: „*und geschah grazzer schaden, christen mer den den Juden, die* i r e w (= ihre) *phant* v e r l a r n *haben*". Krones liest die Worte *irew* und *verlarn* n e w und v e r l i e h e n, wodurch der Passus zu einem sinnlosen Satzgebilde wird. Den richtigen Sinn der Bemerkung des Chronisten wird man begreifen, wenn man an die Verfügung der Judenordnungen (Fridericianum, Ottakarianum Art. 7) denkt, die den jüdischen Pfandinhaber bei unverschuldetem Untergange des Pfandobjektes von der Ersatzpflicht befreit. Die eigentlichen Verlustträger waren demnach in diesem Falle die christlichen Eigentümer der zu Grunde gegangenen Pfandgegenstände.

[3]) Für die Verarmung der Judenstadt seit dem Jahre 1406 spricht am deutlichsten die rapide Abnahme der Darlehensgeschäfte in der darauffolgenden Zeit, wie sie sich an der Hand der gleichzeitigen Satzbücher genau nachweisen läßt.

diesen Zustand der totalen Erschöpfung für geeignet, um gegen die Judenstadt und ihre Bewohner zu einem Schlage auszuholen, der, so grausam und unpolitisch er auch war, die Annektierungsgelüste der Machthaber vollauf befriedigen mußte.

Die Maßregel, die den Besitz der hingerichteten oder vertriebenen Juden als landesfürstliches Eigentum reklamierte, war scheinbar keine Inkonsequenz. Die Begründung suchte und fand man in jenem Satze der Judenordnungen, der — ein zweischneidiges Schwert — die Juden als landesherrliche Kammerknechte, ihr Eigentum als Kammergut erklärte.[4]) Dem geringen Schutz, den den Juden ihre Zugehörigkeit zur landesfürstlichen Kammer bot, stand die unbegrenzte Möglichkeit weitestgehender Schädigung an Leib und Gut gegenüber.[5]) Diese Möglichkeit auszunützen, fiel nicht schwer und man machte auch von ihr zu allen Zeiten den ausgiebigsten Gebrauch. Der formell gesetzmäßigen Maßregel einer etwa skrupulösen öffentlichen Meinung gegenüber auch nur den Schein der Rechtlichkeit zu geben, dazu hatte man wahrlich keine Ursache. Wie immer, wenn es galt, aus der Judenverfolgung Kapital zu schlagen, bemühte man sich auch jetzt, bei der großen Katastrophe des Jahres 1421, das blutige Vertreibungswerk so rentabel als nur irgend möglich zu gestalten.

* * *

Die Beschuldigung einer Hostienschändung — neben der Blutlüge der häufigste Vorwand für Judenverfolgungen — hat wieder einmal den Sieg über den gesunden Menschenverstand

---

[4]) S. das Privilegium Fridericianum v. J. 1238 (Scherer, Rechtsverhältnisse der Juden in den deutsch-österr. Ländern, S. 135 ff., 143), die Judenordnung Herzogs Friedrich des Streitbaren v. J. 1244 (Art. 8, 9, 10, 14, 29, wenn auch ohne ausdrückliche Hervorhebung der Kammerknechtschaft, Scherer a. a. O. S. 179 ff.), das Privilegium Rudolfs von Habsburg v. J. 1277 (Scherer a. a. O. S. 340) etc.

[5]) Beispiele dieser Art aus den Jahren 1367—70 s. bei Scherer a. a. O. S. 387 ff., aus späterer Zeit (1394) in Quellen z. Gesch. d. Stadt Wien I, 3, 3482 (Konfiskation des Hauses des flüchtig gewordenen — d. h. ohne ausdrückliche Bewilligung des Herzogs ausgewanderten — Mendlein in der Hochstraße in Wien). — Eine Konfiszierung der Güter bei Verlassen des Landesfürsten ohne dessen Erlaubnis erfolgte übrigens auch bei Nichtjuden. Vgl. den Urteilsspruch des obristen Marschalls Ott v. Meissau 1417 betr. den herzoglichen Maler Jakob Grün in Sitz.-Ber. d. Wiener Akad., phil.-hist. Kl. III, S. 24.

davongetragen und Triumphe in einer in Österreich bis dahin unerhörten Form der Ausartung gefeiert. Die Anklage war nicht neu. Die Judenverfolgung in Deggendorf (1337) wegen der gleichen Beschuldigung hatte alsbald ihre Fortsetzung in Niederösterreich (Pulka 1338) und Kärnten (Wolfsberg 1338) gefunden. Doch spielten sich fast alle Judenexzesse bis zum Jahre 1421 zumeist lokal ab. In Wien und Wiener-Neustadt wurden die Juden anläßlich der Verfolgungen auf dem flachen Lande im Jahre 1338 von den Herzogen und den Großen sogar einigermaßen geschützt — allerdings, wie eine gewiß verläßliche und unverfängliche Quelle mitteilt, „*propter pecuniam*".[6]) Neu war nur die Form, in der man 1421 der Beschuldigung sozusagen ein offizielles Relief zu geben bemüht war. Während man bisher die überraschten Opfer einer ausgeklügelten lügenhaften Anklage gewöhnlich der künstlich erregten Stimmung des Pöbels überließ, glaubte man im Jahre 1421 der Sache den amtlichen Stempel aufdrücken zu müssen. Die Voraussetzungen für den Judenhaß und für alle möglichen Formen seiner Äußerung waren allerdings und auch ohne Dazutun der Juden gegeben. Das ihnen gesetzlich zugestandene Recht des Zinsennehmens, die amtlich festgesetzte Höhe des Zinsfußes, die große Reihe von — meist nur theoretischen und problematischen — Schutz- und Schirmbriefen, die einigermaßen exemte Stellung im Gerichtswesen und nicht zuletzt die Annahme eines besonderen Wohlstandes der Juden bot im gegebenen Falle den Wühlern Material genug, um das auch sonst noch von Steuern und Abgaben aller Art bedrückte Volk gegen den Prügelknaben kat' exochén mit Erfolg aufzuhetzen.[7])

---

[6]) Contin. chron. Novimont. in Pertz SS. IX, 671. Neben „freiwilligen" Geldopfern, mit denen sich die Wiener Juden den landesherrlichen Schutz abermals erkaufen mußten, gewährt die „*sammung*" (Gemeinde) der Juden in Wien durch ihre drei Meister in einem Reverse vom 19. Juni 1338 „*mit willigen leib und mit ganzen sinn*" die Herabsetzung des gesetzlich festgesetzten Zinsfußes, des sogen. „Judengesuches", auf 3 Pfennig pro Pfund und Woche. Tomaschek, Rechte u. Freih. d. Stadt Wien, I, 102, Nr. XXXVI. Scherer a. a. O. S. 365.

[7]) Hiezu kam noch vor der Judenverfolgung im Jahre 1420 die Beschuldigung eines angeblichen Einverständnisses der Juden mit den Hussiten, die hauptsächlich in den höheren Kreisen verbreitet wurde und an die man so ernstlich glaubte, daß selbst die Wiener theologische Fakultät die Sache in ihrer Sitzung am 10. Juni 1419, allerdings ohne direkte Stellungnahme zur Sprache brachte. Bezeichnend ist, daß man

Das vorgeschobene Motiv eines von den Juden begangenen Sakrilegs war nur ein Schlagwort, das bei dem Grade des religiösen Fanatismus des Mittelalters seine Wirkung auf die Massen sicher nicht verfehlen konnte.

Der Schauplatz der neuesten und für die Juden Nieder- und Oberösterreichs verhängnisvollsten Anklage war diesmal Enns. Der sehr reiche Jude Israel soll von der Frau des Meßners der dortigen St. Laurentiuskirche zur Zeit des Osterfestes 1420 zahlreiche Hostienpartikeln gekauft und, um mit ihnen Frevel zu treiben, an seine Glaubensgenossen verteilt haben.

Es war nicht schwer, das Gerücht vom Hostienfrevel zum Ausgangspunkte einer in ihren Folgen schwerwiegenden Agitation gegen die schon als Gläubiger lästigen Juden zu machen. Das Gerichtsverfahren mit seinen mannigfachen Hilfsmitteln war bald eingeleitet und hat insoferne zu einem Resultate geführt, als die Meßnerin unter den Qualen der Folterwerkzeuge ihre Schuld an dem Hostienraub zugegeben hat. Israel, seine Gattin und eine Reihe von Ennser Juden, die man zusammen mit der Meßnersfrau nach Wien brachte, konnten selbst die ausgesuchtesten Folterqualen nicht zu einem Geständnisse bringen. Angesichts dieser Standhaftigkeit blieb trotz Mangels irgend welcher Beweise nichts anderes übrig, als den einmal inszenierten Gewaltakt auf Kosten der Beteiligten zu Ende zu führen. Am 23. Mai 1420 werden auf ausdrücklichen Befehl des Herzogs sämtliche Juden in den herzoglichen Städten Österreichs gefangen genommen, ihr bewegliches und unbewegliches Gut eingezogen, die Gemeinen ausgewiesen und die Angeseheneren als Geisel zurückbehalten. Die Verzweiflung stieg ins Grenzenlose. Für viele war der Selbstmord eine Erlösung von den Folgen der erlittenen und von den noch zu erleidenden Qualen, andere suchten durch die Annahme der Taufe ihr Leben zu retten.[8])

---

gleichzeitig „*de multitudine Judeorum, de delicata vita ipsorum et de quibusdam libris execrabilibus*" beraten sollte. Goldmann a. a. O. S. 110, Anm. 1.

[8]) Die meisten fielen allerdings, einmal in Freiheit gesetzt, wieder vom Christentume ab, büßten aber im Ergreifungsfalle die Scheintaufe mit dem Tode (Isserl, Therumat Hadeschen Nr. 241. Arenpeck Chron. Austr. in Pez I, 1251). Die Namen einiger Renegaten haben uns die Wiener Grundbücher überliefert. „*Elspeth die Newkristinn, etwenn genant Lea, der Pêtlin Judin tochter*" erhält 1422 von Herzog Albrecht ge-

Das Schicksal der Juden in Österreich war höheren Orts besiegelt. Am 12. März 1421 (9. Nisan 5181) wurden die Juden, nachdem sie fast 10 Monate in den Kerkern geschmachtet, und soweit sie sich bis dahin nicht bekehrt hatten, auf einer Wiese bei Erdberg verbrannt.[9])

---

schenkweise ein Haus in der Wiltwercherstraße (s. Beilage zu Haus Nr. 385 D). *„Maister Gabriel der Newkrist“* und seine Frau Anna kommt 1422 als Besitzer eines Hauses in der Johannesstraße vor (GB. 16, 145 a, GB. 58, 92 a), *„Nicodemus der Newkrist“* 1435 als Besitzer eines Hauses bei dem Rotenturm (GB. 16, 185 b). *„Fridreich Pobenberger alias Moyses der Vorsprech“*, der 1427 seinen letzten Willen bekundet (Stadtbuch, III, 250 b), halte ich für einen Konvertiten aus der Zeit der Verfolgung. Unterstützt wird diese Annahme durch einen Passus im Testamente seiner Frau (1429, ebendas. 314 b), in dem sie *„ainem Newn Kristen genant Jeronimus, den sie erczogen hat“* 20 ß Pf. testiert. Den Namen eines früheren Renegaten enthält das Vorsatzblatt des Satzbuches 15, wo von *„Jorgen dem getauften Jud“* die Rede ist (1399). Die Taufe des Arztes „Caspar judeus baptisatus“ (1421), eines Protégés des Herzogs Albrecht, geht wahrscheinlich auch auf die Zeit der Judenverfolgung zurück. Daß die Wiener medizinische Fakultät den Konvertiten trotz der Taufe nicht ohne weiteres zur Praxis zulassen wollte, darüber s. Acta fac. med. univ. Vindobonensis ed. Schrauf. I, 46, 48, 52, 53.

[9]) Die Zahl der Hingerichteten variiert in den verschiedenen christlichen und jüdischen Quellen zwischen 110 und 400. Das „omnes“ einiger Chroniken bezieht sich wohl nur auf jene, die bis zum Tage der Hinrichtung in den Kerkern festgehalten wurden. Für die Kinder der Opfer sorgte man in der damals üblichen Art, man steckte sie in Klöster, zumeist in Nonnenklöster. Zwei der damals zwangsweise getauften Mädchen brachten es sogar zu hoher Stelle in der Klosterhierarchie; „nunc regit priorissa ad coeli portas, et priorissa ad Sanctam Mariam Magdalenam de incendio praedicto reservata“, heißt es im Senatorium des Schottenabtes Martin (verfaßt um 1470) bei Pez II, 631. Die erstere dürfte mit der Priorin Margarethe Zellerin (in Wiener Urkunden zwischen 1470 und 1478), die zweite soll nach Wiedemann, Gesch. d. Frauenklöster St. Laurenz u. Maria Magdalena in Wien. Salzb. 1883, S. 38 mit Magdalena Stadelmair identisch sein, was schon deshalb unwahrscheinlich ist, weil diese nachweislich in der Zeit 1497—1507 als Priorin des genannten Klosters figuriert, während sie im Senatorium des Schottenabtes als Zeitgenossin angeführt wird. Als ihre Vorgängerinnen finden wir 1477—78 Barbara Hierssin, 1486—94 Helene Hewtin (nach Hofbauer, Die Rossau, S. 38 wäre die letztere mit dem einstigen Judenkind identisch, während er die Priorin im Himmelpfortkloster mit dem Namen Agnes bezeichnet; möglicherweise liegt hier eine Verwechslung mit der zu gleicher Zeit vorkommenden Klosterschwester Agnes Zellerin vor).

Die gezwungene Sprache des Urteils, das am 12. März, resp. 16. April 1421 in den Straßen Wiens öffentlich ausgerufen wurde, läßt schon erkennen, welche Mühe es gekostet hat, für die Judenverfolgung einen einigermaßen plausiblen Grund anzugeben. In der Urteilsverkündigung, mit der der Herzog *„alle Judischait allenthalben in seinem lanndt auf heutigen tag geschafft zu richten mit dem prannt"* ist von einer *„hanndlung"* die Rede, *„die sich laider an dem heiligen Sacrament vor ettleichen jarn dacz Enns vergangen hat"*. Mit Recht hebt Goldmann a. a. O. S. 118, in den einleitenden Bemerkungen zur „Wiener Geserah" die auffallende Tatsache hervor, daß der Verfasser dieses durchaus verläßlichen Berichtes mit keinem Worte den Hostienfrevel erwähnt. „Eine tendenziöse Verfälschung des Sachverhaltes liegt indessen hier sicherlich nicht vor; vielmehr darf man annehmen, daß der jüdische Berichterstatter ebenso wie viele Tausende seiner Glaubensgenossen gar keine Ahnung hatte, welches Verbrechens man sie eigentlich beschuldigte. Seinem Vorstellungsvermögen entsprach es, daß man die Juden bestrafte, weil sie angeblich den Feinden des Herzogs Waffen geschickt oder vielmehr Geld zum Ankauf derselben geliehen haben sollten. Die sakrilegische Verletzung des seinen christlichen Mitmenschen heiligen Altarsakramentes begriff er dagegen nicht und konnte sie gar nicht begreifen, weil ihm jede Vorstellung des Objektes, an dem er sich versündigt haben sollte, vollständig fehlte. Wie der Erzähler die eine Beschuldigung anführt und sie zugleich als erlogen und unerwiesen bezeichnet, so hätte er in seinem nur für seine Glaubensgenossen, also gleichsam pro domo bestimmten Berichte auch den zweiten Anklagepunkt erwähnen können, ohne sich oder andere zu kompromittieren."[10])

* * *

[10]) Die anschaulichste Schilderung des prozessualen Vorganges — wenn man der mit Brachialgewalt eingeleiteten und durchgeführten Verfolgung diese Bezeichnung überhaupt geben darf — bietet jetzt die sicher auf eine gleichzeitige Vorlage zurückgehende „Wiener Geserah", deren Veröffentlichung wir Goldmann (Anhang zum Judenbuch der Scheffstraße S. 125 u. ff.) verdanken. Bei den knappen annalistischen Berichten über die blutige Judenverfolgung — „sie gleiten," bemerkt Goldmann, „eilig über die schaudervollen Ereignisse hinweg" — ist der Wert dieser Quelle nicht hoch genug anzuschlagen. Ich wäre versucht, nach den dem König Sigismund gezollten anerkennenden Worten am Schlusse die Autorschaft der „Geserah" einem nach Ungarn ausgewanderten österreichischen Juden zuzuschreiben.

Die lodernden Flammen des Scheiterhaufens warfen ein grelles Licht auf die Verläßlichkeit aller den Juden bisher erteilten und je nach Bedarf feierlich bestätigten Schutzpatente.[11]) Bei dem Lichtschein des Brandes, den Fanatismus angefacht, Haß und Habgier geschürt haben, sah man deutlich, wie leicht es war, durch die weitmaschigen Lücken eines Gesetzes hindurchzuschlüpfen, das seine Entstehung nicht menschenfreundlichen, sondern nur rein fiskalischen Momenten verdankte. Und so klingt es als traurige Ironie, wie sie sich ja die Weltgeschichte so oft zu leisten Gelegenheit hat, wenn Kaiser Sigismund am 24. März 1421, also 12 Tage nach dem Datum des verhängnisvollen Todesurteils, anläßlich der Bestätigung der Rechte und Freiheiten der österreichischen Herzoge auch der Juden in Huld gedenkt und den Wunsch ausspricht, daß sie die Juden „*in allen den rechten und gewonheiten beleiben*“ lassen, „*als sie die oder ire vordern herbracht habent*“.[12])

*

Die öffentliche Meinung war beruhigt; man hätte nun zur Tagesordnung übergehen können, wäre nicht auch noch die geschäftliche Seite der Judenverfolgung zu erledigen gewesen. Es galt nun die mühevolle Ernte eines Jahres einzuheimsen, das vergossene Blut zu Geld zu machen.

Die in den Beilagen mitgeteilten Eintragungen der städtischen Grundbücher machen uns mit dem nach der Vertreibung erfolgten Besitzwechsel der Judenhäuser bekannt. Der gesamte Besitz der Juden fiel natürlich dem Herzog Albrecht anheim. Bevor

---

[11]) Seltsam kontrastiert mit der grausam inszenierten und durchgeführten Verfolgung der Wortlaut des Freiheitsbriefes, den Herzog Albrecht am Samstag nach Margarethe (Juli 17) 1417 „seinen Juden“ auf 4 Jahre erteilt. „. . . . *wann wir angesehen und betracht haben die nuczpern und manigvaltig dienst, die unsern vordern und uns die egenanten Juden getan habent und noch hinfur tun mügen und sullen und haben dadurch und sunderleich zu ergeczung solher namhafter hilff und stewr, so sy uns vor und auch yecz newleich von merkleicher notdurft wegen unser und unsers lannds getan habent . . . . Auch tun wir in die gnad wissentleich mit dem brief, wenn sy uns die summ gulden, die yecz gegenwurtticleich auf sy gelegt ist, envollen und genczleich beczalet habent, daz sy denn von den weichnachten schierist kunftig uber vier gancze jar, die nachst nach einander komend sind, genczleich vertragen und uberhaben sullen sein aller ungwonleichen stewr*“ etc. (Hs. 16 d. Hof- u. Staatsarchivs, fol. 152 b).

[12]) Lichnowsky, Gesch. d. Hauses Habsburg V, 2011.

man die Verwertung der Judenhäuser in Angriff nahm, mußte man noch zuerst teils auf das Verfolgungswerk, teils auf alte Fälligkeiten zurückgehende Verdienste belohnen.[13]) Und so war es vielleicht kein purer Zufall, wenn der Erste, dem der Herzog am 12. April 1421, also einen Monat nach der Publizierung des Urteils, Haus und Garten des reichen Steuß *„aus sundern gnaden"* geschenkt hat, Hans Musterer, der Bürgermeister von Wien, gewesen ist.[14])

Nach der Erfüllung moralischer Verpflichtungen konnte man nun an die Realisierung der zugefallenen Werte herangehen. Es war nur noch eine scheinbar geringe Formalität zu erledigen, die einerseits den Zweck hatte, die frühere rechtliche Sonderstellung des Judenviertels ganz aufzuheben, andererseits die sich hieraus ergebenden materiellen Vorteile dem Stadtsäckel zuzuführen.

Die exemte Stellung der Judenstadt, eine Folge ihrer Lage auf herzoglichem Grund und Boden und des Prinzipes ihrer Zugehörigkeit zur herzoglichen Kammer, brachte eine fast absolute Unabhängigkeit ihrer Bewohner von der Stadt Wien, sowohl in Sachen der Gerichtsbarkeit, als auch in bezug auf Steuern und Abgaben mit sich.[15]) Sie konnten dem Wortlaute ihrer Handfeste entsprechend bei Streitigkeiten zwischen Christen und Juden nur vor den Judenrichter,[16]) in Streitfällen untereinander nur

---

[13]) Woher die Angabe Wolfs in seiner Gesch. d. Juden in Wien, S. 19, Anm. 2 stammt: „Göry (soll heißen Görg) v. Eckh erhielt für seine Bemühungen bei der Austreibung der Juden fl. 24.000", ist mir unbekannt. Tatsache ist, daß diese Summe fast dem vierten Teil des gesamten Geldumsatzes bei den Häuserverkäufen der Judenstadt entsprechen würde.

[14]) Weitere Schenkungen von Judenhäusern datieren vom 5. u. 6. Aug. und 26. Nov. desselben Jahres (s. Beil. zu Nr. 335, 359, 361, 362, 418—420), die letzte aus dem Jahre 1427 (Beil. zu Nr. 384 I). Das Taufgeschenk des Herzogs an „Elspeth die Newkristinn" war das früher Maisterl gehörige Haus (Beil. zu Nr. 385 D). Eine orientierende Übersicht über das Schicksal der einzelnen Häuser bietet die im Anschluß an die Beilagen mitgeteilte Tabelle.

[15]) Befreiung der mit „aigem rukch" (eigenem Herd) seßhaften Juden von der Abgabe der Wein- und Moststeuer 1374 s. in QGW. II, 1, 842.

[16]) Der Judenrichter (iudex Judeorum) war ein vom Herzog ernannter christlicher Beamter. Die Quellenpublikation der Urkunden der Stadt Wien ermöglicht jetzt, die Reihe der Wiener Judenrichter vom Jahre 1295 an fast lückenlos zu rekonstruieren. Sie dürfte an dieser Stelle, mit Rücksicht auf die mangelhafte Liste bei Schlager, Wiener Skizzen I, S. 34 u. Tomaschek, Rechte u. Freiheiten der Stadt Wien II, S. 290—297, nicht unwillkommen sein. Vorausgeschickt sei, daß die In-

vor ihre Meisterschaftsgerichte,[17]) in seltenen Fällen nur direkt vor den Gerichtsstand des Herzogs geladen werden.[18]) Die Verhandlungen vor dem Judenrichter, also sowohl Transaktionen als Streitfälle zwischen Juden und Christen, wurden im J u d e n -

stitution des Judenrichteramts wohl schon im Fridericianischen Privileg vom J. 1244 erwähnt wird, daß sich aber die Reihenfolge der Judenrichter erst vom Jahre 1295 an feststellen läßt. 1295: H e i n r i c h. 1317: D u r i n c h d e r P i b e r. 1329—31: H a g e n v o n S p i e l b e r g. 1337, 1342, 1343: R e i n p r e c h t d e r Z a u n r ü d e (wohl identisch mit dem in QGW. I, 3, 3027 zum Jahre 1337 genannten „R e y n h a r d d e r Z a u n r i e d, J u d e n r i c h t e r z u W i e n"). 1344—48: H a u n o l t d e r S c h ü c h l e r. 1347: D i e t r e i c h d e r F l u s t h a r t (vielleicht vertretungsweise). 1348—49: M e r t d e s H e m e i n d l e i n s Sohn. 1350—55: H a i n r e i c h d e r S t r a i c h e r. 1355: C h u n r a d d e r U r b e t s c h. 1356: Joh. (?) S c h ü c h l e r (Pettenegg, Urk. d. DRO. Nr. 1298). 1357—70: L e u p o l t d e r P o l c z. 1375: M i c h e l d e r G e w k r a m e r. 1378—79: N i k l a s d e r M a g s e i t. 1380: P a u l d e r H o l c z k ä u f e l. 1384—85: H a n s d e r P ü t t r e i c h. 1387: P u r k c h a r t d e r M e c z n e r. 1392: P e t r e i n d e r G u n c z p u r - g e r. 1395—96: A r t o l f d e r V i e r d u n g (Schüchler). 1398: P e r c h t o l d d e r L a n n g e. 1402: S t e p h a n d e r R a d e u n d l. 1407: H a n n s d e r R o c k. 1415—20: U l r e i c h d e r G u n d l o c h. Im Jahre 1416 bewarb sich der Lizentiat der Medizin, Wenzeslaus H a r t um die Stelle des Judenrichters. Erst auf Intervention der Fakultät, die ein solches „officium criminosum" für standeswidrig erklärte, trat er von seinem Vorhaben zurück. Acta fac. etc. I, 33. Als Hilfskraft des Judenrichters, resp. später des gemischten, aus zwei christlichen und zwei jüdischen Beisitzern bestehenden Judengerichts fungierte der Judenschreiber. Als solche sind uns überliefert um 1390: H e n r i c u s, Judenschreiber (GB. 1079, 11 b), Ende des 14. Jahrh. und in den J. 1400—1404 W o l f g a n g G e r h a r t (GB. 1079, 48 b. St.-B. I, 89 a, 143 b. GB. 15, 199 b, 11). Einen Judenrichterspruch 1379 s. QGW. II, 1, 956.

¹⁷) Über den Wirkungskreis der Meisterschaftsgerichte, d. h. des aus den Vorstehern der Gemeinde zusammengesetzten autonomen Gerichtsstandes s. Scherer a. a. O. S. 241. Doch halte ich die Annahme, daß sich die Teilnehmer des Meisterschaftsgerichtes aus den „M e i s t e r n d e r J u d e n z e c h e" rekrutierten, d. h. daß „J u d e n z e c h e" und „J u d e n g e m e i n d e" (1338 als „s a m m u n g" bezeichnet) identisch wären, für unrichtig, wie dies weiter unten noch näher beleuchtet werden soll. Als Hilfsorgan stand dem Meisterschaftsgerichte der Judenmeßner (Synagogendiener, Schames) zur Seite. Als solcher ist für die Zeit 1375—78 nachweisbar „L e s i e r d e r j u d e n m e s n ê r" (QGW. I, 2, 1704; III, 1, 086), 1411—13 L e b (GB. 1088, 61 a, 1; 70 a, 3; 94 b, 2; 95 b, 2), 1420 S a l m a n u. Z e i s l (GB. 709, 104 b).

¹⁸) Ein solcher Gnadenakt wurde z. B. am 24. Juni 1388 für die Söhne des Steuß „unsern juden ze Wienn" ausgestellt. QGW. I, 3, 3424.

richterbuch oder kurz im Judenbuch niedergelegt.[19]) Abgaben an die Stadt hatten die Bewohner der Judenstadt nur in dem vom Herzoge festgesetzten Maße und Verhältnis zu leisten.

---

[19]) Über Form und Anlage des Wiener Judenbuches haben sich keine direkten Nachrichten erhalten. Es kann jedoch mit Sicherheit angenommen werden, daß es z. B. dem Preßburger Judenbuch, dessen Form wir aus dem mittelalterl. Stadtrecht Preßburgs kennen, als Vorlage gedient hat. Stimmt diese Annahme, so gibt der betreffende Artikel des Preßburger Stadtrechts auch einen Anhaltspunkt für die Kenntnis des Wiener Judenbuches. Ich führe hier die bezügliche Bestimmung nach dem in den Monum. Hung. Jud. (Budapest 1903) Nr. 51 veröffentlichten Wortlaut aus dem J. 1370 an: *„Auch ist mer derfunden, als oben geschrieben stet, dass dy juden sullen haben ein puech und dasselb soll ein kristen ein geschworn man inne haben, und dasselb puech soll man nicht auftun, iss sei dan dopei ein gesvorn kristen und ein gesvorn juden, die kristen und juden darzu erwellent, und dieselbe zwen gesworn, ein kristen und ein jud sullen das puech versiegeln mit ihren insigeln; und vass in das puech geschriben virt zvischen juden und kristen, dass ist stet und das mag nymant widerreden, weder juden noch kristen"* etc. Gesetzliche Gültigkeit und Beweiskraft vor anderen Behörden hatte in Streitfällen nur der mit dem Siegel des Judenrichters versehene Auszug (*„zedel"*) aus dem Judenbuche. Die Form dieser Auszüge hat uns ein zum ewigen Gedächtnis im Stadtbuch (II, 127 b, 4) aufgenommener Eintrag erhalten. Die betreffende, auf Ansuchen einer Witwe aufgenommene Feststellung über die Passivschulden ihres Ehegatten lautet: *„Hainreich tůchscherer, Agnes uxor, Hanns des Franczen sun tenetur Rachmeln, Issacharn sůn 4½ ℔ auf Mittvasten schirist, fůrbas 3 ₰ vom ℔ all wochen. Actum Cyrcumcisionis domini 1411. — Hainreich tůchscherer, Agnes uxor tenetur Jona, Maister Schalums sůn aus der Newnstat 6 ℔ Martini schirist, fůrbas 3 ₰ vom ℔ all wochen. Actum secunda ante Jacobi 1411. — Hainreich tůchscherer am Hochenmarkcht tenetur Hoczen dem Juden 44 ℔ auf weichnachten schirist, fůrbas 3 ₰ vom ℔. Actum Mauricii 1410, die 4 ℔ an das půch und an den brief. Also stet es geschriben in dem Judenpůch zu Wienn. Mit urchund der zedel versigelten mit des Judenrichter aufgedrukchtem petschat."* — Stadtbuch I, 7 a, 3: *„Preyd Chunrats seligen des Wildpreter witib"* beweist 1396 mit *„einer besigelten zedel die under des Judenrichter petschat aus dem Judenpüch geschriben was"* eine Geldschuld nach ihrem verstorbenen Mann. — Wurde ein Geschäft außer in die übrigen städtischen Grundbücher auch in das Judenbuch eingetragen, dann wurde diese Vormerkung mit der Notiz *„sicut stat in libro Judeorum"* (1383, QGW. III, 1, 1577), *„als es in dem Judenrichterpüch geschrieben ist"* (1385, GB. 1086, 46 a, 1), *„nach des Judenpuchs sag ze Wienn"* (1404, 1412, QGW. II, 1, 1599, II, 2, 1901) belegt. S. auch QGW. II, 1, 1100 (1386) u. GB. 15, 38 a, 8: *„und ist die geltschult auch in das Judenpuch geschriben"* (1381). Schuldbriefe von Christen an Juden mit hypothekarischer Sicherstellung wurden im allgemeinen nicht grundbücherlich vorgemerkt, sondern auf Geheiß des

Daß sich unter solchen Umständen gegen die Bewohner des Ghettos, als einer Stadt innerhalb der Stadt, eine gewisse Animosität seitens der Bürger und des Rates — den die Landesherren bei der wiederholten Ausschreibung von Judensteuern und Abgaben mannigfacher Art tatsächlich im Einkommen schmälerten — einstellen mußte, ist begreiflich. Ebenso natürlich ist es auch, daß sich diese Animosität gelegentlich gegenüber den unschuldigen Opfern der landesherrlichen Wirtschaftspolitik Luft zu machen suchte. Hiezu kam noch, daß Herzog Rudolf, der 1360 die Regelung aller mit Immobilien vorzunehmenden Transaktionen vor dem Stadtrate, resp. vor dem städtischen Grundbuche anordnete, die Judenstadt, insoferne es sich um Besitzveränderungen der den Juden gehörigen Häuser handelte, von dieser Verpflichtung eximierte.[20])

Berücksichtigt man, daß in dem Zeitraume von der Einführung des städtischen Grundsiegels bis zur Aufhebung der Judenstadt, d. h. innerhalb von 60 Jahren sicher ein mannigfacher Wechsel in den Besitzverhältnissen der Judenhäuser, sei es durch Verkauf, Verpfändung, Heimfall durch Erbschaft etc. vor sich ging, dann wird man auch begreifen, daß sich die Stadt Wien nach der Aufhebung des Judenviertels bemühte, sich den Ertrag der Besitzumschreibungen zu sichern. Einem diesbezüglichen Ansuchen der Stadt an den Herzog wurde auch Folge gegeben; am 2. April 1422 gestattet Herzog Albrecht dem Bürgermeister, Rate, Richter und den Bürgern der Stadt Wien um ihrer treu geleisteten Dienste willen, fortan alle Häuser in der Stadt, „*die der Juden sind gewest, als oft man die verkauft, verseczt oder in ander weis damit handelt*“, mit ihrem Grundsiegel zu fertigen.[21])

Rates eventuell im sogen. Stadtbuch niedergelegt. QGW. II, 1, 957 (1379): „*Wenne die herren des rates irer statt gruntinsigel under die Juden nicht anlegent, darumb so habent si den sacz den vorgenanten Juden ze einer gedechtnusse in der stat reigister* (QGW. II, 1, 990; 1380: „*in ir stat reigister*“) *haissen schreiben.*“

[20]) Daß in der ersten Zeit der Einführung des städtischen Grundbuches (1368) eine auf den Verkauf eines Judenhauses bezügliche Transaktion zwischen zwei Juden irrtümlich in das Gewerbuch eingetragen wurde, spricht nur für die Unsicherheit des Grundbuchführers, resp. der Parteien und hat keine prinzipielle Bedeutung. (QGW. III, 1, 10.)

[21]) QGW. II, 2, 2190. Die für die Besiegelung mit dem Grundsiegel zu leistende Taxe betrug 2 Pfennige vom Pfund Pfennige (1 ℔ = 240 ₰), d. h. je 1 ₰ vom „h i n g e b e r“ und „i n n e m e r“. Eine Zusammen-

Damit waren alle Wege für die Verwertung der Judenstadt und ihrer Häuser geebnet.

Wie bereits erwähnt, wurde die Einverleibung der Judenstadt mit einer Reihe von Häuserschenkungen seitens des Herzogs eröffnet. Die Freigebigkeit sollte einerseits den etwas odiosen Eindruck der Konfiskation des Judenbesitzes mildern, andererseits die tätige Mithilfe an dem Verfolgungswerk, frühere — unbeglichen gebliebene — Verdienste und Ansprüche und in einem Falle auch den Religionswechsel einer Renegatin belohnen. So erhielt, wie oben bemerkt, der Bürgermeister Hans Musterer am 12. April 1421 das Haus Jonas des Steußen; weitere Schenkungen betrafen das Haus des Meisters Musch (Nr. 335 = Färbergasse 6), das 1421 Meister Kaspar von Landshut geschenkt wurde; Nr. 342 und 342 A (= Judenplatz 7), das an Wilhelm von Puchaim gelangte; Nr. 347 (= Judenplatz 10, Fütterergasse 1), das der Herzog 1422 geschenkweise Heinrich Reutter überließ; Nr. 359, 361, 362, eine Gruppe von drei Häusern (= Wipplingerstraße 12, 14, Schwertgasse 4), die der Jüdin Rechl, Smerl dem Wenkl und Hendl von Lengbach gehörten, bekam 1421 Wilburga von Dachsperg; das Haus Nr. 360 (= Schwertgasse 2, Wipplingerstr. 16), früher im Besitze des vorgenannten Smerl, erhielt 1422 Agnes von Pottendorf; das Haus D aus der Gruppe Nr. 384 (= Wipplingerstraße 7), früher Knofleich und Leser von Znaim gehörig, wurde vom Herzog 1422 an Heinrich von Straspurg geschenkt. Weitere Schenkungen von Judenhäusern fanden in den folgenden Monaten statt: das Haus Nr. 403 (= Judenplatz 1, Jordangasse 9), das Schaul gehörte, wurde im Dezember 1422 an Kadolt von Eckartsau verliehen usw. 1425 wird der Pfarrer von Oberhollabrunn, Thoman Paumgartner, „*von seiner arbeit wegen, die er mit verglasen der newn kapellen in der burg ze Wienn getan hat*", mit dem von ihm bewohnten Hause in der Judenstadt, das von „*weilent Muschlein von Linz an den herzog gekommen ist*" (= alt 348, jetzt Wipplingerstraße 11), belohnt. 1426 gelangt der herzogliche Küchenmeister Ulrich der Schrot in den geschenkweisen

stellung der unmittelbar nach der Aufhebung der Judenstadt eingegangenen Umschreibungstaxen enthält die den urkundl. Beilagen beigegebene Tabelle.

Besitz des Hauses Nr. 332 (= Färbergasse 1), das früher „Suesman, Smoyel von Krems und Joseppin, Smoyels Mutter" innehatten. Die letzte Schenkung datiert vom 30. April 1427, wo das Haus Esters (Hystirs), Teil I aus der Häusergruppe 384, in den Besitz Hans Sukels übergeht. Insgesamt hat der Herzog von den ihm zugefallenen 69 Häusern in den Jahren 1421—1427 18 verschenkt.[22])

Für die übrigen Häuser suchte man im Verkaufswege neue Besitzer zu gewinnen. Tatsächlich gelang es dem Herzog in den Jahren 1421—1433 15 Häuser direkt an Private,[23]) die anderen 30 an die Stadt Wien zu verkaufen.[24])

Die Eintragungen in den Grundbüchern geben uns wenigstens in bezug auf die Häuserverkäufe an Private ein Bild von der materiellen Seite der geschäftlichen Transaktion des Herzogs. Der Verkauf von Judenhäusern an Private ergab in den Jahren 1422—1433 für den Herzog den Betrag von 2722 ℔ Pf., wobei allerdings noch zu berücksichtigen ist, daß wir über das Schicksal einiger Häuser, resp. ihren Verkaufsertrag nicht genügend informiert sind.[25]) Doch glauben wir die Gesamtsumme mit rund 2500 ℔ Pf. annehmen zu dürfen.

Die Zahl der von dem Herzog an die Stadt Wien verkauften Häuser beträgt 30. Über die Form der Abtretung dieser Häuser an die Stadt fehlt jede Aufzeichnung. Es ist nicht ausgeschlossen, daß der Kaufpreis in das Darlehen von 12.000 Gulden, das die Stadt 1422 dem Herzog zur Verfügung stellte, einbezogen wurde.[26]) Daß es sich um ein regelrechtes Kaufgeschäft zwischen

---

[22]) Hiebei wird die Häusergruppe 393, 394 u. 396, die erst später in 3 Parzellen geteilt wurde, als ein Haus angenommen.

[23]) Das Haus Nr. 402, genannt die Cantorei (= Jordangasse 7), das Hansus, der Tochter Steußen, gehörte und das *„nach der Juden venkhnuss"* an den Herzog gekommen ist, verkauft er erst 1433 an den Wiener Bürger Heinrich den Mossmann. S. Beil. zu Nr. 402.

[24]) Nicht 9, wie Scherer a. a. O. S. 415 (nach älteren Quellen) angibt.

[25]) So z. B. Haus Nr. 351, 384 A, B, 415.

[26]) Kammeramtsrechnung 1424 (Archiv d. St. Wien, Rep. 164, 1), fol. 36 a. Die Stadt mußte 1422, um dem Herzog die genannte Summe leihen zu können, zu Anlehen schreiten, auf die sie 1424 2167 ℔ 4 sh schuldig ist. Mit welchen Schwierigkeiten die städtische Finanzverwaltung zu kämpfen hatte, beweist, daß die Stadt bis zum Jahre 1426 auf dieses Anlehen noch keinen Pfennig abzahlen konnte (K.-R. 1426). Erst

dem Herzog und der Stadt gehandelt hat, ist nach dem Wortlaute der Grundbuchseintragungen trotz Fehlens eines ziffermäßigen Nachweises klar.[27]) Die von der Stadt erworbenen Häuser waren folgende:

Nr. 332 A: der Fleischhof der Juden (= Färbergasse 1),

333: („*in dem Hofgeßlein*“, „*zenegst weilent der Juden fleischhof*“ = Färbergasse 3),

334 (Vorbesitzer: Musch von Klosterneuburg (?) = Färbergasse 8),

341 („*weilent Judis der Mördlin*“ (so!) = Drahtgasse 3),

344 (mit den Zuhäusern 343 und 349, „*ain haus das weilent drew hewser gewesen sind, ains der Juden spital und das ander Rotleins des Juden, mitsambt dem zuhaus hinden daran*“ = Judenplatz 9, Wipplingerstraße 13, resp. Judenplatz 8 und Wipplingerstraße 15),

350 (= Wipplingerstraße 15, Vorbesitzer nicht angegeben),

352 („*weilent Jacobs von Weithra des Juden*“ = Wipplingerstraße 19),

355 („*weilent Müschleins Juden von Brünn*“ = Wipplingerstraße 20),

355 A (Vorbesitzer nicht angegeben = Wipplingerstraße 22),

357 („*weilent Maidlein des Juden*“ = Schwertgasse 3),

384 E („*weilent Kolmanin der Judin*“ = Wipplingerstraße 7, Judenplatz 11),

384 G („*ain Judenhaus gelegen in der Wildwercherstraß*“ = Wipplingerstraße 7, Jordangasse 2),

384 H („*ain haus gelegen an dem Newen placz in der Judengassen*“ = Judenplatz 11),

385 C (= Stoß im Himmel 2),

385 F („*das weilent ain Judenhaus gewesen ist*“ = Wipplingerstraße 8),

---

im Jahre 1435 ist das Darlehen bis auf einen Rest von 950 tl ₰ abgezahlt (K.-R. 1435). Im Jahre 1424 hatte die Stadt außer der gewöhnlichen landesfürstlichen Steuer von 2000 fl. noch einen außerordentlichen Anschlag von 8000 fl. an den Herzog zu leisten. Auch diese Steuerlast konnte nur im Wege einer Anleihe beglichen werden, auf die die Stadt — außer dem Rückstande von 1471 tl 54 ₰ an der ordentlichen Steuer — 1424 an Privatgläubiger noch zirka 4000 tl schuldig ist (K.-R. 1424, fol. 36 b).

[27]) S. Beil. zu Haus 405 B, das „*mit andern judenheusern in kaufsweis an die stat komen ist*“; ebenso Beil. zu Haus Nr. 407 etc.

385 G (= Wipplingerstraße 8),

395 (= Jordangasse 3, Schultergasse 6),

401 („*weilent des reichen Steuzzen*“ = Jordangasse 5),

404 (= Judenplatz 2, Vorbesitzer: Hocz),

405 B (Name des Vorbesitzers nicht angegeben = Kurrentgasse 12),

407 („*weilent Maisters Jekleins des Juden*“ = Kurrentgasse 6),

408 („*weilent Rebleins des Juden* = Kurrentgasse 4),

409 („*im geßlein am egk als man zu den weißen brudern get*“ = Kurrentgasse 5),

410 („*in der Judengassen an dem Newen placz*“ = Judenplatz 4),

411 A („*weilent Sundleins des Juden*“ = Judenplatz 5),

413 (Haus „*Lebin der sankchmaistrin*“ = Parisergasse 2),

414 („*zenegst Swerczleins des Juden haus*“ = Kurrentgasse 3),

434 (Haus „*Ysserleins von Enns des Juden*“ = Kurrentgasse 10, Kleeblattgasse 9).

Über das Schicksal dieser Häuser nach der Übernahme durch die Stadt geben nun die Einträge der Grundbücher und die Aufzeichnungen der Kammeramtsrechnungen lehrreiche Aufschlüsse. Der Verkauf der Judenhäuser an die Stadt erfolgte anfangs 1422; in diesem Jahre gelang es aber nur — wohl mit Rücksicht auf die nicht unerhebliche Konkurrenz des Herzogs und das ziemlich starke Anbot von freigewordenen Judenhäusern — 4 Häuser an den Mann zu bringen; es waren dies die Häuser Nr. 352, 355, 407 und 411 A,[28]) deren Erlös dem Stadtsäckel zusammen zirka 340 ℔ Pfennige brachte.[29]) Flotter begann das Verkaufsgeschäft

---

[28]) Das Haus Nr. 407, das „*weilent Maister Jekleins des Juden gewesen ist*“, wurde also schon 1422 verkauft. Der Verlustposten in der Bilanz der Kammeramtsrechnungen 1424, fol. 31 b: „*Item von erst hat man verlarn an maister Jekleins haus 10 ℔ ₰*“ bezieht sich demnach nicht, wie Schalk in Bl. d. Ver. f. Landesk. 1883, S. 51 angibt, auf den Verkauf dieses Hauses an Heinrich den Nadler. Dieser erwarb erst 1423 das Haus 384 H für 240 ℔ Pf., während das Haus Jekleins, das in die Schätzung offenbar mit 50 ℔ Pf. eingestellt war, schon 1422 an Peter Janstorffer für 40 ℔ Pf. verkauft wurde.

[29]) Die Häuser 352, 355 und 407 brachten zusammen 264 ℔ Pf. Für das Haus 411 A fehlt der Kaufeintrag; der neue Besitzer Peter Pirchner, der am 30. März 1422 an die Gewer geschrieben wird, ver-

erst im darauffolgenden Jahre zu werden, wo sich für 11 Häuser Käufer fanden,[30]) mit einem Gesamterlös von 1401 ℔ Pf. und 200 Gulden (= 180 ℔ Pf.) = 1581 ℔ Pf. Mit dem höchsten Kaufpreis von 240 ℔ Pf. figuriert das Haus Nr. 384 H, *„gelegen an den Newen placz in der Judengassen ze Wienn an dem egk, das Everleins des Juden von Krembs gewesen ist"*, mit dem niedrigsten von 38 ℔ Pf. Nr. 410, *„ain haus gelegen in der Judengassen an dem Newen placz ze Wienn"*.[31]) Im Laufe des Jahres 1424 wurden drei, resp. fünf Häuser verkauft: Nr. 344 — mit den später zusammengezogenen Nr. 343 und 349 — *„das weilent dreu heuser gewesen sind, ains der Juden Spital und das ander Rotleins des Juden mitsambt dem zuhaus hinden daran"* für 500[32]), Nr. 350 für 160 und 413 für 50 ℔ Pf. Der weitere Verkauf von früheren Judenhäusern erfolgte in den Jahren 1425 bis 1430, es wurden in dieser Zeit die Häuser 341, 357, 385 F, 401, 404, 408, 409 zusammen für zirka 1190 ℔ Pf. realisiert.

Die Kammeramtsrechnungen vom Jahre 1424, deren Aufstellung wohl erst wie gewöhnlich im Monate März des darauffolgenden Jahres erfolgte, führen in der Rubrik *„Vermerkcht was die stat vor ir hat"* (Besitzstand und Guthaben) außer dem Fleischhof noch vier unverkaufte Judenhäuser mit einem bilanzmäßigen Schätzungswerte von 910 ℔ Pf. an,[33]) die Rechnungen

kauft es schon zwei Tage später für 70 ℔ Pf. an Jakob den Lebschan den Schneider. Ich nehme den approximativen Verkaufspreis der 4 Häuser mit zirka 340 ℔ Pf. an.

[30]) Verkauft wurden im Jahre 1423 die Häuser 333, 334, 355 A, 384 E, 384 G, 384 H, 395, 405 B, 410, 414 und 434.

[31]) Kammeramtsrechn. 1424, fol. 7 b: *„Innemen von den verchaufften judenhewssern. Item von Hainreichen dem nadler 140 ℔ ₰ von seins haus wegen* (s. oben Anm. 28, Beil. zu Nr. 384 H). *Item von dem Johannes Angerfelder 80 ℔ ₰* (erwarb Meister Jakobs Haus Nr. 350 am 9. Mai 1424 für 160 ℔ ₰, der Posten von 80 ℔ ist als die erste Rate anzusehen, gehört jedoch zum Jahre 1424). *Item von Wenczla dem zymerman 20 ℔ ₰* (kaufte 1424, 3. Dez. das Haus Nr. 413, *„daz Lebin der sankchmaistrin gewesen ist"*, für 50 ℔ ₰, worauf er 20 ℔ als Abschlagszahlung erlegte).

[32]) Das große Objekt wurde *„Niclasen dem Verber burger ze Wienn, Annen seiner hausfrawn"* verkauft. Kammeramtsrechn. 1424, fol. 31 b: *Item so habent mein hern dem Nicolae Verber an seinen judenhewssern nachlassen 14 ℔ 27 ₰.*

[33]) Fol. 32 a: *Item von erst Rebleins haws umb 170 ℔ ₰. Item des Hoczen und des Swerczleins haws umb 300 ℔ ₰. Item Muschen haws von Newnburg umb 150 ℔ ₰. Item Moidleins haus 250 ℔ ₰. Item den fleischoff umb 40 ℔ ₰.*

vom Jahre 1425 drei, resp. vier unverkaufte Judenhäuser, geschätzt auf 460 ℔ Pf., nach Verkauf von Moidleins Haus zwei, geschätzt auf 210 ℔ Pf.[34]) Da nun die Stadt in der Zeit von 1425—1430 nach den Aufzeichnungen der Grundbücher 7 Häuser verkauft hat, kann man mit Sicherheit annehmen, daß die Stadt in der Zwischenzeit noch einige Judenhäuser von dem Herzog übernommen hat, deren Verkauf zum Teil in der angegebenen Zeit stattgefunden hat.[35]) Von den in den Kammeramtsrechnungen angeführten, 1424, resp. 1425 noch unverkauften Häusern wurden verkauft: M o i d l e i n s Haus im Jahre 1426 für 80 ℔ Pf. (geschätzt auf 250)[36]) und R e b l e i n s Haus im Jahre 1429 für 100 ℔ Pf. (geschätzt auf 170). Der auf 40 ℔ Pf. geschätzte

[34]) K.-R. 1426, fol. 2 a: *Item so haben wir auff uns genomen drew unverkauffte judenhewsser mit dem fleischkhoff, sind geschaczt für 460 ℔ ₰* (Rebleins Haus mit 170, der Fleischhof mit 40 und Moidleins Haus mit 250 ℔ Pf.). Fol. 87 a: *Vermerkcht was die stat vor ir hat. Item von erst 2 unverkauffte judenhewsser, sind der stat geschaczt warden für 210 ℔ ₰.*

[35]) Nicht richtig ist die Annahme Schalks a. a. O. S. 14, daß die Stadt von den 5 im Jahre 1424 ihr gehörigen Häusern schon 1418 eines, nämlich Rebleins Haus (= Nr. 408) besessen hat. Die Eintragungen des städtischen Gültenbuches (Arch. d. St. Wien, Rep. 124, 16), dem die auf das genannte Haus bezügliche Aufzeichnung entnommen ist (fol. 243 b: „*Item des Rěbleins Juden haws ze něchst dem Mathes kramer hat bestanden Niclas Wěchter am Hof umb 7 ℔ ₰*, beigefügt von anderer Hand „*ist verkauft*") beginnen wohl mit dem Jahre 1418, wurden jedoch sukzessive weitergeführt. Da es nun bis zirka 1425 nicht gelungen war, das Haus zu verkaufen, wurde es in der Folge an Niklas Wächter verpachtet. Der spätere Vermerk „*ist verkauft*" bezieht sich auf den endgültigen Verkauf im Jahre 1429.

[36]) K.-R. 1426, fol. 10 a: *Innemen von den verkaufften judenhewssern. Item so haben wir verkauft ain haws, genant des Moidleins haws Hannsen dem Herbartten, des alten statschreiber sün umb 80 ℔ ₰. Item so haben wir ingenomen von dem Clement versucher von seines haws wegen 50 ℔ ₰* (Abschlagszahlung auf den Kaufschilling von 200 ℔ ₰ für das Haus Nr. 414). *Item so haben wir ingenomen von dem Voitlender veriber von seins haws wegen 40 ℔ ₰.* Die Lage des Hauses „*Muschen von Newnburg*" (s. oben Anm. 33) läßt sich nicht genau feststellen. Ist er mit M u s c h, M e i s t e r J e k l e i n s S t i e f s o h n (nach Satzb. d. Schotten, GB. 1088, 114 b, QGW. I, 1, 467 [1414] und Judenb. d. Scheffstr. 306 [1413] Jekleins E i d a m) identisch, dann ließe sich das in Rede stehende Haus auf Nr. 334 beziehen, mit um so größerer Wahrscheinlichkeit, als Musch auch das anstoßende Haus 335 besessen hat. Unklar ist auch der in den K.-R. 1424 verzeichnete Posten „*Des Hoczen und des Swerczleins haws*", Als ein Hocz gehöriges Haus kennen wir Nr. 404, als Swerczleins Haus

Fleischhof konnte überhaupt nicht verkauft werden; es blieb also nichts anderes übrig, als ihn für städtische Zwecke, zur Aufbewahrung der Holzvorräte, zu verwenden.[37])

Wie man sieht, ging der in städtischer Regie betriebene Verkauf der Judenhäuser nicht besonders flott von statten. Man mußte den Käufern sowohl erhebliche Nachlässe von den Schätzungspreisen[38]) als auch bequeme Zahlungsbedingungen einräumen, um in einem Zeitraume von etwa acht Jahren die einzelnen Realitäten an den Mann zu bringen. Schon die Kammeramtsrechnungen vom Jahre 1424 stellen eine Aktiv-Remanenz von 1060 ℔ Pf. als Schätzwert der unverkauften Judenhäuser in die Bilanz,[39]) daneben einen Betrag von 941 ℔ Pf., *„so man der stat an den verchawfflen judenhewsser noch schuldig ist“.*[40]) Dabei

Nr. 409. Bei der Art der Formulierung des Eintrags müssen wir aber bezüglich des einen oder anderen Hauses an einen gemeinsamen Besitz denken. Für Nr. 404 fehlen die grundbücherlichen Daten, es wäre also möglich, daß sich der Eintrag der K.-R. auf dieses Haus bezieht. Nr. 409 wurde erst 1426 für 200 ℔ Pf. verkauft.

[37]) Gültenbuch 1418 u. ff., fol. 243 b: *Item ain haws genant der fleischhof, darinn leitt der stat holtzwerich.* Auch bezüglich des Fleischhofes irrt Schalk, wenn er annimmt, daß dieser schon 1418 städtisches Eigentum war. Der Eintrag im Gültenbuch stammt eben erst aus späterer Zeit.

[38]) S. 17, Anm. 28: 1424 Verlust an Meister Jekleins Haus 10 ℔, S. 18, Anm. 32: Niklas dem Verber gewährter Preisnachlaß von 14 ℔ 27 ₰. 1426: *Item so ist verlarn worden an dez Moidleins haws, daz man Hannsen dem Herbarten, dez altten statschreibers sün verkaufft hat 170 ℔ ₰.*

[39]) Fol. 2 a: *Item so haben wir auf uns genomen vj unverchaufftc judenhewsser mit dem fleischoff, facit 1060 ℔ ₰.* Zieht man hievon die von Heinrich dem Nadler für das Haus Nr. 384 H geleistete Zahlung von 140 ℔ ₰ und den Verlustposten von 10 ℔ ₰ an Meister Jekleins Haus ab, so erhält man 910 ℔, den in die Rechnung eingestellten Schätzungsbetrag der unverkauften Häuser.

[40]) Fol. 31 a: *Vermerkcht was man an denen verchawfften judenhewssern noch schuldig beleibt. Item von erst Hanns Scharffenperger* 400 ℔ (grundbücherl. Eintrag fehlt). *Item Jacob von Vela[ch] 200 ℔ ₰* (kaufte 1425 das Haus 401 für 380 ℔ ₰). *Item Frawnmessrin schusterin 101 ℔ ₰* (kaufte 1423 das Haus 333 für 180 ℔ ₰). *Item Voitlender sneider 140 ℔ ₰* (Eintrag fehlt, vgl. S. 19, Anm. 36 „Voitlender veriber“). In Summa 841 ℔ ₰, die Differenz von 100 ℔ ₰ erklärt sich aus der von Angerfelder und Zimmermann geleisteten Zahlung von 80, resp. 20 ℔ ₰. Im Jahre 1426 sind die Außenstände fast noch gar nicht getilgt; mit Ausnahme Jakobs von Velach, der den Kaufpreis des von ihm erworbenen Hauses voll beglichen hat, sind Hanns Scharffenperger und Voitlender noch

kommt noch in Betracht, daß die Stadt auf Reparierung und Instandhaltung der zu verkaufenden Häuser auch noch Bargeld verwenden mußte. So wurde z. B. die Gassen- und Gartenmauer des früheren Steußschen Hauses, das der Herzog dem Bürgermeister Musterer schenkte, auf Kosten der Stadt abgebrochen.[41]) Die Reparaturkosten von feuerbeschädigten Häusern beliefen sich auf beiläufig 100 ℔, wobei ein größerer Posten nur etwa zur Hälfte auf die Judenhäuser repartiert wird, da er u. a. auch zur Ausbesserung der städtischen Fleischbänke am Graben verwendet wird.[42]) Hiezu kommen noch Abgänge an Hofzins von den Judenhäusern gegenüber dem Ertrage im Jahre 1423 und 1424 [43]) etc.

Versucht man die Bilanz des von der Stadt betriebenen Verkaufes der Realitäten zu ziehen, so ergibt sich folgendes annäherndes Resultat: [44])

1426 den vollen Betrag, die Fraunmesserin zum größten Teile (87 ℔ 4 sh.) schuldig; dazu kommen noch neue Außenstände: *Hanns Chrawzz* (wohl identisch mit dem Käufer des Hauses 341 „Hanns der Klaus") *30 ℔ ₰* (kaufte das Haus 1425 für 110 ℔ ₰), *Hanns Herbart, dez alten statschreibers sün 80 ℔ ₰* (für Moidleins Haus), *Clemens versucher tenet 50 ℔ ₰* (K.-R. 1425, fol. 78 a). Das Konto der Außenstände wird mit einem Saldo von 657 ℔ 4 sh. ₰ abgeschlossen (fol. 87 a).

[41]) K.-R. 1424, fol. 19 a: *Item von baiden mawern dez gartleins und auch der gassenn bey dez Mustrer haws in der Judengassen ab ze prechen und nider ze legen 6 sh. 20 ₰.*

[42]) K.-R. 1424, fol. 19 b u. ff.: *Item dy pesserung auff die judenhewsser, dy man in der prunst nidergerissen hat* (Schindeln, Latten, Holz, Fuhren, Tagwerk, Ausfuhr von Schutt etc.). Hiebei (fol. 24 b) eine Maklergebühr bei dem Verkaufe von Jekleins Haus: *Item dem Krawtwurm zu unterchauff von Maister Jekleins haws 32 ₰.* Noch größer sind die Ausgaben in dem nächsten Jahre. Die Pflasterung *„in der Judengassen von der von Dachsperg heusern uncz zu der prukk"* kostet 5 ℔ 3 sh 25 ₰, die Reparatur eines *„judenhaws neben dem Mathes Kramer"* (Nr. 408, Rebleins Haus) 4 ℔ 12 sh 1 ₰, die Instandsetzung des Fleischhofes 4 ℔ 6 sh 4 ₰ (K.-R. 1426, fol. 63 b).

[43]) K.-R. 1424, fol. 2 a: *Item hoffczins von denn selbigen hewssern* (den unverkauften Judenhäusern) *nativitate Christi 13 ℔ ₰* (Remanenzposten aus dem J. 1423). Fol. 33 b: *Item hoffczins* [*von*] *den judenhewssern nat. Christi 7 ℔ 80 ₰. Item abgang zins von dem vergangen jar der judenhewsser nat. Christi 6 ℔ 45 ₰.* K.-R. 1426, fol. 80 b: *Item abgang zins der judenhewsser anno 1424 7 ℔ 80 ₰.*

[44]) Hiebei muß allerdings bemerkt werden, daß wir bezüglich eines wichtigen Faktors, des Pauschalbetrages, für den die Stadt die Judenhäuser vom Herzog erworben hat, derzeit noch im unklaren und nur auf die Vermutung angewiesen sind, daß das 1421 dem Herzog geleistete Darlehen von 12.000 Gulden den Kaufpreis der Häuser bilden könnte.

Verkauft wurden im Jahre

1422	4 Häuser für zirka	340 ℔ Pf.,
1423	11 Häuser für	1581 ℔ Pf.,
1424	5 Häuser für	710 ℔ Pf.,
1425	2 Häuser für .	490 ℔ Pf.,
1426 und später	5 Häuser für zirka	600 ℔ Pf.,
	= 27[45]) Häuser für zusammen zirka	3721 ℔ Pf.

Rechnet man hiezu die in den Kammeramtsrechnungen verzeichneten, im Grundbuch fehlenden Eingangsposten von zusammen 540 ℔ Pf. (Hanns Scharffenperger 400, Voitlender 140 ℔) und den Ertrag der grundbücherlichen Gebühren,[46]) die für die Zeit von 1422—1430 nach den direkten Häuserverkäufen seitens der Stadt und Schenkungen seitens des Herzogs, insoweit sie nicht abgabenfrei waren, zirka 35 ℔ Pf. betragen, so ergibt sich ein Bruttoerlös von zirka 3756 ℔ Pf. Dem gegenüber stehen bis Ende 1426 Abgänge an Hofzins zirka 14 ℔, für die Zeit bis 1430 wenigstens auf das Doppelte abzurunden, Reparaturen und Investitionen von wenigstens 100 ℔ etc., was einen approximativen Nettoertrag von zirka 3500 ℔ Pf. ergibt.[47])

Eine Aufstellung des materiellen Gesamtergebnisses der Einverleibung, resp. Realisierung der Judenstadt zeigt für die beiden beteiligten Hauptfaktoren, den Herzog und die Stadt, folgendes Bild:

I. Herzog Albrecht

verkauft an Private 15 Häuser für	2722 ℔ ₰,[48])
verkauft an die Stadt Wien 30 Häuser (für 12.000 Gulden ?)	= 9000 ℔ ₰.

[45]) Von den 30 an die Stadt gelangten Häusern blieben demnach bis etwa 1430 5 unverkauft: 332 (Fleischhof), 334 (vielleicht das 1424 mit 150 ℔ Pf. eingeschätzte Haus „Muschen von Newnburg"), 385 C (Besitzer nicht angegeben), 385 G (ebenso) und vielleicht 404 (Hocz).

[46]) Ich habe hiebei nur die ersten direkten Verkäufe, resp. Geweranschreibungen berücksichtigt, nicht aber auch den — häufig auch sofort stattfindenden — Weiterverkauf oder die Verpfändung der Objekte. Da es sich um städtisches Eigentum handelte, wurden die Gebühren nur seitens des Verkäufers geleistet. Darauf bezieht sich die Gebührenklausel am Schlusse der Grundbuchseintragungen *„altera pars vacat propter civitatem"*.

[47]) Darauf haften 1424 841 ℔, 1426 657 ℔ 4 sh. Außenstände.

[48]) Bei Nr. 405 A fehlt im Grundbuch die Angabe des Kaufpreises, Da das Haus am 29. Mai 1423 — 3 Tage nach der Erwerbung durch den Besitzer — für 160 ℔ ₰ weiterverkauft wird, nehme ich diesen Betrag als approximativen ursprünglichen Verkaufspreis an.

II. Die Stadt Wien

verkauft an Private 27 Häuser für zirka 3721 ℔ ₰,
Erlös von 2 Häusern nach den K.-R. . 540 ℔ ₰,
Grundbuchsgebühren 1421—1430 zirka 40 ℔ ₰,

Der gesamte materielle Umsatz an den eingezogenen Realitäten ergibt demnach annäherungsweise einen Betrag von 16.022 ℔ ₰. Zieht man hiebei noch die teils unverkauft gebliebenen, teils für städtische Zwecke verwendeten Häuser[49]) in Rechnung, so kann man diese Summe auf etwa 18.000 ℔ ₰ abrunden.[50]) Ein im Verhältnis zur Größe der mit Menschenopfern durchgeführten Aktion recht klägliches Resultat.

Die Einziehung der Judenhäuser war nicht die alleinige fiskalische Maßregel nach der Aufhebung des Ghettos. Von der Konfiskation des unbeweglichen Eigentums zur Einziehung des beweglichen Besitzes war nur ein Schritt. Auch dieser wurde nicht unversucht gelassen. Daß er Erfolg hatte, wissen wir aus einer Quelle, die uns leider nur die knappe Inhaltsangabe eines Verzeichnisses über den Umfang dieser teils freiwilligen, teils mit Hilfe der Folter erzwungenen Abgaben überliefert hat.[51])

Eine weitere Verfügung betraf die Aktivschulden der Juden. Trotz merklicher Abnahme der Darlehensgeschäfte zwischen Juden und Christen im ersten Viertel des 15. Jahrhunderts im Verhältnis zu früheren Zeiten dürfte der Schuldenstatus der Christen an jüdische Gläubiger noch immer ein erheblicher gewesen sein. Wohl fehlt uns bisher die Kenntnis einer direkten Verfügung

---

[49]) Außer dem Fleischhof wurde noch das Haus 385 G kurz nach dem Übergange in den Besitz der Stadt zum Teil zur Erweiterung des Rathauses verwendet, indem aus einzelnen Parzellen das städtische Mauthaus und „Beschauhaus" errichtet wurde.

[50]) Entspricht beiläufig einem Betrag von 180.000 Kronen, nach dem inneren, nicht dem Kaufwerte der damaligen Währung.

[51]) Cod. 27 C, 3 des Hof- und Staatsarchivs in Wien (Schatzgewölbe-Reg. d. Hausarchivs vom J. 1565), IV. B., fol. 361: *„Ain Sextern, darinn ist registriert, was all Juden und Jüdin in Oesterreich von Person zu Person an Gelt, Khlainat und Silbergeschmeidt gemartert und etlich ungemartert gegeben und gezaigt haben"*. Goldmann a. a. O. S. 113, Anm. 1. Vgl. auch Kl. Chronik von Klosterneuburg (Zeibig im Archiv f. K. öst. GQ. VII, S. 235): *„Darnach am schwarzen suntag mardert man dieselben juden, all die zaigten vill guets an under der erden zu Wien."*

des Herzogs über die ordnungsmäßige Regelung der Schuldangelegenheiten, doch dürfte sich die Sache folgendermaßen abgespielt haben. Die Juden wurden aufgefordert, ein Verzeichnis ihrer Schuldforderungen, unter Beibringung der Original-Schuldscheine, aufzustellen.[52]) Sobald nun die Schuldbriefe und die Judenbücher im Besitze des Fiskus waren,[53]) begann die Eintreibung auf eigene Faust. Die Geldschulden der Christen an die hingerichteten oder vertriebenen Juden wurden als der herzoglichen Kammer heimgefallen erklärt und ihre Eintreibung von Amts wegen besorgt.[54])

Ebenso ergriff der Herzog Besitz von jenen Christenhäusern außerhalb der Judenstadt, die wegen „verstandener Judengeldschuld" unter normalen Verhältnissen an die Juden — an diese natürlich nur transitorisch — gefallen wären.[55]) Daß diese und

[52]) Auch dieses Verzeichnis war noch 1565 im Schatzgewölbe vorhanden: *„Ain puechl, darauf steet geschriben Moilus inhaltend derselben Juden Geltschulden 1420. Etlich zusamen gebunden Schrifften, darauf geschriben steet Moab, darinn ligen villerlei zetlen und Inventarj der gedachten Juden gefunden und gezaigten Clainat, Silbergeschmeidt und Schulden."*

[53]) Daß sowohl die Schuldbriefe als auch die Judenbücher eingezogen und zurückbehalten wurden, wird in einem Mandat K. Sigismunds vom 30. Sept. 1421 an die Stände von Ungarn (s. weiter unten) ausdrücklich hervorgehoben: . *„demptis literis et libris registrorum iudaycalium, pridem per Australes tempore expulsionis eorundem iudeorum de tenutis ducis Austrie predicti per ipsum ducem facte ab ipsos receptis et inibi per ipsos derelictis"* (Monum. Hung. Jud. 118). Die landesverwiesenen Juden dürften vielleicht von der herzoglichen Kammer Abschriften ihrer Schuldscheine bekommen haben (wenigstens spricht das erwähnte Mandat von *„certis et evidentibus documentis"*, mit denen die Juden die Richtigkeit ihrer Außenstände nachweisen können); die Anerkennung ihrer Forderungen wurde im übrigen, soweit sie nicht von der herzoglichen Kammer pro domo eingetrieben wurden, dem guten Willen der Schuldner überlassen.

[54]) Neben der sicher nicht unbeträchtlichen Anzahl der von der herzoglichen Kammer eingezogenen Schuldscheine dürfte eine Reihe solcher auch in andere Hände gekommen und — mit gefälschten Zahlungsvermerken — Gegenstand eines schwunghaften Handels gewesen sein. Der Befehl K. Sigismunds spricht von dem bereits einmal erfolgten Verbot der *„in preiudicium eorundem iudeorum et dampnum valde magnum"* betriebenen Einlösung, resp. des Verkaufs derartiger Judengeldschuldbriefe.

[55]) Beispiele hiefür: QGW. II, 2, 2309 (Haus in der Kumphlukhen, das weilent Stephans des Rayer gewesen ist und an den Herzog *„von verstandner judengeltschuld gevallen ist"*, 1428; der gleiche Eintrag in GB. 16, 338 a, 5, der Name des Vorbesitzers lautet hier „Payer"); 2331, 2332 (Weingärten, die *„von judengeltschuld wegen"* an den Herzog

ähnliche Maßregeln schon v o r dem Autodafé auf der Wiese bei Erdberg getroffen wurden,[56]) beleuchtet von neuem den Endzweck und die ganze Tendenz der Judenverfolgung.

War demnach die Annektierung von Schuldforderungen, insolange es sich um die eigenen Juden und die Rechte ihrer eventuell am Leben gebliebenen Erben handelte, ein leichtes, so wurde die Sache komplizierter bei Forderungen von Juden, die außerhalb Österreichs wohnhaft, nicht zur herzoglichen Kammerherrschaft gehörten, und von jenen, die sich nach der Ausweisung in den Schutz einer anderen mächtigen Gerichtsbarkeit begeben haben. Auch für solche Fälle fand man nicht schwer ein Auskunftsmittel zur Befriedigung sämtlicher beteiligten Faktoren — mit Ausnahme der dabei am meisten Interessierten, der Juden. Am 28. Oktober 1423 schließt Albrecht mit Herzog Ernst einen Vertrag, in dem u. a. die Bestimmung getroffen wird, Herzog Ernst solle seinen Juden verbieten, auf das Erbe oder auf Schuldbriefe christlicher Untertanen Albrechts Geld zu leihen. „*Welcher es aber darüber tete, dem söl man derselben geltschuld nicht schuldig sein zu bezalen.*“ Andererseits verpflichtet sich Herzog Albrecht, seinen Untertanen zu verbieten, bei den Juden Herzog Ernsts Gelddarlehen aufzunehmen. In einer zweiten „berednuss“ von demselben Tage traf man auch bezüglich früherer Schulden von Christen an Juden eine Vereinbarung. Die Juden Herzog Ernsts haben diesem bis zum nächsten Lichtmeßtage (2. Feber 1424) ein genaues Verzeichnis aller ihrer Forderungen an Untertanen Herzog Albrechts einzuhändigen. Eine Abschrift dieses Verzeichnisses wird dem Herzog Albrecht vorgelegt, der sich verpflichtet, die Schuldner zur Begleichung der richtig befundenen Außenstände zu verhalten. „*Und ob dieselben Juden oder Judinn*

---

gefallen sind). QGW. I, 3, 2642 (die Judengeldschuld Liesinger Christen wird 1432 zum Bau einer Kapelle in Nieder-Liesing verwendet). GB. 58, 126 a, 2: *Hanns Payr seydennater hat versaczt sein haus, gelegen auf der Hochstrass ze Wienn zenagst des von Meissau haus uber, unserm gnedigen herrn von Osterreich umb 6 ℔ 5 ₰ judengelt, dafur es emaln Handlin der Judin gestanden ist. Actum an mitichen vor Thome* (Dezember 17) *1432. Nota, daz judengelt hat unser gnediger Her selber ledig geschafft, nach laut ains briefs, den er zu dem puch geben hat. Actum an sand Gregorientag* (März 12) *1433.*

[56]) Die Auszüge im erwähnten Schatzgewölberegister tragen das Datum 1420.

in dem gesuch und iudenschaden zu hert sein wolten, so sol unser egenanter vetter durch unsern willen darin greiffen und den unsern genedicleich geholffen sein, damit sie glimphleich und gütleich mit in darumb abkömen an gever." Forderungen, die bis zum Lichtmeßtag 1424 nicht angemeldet werden, „*sol man .. nach derselben zeit nicht phlirhtig sein zu beczalen*".[57])

Ein Übereinkommen anderer Art dürfte bezüglich der ungarischen oder nach Ungarn ausgewanderten Juden zwischen Herzog Albrecht und König Sigismund getroffen worden sein. Wir kennen zwar nicht den Wortlaut dieser Vereinbarung, doch weisen zwei Mandate Sigismunds an die Stadt Preßburg, ddo. 6. April 1421, also ganz kurze Zeit nach der Ausweisung, auf die Form hin, die der König zur Sicherstellung der Geldforderungen seiner jüdischen Untertanen gewählt hat.[58]) Der König hebt in diesen, zugunsten der Juden „*Isserl genant von Prukch*" und „*Hawbel genant von Hainburkch*", vormals „*in Österreich wonhefftig gewesen*" erlassenen Mandaten vor allem seine Verpflichtung hervor, „*allen unseren getreuen und untertenigen, es sey cristen oder juden, gnedigleichen bevor zu sein, auffzuhalden und in allen iren notdürfftichlichen sachen zu beschirmen.*" Da nun sowohl Isserl als auch Hawbel „*noch etlicher zwang seiner widerdrusse und friderkörung*[59]) *dasselbenst in Österreich seine geldschuld under im gelassen hat zwisschen etlichen cristen, die weren ynnerwenig oder auzzerhalben ander landen gesessen, durich des willen ir geldschuldbriffe und ir judenpuch, darynne dieselbig ir geldschuld geschriben stet, im enczogen und genommen worden sein zu grossen scheden, und wir dach nicht wollen unser getrewen an schulde und an sachen lassen besswereu und schedhefftig zu beleiben*", befiehlt er allen seinen Untertanen und speziell dem Stadtrichter von Preßburg, den genannten Juden bei der Eintreibung ihrer Forderungen behilflich zu sein. Doch selbst die Intervention der königlichen Kammer scheint die Einforderung der Außenstände nicht besonders beschleunigt zu haben, trotzdem sie an der Eintreibung der Judenschulden mit interessiert war. Der Stadtrichter hatte nämlich den Auftrag, „*pey derselbigen farderung und eynnemung der ob-*

[57]) Lichnowsky a. a. O. V, 2153, 2156, 2157. Kurz, Österr. unter K. Albrecht II, S. 66—69. Schlager, I, S. 231. Scherer a. a. O. S. 417. Die Originale der Vereinbarungen im H. H. und Staatsarchiv.

[58]) Monum. Hung. Jud. Nr. 144, 115.

[59]) Die Monum. Jud. lesen „*suderkörung*".

genanten geldschuld gegenwurtig zu sein an der stat unser königlichen genaden" und „*halben teil von iczlicher geldschuld besunderlichen für uns einczunemen und zu enpfohen*".[60])

* * *

Ich habe versucht, soweit dies die erhalten gebliebenen Quellen gestatten, die materielle Seite der Judenverfolgung näher zu beleuchten. Bei der Beurteilung der Judenfrage im Mittelalter und auch noch in späterer Zeit darf dieser Gesichtspunkt nicht außer acht gelassen werden. Unleugbar war er einer der mächtigsten Triebfedern der Wiener Judenverfolgung im Jahre 1421. Die Frage, ob die mit Feuer und Blut inszenierte Aktion sich auch rentabel gestaltet hat, ist nach dem unwiderlegbaren Zeugnis der Ziffern mit einem entschiedenen Nein zu beantworten. So hoffnungsfreudig und erwartungsvoll man auch an die Sache heranging, sie mußte für die Arrangeure mit einer bitteren Enttäuschung endigen. Die allgemeine Unzufriedenheit hatte eben wieder einmal die Formen des unter allen Umständen bequemen Judenhasses angenommen und als Endergebnis die Gewaltmaßregel der Judenverfolgung gezeitigt. Der fromme Wunsch, dem der heimische Dichter Seifried Helbling 150 Jahre früher Ausdruck gegeben hat,

„*Und waer ich ein fürst zu nennen*
ich hiez iuch alle brennen"[61])

ist in Erfüllung gegangen, ohne aber das zu bringen, was sich die Regisseure von dem blutigen Schauspiel versprochen hatten — einen auch nur halbwegs befriedigenden Kassenerfolg.

---

[60]) Im Falle Häubels sollte nur ein Drittel der eingetriebenen Geldsumme für die k. Kammer in Abzug gebracht werden. Am 29. Juni 1421 erteilt König Sigismund der Stadt Csanád den Befehl, die Schuldforderung „*Mwssel judei alias in civitate Vyenensi, nunc vero in civitate Budensi residentis*" an dortige Bürger einzutreiben. Monum. Hung. Jud. Nr. 116. Ähnliche Mandate an die Stadt Preßburg und an die Landstände, resp. die Stadt Ödenburg für die Juden Israel, Haybel und Aron, früher in Bruck, jetzt in Preßburg wohnhaft, vom 24. Juli, resp. 30. Sept. 1421, ibid. Nr. 117, 118. „Israel" ist wohl mit dem obengenannten „Isserl" und „Haybel" mit „Hawbel" identisch. Die Spezialverfügungen beweisen, daß die früheren Mandate wenig gefruchtet haben.

[61]) Seifried Helbling. Herausg. v. J. Seemüller. Halle 1886. S. 103.

Der Judenplatz und seine Umgebung.
Nach der Houfnagelschen Ansicht von Wien (1609).

Die Judenstadt.

Entstehung und erste Anlage.

Die Entstehung des Wiener Ghettos, d. h. eines abgesonderten Bezirkes innerhalb der Bürgerstadt geht einzig und allein auf die Stellung der Wiener Juden als herzogliche Kammerknechte und auf die exemte Position der auf herzoglichem Grund und Boden lebenden jüdischen Bevölkerung zurück. Hiebei handelt es sich aber um eine rein gewohnheitsrechtliche Einrichtung. Wir kennen keine Verfügung, die auf die strikte Verweisung der Wiener Juden auf einen bestimmten, umschriebenen Bezirk schließen lassen könnte.[62]) Aus dem Abhängigkeitsverhältnisse zu dem Landesfürsten entwickelte sich spontan und allmählich ein abgeschlossenes Stadtviertel, dessen leichtere Übersichtlichkeit schon aus fiskalischen Gründen geboten war.[63]) „Die Gemeinsamkeit nicht nur der religiösen, sondern auch der rechtlichen,

---

[62]) So fehlt z. B. in den 5 auf die Juden bezüglichen Beschlüssen des Wiener Konzils vom Jahre 1267 die Bestimmung der Breslauer Synode vom selben Jahre, die sich auf die Errichtung eigener Judenviertel bezieht. Vgl. Scherer a. a. O. S. 44 u. 331.

[63]) Daß außer diesen äußeren Momenten auch noch interne Verhältnisse der Ansiedler (religiöse und rituelle Gebräuche, wie der gemeinsame Gottesdienst, kulturelle Gesichtspunkte etc.) mit zum einheitlichen Ausbau von Judenvierteln und indirekt von Judengemeinden beigetragen haben, ist klar.

sozialen, kommerziellen und kommunalen Interessen führte gemäß dem allgemeinen Gebrauche des Mittelalters, nach welchem sich Angehörige derselben Nation und desselben Berufes teils freiwillig, teils infolge obrigkeitlicher Anordnung nahe bei einander ansiedelten, auch zu lokalen Vereinigungen der jüdischen Glaubensgenossen. Die obrigkeitlich angeordneten gemeinsamen Ansiedlungen hatten bezüglich der Juden ihren Grund einerseits in der Fürsorge für dieselben, um sie gegen feindliche Angriffe besser schützen zu können, andererseits in der Absicht, eine Vermischung mit den Christen zu erschweren" (Scherer). Berücksichtigt man nun die Verhältnisse, aus denen die Wiener Judenstadt, als abgesonderter Bezirk, hervorgegangen ist, dann wird man begreifen, daß ältere Anschauungen bezüglich der Entstehung des Ghettos, wie sie hauptsächlich Camesina mit künstlichen Argumenten verfochten hat,[64]) heute gänzlich unhaltbar sind. Das Zurückverfolgen der Wiener Judenstadt in die Römerzeit, d. h. mit Camesina anzunehmen, daß die spätere Judenstadt als abgeschlossenes Ghetto schon innerhalb des Castellum des römischen Vindobona bestanden hat,[65]) wird wohl heute nicht mehr ernstlich diskutiert.

---

[64]) Wiens örtl. Entwicklung von der röm. Zeit bis zum Ausg. d. XIII. Jahrh. Mit einem Atlas von 7 Tafeln. Wien 1877. — Camesinas Theorie von der Entstehung der Judenstadt widerlegte mit treffenden Gründen z. T. schon Mayer in seiner ausführlichen Arbeit „Der neueste Stand der Frage über die räuml. Entwicklung Wiens von der ältesten Zeit bis zum Schlusse des XIII. Jahrh." (Bl. d. Ver. f. Landesk. 1877, S. 404 u. ff., 1878, S. 228 u. ff.)

[65]) Camesina a. a. O. S. 12: „Eine ganz besondere, und zwar umfriedete Ansiedlung bestand westlich der römischen Anlage, es ist jene der Juden, die, wie schon Lazius meldet, unzweifelhaft bereits zur Zeit der Römer um Vindobona angesiedelt waren. Für ihre Niederlassung wählten sie, von ihrem Handelsgeiste geleitet, die Hauptverkehrsader, die Straße nach Cetium. Diese abgeschlossene Judenstadt bildete ein nahezu regelmäßiges Viereck, das gleich der römischen Ansiedlung von einem Graben umgeben war. Die Häuser Nr. 385, 363, 361, 349 bis 341 herab, 417, 411, 410, 409, 434, 405 bis 402 bildeten deren Grenzen. Wenngleich die Hauptverbindungslinie dieser Ansiedlung die heutige Wipplingerstraße war, so erscheint doch der Judenplatz als deren Zentralpunkt, von dem die Wege in der Richtung der Kurrentgasse gegen den Schulhof, der Parisergasse, der Färbergasse und des Stoß in Himmel und endlich der Jordangasse ausgingen." Mit Recht bemerkt Mayer, daß es — abgesehen von anderen Gründen — fraglich ist, ob die Handelsvorteile für die Juden in Vindobona — selbst nach dem Falle des eigentlichen Handelszentrums,

Ist es auch nicht unwahrscheinlich, daß sich schon im Gefolge der Legionen und auch in den einzelnen römischen Kolonien Pannoniens vorübergehend Juden aufgehalten haben, so muß doch angenommen werden, daß die früheste Niederlassung von Juden in Niederösterreich auf die Zeit der ersten Kreuzzüge und der mit diesen einhergehenden Verfolgungen in Deutschland zurückzuführen ist. Diese Ansiedelungen hatten nicht den Charakter eines Auftretens und Niederlassens in Massen, wie etwa die Massenbewegung zur Zeit der Völkerwanderung. Es war nichts anderes, als eine Erscheinung der traditionellen Diaspora, wieder einmal durch äußere Momente und blutige Verfolgung hervorgerufen. Speziell die Einwanderung in Niederösterreich dürfte auf die Vertreibung der Juden aus Deutschland, hier zumeist der Rheingegend, und Böhmen zurückgehen. Hand in Hand mit den Judenverfolgungen ging aber auch der durch die Kreuzzüge hervorgerufene Aufschwung des Handels und so dürfte die Ansicht Scherers, daß die Bestrebungen der österreichischen Markherzoge seit Leopold V. (1177--1194), den heimischen Handel zu heben, Juden veranlaßt haben, sich in Österreich niederzulassen, viel für sich haben. Ja man kann mit Scherer noch weiter gehen und eine direkte Berufung jüdischer Kaufleute nach Österreich als sehr wahrscheinlich annehmen, schon mit Rücksicht auf die bekannte Tatsache, daß um dieselbe Zeit Handels- und Gewerbsleute aus Regensburg, aus Flandern etc. aus rein handelspolitischen Gründen in Österreich angesiedelt wurden. Hiebei scheint mir der Umstand, daß sich die ersten Judenansiedelungen in Ober- und Niederösterreich fast durchgehends an Orten längs der Wasserwege der Donau konstatieren lassen, nicht ganz unwesentlich zu sein. Die Faktoren für die Weiterentwicklung der Kolonie zur organisierten Gemeinde waren durch religiöse und rituelle Momente gegeben.

Auch für Wien kann für die früheste Zeit fast mit voller Sicherheit eine freie, auch örtlich unbeschränkte Niederlassung Einzelner oder Familien- und Interessengruppen angenommen werden. Auch hier dürfte die Gegend an der Donau die Stätte der ersten Ansiedelungen gewesen sein. Der rege Handelsverkehr

---

der Zivilstadt Carnuntum (375) — wirklich so bedeutende gewesen sind, daß ihre Niederlassung fast Zweidrittel der ganzen Größe Vindobonas ausmachen konnte.

der Donau bot den von allen bürgerlichen Beschäftigungen ausgeschlossenen Juden die Möglichkeit einer auf das Geldgeschäft beschränkten Verbindung mit Fremden und den in der Donaugegend ansässigen einheimischen Gewerbetreibenden, wie Schiffern, Flößern, Bindern etc.

Neben diesen Ansiedelungsstätten, dem eigentlichen Schauplatz der geschäftlichen Tätigkeit der Juden, wird sich schon in früher Zeit — wenigstens für die besser Situierten — in der Nachbarschaft und noch innerhalb der Bürgerstadt ein Wohnungszentrum entwickelt haben, das als Keimanlage der späteren Judenstadt zu betrachten ist. Die frühesten, auf die Geschichte der Wiener Juden bezüglichen Nachrichten weisen mit großer Wahrscheinlichkeit auf eine solche ursprüngliche Wohnanlage hin. Dafür spricht auch der Umstand, daß die früheste topographische Erwähnung von jüdischem Grundbesitz in dieser Gegend gleichzeitig von der Synagoge, sozusagen von dem Mittelpunkt der Niederlassung spricht. In der Exemtionsurkunde des Bischofs Wolfker von Passau für die Kapelle des Kämmerers Gottfried (1204, März 30) ist von vier Hofstätten neben der Judenschule, auf dem Wege von der Donau, die ehemals dem Juden Zlom (Schlom) gehörten, die Rede.[66])

Sind auch die knappen Angaben der zitierten Urkunde für topographische Schlußfolgerungen nicht besonders geeignet, so bieten sie dennoch in ihrem Zusammenhange mit der Nennung des ersten jüdischen Besitzers der Hofstätten und der Erwähnung des Standortes der Synagoge einen gewissen Anhaltspunkt für die Möglichkeit einer Lokalisierung, ohne daß man gezwungen wäre, mit Schlager eine sogenannte „erste Judenstadt" anzunehmen.[67])

[66]) Hormayr, Wiens Gesch. I, Urk.-B. Nr. 17. QGW. I, 3, 2795. Der von Hormayr nach dem Original des H. H. u. Staatsarchivs abgedruckte Text ist, wie dies schon Aronius, Reg. z. Gesch. der Juden in Deutschland Nr. 363 vermutet hat, korrupt. Die Stelle lautet: quandoque (so statt quondam, Hormayr: quidem) fuerunt Zlomi judei scilicet ubi *itur* (Hormayr: *contra*) a fluvio Danubii in eundem vicum.

[67]) Schlager a. a. O. I, S. 20 verlegt die sogen. erste Judenstadt in die Gegend des unteren Arsenals (jetzt Renngasse, Börseplatz) mit teilweiser Einbeziehung des Tiefen Grabens. Seine auf einem Mißverständnisse beruhende Begründung dieser Lokalisierung mit einem „Judenthor, so man im Elend pflegt zu nennen", hat schon Mayer a. a. O. S. 229 widerlegt. Noch weiter in der Feststellung der Grenzen eines angeblichen

Für die früheste Periode der Geschichte der Wiener Juden darf nicht außer acht gelassen werden, daß es ihnen weder verboten war, unter Christen zu wohnen, noch war es ihnen verwehrt, unbeweglichen Grundbesitz zu erwerben und ihr eigen zu nennen. Dabei kommt noch in Betracht, daß die vornehmeren und reicheren Juden, die Häuser- und Grundbesitzer u. a., schon damals in den höher gelegenen, besseren Stadtteilen wohnten (Mayer a. a. O. S. 229). Zu diesen Bevorzugten gehörte höchstwahrscheinlich auch Schlom, der schon infolge seiner Stellung als Münzmeister in der Nähe des Hohen Marktes, wo sich u. a. die Schlagstube befand, wohnte.[68]) Ebenso wahrscheinlich ist es auch, daß sich sein Grundbesitz und folglich die als benachbart bezeichnete Synagoge, vielleicht eine auf ihn zurückgehende Gründung, auch in der Nähe seines Wohnortes, d. h. an der später als Schulhof (Judenplatz) bezeichneten Stelle befunden hat. Es wäre gewagt, wenn man aus der Stelle der Urkunde *„ubi itur a fluvio Danubii in eundem vicum“* (= Gasse, ohne daß in der fehlerhaft stilisierten Urkunde eine solche früher genannt wäre), auf eine älteste Judenstadt in der Gegend der Donau — nach älteren Forschungen etwa in der Nähe der Einmündung des Ottakringerbaches — schließen würde;[69]) ja wenn man, um zu Schloms Hofstätten und zur Judenschule zu gelangen, die Richtung *von* der Donau weg nehmen mußte, ist die Annahme eines Judenbezirkes an der Donau ganz von der Hand zu weisen. Daraus folgt, daß die 1204 erwähnte scola Judeorum an derselben Stelle stand, wohin sie die noch zu erwähnende Heili-

ersten Judenbezirkes geht Hormayr (Jahrb. d. Literatur VI, 1819, S. 98): „Die Juden hatten in Wien eine eigene Judenstadt in der Nähe des Dempfingerhofes (alt 494, jetzt Seitenstettengasse 4), am Saume des Hohen Marktes fort, längs der Salvatorkirche und Maria Stiegen bis zum Judenturm und an das Zeughaus rückwärts des Schottenklosters.“ Eine sinnlose Konfusion der auf die frühesten freien Judenniederlassungen und die spätere wirkliche Judenstadt bezüglichen Nachrichten.

[68]) Von Schlom (Zlom, Sclom, Shlom = Salomon) ist zuerst vor 1195 die Rede (Mon. Boica IV, 85, Nr. CXV); schon um diese Zeit figuriert er als Münzmeister Leopolds V. Über sein tragisches Ende, er fiel als das Opfer der Privatrache eines Kreuzfahrers im Juni 1196 (im Tamus 956), s. Emek habacha. Herausg. v. Wiener, S. 37. Quellen z. Gesch. d. Juden in Deutschland II, S. 74 u. 211. Scherer a. a. O. S. 121 u. ff. Aronius, Regg. 339.

[69]) Daß hier vicus als Gasse — im Gegensatz zu strata, Straße — und nicht etwa als Viertel aufzufassen ist, läßt sich mit zahlreichen Stellen aus Wiener Urkunden der Zeit belegen. Vgl. auch Schuster, Zapperts „Ältester Plan von Wien“, S. 9, Anm. 2.

genkreuzer Urkunde aus dem Jahre 1294 verlegt, nämlich auf dem Judenplatz.

Um die Mitte des 13. Jahrhunderts beginnt, wahrscheinlich von Herzog Ottokar (seit 1251 der Landesherr von Österreich) begünstigt, die Ansiedelung der Wiener Juden in dem von ihnen früher nur sporadisch bewohnten Viertel größere Dimensionen anzunehmen. Aus dem auf herzoglichem Grund liegenden Bezirke, früher nur von Bevorzugten bewohnt, entwickelt sich allmählich ein abgegrenztes Gebiet, die spätere, allerdings kaum zwei Jahrhunderte überdauernde Judenstadt, das eigentliche Wiener Ghetto. Erst um diese Zeit sprechen die Wiener Quellen von einem Bezirke *„under den Juden"*, *„inter judeos"*, worunter immer nur ein ausgesprochenes, von der Bürger- und Adelsstadt räumlich abgegrenztes Judenviertel zu verstehen ist. Die Daten über die ursprüngliche Ausdehnung dieser Ansiedelung sind nicht sehr reichlich. Von den Dienstbüchern, die uns über die Zinsbarkeit der Judenhäuser der herzoglichen Kammer, dem Bürgerspital, dem Bistum, dem deutschen Ritterorden und den Schotten gegenüber Nachricht geben würden, hat sich für die Zeit des 13. Jahrhunderts nur jenes des Bürgerspitals erhalten.[70]) Hier finden sich nun (fol. 7 b, 19 a, 31 a) unter der Bezeichnung *„In der iuden straz"* neben drei christlichen Hauseigentümern vier im Besitze von Juden befindliche Hofstätten und Häuser, die — wahrscheinlich außer anderen Grundherren — auch dem Bürgerspital dienstbar sind.[71]) Etwa aus gleicher Zeit (1294 stammt die erste

[70]) Archiv d. Stadt Wien. Rep. 123, 4. Dieses älteste Dienstbuch des Bürgerspitals stammt nach den Untersuchungen Uhlirz' (Gesch. der Stadt Wien II, 1, S. 96) aus der Zeit 1295—1304.

[71]) Fol. 7 b: *In der iuden straz. Marchardus filius vorsprech de domo 40 ₰. Ibidem Marchardus de area 20 ₰. Ibidum Marchardus de domo 10 ₰. Zacharias judeus de domo 30 ₰. Ibidem de domo Ysaach dya[bolus] 42 ₰.* Ähnlich fol. 19 a und 31 a. — Daß Marchardus trotz des nicht jüdisch klingenden Namens Jude war, beweisen die Eintragungen des zeitlich nächsten Dienst- und Gültenbuches der Schotten aus dem J. 1314 (herausg. v. Goldhann in Quellen u. Forsch. zur vaterl. Gesch. Wien 1847). Hier figuriert Marchardus mit 5 Häusern und Hofstätten als *„Marchardus judeus"* (fol. 1 b, 4 b, 33 a, 44 a) und einmal (fol. 3 b) als *„Marchardus judeus de domo patris sui Gerssonis"*, was im Zusammenhange mit der Angabe des Bürgerspital-Dienstbuches auf die bevorzugte Stellung seines Vaters als „Vorsprech" (etwa Vertreter der Juden vor den Behörden, der spätere „Schtadlan") schließen lassen könnte.

urkundliche Bezeichnung der Gegend um die Synagoge als „Schulhof der Juden".[72])

Daß wir in diesen Aufzeichnungen die frühesten Nachrichten über die Besiedelung der Judenstadt zu suchen haben, scheint außer Zweifel zu sein. Sie beweisen aber auch, daß die Rückverfolgung des späteren Ghettos an einer und derselben Stelle bis in die Römerzeit historisch ebenso unhaltbar ist, wie die Angabe Schlagers, daß ein massenhafterer Umzug der Juden aus der Gegend des Tiefen Grabens in das Judenviertel im Jahre 1375 die Bezeichnung des Mittelpunktes des Ghettos als *„novum forum judeorum"* zur Folge hatte.[73])

Topographische Bezeichnung der Judenstadt. Ihre Begrenzung, Tore und Mauern. Anlage und Bauart der Häuser.

Die geläufigste Bezeichnung für die Judenstadt war der allgemeine ortsbestimmende Ausdruck „unter den Juden", „inter Judeos".[74]) Daneben figuriert schon in früher Zeit als pars pro toto in den Urkunden die Bezeichnung „in der iuden straz", „in der Judengassen", „in strata

[72]) Am 1. Sept. 1294 stiftet Pilgrim, Paltrams Sohn, von Wien in der Abtei Heiligenkreuz einen Jahrtag. Unter den der Abtei vermachten Gülten befinden sich auch *„5 phunt geltes der leit aniez ouf Penditen hous des Juden ze Wienne, auf dem house, daz da leit ze naechste bei dem schûlhof der Judзn"*. Weis, Urk.-B. v. Heiligenkreuz I, 273, 306.

[73]) Diese Angabe Schlagers a. a. O. I, S. 21, 22, 48 ist auf eine seiner zahlreichen Flüchtigkeiten zurückzuführen, die im gegebenen Falle um so fataler ist, als es unmöglich erscheint, der Fehlerquelle auf den Grund zu gehen. Der Hinweis auf Buch der Käufe, C, Seite 22 bei Schlager ist in allen seinen Bestandteilen falsch. Weder die bisher veröffentlichten, noch die von mir durchgearbeiteten Grundbücher enthalten einen auf den „neuen Judenplatz" bezüglichen Beleg aus dem 14. Jahrh. Sollte es sich etwa um einen aus *„novum forum"* (Neuer Markt) und *„prope domum"* kombinierten Lesefehler Schlagers handeln? Es muß bei dem Umstande, daß weder die Bezeichnung des Grundbuches, noch das Jahr und die Seitenzahl stimmen, die Entdeckung der Fehlerquelle dem Zufalle überlassen bleiben.

[74]) Beispiele hiefür: QGW. II, 1, 381 (1351), 453 (1354), 540 (1360), 831 (1370), 833 (1373). QGW. III, 1, 10 (1368), 1303 (1381), 1486 (1383) etc. Aus früherer Zeit: Dienstb. d. Bürgersp. 1326, Nachtr. um 1336, fol. 13 a, 70 b, 130 b, desgl. 1342, fol. 18 b.

Judeorum",[75]) dann auch noch „Judenstadt" im allgemeinen.[76]) Bei diesen und ähnlichen topographischen Benennungen ist jedoch nicht an eine einzelne Gasse des Judenviertels, sondern an die Judenstadt als solche mit sämtlichen in ihren Mittelpunkt, den Schulhof, d. i. den späteren Judenplatz radial einmündenden Straßenzügen zu denken. Da die einzelnen Gassen der Judenstadt keine besonderen Namen führten, wurde die Lage ihrer Häuser, in früherer Zeit überhaupt nicht, zur Zeit der Aufhebung des Ghettos, wo die sich häufenden Transaktionen eine genaue Lokalisierung erforderlich machten, zumeist nach ihrer Situation gegen das Karmeliterkloster, beziehungsweise den Friedhof der Karmeliter bestimmt. Nur bei den in bereits benannten peripheren Straßen („Wiltwercherstraße", „Hofgeßlein") liegenden Judenhäusern wird der topographische Hinweis auf die Straße selbst beibehalten.[77]) Der zentral gelegene Kernpunkt der Judenstadt, der von etwa 20 Häusern umsäumt fünf Straßenzüge in sich aufnahm, führte von altersher nach der auf dem Platze gestandenen Judenschule den Namen Schulhof.[78]) Diese Bezeichnung wurde im Laufe der Zeit von der in den Sprachgebrauch übergegangenen allgemeinen Benennung des Ghettos zum Teil verdrängt, um erst zur Zeit der Aufhebung der Judenstadt und des Verkaufes der Judenhäuser wieder sporadisch in Aufnahme zu kommen.[79]) Daneben wird der Schulhof schon 1423 in drei Fällen als der „Neue Platz" bezeichnet;[80]) diese Bezeichnungen

---

[75]) Beispiele: Dienstb. d. Bürgersp. um 1295, fol. 7 b (s. oben Anm. 71). QGW. II, 1, 497 (1357); III, 1, 298 (1370), 1142 (1379), 1303 (1381); I, 3, 3382 (1383) etc. Diese Bezeichnung erhielt sich ziemlich allgemein während des nach 1421 vorgenommenen Verkaufes der Judenhäuser. Sie figuriert bei der Lagebestimmung von Häusern in 20 Fällen.

[76]) QGW. I, 3, 3368. Beil. 6 zu Nr. 363.

[77]) Für die Wiltwercherstraße als Teil der Judenstadt s. die Beil. zu Nr. 344, 348, 2, 349, 4, 350, 2, 352, 355, 362, 2, 384 E, 384 F, 384 G etc., für das *„geßlein bey den weißen brüdern"* (die heutige Kurrentgasse) s. Beil. zu Nr. 407, 411 A, 1, 2, 434, 2, für das *„geßlein als man [vom Schulhof] zu den weißen brüdern get"* (die heutige Parisergasse) s. Beil. zu Nr. 408, 409, für das *„Hofgeßlein"* (die heutige Färbergasse) s. Beil. zu Nr. 333.

[78]) Nicht zu verwechseln mit dem heutigen Schulhof, der z. T. an der Stelle des früheren Judengartens und des Friedhofs der Weißen Brüder liegt.

[79]) S. die Beil. zu Nr. 341, 384 E, 417, 418, 420.

[80]) S. die Beil. zu Nr. 384 F, 384 G, 410.

werden aber schon 1437 von dem neuen, bis auf die heutige Zeit erhalten gebliebenen Namen „J u d e n p l a t z" abgelöst.[81])

Faßt man das Bild des Straßenkomplexes der Judenstadt zusammen, so findet man vor allem als Hauptstraße die das nördliche Segment durchziehende Fortsetzung der Wipplingerstraße (Wiltwercherstraße), von dem Tore bei dem zur Rathauskapelle führenden Gäßchen bis zur Hohen Brücke. In diese Hauptstraße münden außer dem Gäßchen zur Ottenheimkapelle zwei Nebengassen zwischen den Häusern 385 D und 363 (der heutige S t o ß - i m - H i m m e l), beziehungsweise 360 und 356 (die heutige S c h w e r t g a s s e). Von der Wipplingerstraße führen zwei Gassen auf den Schulhof: die eine (die heutige F ü t t e r e r - g a s s e) zwischen den Häusern 347, 346, 384 A und 384 H direkt auf den Mittelpunkt des Platzes, während die andere (1433 bezeichnet als („*geßlein gegen Hern Otten und Haymen kapellen uber*") zwischen den Häusern 384 G, 394 und 395 beim Zusammentreffen mit der Fortsetzung der Schultergasse abbiegt und mit einer horizontal verlaufenden Gassenenge in den Schulhof mündet (die heutige J o r d a n g a s s e). Vom Schulhof selbst führen drei Gäßchen auf den Hof, resp. zu dem Freithof und dem Kloster der Karmeliter. Das erste zog in kurzem Lauf längs der Häuser 341, 417 und 418 auf den Hof (die heutige D r a h t g a s s e), das zweite („*gessel als man von dem Schulhof hincz den benanten [weissen] brůdern geet*", 1437) zentral gelegene (zwischen den Häusern 411—413, 417 und 420) entspricht der heutigen P a r i s e r g a s s e, während der dritte Gassenlauf, bezeichnet als „*gesslein bey den weissen brůdern*" die heutige K u r r e n t g a s s e darstellt. Diese Gasse zog an 10 Häusern vorüber, repräsentierte somit eine wichtige Verkehrsader der Judenstadt.[82]) Das an der westlichen Peripherie des Ghettos gelegene Gäßchen, das zum Ledererhof, resp. auf den Hof führte, trug schon 1411 den Namen „*Hofgeßlein*" und entspricht der heutigen F ä r b e r g a s s e.[83])

Spricht man von dem Wiener Ghetto, so hat man keineswegs an ein gegen die benachbarte Christenstadt etwa durch eine Ringmauer abgeschlossenes Stadtviertel zu denken. Die Abgrenzung

[81]) S. die Beil. zu Nr. 342. Sporadisch taucht aber auch noch die alte Bezeichnung auf: *in der Judengassen an dem Newen placz.* GB. 59, 29 b (1451).

[82]) Noch im Plane von Hirschvogel (1547) ist die jetzige Kurrentgasse als „*Judengässel*" bezeichnet, während die übrigen Gassen der Judenstadt auch bei ihm noch namenlos erscheinen.

[83]) Als Hofgeßlein auch in dem auf das Haus Nr. 333 bezügl. Kaufeintrag bezeichnet.

gegen die anrainende Bürgerstadt war, da die Eingänge in die Judenhäuser auf der Gassenseite des Ghettos gelegen waren, durch die Rückseite der Häuser gegeben; nur dort, wo durchlaufende Straßenzüge die so entstandene Umwallung unterbrochen haben, waren zum Abschluß der Begrenzung Mauern und Tore angebracht. Diese mehr natürliche Grenze zwischen Judenstadt und Bürgerviertel begann an der Hohen Brücke mit einem gegen die Wipplingerstraße führenden Tore, zog dann längs des Hauses Nr. 355 in gebrochener Linie bis zur Häuserfront an der heutigen Schwertgasse fort, um von dort in fast gerader Linie den zwischen dieser und dem jetzigen Stoß-im-Himmel liegenden Häuserkomplex und die Fläche des alten Rathauses bis an das zur Rathauskapelle führende Gäßchen zu durchschneiden. An dieser Stelle befand sich das zweite von der entgegengesetzten Seite in die Wipplingerstraße führende Tor. Jenseits der Schultergasse („Schiltergässel"), die nur einige wenige Judenhäuser zählte,[34]) ging die Grenze entlang der rückwärtigen Front des großen Häuserblocks bis zum Judengarten, resp. dem späteren Friedhofe der Weißen Brüder (jetzige Pfarrkirche Am Hof), um an der Umsäumung des Friedhofes bis zum Hause Nr. 419 (heute Am Hof Nr. 12) zu ziehen. Da die Vorderfront dieses und der angrenzenden Häuser gegen den Hof, resp. den Ledererhof zu gelegen war, dürfte hier die Grenze auf eine kurze Strecke unterbrochen gewesen sein und zog erst von der Rückseite des Hauses Nr. 332 parallel mit dem Tiefen Graben zur Hohen Brücke zurück.

Die Judengassen waren, wie bereits erwähnt, an ihren Enden entweder durch Mauern abgeschlossen oder durch Schwibbogen, beziehungsweise Tore abschließbar. Die beiden Haupttore befanden sich am Ein-, resp. Ausgange der Wipplingerstraße und trugen beide die Bezeichnung „J u d e n t o r". Das eine bei der Hohen Brücke und wohl auch das zeitlich ältere kommt bereits im Urbar des Schottenstiftes vom Jahre 1314 als *porta Judeorum* vor. Es stand knapp an der Hohen Brücke, in der Nähe des Maierhofes und hinter dem Kloster der Schotten und führte zwischen den beiden Judenhäusern Nr. 355 und 353 (heute Wipplingerstraße 20, 21) in die Hauptverkehrsader der Judenstadt.[35])

[34]) Dienstbuch des D. R.-O. (Cod. 128), fol. 6 b: *„Under den Juden an der Schilterstrazz"* (ohne Eintrag).

[35]) Erwähnt wird das Judentor an der Hohen Brücke zuerst 1314 im Urbar der Schotten (fol. 1 a), dann in Urkunden aus dem J. 1339 (QGW. I, 1, 342), 1358 (I, 1, 382), 1360 (II, 1, 547), 1373 (II, 1, 827),

In der Nähe dieses Judentores (zwischen Renngasse 16 und Wipplingerstraße 28) befand sich der in die Stadtmauer eingebaute Judenturm, so genannt nach einem auf dieser angebrachten Stein mit hebräischer Inschrift.[86])

Der Judenturm.
Aus Fuhrmann, Histor. Beschr. v. Wien, 1766. S. 58.

Das zweite Judentor bildete den Abschluß der Gegend des Hohen Marktes gegen die Wipplingerstraße. Es befand sich, mit einem Pfeiler an die Ecke des Hauses 385 G (jetzt ein Teil von

---

1382, 1385, 1411, 1412 (Camesina, Zwei Urbare des Stiftes Schotten. Wien 1873, S, 1, 2) etc. S. auch Beil. zu Nr. 355: *„pey dem tor, da man auf die Hochprugk get"*.

[86]) Erwähnt wird der Judenturm zuerst 1314 im Urbar der Schotten, dann im 14. Jahrh. noch öfter. Im 15. Jahrh. als Aufbewahrungsort der Pulvervorräte der Stadt benützt, wurde er 1776 von der Stadt Wien an Paul Hauk verkauft, der ihn wahrscheinlich kurz darauf abtragen ließ. Die Abbildung des Turmes findet sich zuerst in der Rundansicht von Wien von Meldemann (1529); die hier wiedergegebene Reproduktion ist Fuhrmanns Beschreibung von Wien (1766), 1. T., S. 58 entnommen.

Wipplingerstraße 8), mit dem anderen zwischen die Häuser 393 A und 394 (jetzt Wipplingerstraße 3, 5) angebaut, gegenüber dem schon 1351 als *„gazzlein, daz da get an das Judentor“* bezeichneten Zugang zur Ottenheimkapelle.[87]) In seiner Anlage dürfte dieses Tor kleiner als jenes an der Hohen Brücke gewesen sein, wofür vielleicht auch die 1373 vorkommende Bezeichnung *„judentürlein“* spricht.[88])

Die Stadtmauer am Judenturm.
Mit einem, eine hebräische Inschrift tragenden Stein.
Aus Fuhrmann, Alt- und Neues Wien, 1738, I. S. 422.

Außer durch diese Haupttore war die Judenstadt noch von der Gegend Maria-Stiegen aus in erster Zeit durch ein in den jetzigen Stoß-im-Himmel führendes Tor zugänglich. An die Trennungsmauer der Häuser 364 und 363, resp. 383 und 385 C angebaut,

[87]) QGW. II, 1, 381. Ebenso 1354, ibid. 453.

[88]) QGW. II, 1, 831. Haus Merchels des Juden *„ze Wienne zenast dem judentürlein in der Wiltwercherstrasse“*. Stadtbuch II, 227 a, 2 (1417): Haus der Elspet Hannsen des Schusters Witwe *„gelegen bey dem judentürl ze Wienn“*.

diente es anfangs als sogenannte *„gemeine durchvart“* (transitus communis). Im Jahre 1370 verkauft der Wiener Bürger Ulrich mit der Pettziechen das Haus 363, das *„weilnt Schalams des Juden . . Jösleins sun“*, darnach *„Muschen von Marcpurch“* und einige Zeit *„Hatschim von Zil“* gehörte, an Isserl, Arons Sohn von Wien.[89]) Im Jahre 1376 bewilligt nun Herzog Albrecht dem neuen Besitzer zwischen seinem und Kolman des Unterkäuffels Hause (385 C) eine Küche über die Straße bauen zu dürfen, doch nur dergestalt, *„dax er si in der hoche pawe und mache, dax ain geladner wagen dadurch gen muge“*.[90]) Kurz darauf wurde das in die Judenstadt führende Tor vermauert, denn in dem an die Stadt Wien gerichteten Befehlsschreiben Herzog Albrechts vom 26. November 1380 wird es bereits als das *„vermaurt tor, dax da gangen ist in unser Judenstat ze Wienn in die gassen, da derselb Ixxerl inne sitxet“*.[91]) In dieser Urkunde wird nämlich *„Ixxerlein unserm Juden von Newnburg klosterhalben und andern unsern Juden xe Wienn solich gnade getan“*, daß dieses Tor auch ewig vermauert und versperrt bleibe, es soll weder jetzt noch später als Durchgang dienen und es soll dem *„egenanten Ixxerl, seinen erben noch den vorgenanten Juden von demselben tor chain uberlast noch beswerung“* geschehen. Erst im Jahre 1424, nachdem das früher Jonas dem Steußen gehörige Haus 1421 geschenkweise in den Besitz des Wiener Bürgermeisters Hans Musterer kam, wurde die Mauer auf Kosten der Stadt wieder abgebrochen und der Zugang zu Maria-Stiegen freigelegt.[92])

Gegen den Hof zu war die Judenstadt durch ein an das Haus 332 und 335 angebautes Tor abgeschlossen,[93]) das durch das Hofgeßlein zur Gegend der Hohen Brücke führte.

An Stellen, wo die Umgrenzung durch ausmündende Straßenzüge unterbrochen war, wo sich also die hintere Front der Judenhäuser mit der Straßengrenze berührte, waren Mauern angebracht, die zusammen mit den rückwärtigen Mauern der Judenhäuser die Grenze gegen die anrainenden Christenhäuser bildeten. Abgesperrt

[89]) QGW. I, 3, 3291, III, 1, 298.

[90]) Beil. 5 zu Haus Nr. 363. Die Küche stand über einem Schwibbogen, der erst 1614 abgebrochen wurde. Kammeramtsrechn. 1614, fol. 195. Ber. u. Mitt. d. Altert.-Ver. XV, S. 183, Anm. 2.

[91]) QGW. I, 3, 3368. Beil. 6 zu Haus Nr. 363.

[92]) K.-R. 1424, fol. 19 a. S. oben S. 21, Anm. 41.

[93]) S. Beil. zu Haus Nr. 335: *„pey dem türlein, als man get an den Hof“*.

durch eine Mauer waren die Schwertgasse und die Schultergasse; durch eine Türe in der Einfriedungsmauer die Gasse, die vom Schulhof zum Judengarten,[94]) (jetzt Parisergasse) führte. Ob der Zugang vom Hof gegen den Judenplatz (die heutige Drahtgasse) und vom *„geßlein zu den weißen brüdern"* (die heutige Kurrentgasse) durch ein Tor oder durch eine Mauer abgeschlossen war, darüber fehlen verläßliche Nachrichten, doch ist das erstere wahrscheinlicher.

Der Umstand, daß sich die Häuser der ehemaligen Judenstadt fast bis in die neueste Zeit in beinahe unveränderter Gestalt erhalten haben, ermöglicht es, auch einiges über ihre Anlage, Bauart und Höhenverhältnisse mitzuteilen. Die baulichen Veränderungen der meisten Häuser waren bis zur Zeit ihrer Demolierung und ihres Umbaues, wenn man etwa von den zwei großen Häuserkomplexen 384 und 385 absieht, ganz unwesentliche. Einige, wie z. B. Nr. 345, 346, 355, 361, 393, wurden im Laufe der Zeit geteilt, andere, wie die Häuser 344, 349, 359, zu einem Komplexe vereinigt, auf einige wurde ein Stockwerk aufgesetzt, bei dem einen oder anderen das einstöckige Hinterhaus abgebrochen oder der Garten verbaut. Das Gros der Häuser jedoch, hauptsächlich jene des Judenplatzes, blieb in der ursprünglichen Gestalt fast bis in die 80er Jahre des vorigen Jahrhunderts erhalten.[95])

Nimmt man nun an, daß sich die Häuserphysiognomie der ehemaligen Judenstadt, wenigstens bis zu einer gewissen Zeit, nur unwesentlich verändert hat, dann bieten uns die mit dem Jahre 1563, resp. 1566 beginnenden Hofquartierbücher wertvolle Anhaltspunkte zur Feststellung der Ausdehnung und der Höhenverhältnisse der einzelnen Häuser.[96])

[94]) S. Beil. zu Haus Nr. 420: *„zenagst dem türl in dem gėssel . . von dem Schulhof hincz den benanten [weissen] brůdern"*. Am Ausgange der Parisergasse gegen den Schulhof zwischen dem Hause Nr. 413 (neu 2) befand sich noch zu Anfang des 18. Jahrh. ein Torausgang, der allabendlich mit einem Eisengitter versperrt wurde. Möglicherweise geht diese Toranlage noch auf die Zeit des Bestandes der Judenstadt zurück.

[95]) Einige der an die Stadt gelangten Häuser wurden allerdings kurz nach der Aufhebung der Judenstadt von einer Feuersbrunst zum Teil zerstört. S. oben, Anm. 42.

[96]) Die Hofquartierbücher, Verzeichnisse der für die Einquartierung des Hofgesindes und seiner Angehörigen bestimmten Häuser, wurden zuerst von Birk in seinen „Materialien z. Topogr. d. Stadt Wien in den Jahren 1563 bis 1587" (Ber. u. Mitt. d. Alt.-Ver., B. 10), dann von Camesina für seine Studie „Urkundl. Beiträge zur Geschichte Wiens im XVI. Jahrh." Wien 1881, benützt. Während das Hofquartierregister vom Jahre

Von den zur ehemaligen Judenstadt gehörigen Häusern war nach der Beschreibung des Hofquartierverzeichnisses vom Jahre 1566 nur ein einziges (415, nach der Numerierung des Hofquartierbuches 337) ebenerdig, 6 einstöckig, 53 zweistöckig, eines dreistöckig und eines vierstöckig.[97]) Wie gesagt, dürfte diese älteste Beschreibung im großen und ganzen die Höhenverhältnisse der früheren Judenhäuser in ihrer fast unveränderten Gestalt darstellen. Nur bei einigen wenigen Häusern läßt sich in der Vermehrung der Stockwerke eine bauliche Veränderung nachweisen. Ebenso unverändert erhielt sich — abgesehen natürlich von der Zunahme der Wohnräume infolge des Aufbaues von Stockwerken — die innere Anlage der Häuser, über die uns das erwähnte Hofquartierbuch vom Jahre 1566 ebenfalls genau orientiert. Die ausführliche, alle Stockwerke umfassende Beschreibung der Häuser, ihrer Wohn- und Nebenräume bietet uns ein anschauliches Bild von der Anlage des Häuserkontingents der früheren Judenstadt. Wie sich die Maße der bebauten Flächen hier Jahrhunderte hindurch kaum geändert haben, so wird sich auch die Anordnung der einzelnen

1563 nur die für die Einquartierung verfügbaren Räume der einzelnen Häuser aufzählt, enthält das Quartierbuch vom Jahre 1566 die ausführliche Beschreibung des Umfanges eines jeden Hauses, mit genauer Angabe der in den einzelnen Stockwerken befindlichen Wohn- und Nebenräume.

[97]) Einstöckig: 333 (Nummer aus d. J. 1566 287), 334 (288), 359 (280), 360 (280, Doppelhaus), 384 (313), 405 (345). Zweistöckig: 335 (289), 341 (434), 342 (325), 343 (324), 344 (323), 345 (322), 346 (321), 347 (294), 348 (293), 349 (292), 350 (291), 351 (290), 355 (283), 356 (282), 357 (281), 361 (279), 362 (278), 363 (277), 384 (1566 Komplex von 11 Häusern: 295, 296, 297, 298, 299, 312, 313 [einstöckig], 314, 318, 319, 320), 385 (1566 Komplex von 5 Häusern, inklusive der nicht zur Judenstadt gehörig gewesenen Teile des Rathauses: 272, 273, 274, 275, 276), 393 (301), 394 (300), 395 (311), 396 (310), 401 (316), 403 (348), 404 (346), 406 (343), 407 (341), 408 (340), 409 (335), 410 (334), 411 (332), 412 (331), 413 (330), 414 (336), 417 (328), 419 (436), 434 (344). Dreistöckig: 418 (435). Vierstöckig: 402 (315). Bei 4 Häusern, welche von Hofquartieren befreit waren, fehlt in den frühesten Hofquartierbüchern die Angabe der Stockwerke und der Räume. Es sind dies die Häuser Nr. 332 (1566: Gemeiner Stadt Casten und Zeughaus; 1499 als ein — früher dem St. Georgsorden gehöriger und nun von der Stadt angekaufter — *„öder kasten an des Herzogenhof“* bezeichnet [Schlager a. a. O. I, 146, Nr. 28], 1562 als bürgerl. Zeughaus und Harnischkammer eingerichtet, 1732 in der jetzigen Gestalt umgebaut), Nr. 420 (1545 als „ein Haus genant zum Ellend“ bezeichnet), das Doppelhaus Nr. 432—433 (Zuhaus zu Nr. 406, Badestube zu den Röhren).

Räume in ihrer ursprünglichen Gestalt erhalten haben, wenn auch im Laufe der Zeit entsprechend den geänderten Besitzverhältnissen die Bestimmung der Räume eine andere geworden ist.[98])

Sonstige gleichzeitige Daten über die bauliche Anlage der Häuser bieten die in den Gewer- und Kaufbüchern enthaltenen Beschreibungen. So erfährt man z. B., was übrigens schon R. Isaak b. Mose aus Wien in seiner Responsensammlung Or Sarua im 13. Jahrhundert erwähnt,[99]) daß die Häuser keine Vorhöfe hatten; der Eingang in die Wohnungen befand sich auf der Straßenseite, von dort führte gewöhnlich ein Durchgang zu dem hinten liegenden Hofraum. Dieser schloß sich bei einigen Häusern (wie 332, 363, 418) an eine mehr oder minder ausgedehnte Gartenanlage an; der Garten des Hauses 332 z. B. reichte bis an den Tiefen Graben. Eine größere Gartenanlage, der sogen. Judengarten, befand sich an der Mauergrenze der Häuser 420, 413 und 414.[100]) Er reichte bis zur Mauer des Karmeliterklosters, war offenbar Gemeindeeigentum und wurde 1423 zur Erweiterung des Friedhofes des genannten Klosters verwendet. Eine Reihe von Häusern (wie 334, 342, die Parzellen C, E, F der Häusergruppe 384, 418) bestand aus einem Vorder- und Hinterhaus, das letztere war bei einigen der genannten Häuser einstöckig. Das Haus Nr. 344, in dem das Judenspital untergebracht war, hatte eine vom Schulhof in die Wipplingerstraße führende Durchfahrt, das Haus Nr. 417 auf der dem Schulhof zugekehrten Front Verkaufsläden. Ein interessantes Beispiel eines mittelalterlichen Judenhauses, das sich in seiner Grundform und seiner ursprünglichen Anlage fast bis in die neueste Zeit erhalten hat, bietet das Haus Nr. 344, das Judenspital. Bei der Besprechung des Gemeindebesitzes soll noch davon die Rede sein; hier sei nur auf die beigegebene Abbildung der

---

[98]) Im Anhang zu den Beilagen reproduziere ich die Beschreibung der Häuser nach dem Hofquartierbuch von 1566. Die Namen der damaligen Besitzer enthält die oben erwähnte Studie von Camesina.

[99]) OS. Resp. Nr. 762.

[100]) In GB. 57, 188 a, 3 wird 1400 eine Brandstätte erwähnt *„an der herczogen hoff zenechst der Juden garten und stozzet an der geistlichen herren mawr“*. Das Haus Heinrich des Munsser befand sich 1400 *„an der herczogen hoff ze Wienn pey Unser Frawn prüdern chloster zenegst dem Judengarten“*. St.-B. I, 92 b, 3.

Innenansicht des Hauses, der eine Aufnahme aus der Zeit der Demolierung zu Grunde liegt, hingewiesen.[101])

Gemeinde- und Privateigentum.

Der Grundbesitz, d. h. das Häuserkontingent der Judenstadt teilte sich in Gemeinde- und Privateigentum. Die der Gemeinde gehörigen Häuser dienten rituell-kulturellen Zwecken und wurden zu verschiedenen Zeiten aus Gemeindemitteln erworben oder neu aufgebaut. Der Gemeindebesitz bestand zur Zeit der Aufhebung der Judenstadt aus 3 Häusern, nämlich der Synagoge (Judenschule), dem Spital und dem Fleischhof (Schlachthaus). Einige andere Kultuszwecken dienende Häuser, wie die Badstube, wurden zum Teil aus Gemeindemitteln erhalten oder von den Besitzern in Bestand genommen.[102]) Zu dem Ge-

[101]) In GB. 17, 133 b ist die Beschreibung des Hauses Nr. 360 (Schwertgasse 2, Wipplingerstraße 16), das zwischen den Verwandten geteilt wurde, enthalten. Sie sei hier mit allen ihren Details in extenso mitgeteilt: „*Von erst ist zu demselben halben hauss getailt worden der gewelbt keler, halber, nach lengs aus, der tail zenagst dem hof, als er aufgeczaigt ist, die grosse stuben halbe nach der twirich, der tail zenagst der gassen...... Die gemallt kammer auf dem presshaus, nach lengs aus uncz an des Casparn Slikhen hauss, die kamer daran, do man aus derselben gemalten kamer eingeet und das gvelb under derselben kamer, das gwelb under der stuben, die stuben darob, das mushaus davor, do man in derselb stuben geet und das gwelb zenachst der einfart, do man aus dem hof eingeet und alle torrhewser von der genanten schiedmaur nach der twirich uber uncz an die gassen, das gwelb, do man aus dem genglein einget, der rosstal zenagst dem vordern hof und das hünerkellerl under der stieg. Und sind das die stukh, die paiden tailen gemain sullen sein: das tor, die gassentür, die einfart baider höf hinden und vor dem prunn, der ober keler, die pün darob und alle kelertür, klain und gross, zu ziehen und zu schenkhen jedem tail zu seinen notdurfften, das gross mushaws, das presshaws, die gross kuchen, das secret in dem hindern höflein und alle stieg und geng jedem tail zü seinen gemechen und die köllergrüb under der stiegen, do man zu der rechten hannd vom tor hinauf in das haws geet.*“

[102]) Ob sich die Anschauung, der ich auch einmal Ausdruck gegeben habe, daß es sich bei der in Beil. zu Nr. 402 erwähnten „Cantorei“ tatsächlich um eine Gemeindeanstalt (also etwa um die Gesangsschule der Gemeinde oder das Wohnhaus des Kantors) handelt, aufrecht halten läßt, erscheint mir jetzt mehr als zweifelhaft. Die Bezeichnung des Hauses der Hansussin (Nr. 402) als „Cantorei“ kommt zuerst in dem auf das Nachbarhaus 401 bezügl. Satzeintrag im GB. 58, 144 a, 4 aus dem dem J. 1428 vor. Weder in der Kaufanschreibung aus dem J. 1425 (Beil. 1), noch in den übrigen Satzeinträgen (z. B. Beil. 2) und den auf das Nachbarhaus 403

meindebesitz gehörte noch innerhalb der Judenstadt der sogenannte „Judengarten“ und außerhalb des Judenviertels der vor dem Kärntnertor gelegene Friedhof.

Die Synagoge.

Der erste Schritt der organisierten Judengemeinde war naturgemäß auf die Schaffung eines gemeinsamen Bet- und Lehrlokals gerichtet. Wir haben schon oben bemerkt, daß eine scola Judeorum bereits 1204 den Mittelpunkt der Judenstadt bildet. Über den genauen Zeitpunkt der Entstehung der Synagoge fehlen verläßliche Daten; sicher ist, daß sie — offenbar in Verbindung mit einem Lehrhaus (Beth hamidrosch) — schon am Anfang des 13. Jahrhunderts an jenem Platze stand, der von ihr seinen Namen führte: am Schulhof, der in der oben zitierten Heiligenkreuzer Urkunde aus dem Jahre 1294 ausdrücklich als „schulhof der iuden“ bezeichnet wird. Die Synagoge befand sich in dem von den Häusern 342 und 343 (jetzt Judenplatz 7 und 8) gebildeten Winkel und erstreckte sich mit ihrem Hofraum bis an das Judenspital (Haus Nr. 344, jetzt Judenplatz 9, Wipplingerstraße 13), mit dem sie mittels eines — 1433 urkundlich belegten — Durchgangs verbunden war.[103]) Der große Brand, der am 5. November

bezügl. Grundbuchsaufzeichnungen (Beil. 1—4) wird das mit dem Namen der Hansussin bezeichnete Haus als Cantorei erwähnt. Nun hat die zitierte Eintragung aus dem J. 1428 den Wortlaut *„zenagst des herczogen Cantorj haus“*, was wohl eher dafür sprechen dürfte, daß das Haus nach der Aufhebung der Judenstadt für Hofzwecke reserviert blieb, etwa bis 1433, wo es wieder mit dem Vermerk *„genannt die Cantorei“* an Heinrich den Mossmann verkauft wurde. — Als Vorsinger („sanckmaister“) finden wir in Wiener Urkunden: *„Bacula die sanchmaysterinn“* (1408—1417, GB. 57, 212 a, 242 b, Stadtbuch II, 234 b) *„Beynian (Wenian) der Juden singer“* (1405—1406, GB. 57, 222 a, GB. 1088, 7 a), *„Lebin die sanckmaistrin“* (1421, GB. 16, 35 b, 4), *„Smerl der sanckchmaister“* (1413—1421, GB. 1088, 106 b, JB. 301, 308 etc.), *„Smoyel der Juden sanchmaister“* (1362, QGW. II, 1, 605). — Wer sein Vermögen der Besteuerung entzieht, den sollen nach dem Wiener Judeneid (Ende d. 14. Jahrh., Cod. 14 d. Hof- u. Staatsarchivs, fol. 78 a) *„die sankmaister under den Juden nynndert in irm gesang haben“*.

[103]) S. Beil. 3 zu Nr. 344. Guglia, Wien S. 170 lokalisiert den Standort der Synagoge an der Stelle vor den heutigen Häusern Judenplatz Nr. 1, 2 und 3 (= alt 403, 404, 409). Dem widersprechen jedoch die auf den Schulhof bezügl. urkundlichen und grundbücherlichen Daten. Daselbst ist auch von dem „die Mitte des Platzes okkupierenden Hause des Rabbi“ die Rede, das angeblich 1421 zusammen mit der Synagoge demoliert wurde. Meines Wissens weist keine bisher bekannte urkundliche Notiz auf dieses Haus hin.

1406 einen Teil des Judenviertels zerstörte, äscherte auch die Synagoge ein.[104]) Sie dürfte wohl dann kurze Zeit darauf wieder an derselben Stelle aufgebaut worden sein, hatte jedoch nur einen ganz kurzen Bestand. Der schöne Steinbau war sicher schon lange ein Stein des Anstoßes und war das erste Objekt, an das kurz nach der Vertreibung der Juden die zerstörende Hand gelegt wurde. Ende 1421 wurde mit der Demolierung begonnen und schon in der Universitätssitzung vom 22. Dezember berichtet der Superintendent Magister Johannes Aygl, der Leibarzt des Herzogs, daß der Hubmeister das Steinmaterial der Synagoge zum Neubau eines Teiles der Universität bestimmt habe, falls die Universität geneigt sei, es auf eigene Kosten hinwegzuschaffen. Der Antrag des Hubmeisters wurde mit Dank angenommen. „Et ecce mirum, Synagoga veteris legis in scholam virtutum novae legis mirabiliter transmutatur," fügen die Artistenakten befriedigt hinzu.[105])

Das Spital.

Die Entstehungszeit des Judenspitals läßt sich nicht mit Sicherheit feststellen. Sicher ist nur, daß es schon im Jahre 1379 in dem Hause 344 (jetzt Judenplatz 9, Wipplingerstraße 13) bestanden hat und daß das Haus, in dem es sich befunden hat,[106]) schon vor dieser Zeit, u. zw. vor Einführung des städtischen Grundbuches in den Besitz der Judengemeinde gelangt ist. Als eine der wichtigsten Anstalten des Gemeindewesens, der Pflege von Kranken und der Versorgung arbeitsunfähiger Alten gewidmet, wird seine Einrichtung im großen und ganzen der des sogenannten „Hekdesch", dieses kombinierten Kranken- und Versorgungsheims, entsprochen haben. Das Haus, in dem das Spital untergebracht war, hatte seinen Eingang in der Wipplingerstraße und war mit dem Rücken an den Hof der Synagoge angebaut. Ein Durchgang vermittelte die Passage zwischen den beiden Häusern, eine Bauanlage, wie wir sie bei den meisten Judenspitälern des Mittelalters und auch noch der späteren Zeit häufig finden. Das Haus kam 1424 zusammen mit dem anstoßenden Hause Rotleins und mit dem an dieses angebauten Zuhause für 500 ℔ Pf. in den

[104]) S. oben S. 3, Anm. 2.

[105]) Kink, Gesch. d. k. Universität Wien, I, S. 139, Anm. 169 aus Acta fac. art. II, fol. 46 b.

[106]) S. Beil. 2 zu Nr. 349.

Hofansicht des Judenspitals.
Judenplatz 9, Wipplingerstr. 13.

Besitz Niklas des Verbers. Die Grundbuchseintragungen haben die Erinnerung an das Judenspital bis an das Ende des 18. Jahrhunderts erhalten; bei allen Besitzveränderungen des Hauses findet sich die nähere Bezeichnung *„haus das weilent der Juden spital gewesen“*.[107])

Die interessante bauliche Anlage des Innenraumes des Hauses, das bis zum Jahre 1664 zweistöckig, dann auf drei Stockwerke erhöht wurde, gibt die beigegebene, nach einer Zeichnung Hütters hergestellte Reproduktion wieder.[108])

Der Fleischhof.

Der Fleischhof, d. h. das Schlachthaus der Juden befand sich mit dem Eingang im Hofgeßlein zwischen den Häusern 332 und 333. Auch seine älteste Geschichte ist in Dunkel gehüllt. Möglicherweise bezieht sich aber der Eintrag im Dienstbuch des Deutschen Ritterordens (um 1340, Cod. 128, fol. 5a) schon auf diesen Fleischhof.[109]) Keinesfalls trifft aber, wie dies schon oben bemerkt wurde, die Annahme Schalks zu, daß sich der Fleischhof schon vor der Aufhebung des Judenviertels im Besitze der Stadt Wien befunden hat. Er kam mit anderen Judenhäusern nach der Vertreibung der Juden an die Stadt, konnte aber lange und wahrscheinlich überhaupt nicht an den Mann gebracht werden — der Posten des unverkauft gebliebenen Fleischhofes mit einer ziemlich hohen Investition von Reparaturskosten zieht sich lange durch die Bilanzen der Stadtkämmerer. Nach den fehlgeschlagenen Versuchen, ihn zu verkaufen, verwendete man ihn zur Aufbewahrung der städtischen Holzvorräte,

[107]) Beispiele aus früherer Zeit: GB. 58, 129 b (1434), GB. 17, 14 a (1446), 291 a (1457), 236 a (1458), 256 a (1467) etc. Schimmers Bemerkung zu Nr. 354 seiner Häuserchronik von Wien, „dieses Haus war das alte Judenspital im 15. Jahrhundert. Noch 1794 kommt es unter dem Namen vor, *‚Haus, welches ehemals das Judenspital gewesen‘*“, ist auf einen Irrtum Schlagers zurückzuführen (a. a. O. I, S. 25). Nr. 364 war nie ein Judenhaus, es befand sich an der rechten Seite des Bettes des Ottakringerbaches gegen den Tiefen Graben und ragte mit 4 Stockwerken zur Hohen Brücke hinauf.

[108]) Die Zeichnung Hütters stammt aus dem Jahre 1883, unmittelbar vor der Demolierung des Hauses.

[109]) *„Schondel von Hainburch* [*dient*] *von zwain haeusern, videlicet macellum iudeorum 11 sh und 20* ₰.“ Das Fehlen einer fortlaufenden Serie dieser Gültenbücher macht eine sichere topographische Fixierung unmöglich.

um ihn später zusammen mit dem Hause 332 in den Neubau des städtischen Zeughauses einzubeziehen.[110])

Das Badhaus.

Berücksichtigt man das strenge Verbot des Zusammenbadens von Christen und Juden im Mittelalter, dem u. a. auch das Wiener Konzil vom Jahre 1267 Ausdruck gibt, dann darf mit Recht angenommen werden, daß in Wien schon in frühester Zeit eine rituelle Badeanstalt bestanden haben muß. Fehlt auch in den bisher bekannt gewordenen Urkunden eine direkte Bezeichnung einer der zahlreichen Wiener Badestuben als Judenbad, so kann man dennoch eine dieser mit vieler Sicherheit als rituelle Badeanstalt identifizieren. Es ist dies die an der Hohen Brücke (alt Nr. 148, jetzt Renngasse 14, Wipplingerstraße 25) gelegene Badestube, die seit 1303 urkundlich belegt,[111]) zwischen 1326 und etwa 1350 von dem jüdischen Bader L e u b m a n n (Lebman, Leublin) verwaltet wird.[112])

[110]) Ob der im Gültenbuch der Schotten 1314, fol. 11 a erwähnte „*Wetzlo carnifex iudeorum*" Jude oder ein in jüdischen Diensten stehender christlicher Fleischerknecht war, läßt sich nicht entscheiden. Als jüdische Fleischhauer und Schächter finden wir: 1374 *Efferl „carnifex"*, 1382 *Fridman der fleischakker*, 1381 *Chaÿdÿm fleyschakcher*, 1391 *Juda der slacher von Krems*, 1392 *Scheftl der Jud bei den fleischpenkchen.*

[111]) QGW. I, 2, 1541, 1543, 1546. Die Badestube besaß im Jahre 1303 Agnes die Witwe des Konrad des Urbetsch. Kopialb. d. Bürgerspitals (Wiener Stadtarchiv, Rep. 123, 6, fol. 17 b).

[112]) Ob Leubmann Besitzer oder nur Bestandinhaber der Badestube gewesen ist, läßt sich nicht feststellen, doch ist das letztere wahrscheinlicher. Er zinste dem Bürgerspital jährlich 16 ₰. Bürgersp.-Dienstb. 1326, fol. 22 a: *Leubmannus balneator cum uxore de stuba balnei;* 70 b:. *Leublinus padyates* (so!) *cum uxore de stuba balneari;* ebenso 130 b. Bürgersp.-Dienstb. 1342 (2), fol. 16 a: *Leubmannus balneator cum uxore de stupa balnei.* Der Eintrag erscheint kurz darauf gelöscht; wahrscheinlich ist Leubmann in der Zwischenzeit gestorben. Schon früher (1314) war er Pächter der „*die Wunderburg*" genannten Badestube im Tiefen Graben (alt Nr. 169, jetzt Nr. 25). Gültenb. d. Schotten 1314, fol. 2 a, 2 b: *Lebmannus iudeus de balneo quod dicitur Wunderburch.* Ob er wirklich Arzt war, wie Zappert u. a. vermuten, läßt sich nicht nachweisen; wenn aber Senfelder (Gesch. d. St. Wien, II, 2, S. 1033, Anm. 6) ihn als großen Wucherer hinstellen zu müssen glaubt, dem die Wunderburg „wie so vielen anderen" nur als gute Kapitalsanlage diente, so ist dies eine ganz willkürliche Behauptung. Die Quellen, auf die Senfelder hinweist und die seine Behauptung unterstützen sollen, handeln wohl von einem Juden Lebmann und Lemann (1295: QGW. I, 3, 2888, 2889, 2890; 1310: QGW. I, 4, 3498), doch ist es noch keineswegs ausgemacht, daß hier der erst

Zeitlich am nächsten steht die von der Judengemeinde im Jahre 1385 erworbene Badestube vor dem Kärntnertor, in der Nähe des Judenfriedhofes.[113]) Die Höhe des Kaufschillings spricht für ein ziemlich ausgedehntes und gut eingerichtetes Objekt, das aber schon wegen seiner Lage außerhalb der Judenstadt den Intentionen der Gemeinde nicht ganz entsprochen haben dürfte. Wie lange diese Badestube im Besitze der Judengemeinde gewesen ist, geht aus den derzeit bekannten Urkunden nicht hervor. Es wäre auch möglich, daß sie neben der Badestube zu den Röhren, die zuerst im Jahre 1398 zum Teil als jüdischer Privatbesitz erwähnt wird, als Gemeindeeigentum auch noch weiter im Betrieb war.

Die innerhalb der Judenstadt gelegene Badestube zu den Röhren, seit etwa 1330 im Besitze des Deutschen Ritterordens, gehörte zu den geräumigsten und besteingerichteten Wiener Badestuben.[114]) Sie umfaßte, wenigstens in späterer Zeit, die Häuser

später nachweisbare Badepächter Leubmann gemeint ist, andererseits sprechen diese Urkunden (dabei beziehen sich drei aus dem J. 1295 auf eine einzige Transaktion) nicht gerade für ein ausgedehntes Wuchergeschäft.

[113]) 1385, Febr. 3: *„Vlreich pader vor Kernertor ze Wienn und sein erben habent verchawft ir padstuben gelegen vor Kernertör ze Wienn zenest der Juden freythof umb 405 phunt wienner phenning den Juden gemain ze Wienne und allen irn erben und nachkomen, als der chawfbrief sagt.“* QGW. III, 1, 1726. Die Badestube vor dem Kärntnertor war schon 1364 im Besitze des Baders Ulrich (QGW. II, 1, 627). Im Jahre 1369 verkauft er eine zur Badestube gehörige Hofstatt an D a v i d d e n J u d e n v o n E g g e n b u r g (QGW. III, 1, 212).

[114]) Als Besitz des Deutschen Ritterordens wird sie zuerst 1339 erwähnt (Pettenegg, Urk. d. D. R.-O., Nr. 1139). Es ist aber sicher, daß sie schon früher — u. zw. noch vor der Gründung der St. Nikolauskapelle zu den Röhren (S. Nicolaus prope cannas, dacz den roeren, zuerst erwähnt 1288) — als Privatbesitz bestanden hat. Den Namen der Badestube erklärt Müller (Gesch. d. St. Wien, I, S. 257, Anm. 5) mit ihrer Einrichtung, daß sie, im Gegensatze zu den Holzröhrenleitungen der übrigen Wiener Badestuben, mit einer Bleiröhrenleitung versehen war. Als Nachbarhaus wird sie 1327 zum ersten Male angeführt (QGW. II, 1, 100, *„padstuben, die da heisset dacz den Rören“*). Keinesfalls lag sie aber, wie dies Müller a. a. O. u. passim angibt, im Hause der St. Nikolauskapelle, dem späteren Mauerbacher- oder Seitzerhof. In keiner der zahlreichen, auf die Nikolauskapelle und den späteren Mauerbacherhof (die Karthäuse Mauerbach erhielt den Hof im J. 1335) bezüglichen Urkunden ist auch von der Badestube die Rede, was gewiß der Fall gewesen wäre, hätte auch die Badestube zu dem Besitz der Kapelle, bezw. des Klosters Mauerbach gehört.

Nr. 432 (jetzt Kleeblattgasse 5) und Nr. 433 (Kleeblattgasse 7) mit dem Zuhaus Nr. 406 (jetzt Kurrentgasse 8).[115]) Sie wurde wahrscheinlich in den 80er Jahren des 14. Jahrhunderts erworben und als rituelles Bad eingerichtet.[116]) 1398 befindet sie sich im Besitze Hanko des Unterkäuffels und seines Vetters Jakob des Ungars; am 21. August dieses Jahres werden sie an die Gewer geschrieben.[117]) Kurz darauf, am 18. September, verpfändet Hanko seinen halben Teil und alle seine Rechte an der Badstube für 300 ℔ Wiener Pfennige *„Lesyrn von Perchtoltsdorff dem Juden und Haydgimmen, Lesyers sun dem Juden, bayd innhaber und verbeser der Juden zech ze Wienn"*.[118]) Die Badestube gelangte also zum Teil in den Besitz der „Judenzeche". Daß darunter nicht die Gemeinde selbst, sondern eine Bruderschaft, in diesem Falle also etwa die Chewra Kadischa zu verstehen ist, kann man, wenn man die Terminologie des mittelalterlichen Bruderschaftswesens berücksichtigt, fast als sicher annehmen. Unterstützt wird diese Annahme noch durch den zwei Jahre später erfolgten Eintrag des von Schendel, Hankos Witwe, an *„Hadim dem*

---

[115]) Vgl. Camesina in Ber. u. Mitt. d. Alt.-Ver. VIII, unter den Nummern 406, 432, 433. Im städt. Kaufbuch, H. 81 wird Nr. 406 als Zuhaus der genannten Häuser bezeichnet, *„sambt dem eingefassten gartel in der Judengassen"*. 1566: *Ror-Padt* (Camesina, Urk. Beitr. S. 15). 1700: *sonsten das Röhrenbad genannt* (Schimmer, Häuserchronik, Nachtr. zu Nr. 406).

[116]) Das Nachbarhaus (*„haws in dem hof der da gehöret zu der padstuben dacz den Rörn"*) besaß Hessman Baruchs Sohn schon 1378. S. Beil. 1 zu Nr. 434.

[117]) S. Beil. 1 zu Nr. 433. Der Kaufbrief hat sich leider nicht erhalten, weshalb der genaue Zeitpunkt des Überganges der Badestube an die Genannten nicht festzustellen ist. Der Eintrag spricht nur *„von der padstuben genant die Rören, die von den erbern geystleichen herren von dem Dewtschenhaws von er* (= früher, ehemals) *an die Juden komen ist"*, GB. 15, 191 a, 3. Camesina hat, wie so oft, die Namen falsch gelesen und aus den Worten des Eintrags „Jacob Vnger sein Vetter" einen Hausbesitzer „Jem Vetter" konstruiert, der nach seinem Plane der Judenstadt auch noch das Haus 438 (außerhalb der Judenstadt!) besessen haben soll. Diese falsche Lesart hat — allerdings mit dem Vorbehalt „insoferne Camesinas Angaben aus den Stadtbüchern stammen und Vertrauen verdienen" — noch in neuester Zeit (Gesch. d. St. Wien II, 1, S. 237, Anm. 4) eine Konjektur gezeitigt, die jetzt natürlich als gegenstandslos betrachtet werden kann.

[118]) GB. 57, fol. 101 b, 2. S. Beil. 2 zu Nr. 433. Nicht *„Hayd Zimer"*, wie Schlager I, S. 26 den Namen liest.

Juden, Lesyrs sun und Schalam dem Juden, Warochs sun" verkauften halben Teiles der Badestube, wobei die Käufer ausdrücklich „*zechmeister der Judenzech ze Wienn*" genannt werden.[119]) Nach der Judenvertreibung einige Jahre unbenützt, kam die Badstube erst 1431 in den Besitz des Baders Konrad von Miltenberg, dessen Erben sie auch noch später besessen haben.[120])

Außer dieser Badestube befand sich noch in dem Hause 348 ein rituelles Frauenbad, „Tukhaus" (Tuckhaus, jüdischdeutsch „Tükk") genannt, wie sie neben der „Mikwah" in den meisten Judengemeinden bestanden hat. Das Haus gehörte vor der Aufhebung der Judenstadt Musch von Linz und wurde 1425 von Herzog Albrecht an Thomas Paumgartner, Pfarrer von Oberhollabrunn, verliehen, der im darauffolgenden Jahre das Haus „*mitsambt dem hindern aussern höflein auf dem halben tukhaus*" weiterverkauft.[121])

---

[119]) Schlager I, S. 26, nach dem inzwischen verloren gegangenen städt. Kaufbuch D, fol. 278. S. die Beil. 3 zu Nr. 433. Im Jahre 1386 fungieren „*Lesyr Patas ohem, Schaftlein von Prukk, Haydem Lesers sun und Slemlein Hanpusch*" als Zechmeister der Judenzeche (GB. 1086, 64 b, 2). — Daß es sich hier um eine der Wohltätigkeit gewidmete Institution handelt, beweist mir u. a. der Passus in dem Wiener „Judeneid" (Ende d. 14. Jahrh.), „*den die Juden maister gemacht habent*" (Cod. 14 d. Hof- u. Staatsarchivs, fol. 77 b). Hier ist die Rede von „*zechen, die gemainlich der Juden sind, daraws man durch gots willen liecht prennet und armen leuten daraus geyt*". — Wolf hat in der von ihm 1863 veröffentlichten „Einladung der Wiener Chebra vom J. 1320" die Jahreszahl, wie dies schon Steinschneider vermutet hat, verlesen. Die Namen, die er in dieser Einladung anführt, sprechen dafür, daß es sich um ein Dokument aus dem 16. Jahrh., also etwa 1520 handelt. Das Schriftstück selbst, auf das sich Wolf beruft, ist derzeit unauffindbar. Vgl. Hebr. Bibliographie. Herausg. v. Steinschneider, VI (1863), S. 118—119.

[120]) S. Beil. 4 zu Nr. 433.

[121]) S. Beil. 3 zu Nr. 348. Unter dem Namen der „*Tuchhauserin*", der 1414 in GB. 1088, 114 a, 3 vorkommt, ist wohl die Besitzerin oder Pächterin des „Tuckhauses" zu verstehen. Vgl. auch die Liste der jüdischen Hausbesitzer in Ödenburg 1379 (Monum. Hung. Jud. S. 455 u. ff.) „*Tuckhauser*" (S. 456), „*Tuckhaus*" (S. 457). — In diesem Sinne ist auch die Bemerkung Schalks (Die Mödlinger Häuser. Ber. u. Mitt. d. Alt.-Ver. B. 33, S. 63), daß es sich bei dem Mödlinger Haus in der Judengasse, „*gelegen bey dem Spital mit ainer saitten zunagst der Padstuben und haist Duchhaus*", um ein mit dem Tuchgewerbe zusammenhängendes Haus, also ein „Tuchhaus" handelt, zu berichtigen. — Nach Wolf hat Herzog Albrecht 1421 an Hans von Puchaim ein „*Musirbad*" (!) verkauft

Zu dem unbeweglichen Eigentum der Wiener Judengemeinde hat auch der bereits genannte Judengarten, in der unmittelbaren Nachbarschaft des Klosters der weißen Brüder gelegen, gehört. Als Gemeindebesitz führt Schlager, I, S. 25, noch das Judenwirtshaus in der Wipplingerstraße an und bezeichnet als dieses das Haus Maisterleins (alt 385 D, jetzt Wipplingerstraße 8, Stoß-im-Himmel 2); die Angabe ist falsch und beruht auf der mißverstandenen Auffassung der dem Kaufeintrage beigefügten Bemerkung, daß der Jude Redl in dem Hause „Wirt" gewesen ist. Der Ausdruck „Wirt" ist hier selbstverständlich in dem Sinne als „Hausverwalter" zu verstehen.

Zum Schlusse sei, obwohl außerhalb der Judenstadt gelegen, auch noch des Gemeindefriedhofes gedacht. Im allgemeinen wird der Wiener Judenfriedhof schon im Art. 14 des Judengesetzes Friedrichs II. vom Jahre 1244 erwähnt, in dem auf die Schändung des Friedhofes die Todesstrafe und Vermögenskonfiskation gesetzt wird (Scherer a. a. O. S. 182, 225). Aus dem Umstande, daß im Art. 13 derselben Ordnung die mautfreie Überführung der Leichen von Juden aus einem Orte in den anderen verfügt wird, deduziert Scherer wohl mit Recht, daß die Juden in Österreich in frühester Zeit einen Zentralfriedhof nicht nur für das Herzogtum, sondern auch für die angrenzenden Länder hatten, „wie ja auch der Friedhof in London (bis 1177), in Deutschland die Friedhöfe in Regensburg, Schweidnitz, Mainz, Worms, Frankfurt, in der Schweiz die Friedhöfe in Basel und Zürich als Landes-, bezw. Bezirksfriedhöfe zur Bestattung sowohl der zur Gemeinde gehörigen als auch fremden Juden dienten". Diese zentrale Begräbnisstätte befand sich, wenigstens für die nächste Umgebung, zweifellos in Wien und sicherlich an der Stelle, wo sie sich 1368 zuerst urkundlich feststellen läßt, im sogenannten „Greut" vor dem Kärntnertor,[122]) in der Nähe der 1385 von der Judengemeinde erworbenen Badestube.

(Hebr. Bibliogr. 1863, S. 65). In seiner „Gesch. der Juden in Wien" (1876), S. 244, Nr. XII, wiederholt er (mit der falschen Jahreszahl 1424) diese Angabe, indem er die Urkunde (es ist dies Urk. Nr. 2170 des Wiener Stadtarchivs, s. Beil. 1 zu Nr. 418) vollinhaltlich abdruckt. Die Einsichtnahme in das Original ergab die Aufklärung, daß Wolf die Worte „*nu fürbaser*" der Schlußformel der Urkunde in ein sinnloses „*Musirbad*" verballhornte.

[122]) Etwa in der Gegend der Albrechtsgasse und Opernring 10.

Daß diese erste urkundliche Feststellung der Örtlichkeit des Friedhofes sich nicht mit dem Zeitpunkte seiner Entstehung deckt, beweist eine Reihe von Grabsteinen aus früherer Zeit, die sich bei Neubauten, teils an der Stelle und in der Umgebung des früheren Judenfriedhofes, teils an Orten gefunden haben, wohin sie nach der Aufhebung des Ghettos und der Zerstörung des Friedhofes verschleppt und zumeist, wie bei der Anlage der Vorstadt Gumpendorf, als Grundsteine verwendet wurden. Funde jüdischer Grabsteine wurden in Wien schon im 16. Jahrhundert gemacht. Der bekannte Polyhistor Wolfgang Lazius hat sich ihrer angenommen, allerdings um sie mit weitestgehender Phantasie zu einem Ausgangspunkte einer Urgeschichte der Juden in Wien zu machen.[123]) Spätere Funde von jüdischen Epitaphien in Wien, die sich teils im ganzen, teils fragmentarisch erhalten haben, bestätigen das hohe, mindestens bis an den Anfang des 13. Jahrhunderts zurückgehende Alter des Wiener Judenfriedhofes.[124]) Im Jahre 1349, zur Zeit des schwarzen Todes, mußte er, wie uns dies der damals in Wien tätig gewesene Konrad von Megenberg mitteilt, erweitert werden, zu welchem Behufe die Gemeinde zwei Nachbarhäuser erwarb.[125])

In diesem Zustande blieb der Friedhof bis zur Aufhebung der Judenstadt; wenigstens findet sich in der Zwischenzeit keine

---

[123]) Rerum Viennensium commentarii. Basel 1546, fol. 6 u. ff. Abermanns Übersetzung, Wien 1619, S. 4 u. ff. Die von Lazius veröffentlichten Grabsteine stammen nach seiner Erklärung aus den Jahren 1201 und 320 v. Chr., 139 und 255 n. Chr. Den Versuch einer richtigen Lesung hat Pollák in seiner Schrift „A zsidók Bécs-Ujhelyen“ (Die Juden in Wiener-Neustadt) Budapest 1892, S. 9 u. ff. unternommen. Ob seine Exegese eine glückliche ist, das zu entscheiden, muß ich Berufeneren überlassen. Nach der Interpretation Polláks stammt Lazius I. („Mordachi Misug gibbor“) aus dem Jahre 1100 und hat einst das Grab eines wegen seiner Körperstärke als „Magog“ und „gibbor hagadol“ benannten Mardochai bezeichnet. L. II. ist nach Pollák der Grabstein eines R. Juda Kohen Bertinoro aus Intra (bei Forli) aus dem J. 1139. L. III. identifiziert Pollák mit dem Epitaph des 1257 gestorbenen Salem, Sohn des Baruch. L. IV. (nach Lazius der Grabstein der „Petarach Penin [sive Faunyn] filia Rabbi Joseph“ aus dem J. 320 v. Chr.) hält Pollák für den Grabstein einer „Peninah, Tochter des R. Joseph“, gestorben im Jahre 1542(?).

[124]) Über die im Oktober 1896 in Wien zutage geförderten jüdischen Grabsteine s. Mitt. d. Zentr.-Kommission, B. 23, S. 51.

[125]) Buch der Natur. Herausg. v. Pfeiffer. S. 112.

urkundliche Nachricht über irgend welche Veränderung vor. Im Jahre 1421 verfiel er der Zerstörung; die Grabsteine wurden, wie erwähnt, zum Teil für die Neubauten der Vorstadt Gumpendorf verwendet. Die der Erde gleichgemachte Stätte des Friedhofes blieb einige Jahre verödet. Erst 1437 schenkt Herzog Albrecht *„den eckiheil des flecks, da weiland der Juden freudhof gewesen“* dem neuen Chorherrenstift St. Dorothea.[126])

Privatbesitz.

Wie bereits erwähnt, konnten die Juden innerhalb der Judenstadt unbewegliches Gut erwerben und darüber frei verfügen, ohne die Verpflichtung, die mit der Besitzveränderung verbundenen Transaktionen vor dem städtischen Grundbuche abwickeln zu müssen. Die Judenstadt hatte demnach ihr eigenes, bisher verschollenes Grundbuch, dessen Existenz uns einige Daten überliefert haben.[127]) Außer der dem Landesfürsten zu leistenden Schatzsteuer waren die Häuser von irgendwelchen Abgaben frei; was an Abgaben auf den Häusern haftet, sind lediglich die der Grundherrschaft (Schotten, Deutschen Ritterorden, Bürgerspital, Bistum etc.) zu leistenden Burgrechtspflichten und Grunddienste.

Von den 69 Häusern der Judenstadt waren 1421, zur Zeit der Aufhebung, nachweisbar 50 im Privatbesitze von namentlich angeführten Juden. Bei einigen Häusern ist uns der letzte jüdische Besitzer nicht bekannt, was zum Teil auf die oft mangelhafte Führung des Grundbuches zurückzuführen ist,[128]) teils auf

---

[126]) Fischer, Notitia urbis Vind. Suppl. III, S. 111. Der Eckteil berührte an einer Seite *„die gemein strassen, die da gehet von unsern haus, genant das Paradeys, zu dem spital, und endet sich an des Albert Weyer meister garten, an dem andern theil beruhret er die strassen, die da gehet von unsern hauss hinauf neben dem stadtgraben zu dem Khärntnerthor“*. Über die Lage des „das Paradies“ genannten herzogl. Gartens im „Gereute“ zwischen der Stuben- und Kärntnerbrücke vgl. Müller in Gesch. d. St. Wien, II, 1, S. 185.

[127]) Mehrere Belegstellen in QGW. u. den nicht gedruckten Grundbüchern (GB. 57, 110 b, 2: „.... der juden... in ir stat register“).

[128]) So fehlt einmal die dem Kaufe entsprechende Gewereintragung oder umgekehrt; ein andermal wird das Haus einfach als *„weilent ein Judenhaus“* oder ähnlich, ohne Angabe des Vorbesitzers, registriert. Nicht bekannt ist z. B. der letzte jüdische Besitzer des Hauses 385 F (bei Camesina „olim Efferleins Arons Aydam des Juden“; dieser kommt in

den Umstand, daß eine Reihe von Häusern erst viel später oder überhaupt nicht verkauft wurde.

Der Häuserbesitz der Einzelnen war ein ziemlich bescheidener und repräsentierte weder ein nennenswertes Vermögen, noch eine besonders rentable Kapitalsanlage. So besaß die Familie Steuß, scheinbar die reichste der Wiener Judengemeinde, selbst wenn man sämtliche Mitglieder der weitverzweigten Familie berücksichtigt, kaum mehr als ein Dutzend Häuser in der Judenstadt. Der Besitz der meisten beschränkt sich auf ein einziges Haus, oft war ein Haus Eigentum von zwei Mitbesitzern.[129])

Die Geschichte der einzelnen Häuser läßt sich im allgemeinen nicht weit zurückverfolgen; der Grund ist in der verhältnismäßig geringen Anzahl der uns erhalten gebliebenen Häuserurkunden zu suchen, teilweise ist auch das einschlägige Material noch unbearbeitet.[130])

Die älteste Nachricht über ein bestimmtes Judenhaus ist die auf „*Penditen haws des Juden*" bezügliche Urkunde aus dem Jahre 1294.[131]) Aus den Eintragungen im Kaufbuch 101 aus den Jahren 1379 und 1381,[132]) zu welcher Zeit das Haus im Besitze Judel Rötels von Klosterneuburg war, läßt sich das Haus als Nr. 349 (jetzt Wipplingerstraße 15) identifizieren. Über die Vorbesitzer des Hauses 363 (Wipplingerstraße 10, Stoß im Himmel 1) orientieren uns Urkunden aus dem Jahre 1357 und 1370,[133]) ebenso kennen wir den Besitzer des Hauses 385 G aus Urkunden der Jahre 1371—1373,[134]) während uns allerdings bei diesem, wie auch bei den Häusern 385 C, 385 F und 415 der letzte

---

Wiener Urkunden in der Zeit 1351—60 vor), 385 G (Camesina: olim Mörchel der Jude Nachmans Sun des Juden von Salzpurch [1351], vgl. die korrespondierende Beilage), 351, 342, 419, 410, 412, 414, 415 (Camesina: olim Muschal Suns des Juden [1386], vgl. die entsprechende Beilage), 393—396 u. a.

[129]) So z. B. Nr. 347, 384 B, 384 D etc.

[130]) Eine wertvolle Ausbeute für die mittelalterliche Topographie der Stadt Wien verspricht u. a. das derzeit bearbeitete Urkundenmaterial des Bürgerspitalarchivs, dessen baldigste Veröffentlichung sehr zu wünschen wäre.

[131]) QGW. I, 1, 606. S. Beil. 1 zu Nr. 349.

[132]) QGW. III, 1, 1142, 1303.

[133]) S. Beil. 1 u. 2 zu Nr. 363.

[134]) S. Beil. zu Nr. 385 G.

Eigentümer zur Zeit der Aufhebung der Judenstadt nicht bekannt ist.[135])

Trotz aller dieser Mängel ist dank der immerhin noch ausführlichen Eintragungen der Grundbücher das Häuserbild der Judenstadt zur Zeit ihrer Aufhebung ein so klares, daß wir fast die meisten Eigentümer der einzelnen Häuser festzustellen in der Lage sind. Wo nicht direkte, auf bestimmte Häuser bezügliche Kauf- oder Geweranschreibungen vorliegen, dort gibt uns oft die das eine oder andere Nachbarhaus betreffende Eintragung auch über den Namen des Anrainers Auskunft und ergänzt so in indirekter Weise unsere Kenntnis von dem Häuserumfang und den Hausbesitzern des Judenviertels.

* * *

Mit Feuer und Blut wurde im Jahre 1420 das Prinzip „veteres migrate coloni" durchgeführt. Das Martyrium der Bewohner des Wiener Ghettos hat seinerseits zu einer der bedeutendsten Episoden in der Geschichte des Wiener Stadtlebens, zur internen Erweiterung und Umgestaltung des Stadtbildes beigetragen. Und wenn der fromme Schreiber der Universitätsakten seiner tiefen Befriedigung Ausdruck gibt, daß aus den für den Universitätsbau verwendeten leblosen Steinen der Synagoge eine „schola virtutum novae legis" erstehen soll, dann bleibt auch für die in den Tod oder in die Verbannung getriebenen Ghettobewohner die allerdings teuer erkaufte Genugtuung, auch ihrerseits zur räumlichen Ausgestaltung der Stadt, die sie mehr als 200 Jahre beherbergt hat, passiv und indirekt beigetragen zu haben.[136])

[135]) Licht in die Häuserchronik der Judenstadt würde einzig und allein das bisher verschollene Judengrundbuch bringen, aus dem sich die Besitzerreihe wenigstens bis zu einem gewissen Zeitpunkte zurückverfolgen lassen dürfte. Mangels einschlägiger Daten läßt sich auch eine Reihe bekannter Urkunden nicht mit voller Sicherheit auf bestimmte Häuser beziehen. Ich habe diese Urkunden und Eintragungen den Beilagen angefügt.

[136]) Wie vorurteilslose Historiker späterer Zeit, denen man nicht etwa den Vorwurf konfessioneller Parteilichkeit machen kann, über die Judenverfolgung des Jahres 1421 gedacht haben, dafür nur folgende Belege: Kurz, Österreich unter Herzog Albrecht IV. (Linz 1830), S. 206: „Dieses Unheil, das (1406) bloß die Juden in Wien getroffen hat, kann mit dem schrecklichen Loos gar nicht verglichen werden, welches ein blinder Religionseifer 1420 über alle jüdischen Bewohner Österreichs ver-

hänget hat. . Wie grausam ist doch die Justizpflege, wie blind und gewinnsüchtig der Religionseifer des Mittelalters auch in unserem Vaterlande gewesen!" — Ders., Österreich unter K. Albrecht II. (Wien 1835), S. 33: „Daß Albrecht Juden aus keiner anderen Ursache verbrennen und ihr Besitzthum confisziren ließ, als weil sie sich weigerten, Christen zu werden, kann auf keine Weise entschuldiget werden. Höchstens läßt sich die Schuld auf die rohe Zeit schieben, in der er lebte. Ein blindes, grausames Wüthen gegen anders Denkende hat damals noch allenthalben für einen löblichen Religionseifer gegolten. Diesem Grundsatze gemäß haben aber auch die Hussiten gehandelt, und Tausende in den Flammen des Kelchs wegen als halsstarrige Widersacher gestraft." — Karajan (Die alte Kaiserburg zu Wien. Ber. u. Mitt. d. Alt.-Ver., VI, 1863, S. 67): „Die grausamen Judenverfolgungen dieses Jahres werden wohl auch in unserer Burg durch den Nothschrei der ungerecht Bedrängten einen traurigen Wiederhall gefunden haben. Nichts kann angeführt werden, um solches Verfahren zu rechtfertigen. Die Rohheit der Zeit vorschützen, um Albrechts Verhalten gegen die Juden zu beschönigen, heißt ihn nur doppelt anklagen, denn in seinen eigenen Vorfahren, in Rudolph IV., in Albrecht III. und IV., waren ihm menschlichere Vorbilder gegeben, denen er hätte folgen sollen; der Vorwurf trifft ihn also nur um so schärfer." — Vancsa (Gesch. d. Stadt Wien, II, 2, S. 526): „In diese religiös aufgeregte Zeit fiel auch der Ausbruch einer großen Judenverfolgung, wohl der bedeutendsten, welche in Wien stattgefunden hat. Das religiöse Moment — die übliche Beschuldigung des Blutrituales und des Hostiendiebstahles — gab allerdings nur den äußeren Anlaß. . . Die Hauptsache war, daß alle Juden aus Österreich vertrieben und ihre Güter zu Gunsten der herzoglichen Kammer eingezogen wurden. In dieser Maßregel liegt auch die Erklärung für das Vorgehen Herzog Albrechts, das ein allerdings mit grausamen Gewaltmitteln durchgeführter Finanzcoup war, um für die enormen Kosten des Hussitenkrieges aufkommen zu können."

Urkundliche Beilagen

zur

Häuserchronik der Judenstadt.

Nr. 332 (Am Hof 10, Färbergasse 1).

1426, an mitichen vor sand Stephans tag invencionis (Juli 31).

Vlreich Schrot, herczog Albrechts, herczogen ze Österreich etc. kuchenmaister hat gevangen nucz und gewer ains hauß, gelegen in der Judengassen, an ainem ort an dem Hof und mit dem andern hinden an den fleischhof gelegen und ain klains gėrtl, daz stosset an den Teuffengraben, daz Suesmans und Smoyels von Krems der Juden und Joseppin, desselben Smoyels mutter gewesen ist, daz im und seinen erben der vorgenant unser genediger herr von sundern gnaden gegeben hat, sicut litera ducis sonat.

Summa nulla propter curiam.

GB. 16, 332 b, 4.

Nr. 332 A (Am Hof 10, Färbergasse 1). Fleischhof.

Unverkauft geblieben, wurde der Fleischhof anfangs zur Aufbewahrung der Holzvorräte der Stadt verwendet, um 1562 zusammen mit Nr. 332 und dem — nicht zur Judenstadt gehörigen — Hause Nr. 331 (Am Hof 9) in den Neubau des städtischen Zeughauses einbezogen zu werden.

Nr. 333 (Färbergasse 3).

1423, an mitichen nach Oculi in der vasten (März 10).

Chunrat Holczler, zu den zeiten burgermaister und der rat gemain der stat ze Wienn habent verkaufft ain haus, gelegen in dem Hofgesslein ze Wienn zenegst des Morgenpessers haus an ainem tail und an dem andern zenegst weilent der Juden fleischhof umb 180 ℔ ₰, Mertten dem Frawnmesser dem schuster, Agnesen seiner hausfrawn oder welhes under in baiden das ander uberlebt, sicut litera sonat.

Summa 12 sh ₰.

GB. 16, 34 a, 3.

Nr. 334 (Färbergasse 8).

Vorbesitzer: Musch von Klosterneuburg (?). Vgl. S. 19, Anm. 36. Der grundbücherliche Eintrag ist nicht festzustellen.

Nr. 335 (Färbergasse 6).

1421, an mitichen vor Laurenti (August 6).

Maister Caspar von Lanczhüt und Kathrey sein hausfraw haben gevangen nucz und gewer ains hauß, gelegen in der Judengassen ze Wienn, pey den türlein als man get an den Hof, das in der hochgeborn furst herczog Albrecht, herczog ze Osterreich etc. unser genediger herr von sundern gnaden geben hat und das an denselben unsern genedigen herren von Muschen dem Juden, Maister Jekleins steufsun komen ist, also, das der vorgenant Maister Caspar und Kathrey sein hausfraw und ir erben das vorgenant haws nu furwasser innehaben, nuczen und niessen und allen irn frumen damit geschaffen mogen, wie in das am pesten fugt, ungeverleich, ut litera ducis sonat.

Summa fehlt.

GB. 16, 306 a, 5.

Nr. 336—340. Häusergruppe des Ledererhofes (nicht zur Judenstadt gehörig).

Nr. 341 (Drahtgasse 3, früher 2).

1425, an mentag nach unsrer frawn tag Nativitatis (Sept. 10).

Hanns Scharffenperger, burgermaister und der rate gemain der stat ze Wienn habent verkaufft ain haus, daz weilent Judis der Mördlin gewesen ist, gelegen im gesslein, daz da geet von dem Schulhof an der Herczogenhof, an ainem tail zenegst hern Wilhalm von Puchaim haus und an dem andern zenegst Maister Caspars haus umb 110 tl. ₰ Hannsen dem Klausen von der Hermansstat, Vrsulen seiner hausfrawn und welhes under in baiden das ander uberlebt, sicut litera sonat.

Summa 7 sh 10 ₰.

GB. 16, 103 b, 5.

Nr. 342, 342 A (Judenplatz 7).

1437, an freytag vor St. Colomannstag (Okt. 11).

Wilhelm von Puchaim, oberster Truchseß in Österreich schafft sein *„hinders hauss zu Wienn, an dem Judenplatz gelegen, dass an mein vorders hauss stöst an eim tail, an dem andern zu nechst Stephan des Ferbers hauss, dass mir mein gnädiger herczog Albrecht, herczog zu Osterreich undt Marggraff zu Mehren etc. von sondern gnaden geben hat, in solcher beschaidenheit, dass allweeg mein vorder haus die unter cammer, zu nechst der thür, undt auch die cammer oben an der stieg, entrichts gegen der stuben über mit sambt dem untern höfflein, undt den zweyen mastställen unter den benannten hauss, mit* *sambt dem gewölblein, darauff die kuchen steht, mein lebtag nutzen vnd niessen will"*, zu einer ewigen Messe in die Stephanskirche.

Camesina in Bl. d. Ver. f. Landesk. 1871. S. 136, Nr. 333 (nach einer Abschr. aus dem Ende d. 16. Jahrh. im erzbischöfl. Archiv). — Vgl. auch ibidem 1872, S. 53, Nr. 424. Ein gleichzeitiger grundbücherl. Eintrag ist nicht zu finden, doch ist die Schenkung, wie bei den Häusern 417—420, sicher auf das Jahr 1421 zurückzuführen.

Nr. 343 (Judenplatz 8).

Vorbesitzer: Rotl. Zuhaus zu Nr. 344. S. dieses.

Nr. 344 (Wipplingerstraße 13, Judenplatz 9).

1.

1424, an eritag vor dem phingsttag (Juni 7).

Chunrat der Holczler, zu den zeiten burgermaister und der rat gemain der stat ze Wienn habent verkaufft ain haus, des weilent drew hewser gewesen sind, ains der Juden spital und das ander Rotleins des Juden mitsambt den zuhaus hinden daran, gelegen in der Wildwercherstrass ze Wienn, zenegst Maister Thomans des glasers haus umb 500 ℔ ₰ Niclasen dem Verber, burger ze Wienn, Annen seiner hausfrawn und ir baider erben oder welches under in baiden das ander uberlebt, sicut litera sonat.

Nota: der ain tail des egenanten hauß zenagst der Juden spital ist verkauft Steffan Necheln.

Summa 2 ℔ 20 ₰.

GB. 16, 35 b, 1.

2.

1424, an mantag vor Michaelis (Sept. 25).

Niclas Verber und Anna sein hausfraw habent verkaufft 25 ℔ wienner phening gelts purkrechts auf irem haus, des weilent drew hewser gewesen sind, ains der Juden spital und das under Rotleins des Juden mitsambt dem zuhaus hinden daran, gelegen in der Wildwercherstrazz ze Wienn zenegst hern Thomans glaser haus umb 200 ℔ wienner phening der geistleichen swester Barbaren, conventswester dacz sand Larenczen ze Wienn, Petern des Menscheins tochter, ir lebteg inczehaben und nach irm tod bei demselben Kloster zebeleiben, sicut litera sonat.

Summa 13 sh 10 ₰.

Nota, daz das ain tail hauß verchaufft ist zenagst der Juden spital Steffan dem Nechlein und die frawen habent sich an den andern zwaien tailen hauß lassen genugen. Per Wirsing et in consilio.

GB. 58, 210 a, 5.

3.

1432, an freytag nach sand Gallen tag (Okt. 17).

Anna, Maister Hainreichs des Stollen, lerer in der erczney hausfrau hat verkaufft ain haus mitsambt der durchvart, gelegen in der Wildwercherstrass ze Wienn, das weilent der Juden spital gewesen ist, zenagst Steffleins des Nechleins haus an ainem tail und an dem andern zenagst Conrads des Lempershaimers haus umb 305 ℔ ₰ dem erbern Hannsen Verber in der Weihenpurgk, Agnesen seiner hausfrawn und irn baiden erben, ut litera sonat.

Summa 3 ℔ 10 ₰.
GB. 16, 15 b, 3.

Nr. 345 (Judenplatz 10).

1422, an freitag vor sand Jacobstag (Juli 24).

Mathes Voburger, burger ze Wienn hat gevangen nucz und gewer ains hauß, das Sara der Judin gewesen ist und das von derselben Judinn an den hochgeborn fursten herczog Albrechten, herczogen ze Osterreich etc. komen ist, gelegen in der Judengassen ze Wienn, zenegst der Judenschul an ainer seitten und zenegst Abrahambs Juden von Perchtolstorf haus, das er von dem vorgenanten unserm genedigen herren gekaufft hat umb 240 phunt wienner phening, allen seinen frumen damit zeschaffen, ut litera ducis sonat.

Summa 72 ₰.
GB. 16, 314 a, 2.

Nr. 346 (Fütterergasse 1).

Vorbesitzer: Abraham von Perchtoldsdorf. (S. den vorhergehenden Eintrag.) Nähere Daten über den Verkauf des Hauses fehlen.

Nr. 347 (Wipplingerstraße 9).

1.

1422, an mantag vor Michaelis (Sept. 28).

Hainreich Reutter, burger ze Wienn hat gevangen nucz und gewer ains hauß, gelegen in der Judengassen ze Wienn, zwischen Schêdl von Tulln und Musch von Lincz heusern, das Hêndlein von Newnburg und Mêrchlein von Herczogemburg der Juden gewesen und von denselben Juden an den hochgeborn fursten herczog Albrechten, herczogen zu Osterreich etc. komen ist und das im derselb unser genediger herr von sundern gnaden geben hat, also das er und sein erben das vorgenant haus mit seiner zugehorung nu furbasser innhaben, nüczen und niessen und allen im frumen damit schaffen sullen und mogen, wie in das am pesten fugt ungeverleich, ut litera ducis sonat.

Summa 72 ₰.

GB. 16, 315 b, 1.

2.

1422, an mantag vor Michaelis (Sept. 28).

Hainreich Reutter ze Wienn hat verkaufft vierdhalb phunt wienner phening gelts purkrechts auf sein haus, gelegen in der Judengassen zu Wienn, zwischen Sëdel von Tulln und Muschen von Lincz hèusern. das Hêndlein von Newnburg und Mêrchlein von Herczogemburg der Juden gewesen und von denselben Juden an den hochgeborn fursten herczog Albrechten, herczogen zu Osterreich etc. komen ist und das im derselb herczog Albrecht von sundern gnaden geben hat, umb 28 ℔ wienner phening dem erbern herrn hern Micheln, pharrern zu Sannd Ruprecht und kapplan Sand Sigmundts und Sand Wolfgangs altar an der Wurffel kappellen, gelegen in allerheiligen Tumbkirchen dacz Sand Steffan ze Wienn.

Summa 56 ₰.

GB. 58, 106 b, 2.

Nr. 348 (Wipplingerstraße 11, früher 15).

1.

1425, März 21, Laa.

Wir Albrecht von gotes gnaden herczog ze Österreich, ze Steyr, ze Kernden und ze Krain, markgraf ze Mêrhen und grave ze Tirol etc. bekennen für uns und unser erben, daz wir dem erbern priester Thomann Pawngartner, pharrer zu Obernholabrunn von seiner arbait wegen, die er uns mit verglasen der newn kappellen in unser burg ze Wienn getan hat und auch umb soliche arbait, so er uns noch hinfür tun wirdet, gegeben haben und geben auch wissentleich mit dem brief unser haws ze Wienn in der Judengassen zwischen Niclasen des Verber und des Reutter heusern gelegen, darin er yecz wonet und das von weilent Müschlein dem Juden von Lincz an uns komen ist, in solicher mass, daz derselb Thoman und sein erben oder wem er dasselb haws verkauft, vermacht, schafft oder gibt, das mit seiner zugehorung innhaben, nuczen und niessen und allen iren frumen damit schaffen sullen und mugen, wie in das am besten füget, als der egenanten unser stat ze Wienn recht ist; wir sein auch darauf desselben Thomans des obigen hawß gewer und scherm vor gewalt und unrecht, ungevêrleich. Mit urkunt des briefs, geben ze Laa an mitichen nach Letare in der Vasten nach Kristi gepurde vierczehenhundert jar darnach in dem fumfundczwainczigisten jare.

Dominus dux in consilio.

Orig. auf Perg. im Archiv d. Stadt Wien.
Regest in QGW. II, 2, 2245.

2.

1425, an mitichen nach Judica in der Vasten (März 28).

Her Thoman Pawngartnner, pfarrer zu Obern Holabrunn hat gevangen nucz und gewer ains hauß, gelegen in der Wildwercherstrass ze Wienn, zwischen Niclass Verber und des Reutter heusern, daz weilent Muschleins des Juden von Lincz gewesen ist und daz im der hochgeborn furste herczog Albrecht, herczog ze Osterreich etc. ledikleich geben hat, also, daz er und sein erben allen irn frumen damit mugen schaffen, sicut litera ducis sonat.

Summa 72 ₰.

GB. 16, 325 a, 1.

3.

1426, an pfincztag nach Michaelis (Okt. 3).

Die Testamentsvollstrecker des Thoman Paungartner verkaufen das Haus *„mitsambt dem hindern aussern höflein auf dem halben tukhaus, den prunn halben und die infart von dem tor uncz gar an des Verber maur“* für 300 ℔ d. an Kunrat den Lempertshaimer.

GB. 16, 8 b, 2.

Nr. 349 (Judenplatz 8, Wipplingerstraße 15, früher 19).

1.

1294, an sand Gilgen tage (Sept. 1).

Pilgrim, Paltrams Sohn von Wien, stiftet im Kloster Heiligenkreuz für sich und seine verstorbene Frau Mechtildis einen

Jahrtag; von der zu diesem Zwecke gewidmeten Gülte von 5 Pfund Wiener Pfennigen liegt eines auf „*Penditen havs*" des Juden, zunächst bei dem Schulhofe der Juden.

QGW. I, 1, 606.

2.

1379, feria sexta proxima post festum sanctorum Petri et Pauli apostolorum (Juli 1).

Dominus Cholomannus abbas ad Sanctam Crucem et conventus ibidem dederunt ad redimendum, Judel Rôtel de Neunbůrch 1 talentum denariorum redditus, quod habuerunt super domum eius sitam in strata Judeorum prope domum Hospitalis Judeorum pro 8 libris denariorum.

QGW. III, 1, 1142.

3.

1381, tercia feria proxima ante festum Georii (April 23).

Nicolaus Tesser (Niklas der Würffel) Margareta uxor dederunt ad redimendum Jůdlino Rôtel, judeo de Newnburga, 5 libras denariorum redditus, quos habuerunt super domum suam sitam inter Judeos prope domum Hospitalis Judeorum ex una parte et ex altera parte prope Schulhof, pro 40 libris denariorum

QGW. III, 1, 1303.

4.

1424, Juni 7, zusammen mit Nr. 344 von der Stadt an Niklas den Verber für 500 ℔ verkauft. S. Eintrag 1 zu Nr. 344.

5.

1430, an mittichen vor unser frawn tag Nativitatis (Sept. 6).

Anna Maister Hainreichs des Stoll lerer in der erczney hausfrau, die emalen Niclasen den Verber auch eleich gehabt hat, hat verkaufft ain haus, das weilent Rotleins des Juden gewesen ist und daz si und der egenant Niclas Verber, ir erer man miteinander gekaufft haben, welhes das ander uberlebt, gelegen in der Wiltwercherstrass zenagst dem andern irm haus, das weilent der Juden spital gewesen ist, mit der obern seytten und zenagst Hannsen des Angervelder haus mit der nidern seytten und stosset hinden auch an mein (!) haus, gelegen bey dem Schulhof, umb 300 ℔ wienner phening dem erbern Steffan Nëchel, irm vettern, Agnesen seiner hausfrauen und irn beiden erben, ut litera sonat.

Summa 3 ℔ ₰.

GB. 16, 12 a, 1.

Nr. 350 (Wipplingerstraße 15, früher 21).

1.

1391, in vigilia omnium sanctorum (Oktober 31).

Schymman Jud hat verchaufft an Hetschleins des Peltleins stat des Juden 8 phunt wienner phening und 6 schilling geltes purkchrechts auf des egenanten Hetschleins haws des Juden, gelegen under den Juden ze Wienn, zenest Judleins haws des Rotleins um 70 phunt Hannsen, Hannsen sun von Erdfurt und seinen erben. Es wer denne, daz er abgieng mit dem tod, ee, denne er zu seinen beschaiden jarn chem, so sol dieselben gult gevallen auf sein muter, frawn Johannen, weilent des egenanten Hannsen witiben, sicud litera sonat.

Summa ½ ℔ 20 ₰.

GB. 57, 262 b, 6.

2.

1424, feria tertia ante Pangratii (Mai 9).

Kunrat Holczler burgermaister ze Wienn und der rat der stat daselbs habent verkaufft ain Judenhaus, mitsambt dem stock hinden daran, der in den weiten hof geet und der schidmawer halber zwischen dem benanten haus und dem haus, daz weilent maister Jacobs des Juden gewesen ist, gelegen in der Wildwercherstrass ze Wienn, zenechst Niclas haus des Verber umb 160 ℔ ₰ Hansen den Angervelder dem eldern, burger ze Wienn und seinen erben, sicut litera sonat.

Summa 5 sh 10 ₰, altera pars propter civitatem caret.

GB. 16, 35 a, 5.

Nr. 351 (Wipplingerstraße 17, früher 23, Färbergasse 10).

Vorbesitzer: Meister Jakob (S. Eintrag 2 zu Nr. 350). Nähere Daten über den Verkauf des Hauses fehlen.

Nr. 352 (Wipplingerstraße 19, früher 25).

1422, an sannd Lamprechts tag (Sept. 17).

Vlreich Gundloch, zu den zeiten burgermaister und münssmaister und der rate gemain der stat ze Wienn habent verkaufft ain haus, gelegen in der Wildwercherstrazz ze Wienn, zenegst Mertten des Frawnmessers haus, das weilent Jacobs von Weithra des Juden gewesen ist, umb 120 pfunt wienner pfening Micheln Morgenpesser dem messrer, burger ze Wienn und

Elspeten, seiner hausfraun oder welhes under in baiden daz ander uberlebt, ut litera sonat.

Summa 1/2 ℔ ₰, altera pars vacat propter civitatem.

GB. 16, 274 a, 3.

Nach Camesinas Plan der Judenstadt gehörte dieses Haus W o l f v o n W i e n e r N e u s t a d t und das folgende J a k o b v o n W e i t r a. Dem widersprechen jedoch die genauen ortsbestimmenden Angaben von Nr. 353 *„gelegen pey der Hohenprugk“*.

Nr. 353 (Wipplingerstraße 21, früher 27).

1.

1422, an mantag vor dem Auffarttag (Mai 18).

Michel Morgenpesser und Elspeth sein hausfraw habent gevangen nucz und gewer ains egk hauß in der J u d e n g a s s e n ze Wienn, gelegen pey der Hohenprugk, das vormaln W o l f e n d e s J u d e n v o n d e r N e w n s t a t gewesen und von demselben Juden an den hochgeborn fursten herczog Albrechten, herczogen ze Osterreich etc. komen ist, das sy von demselben unsern genedigen herren herczog Albrechten etc. gekaufft habent umb 160 phunt wienner phening, also das sy nu hinfür dasselb haus in kauffsweis innhaben, nuczen und niessen sullen und allen iren frumen damit geschaffen mogen, wie in das fugt, als kauffs und der stat ze Wienn recht ist, ut litera ducis sonat.

Summa 72 ₰.

GB. 16, 312 b, 5.

1428, an mitichen nach des h. kreucz tag exaltacionis (Sept. 15).

Elzbeth, Michels des Morgenpessers witib hat gevangen nucz und gewer zwair heuser, ains gelegen am egk in der J u d e n g a s s e n bei der Hohenprugk, das vormaln W o l f e n d e s J u d e n gewesen ist und das ander gelegen zenegst dem yeczigen haus an ainem tail und zenegst des Frawnmessers haus an dem andern, das weilent J a c o b s v o n W e i t h r a d e s J u d e n ist gewesen und die si und der egenant ir wirt, der Morgenpesser miteinander mit gesambter hand gekaufft habent und die er ir nachmaln ledikleich geschafft hat, sicut litera testamenti et liber civitatis sonat.

Summa 72 ₰.

GB. 16, 340 a, 4.

Nr. 355 (Wipplingerstraße 20).

1422, an mitichen vor unsers herren Auffarttag (Mai 20).

Her Vlreich Gundloch, zu den zeiten burgermaister und munssmaister und der rate gemain der stat ze Wienn habent verkaufft ain haus, gelegen in der Wildwercherstrass ze Wienn, pey dem tor, da man auf die Hochprugk get, das in der hochgeborn furst herczog Albrecht, herczog ze Osterreich etc. mit andern hewsern geben hat, das weilent Müschleins Juden von Brünn gewesen und das von demselben Müschlein an den obgenanten irn genedigen herren komen ist, umb 104 phunt dem erbern mann Sigmunden dem Schober, dem messrer ze Wienn und Kathrein, seiner hausfrawn und iren erben oder welhes under in baiden das ander uberlebt, furbas ledichleich und freileich zehaben und allen iren frumen damit zeschaffen, verkauffen, verseczen und geben, wem sy wellent, ut litera sonat.

Summa 6 sh 28 ₰.

GB. 16, 273 a, 3.

Nr. 355 A (Wipplingerstraße 22).

1423, feria sexta ante Thome Apostoli (Dez. 17).

Kunrat Holczler, burgermaister und der rat der stat ze Wienn habent verkaufft ain haus, gelegen in der Wiltwercherstrass ze Wienn, zenechst weilent Pangreczen des Hederstorffer haus auf der Hohenpruck, umb 105 ℔ phening Hansen und Ulreichen gebrudern den Herwarten und ir baider erben oder welhes under in baiden den andern uberlebt, sicut litera sonat.

Summa 7 sh ₰.

GB. 16, 34 b, 5.

Nr. 356, 356 A (Wipplingerstraße 18, Schwertgasse 1).

1.

„Das haus bey der Hohenprugkn, das emaln der Juden gewesen ist und das mir der hochgeborn fürst herczog Albrecht ze Osterreich etc. mein gnediger herr geben hat gegen ainen guten kostlichen tuch mit pilden". 1422. Testament Pangreczen des Hederstorffer.*)

Stadtb. III, 99 b.

---

*) Das Tauschgeschäft geht also auf das Jahr 1422 und auf Pangrecz den Hederstorffer direkt zurück, nicht auf seine Tochter Anna und die Zeit „vor 1437", wie bei Müller (Gesch. d. St. Wien, II, 1, S. 185) angegeben ist.

2.

1425, an freytag von Martini (November 9).

Weichkart Sulczperger und Anna sein hausfraw, weilent Pangrecz des Hederstorffer tochter habent gevangen nucz und gewer zwayr heuser, gelegen in der Judengassen ze Wienn, der ains Kedleins des Juden gewesen ist, bey der Hohenprugk zenechst Sigmunds des Schober haus, das ander haus ist gewesen Swerleins (!) des Juden, genant sanckmaister und ligt hinden an dem obgeschriben haus neben Lienharts des Haugen haus an Unser Frawen stiegen, die in baide der hochgeborn fürst herczog Albrecht, herczog zu Osterreich etc. nach laut seins briefs gegeben hat. Auch ist berurt in des egenanten unsers gnedigen hern des herczogs brief, als die vorgenanten zway heuser fur 300 phund geschaczt sind und fur ainen umbhang daran 120 ℔ abgeczogen sind, daz denn die ubermass, die da bringt 180 phund dem vorgenanten Sulczperger allain von sundern gnaden geben sind worden.

Summa $^1/_2$ ℔ 24 ₰.

GB. 16, 328 a, 1.

Vgl. den Gerichtsbrief des *burgermaisters und des rats gemain der stat ze Wienn*, ddo. 5. März 1437 in QGW. II, 2, 2594. S. auch Ber. u. Mitt. d. Altert.-Ver. III, S. 295, Nr. 21.

Nr. 357 (Schwertgasse 3).

1426, an mantag nach Ambrosii (April 8).

Hanns Scharffenperger, burgermaister und der rate gemain der stat ze Wienn habent verkaufft ain haus, daz weilent Moidleins des Juden gewesen ist, gelegen bei der Hohenprugk ob dem haus, daz weilent Hainreichs des Scheppachs gewesen ist, mitsambt dem pühel, der da stösst an des benanten Scheppachs haus, alsverrer Hannsen des Herworts haus geet, umb 80 ℔ Hannsen dem Herworten und seinen erben, sicut litera sonat.

Summa 5 sh 10 ₰.

GB. 16, 104 b, 4.

Nr. 359 (Schwertgasse 4).

Vorbesitzerin: Rechl[in] die Jüdin. Das Haus gelangte zusammen mit Nr. 361 und 362 geschenksweise in den Besitz der Wilburga von Dachsperg (1421). S. die auf diese Häuser bezügl. Grundbuchseintragungen.

Nr. 360 (Schwertgasse 2, Wipplingerstraße 16).

1.

1422, Mai 11, Wien.

Wir Albrecht von gotes gnaden herczog ze Österreich, ze Steyr, ze Kernden und ze Krain, grave ze Tirol etc. bekennen für uns und unser erben, daz wir der erbern Agnesen von Potendorf, unsers lieben getrewn Otten von Meissaw, obristen marschalchs und schenkhen in Österreich hausfrawn durch besunder gunst und gnad, so wir zu ir haben, unser haus gelegen in der Judengassen ze Wienn, an dem ekg zu nêchst der von Dachsperg hewsern, das weilent Smêrl Wênkleins des Juden ist gewesen, gegeben haben und geben ir auch das wissentleich mit dem brief, in solicher masse, daz si und ir erben dasselb haws mit seiner zugehôrung nu furbasser an irrung nuczen und niessen sullen und mugen und iren frumen damit schaffen, wie in das am besten füget und wolgevelt, ungevêrleich. Mit urkund diczs briefs, geben ze Wienn an montag vor sant Pangrêczen dag, nach Kristi gepurde vierczehenhundert jar, darnach in dem zwayundczwainczigisten jare.

D. dux in consilio.

Orig. auf Perg., m. anh. Wappensiegel, im Archiv d. Stadt Wien. Regest in QGW. II, 2, 2191.

2.

1432, an montag nach unser frawn tag Assumpcionis (Aug. 18).

Anna, Otten von Gelestorf seligen witib und Jorg von Gelestorf, ir baider sün habent verkaufft ir haus, gelegen in der Judenstrass ze Wienn, zenagst der von Dachsperg haus, umb 260 ℔ ₰ dem erbern Hannsen Lampfleisch dem verber, Agnesen seiner hausfrawn und ir baider erben, doch das der benant Hanns Lampfleisch alczeit ganczen gwalt haben sol, ut litera sonat.

Summa 17 sh ₰.

GB. 16, 14 b, 2.

3.

1432, an mittichen vor Augustini (Aug. 27).

Hanns Lampfleisch der verber ze Wienn hat versaczt sein haus, gelegen in der Judengassen ze Wienn, zenagst der von Dachsperg haus, frawn Annen, Otten von Gelestorf seligen witib und Jorgen von Gelestorf irm sün fur 100 ℔ ₰ und sind zebetzaln auf sand Mertten tag nagstkunftig an alles verczichen.

Summa 6 sh 20 ₰.

GB. 58, 125 a, 3.

4.

1433, an mittichen nach Reminiscere in der vasten (März 11).

Hanns Lampfleisch der verber hat verkaufft 10 ℔ und 6 sh wienner ₰ gelts purkchrechts auf seinem haus, gelegen in der Judenstrass ze Wienn, zenagst der von Dachsperg haus umb 86 ℔ wienner ₰ der ersamen geistleichen frawn swester Annen der Liechtenegkerin, priorin dacz Sand Larenczen, dem convent gemain daselbst und irn nachkomen, ut litera sonat.

Summa 6 sh ₰, minus 8 ₰.

GB. 58, 127 a, 2.

Nr. 361 (Wipplingerstraße 14).

1.

1421, November 26, Wien.

Wir Albrecht von gotes gnaden herczog ze Österreich, ze Steyr, ze Kernden und ze Krain, grave ze Tyrol etc. bekennen, daz wir der erbern Wilburgen, weilent Eberharts von Kappellen tochter, unsers lieben getrewen Jörgens von Dachsperg hausfrawn von sundern gnaden gegeben haben und geben auch wissentleich mit dem brief, die hernach genanten drew hewser, von erst ain haws, das ettwenn Rěchlinn der Judin gewesen ist und stosset an des Grunpecken haws, gelegen hie ze Wienn bey Unser Frawn auf der Steten, item darnach ain haus, gelegen daselbs in der Judengassen, das Smerl des Wěnckel gewesen ist, und ain haus auch gelegen daselbs in der Judengassen, das Hěndlinn der Jüdin von Lempach ist gewesen und von den egenanten Juden und Jüdinn an uns komen sind, in solher mass, daz sy und ir erben die mit allen irn zugehörungen, nu fürbasser ledichleichen und freyleichen haben und allen irn frumen damit und darinn schaffen sullen und mugen, wie in das am pesten füget oder wolgevellet, an měnichleichs irrung und hindernüss, ungeverleich. Mit urkund dicz briefs, geben ze Wienn an mittichen nach sand Kathreins tag, nach Kristi gepürd vierczehenhundert jar, darnach in dem ainen und czwainczigisten jar.

Orig. auf Perg., ohne Siegel, im Archiv d. Stadt Wien.
Regest in QGW. II, 2, 2185.

2.

1435, an montag nach der heiligen drew kunig tag (Jan. 10).

Her Niclas, brobst zu sand Dorothea ze Wienn, her Andre, pfarrer ze Gors, unsers gnedigen herren herczogen Albrechts, herczogen ze Osterreich etc. kanczler, und Erasm Ponhaimer, burger ze Wienn, dieczeit all drey frawn Wiltburgen von Dachsperg seligen geschefftherren habent verkaufft der vorgenanten von Dachsperg haus, daz ettwen drew Judenheuser gewesen sein, gelegen in der Wiltbercherstrass ze Wienn, zenagst Kunrats des Strobels haus an ainem tail und an dem andern zenagst Hannsen Lampfleisch des verber haus, und stosset mit dem hindern tail an des von Passaw haus, das ettwenn des Grunpeken gewesen ist, umb 600 ℔ ₰ dem erbern weisen Niclasen dem Zingken, burger ze Wienn und seinen erben, ut litera sonat.

Summa 5 ℔ ₰.

GB. 16, 216 b, 1.

3.

1435, an montag nach dem Prehemtag (Jan. 10).

Herzog Albrecht V. genehmigt den durch die *gescheftleut weilent Wilburgen von Dachsperg* vollzogenen Verkauf ihres Hauses gelegen *in der Wildwercherstrass zu Wienn, das ettwenn drew Judenheuser sind gewesen* an Niclasen den Czingken für 600 ℔ ₰.

QGW. II, 2, 2510.

4.

Anna, Niclasen des Zingken seligen witib hat emphangen nucz und gewer der ubertewrung ains hauß, daz ettwenn drew Judenhewser und nachmaln der von Dachsperg gewesen ist, gelegen in der Wiltbercherstrass zu Wienn, zenagst Kunratz des Strobels haus an ainem tail und an dem andern zenagst Alexen des Vorsprechen haus und mit dem hindern tail an des von Passaw haus, daz ettwenn des Grunpekchen gewesen ist, etc. 1440.

GB. 17, 4 a, 3.

Nr. 362 (Wipplingerstraße 12).

Vorbesitzerin: Hendl[in] von Lempach. S. Eintrag 1 zu Nr. 361.

Nr. 363 (Wipplingerstraße 10, Stoß im Himmel 1).

1.

1357, April 27, Wien.

Ich Jans der Poll, purger ze Wienne und ich Katrey sein hausvrow, wir vergehen und tün chunt allen den, die disen brief lesent oder hörent lesen, die nü lebent und hernach chünftich sint, daz wir mit unser erben gütem willen und günst mit verdachtem müt und mit gesampter hant zu der zeit, do wir ez wol getün mochten, verchauft haben fünf phunt wienner phenning gelts ewigs purchrechts dez ersten mit dez gruntherren hant, dez erbern ritter hern Jansen dez Greiffen, die zwai phunt wienner phenning gelts, die wir gehabt haben auf Esrams haus des Juden, daz weiln Josleins dez Juden gewesen ist, daz da leit in der Judengazzen ze Wienn ze nächst dem Türn und mit dez gruntherren hant, dez erbern priester hern Petreins zu den zeiten chappllan der chappelln sant Nychlas dacz den Rören ze Wienne, die drew phunt wienner phenning gelts, die wir gehabt haben auf dem haus gelegen in der Messrerstrazze ze Wienne gegen Paewrer tor über und haizzet in dem eysnem gatern. Die vorgenanten fünf phunt wienner phenning gelts ewigs pürchrechts haben wir auf den vorgenanten zwain hawsern rechts und redleichen verchaufft und geben mit allen den nüczzen und rechten, alz wir sew darauf unversprochenlichen in purchrechts gewer her pracht haben umb sibenczich phunt wienner phenning, der wir gar und gänczlichen verricht und gewert sein, dem erbern priester hern Hainreichen zu den zeiten chappllan und verweser dez alter sant Thomans, der da stet an der chirichen sant Antonij auf der Wydem vor Chaerner tör ze Wienne, der die selben gůlt umb sain ledigs varundgut gechaufft hat, im oder swem die selben gült mit disem brief schafft oder geit, fürbas ledichleichen und vreileichen ze haben und allen irn frümen da mit ze schaffen, verchauffen, versezzen und geben, swem si wellen, an allen irrsal, also mit ausgenomener rede, daz alle die, die die vorgenanten zway haeuser inne habent und besiczent, in die egenanten fünf phunt wienner phening gelts ewigs purchrechts fürbas ewichleichen alle iar da von raichen und dienen süln zu drin zeiten in dem iar, an sant Michels tag ze weichennachten und an sant Görigen tag von einem iegleichem haüs zu einem iegleichem diensttag dritthayl diensts mit allen den nüczen und rechten, alz man an der purchrecht in der stat ze Wienne dient. Ez sint auch die selben fünf phunt gelts daz aller nächst purchrecht alle iar ze dienen, die zway phunt gelts von dem egenanten judenhaws ze hant nach den acht wienner phenning, die man alle iar da von dient dem vorgenanten hern Jansem dem Greyffen ze grüntrecht und die drew phunt gelts auf dem egenanten haws, gehaizzen in dem eysnem gatern, auch ze hant nach den zwelif wienner phening, die man alle iar da von dient der vorgenanten chappelln sant Nichlas dacz den Rören ze Wienn ze grüntrecht. Und sein auch wir, ich obgenanter Jans der Pöll und ich Katrey sein hausvrow und unser erben unverschaidenlichen der vorgenanten fünf phunt wienner phenning gelts ewigs pürchrechts auf den egenanten zwain haewsern dez vorgenanten hern Hainreichs oder swem er sew mit disem brief schafft oder gait, recht gewern und scherm für alle ansprach, alz purchrechts recht ist und der stat recht ze Wienne. Get in aber dar an icht ab mit recht, daz süln si haben auf uns unverschaidenlichen und auf allem unserm güt, daz wir haben in dem lande ze Osterreich, wir sein lebentich oder tode. Und daz diser chauf fürbas also stät und unczerbrochen beleib, dar umb so geben wir in disen brief zu einem warn urchunde diser sache, versigilten mit unserm insigil und mit der obgenanten zwain gruntherren insigiln, hern Jansen des Greyffen und hern Petreins chappllan der chappelln sant Nichlas dacz den Roren ze Wienne und mit hern Chunrats insigil dez Herschaeftleins und mit hern Herborts insigil des Tekchenschaden, die diser sache zeügen sint mit irn insigiln. Diser brief ist geben ze Wienne nach Christs geburt drewczehen hundert iar dar nach in dem siben und fünfczigistem iar dez nächsten phincztags nach sant Jörigen tage.

Orig. auf Perg., m. 5 anh. Siegeln, im Archiv d. Stadt Wien. Regest in QGW. II, 1, 497.

2.

1370, sabbato post Lucie (Dezember 14).

Vlricus mit der Petczich vendidit domum sitam in strata Judeorum, que quondam fuit Schalam judei, et omne quod attinet, Yzzerlino judeo, filio Aaron pro 40 talentis.

QGW. III, 1, 298.

3.

1370, Dezember 14, Wien.

Ich Vlreich mit der Pettziechen purger ze Wienne vergich und tun chunt allen den, die den brief lesent oder hörent lesen, die nu lebent und hernach chünftig sind, das ich mit meiner erben gutem willen und gunst, mit verdachtem mut, ze der zeit, da ich es wol getun mochte und mit hannden hern Thomanns des

Swembleins ze den zeiten purgermaister und des rates gemain der stat ze Wienne verchaufft han ein haws, das weilent Schalams des Juden gewesen ist, Jösleins sun und alles das, das darczu gehörtt und darnach Muschen von Marpurch und Hatschim von Zil auch ettleich zeit gewesen ist, das ich alles vor offem gericht in der purgerschranne ze Wienne in mein gewalt erlangt und behabt han für mein versczzens purchrecht und für alle die zwispil, die mit recht darauf ertailt und gangen sind, als baide, der gerichtbrief und ouch des marschalichs brief sagent, die mir darumb geben sind, gelegen under den Juden ze Wienne hinder dem haws, das weilnt Josleins des Juden gewesen ist und an dem haws, das hern Jacobs des Chettner ist. Dasselb mein haws han ich recht und redleich verchawfft und geben mit allen den nuczen und rechten, als es unversprochenleich von alter in purchrechts gewer herchomen ist und besunderleich als die purchrechtbrief weysent, damit man vormaln auf demselben haws ettwevil verchawfft hat, umb virczig phunt wienner phenning, der ich gancz und gar gewert bin, Isserlein dem Juden, Arons sun von Wienne und seinen erben, furbas ledichleich und freyleich ze haben und allen irn frumen damit ze schaffen, verchawffen, verseczen und geben, wem si wellen, an allen irrsale. Und pin auch ich obgenanter Vlreich mit der Pettziechen mitsambt allen meinen erben unverschaidenleich des vorgenanten hawses und alles, das darczu gehört, als vorgeschriben stet, des egenanten Isserleins des Juden und seinen erben rechter gewer und scherm für alle ansprach, als purchrechts recht ist und der stat recht ze Wienne. Wer aber, das si furbas mit recht an demselben haws icht chriege oder ansprach gewunnen, von wem das wer, was si des schaden nement, das sullen wir in alles ausrichten und widercheren an allen irn schaden. Und sullen ouch si das haben auf uns unverschaidenleich und auf allem unserm gut, das wir haben in dem lannde ze Osterreich oder wo wir es haben, es sey erbgut oder varundgut, wie so das genant ist, wir sein lebentig oder tode. Und das der chawff furbas also stehe und unczebrochen beleibe, darumb so geben wir in den brief ze einem warn urchunde und ze einer ewigen vestigunge der sache, versigilten mit unserm insigil und mit der stat gruntinsigil ze Wienne und mit der erbern lewt insigiln, hern Vlreichs des Pollen, ze den zeiten des rats der stat ze Wienne und hern Lewpolts des Polcz, ze den zeiten judenrichter ze Wienne und Petreins mit der Pettziechen, purger ze Wienne, mein obgenanten Vlreichs brueder, die wir des gebeten haben, das si der sache geczewgen sind, mit irn anhanngunden insigiln. Der brief ist geben ze Wienne nach Christs geburt drewczehenhundert iare darnach in dem sybenczigisten iar des sambtstags nach sand Luczein tage.

Orig. auf Perg., m. 5 anh. Siegeln, im Haus-, Hof- u. Staatsarchiv. Regest in QGW. I, 3, 3291.

4.

1371, Januar 1, Wien.

Wir Albrecht von gots gnaden herczog ze Österreich, ze Steyr, ze Kernden und ze Krain, Graf ze Tyrol etc. tůn chunt, daz wir Isserlein von Newmburg, unserm Juden gegunnen und erloubt haben, daz er das haus, das Musch und Katschim gebrůder, die Juden ze Wienn habent, innemen und haben mag, und damitte seinen frumen schaffen, mit verchauffen und mit verseczen, nach sag der geltschuldbriefe, die er von in hat. Und was er an daselb haus verpawet, das sol er auch darauffe haben und wellen wir in auch dabei halten und schirmen, uncz daz er davon bekumt der geltschulde, die si im schuldig sind, nach seiner briefe sag und ouch des gelts, das er daran verpawet. Wem er ouch dasselb haus furbaz verkouffet oder verseczet, der sol das haben umb haubtgůt und gesůch in aller der mazze, als der egenant Isserl das ieczunt innhat und sullen wir ouch denselben, dem er ez verkouffet oder verseczet, vestiklich dabei schirmen. Mit urchund dicz briefs, geben ze Wienn, an dem heiligen ebenweichtag anno domini millesimo trecentesimo septuagesimo primo.

Jo. de Tyerna officialis.

Orig. auf Perg., m. anh. Siegel, im Haus-, Hof- u. Staatsarchiv. Regest in QGW. I, 3, 3292.

5.

1376, Juli 14, Wien.

Wir Albrecht von gots gnaden herczog ze Österreich, ze Steyr, ze Kernden und ze Krain, graf ze Tyrol etc. tůn chunt, daz wir Izzerlein von Newmburg unserm Juden die gnad getan und im gegunnet und erlaubt haben, daz er zwischen seinem und Kolmans des undercheuffel hêuser uber die strazzen ain kuchen machen und pawen mag, doch also, daz er si in der hoche pawe und mache, daz ain geladner wagen dardurch gen muge. Darumb gepieten wir unsern getrewen, dem burgermaister, dem judenrichter, dem statrichter, dem rat und den purgern gemainiglich ze Wienn und wellen, daz si den vorgenanten Izzerlein an dem obgenanten paw nicht irren und in, sein erben und nachkomen bey der kuchen beleiben lazzen ewiklich und in daran kainen inval noch beswêrung tûn, noch yemant anders tûn lazzen in dhain weg, wan wir das ernstlich mainen. Mit urchund dicz briefs, geben ze Wienn an mentag nach sand Margreten tag, nach Krists gepurd dreuczehenhundert iar, darnach in dem sechs und sibenczigistem iare.

Dominus dux per se.

Orig. auf Perg., m. anh. Wappensiegel, im Haus-, Hof- u. Staatsarchiv. Regest bei Lichnowsky, IV, Nr. 1275. Ber. u. Mitt. d. Alt.-Ver. XV, S. 183.

6.

1380, Nov. 26, Wien.

Wir Albrecht von gotes gnaden herczog ze Österreich, ze Steyr, ze Kernden und ze Krain, graf ze Tyrol etc. bekennen und tûn chunt, daz wir Izzerlein unserm Juden von Newnburg klosterhalben und andern unsern Juden ze Wienn solich gnade getan haben und tün auch wizzentlich mit disem brief fur uns und unser erben, daz das vermaurt tor, daz da gangen ist in unsrer Juden stat ze Wienn in die gassen, da derselb Izzerl inne siczet, ze nechst Jacobes des Kettner und Stephans seligen mit der Pilichmêuz hewsern, eweklich also vermaurt und gespert beleibe, als es yeczund ist und sol furbazzer kain durchgang da sein noch werden, sunder sol dem egenanten Izzerl, seinen erben noch den vorgenanten Juden von demselben tor chain uberlast noch beswerung geschechen in dhainen weg. Darumb gebieten wir dem purgermaister, dem richter, dem rate und den purgern gemainlich ze Wienn gegenwürtigen und kunftigen und wellen, daz si die obgenanten unser Juden bey diser gnade vestiklich halten, schirmen und beleiben lazzen und in daran kain irrunge noch invelle tûn, noch yemann anderm dawider gestatten ze tûnde. Wer aber dawider tete, der wisse, daz der swerlich wider uns tete und wolten den darumb pezzern an leib und an gût. Mit urkunde dicz briefs, geben ze Wienn an mêntag vor sand Andres tage nach Krists gepûrdt drewczehen hundert jar, darnach in dem achczigistem iare.

Dominus dux per se, marscalcus provincialis de Meissoẘ et magister curie de L[iechtenstein] audiverunt.

Orig. auf Perg., m. anh. Siegel, im Haus-, Hof- u. Staatsarchiv. Regest in QGW. I, 3, 3368.

7.

1383, des nästen phincztags nach sand Petronellen tag (Juni 4).

Philipp, Kaplan und Verweser des S. Kathrein-Altars in der S. Agneskirche zur Himmelpforte in Wien gibt infolge des Ablösungsgesetzes Herzog Rudolf *„die zwai phunt Wienner phenning gelts purkchrechts, die der egenant altar gehabt hat auf Izzerleins haws des Juden, Aronns sun von Newnburkch, gelegen in der Judengazzen ze Wienn ze nast dem Turn, darumb ich mit demselben Izzerlein stezzig gewesen pin"* und bezüglich der sich die Parteien auf 1 ℔ Pf. geeinigt haben, dem genannten Juden um 8 ℔ Wiener Pfennige abzulösen.

QGW. I, 3, 3382.

8.

1391, November 3, Wien.

Wir Albrecht von gots gnaden herczog ze Österreich, ze Steyr, ze Kernden und ze Krain, grave zu Tyrol etc. bechennen, als Ysserl unser Jud von Newnburg, Hêndlein und Jonan des Steußen kyndern, auch unsern Juden hat ze chauffen gegeben sein haus hie ze Wienn in der Judengassen gelegen, ainhalb zenechst Tröstleins und anderthalben Pendits der Juden heuser, als der chaufprief lautet, den er in daruber hat gegeben, daz wir durch das egenanten Ysserleins fleizzig pett des vorgenanten Steußen sunen und iren erben über dasselb haus, mit aller seiner zugehörung rechter scherm sein vor allem gewalte und unrechten, an geverde. Mit urchund dicz briefs, geben ze Wienn an freytag nach aller seeln tag nach Kristi gepurd dreuczehenhundert jare darnach in dem aynen und neunczigisten jare.

Dominus dux per dominum magistrum curiae Georium de L[iechtenstein].

Orig. auf Perg., m. anh. Siegel, im Haus-, Hof- u. Staatsarchiv. Regest in QGW. I, 3, 3454.

9.

1421, an phincztag nach Ambrosii (April 10).

Hanns Mustrër, zu den zeiten burgermaister der stat ze Wienn hat gevangen nucz und gewer ains hauß, gelegen in der Judengassen ze Wienn, zenegst Davidts Juden haus im Tůrn. das im der hochgeborn fürst herczog Albrecht, herczog ze Osterreich etc. unser genediger herr von sundern gnaden gegeben hat und das an denselben unsern genedigen herrn von Jona dem Steußen komen ist, also das der vorgenant Hanns Mustrer und sein erben das vorgenant haus mitsambt dem gërtlein dapey gelegen und andrer sein zugehörung nu furbasser innehaben, nůczen und niessen, verseczen, verkauffen und allen iren frumen damit schaffen mogen, wie in das am pesten fugt, ungevêrleich, ut litera ducis sonat.

Summa nulla propter officium.

GB. 16, 303 b, 3.

10.

1421, April 12, Wien.

Wir Albrecht von gotes gnaden herczog ze Österreich, ze Steyr, ze Kernden und ze Krain, graf ze Tyrol etc. Embieten den erbern weisen unsern getrewn lieben, dem richter und dem rat unserer stat ze Wienn unser gnad und alles gůt. Als wir unserm getrewn Hannsen dem Mustrer, unserm burgermaister daselbs ze Wienn ain haus mitsambt ainem gêrtlein, gelegen in der Judengassen hie, daz weilent von Jona dem Stewßen, unserm Juden an uns komen ist, zenechst Davids haus im Türn von sundern gnaden gegeben haben, also emphelhen wir ew ernstlich und wellen, daz ir in desselben hauß mitsambt dem gêrtlein und seiner zügehörung nucz und gewer seczet und schreibet, als der stat gewonhait ist. Daran begeet ir unsern willen. Geben ze Wienn an sambstag vor sant Tyburczen tag, anno etc. cccc^mo vicesimo primo. D. dux per se.

Orig. auf Papier, m. rückw. aufgedr. Wappensiegel, im Archiv d. Stadt Wien.

Regest in QGW. II, 2, 2161.

Nr. 384.

Die Häusergruppe 384 (das Areal des jetzigen Ministeriums des Innern) umfaßte zur Zeit der Aufhebung der Judenstadt 9 Hausparzellen, deren Eingänge sich am Judenplatz, in der Fütterergasse, in der Wipplingerstraße und in der Jordangasse befanden.

Nr. 384 A (Wipplingerstraße 7, früher Fütterergasse 2).

Vorbesitzerin: Schedl von Tulln. (S. Nr. 347.) Nähere Daten über den Verkauf des Hauses fehlen.

Nr. 384 B (Wipplingerstraße 7).

Vorbesitzerin: Perla, nicht wie auf dem Plane von Camesina: „Altenmaisterin u. Kolmanin die Jüdinnen". Nach den ortsbestimmenden Angaben über das von Thomas Wild 1422 erworbene Nachbarhaus 384 C (früher ebenfalls Perla gehörig) lag dieses *„zenegst Ichel des Knoflach haws an ainer seitten und an der andern seitten an derselben Perla haws, das ir aigen gewesen ist"*. Perla besaß demnach beide Häuser: 384 B und 384 C. Daten über den Weiterverkauf des Hauses fehlen.

Nr. 384 C (Wipplingerstraße 7, Judenplatz 11).

1422, an suntag nach dem Prehemtag (Jan. 11).

Thoman Wild burger ze Wienn hat gevangen nucz und gewer ains haus, das Perla der Judin gewesen und von derselben Judin an den hochgeborn fursten herczog Albrechten, herczogen ze Osterreich etc. komen ist, zenegst Ichel des Knoflach haws an ainer seitten und an der andern seitten an derselben Perla haws, das ir aigen gewesen ist, mitsambt dem stokch, der da get an die gassen gegen des Schauln öden hindern haws uber, das er von dem vorgenanten unsern genedigen herrn herczog Albrechten etc. gekaufft hat umb 470 phunt wienner phening, also das er und sein erben nu furbasser mit demselben haus allen irn frumen schaffen sullen und mugen mit verkauffen, versetzen und geben, wem sy wellent, ut litera ducis sonat.

Summa 17 sh ₰ fur kauf und nucz und gewer, altera pars vacat propter ducem.

GB. 16, 313 b, 1.

Nr. 384 D (Wipplingerstraße 7).

1422, an mittichen nach sand Veits tag (Juni 17).

Hainreich von Straspurg hat gevangen nucz und gewer ains hauß, gelegen in der Judengassen ze Wienn, zenegst der Pêrlein haws, das an den hochgeboren fursten herczog Albrechten, herczogen ze Osterreich etc. unsern genedigen herrn von Knoffleichen und Lesirn den Juden von Znaym an in komen ist und das derselb unser genediger herr herczog

Albrecht dem obgenanten Hainreichen von Straspurg von sundern genaden gegeben hat, ut litera ducis sonat.

Summa 72 ₰.

GB. 16, 313 a, 4.

Schon am 8. Mai 1422 verkauft Hainreich von Straspurg das Haus für 310 ℔ ₰ an Niklas von Radmanstorf (GB. 16, 97 b, 1). Die Geweranschreibung erfolgte, wie so oft, erst später.

Nr. 384 E (Wipplingerstraße 7, Judenplatz 11).

1423, an mitichen nach Georii (April 27).

Chunrat Holczler, zu den zeiten burgermaister und der rat gemain der stat ze Wienn habent verkaufft ain haus, das weilent Kolmanin der Judin gewesen ist, gelegen mit dem vordern tail in der Wildwercherstrass ze Wienn, zenegst Thomans haus des Wilden und stosset mit dem hindern tail hinaus auf den Schulhof, zenegst Hannsen haus des Sukels, mitsambt dem hindern stokchlein gegen desselben Hannsen haus des Sukels uber, das im von gnaden darczu geben ist und das da stosst an daz haus, das weilent Everleins des Juden von Krems gewesen ist, durchlangs an den egenanten Schulhof, um 200 gulden dem erbern Fridreichen dem Hêring und seinen erben, sicut litera sonat.

Summa 10 sh ₰.

GB. 16, 34 a, 1.

Nr. 384 F (Wipplingerstraße 7, Jordangasse 2).

1.

1426, an freitag vor Tiburcii und Valeriani (Apr. 12).

Hanns Vierlinger und Kathrey sein hausfraw habent gevangen nucz und gewer ains hauß, gelegen in der Wildwercherstrass ze Wienn, zwischen Fridreichs des Hêrings und Michels des Lienvelder heusern, mit seiner zugehorung, daz si in und irn erben von dem hochgeborn fursten herczog Albrechten, herczogen ze Österreich etc. umb 200 ℔ ₰ gekaufft habent, sicut litera ducis sonat.

Summa 6 sh 20 ₰, altera pars vacat propter ducem.

GB. 16, 329 b, 5.

Über die Vorbesitzerinnen s. Anmerkung zu Eintrag 2. Hanns Vierlinger (Vieringer) ist nach GB. 16, 99 b, 2 (*„Hanns der Vyeringer“*, darüber *„alias Kartuser“*) mit dem im Eintrag vom J. 1430 genannten Hanns Karthäuser identisch.

2.

1430, an freytag vor sand Philipps und sand Jacobs tag (April 28).

Hanns Karthausër ze Wienn und Kathrey sein hausfraw habent verkaufft ain haus, das weilent der Altenmaistrin und der Kolmannin den Judin gewesen und mit kauf von dem hochgeborn fürsten herczog Albrechten, herczogen ze Osterreich etc. unsern gnedigen herrn an si komen ist, gelegen in der Wildwercherstrass, zwischen Fridreich des Hëring und Michels Lienvelder heüsern, umb 240 ℔ ₰ Hannsen dem Reintaler dem kursner ze Wienn, Annen seiner hausfrauen und jr baider erben, doch also, welhes under in baiden das ander uberlebt, ut litera sonat.

Summa 2 ℔ ₰.

GB. 16, 110 b, 2.

Nach Camesinas Plan der Judenstadt ist das Haus der Altenmaistrin und der Kolmannin mit Nr. 384 B identisch. Dem widersprechen die genauen topographischen Angaben des obigen Eintrags, wonach das Haus zwischen Friedrich des Hering und Michel Lienvelders Häusern (384 E und 384 G) gelegen war.

Nr. 384 G (Wipplingerstraße 7, Jordangasse 2).

1423, an montag nach Viti (Juni 21).

Chunrat der Holczler, zu den zeiten burgermaister und der rat gemain der stat ze Wienn habent verkaufft ain Judenhaus, gelegen in der Wildwercherstrass ze Wienn, an dem egk, da man auf den Newn placz geet, zenegst Hannsen des Vieringer haus, umb 160 ℔ ₰ Andren dem Rysen, burger ze Wienn et heredibus, sicut litera sonat.

Summa 5 sh 10 ₰, altera pars vacat propter civitatem.

GB. 16, 34 b, 1.

In demselben Jahre verkauft Andre der Rys sein Haus für 230 ℔ ₰ an Michel Lienvelder (GB. 16, 6 b, 3).

Nr. 384 H (Judenplatz 11, Fütterergasse 2).

1423, an mitichen nach Gotsleichnams tag (Juni 9).

Chunratt Holczler, zu den zeiten burgermaister und der rat gemain der stat ze Wienn habent verkaufft ain haus, gelegen an dem Newn placz in der Judengassen ze Wienn, an dem egk, das Everleins des Juden von Krembs gewesen ist, gen Gebharts des Voburger haus uber, zenegst Andres des Rysen haus, umb 240 ℔ wienner phening Hainreichen dem nadler von Pasel, burger ze Wienn, Kathrein seiner Hausfrawen und ir baider erben, doch das er vollen gewalt sol haben, sicut litera sonat.

Summa 2 ℔ ₰.

GB. 16, 34 a, 4.

Camesina führt auf seinem Plane unter 384 K noch ein zweites Haus Efferleins v. Krems an, was sich aber mit grundbücherlichen Eintragungen nicht belegen läßt.

Nr. 384 I (Judenplatz 11).

1.

1427, an mitichen vor Philippi et Jacobi apostolorum (April 30).

Hanns Sukel hat gevangen nucz und gewer ain hauß, gelegen in der Judengassen, zenegst Thomans des Wilden haus, daz Hystirn der Judin von Tulln gewesen ist und daz im der hochgeborn furst herczog Albrecht, herczog zu Osterreich etc. von sundern gnaden gegeben hat, sicut litera ducis sonat.

Summa nulla.

GB. 16, 335 a, 2.

2.

1430, an freytag nach Scolastice (Febr. 17).

Her Hanns der Sukel hat verkaufft sein haus, das weilent Hystirn der Judinn gewesen ist, gelegen hinder der Wiltpergerstrass und stöst hinden an Fridreichs des Hëring haus, umb 50 ℔ ₰ dem erbern Thoman dem Wilden und seinen erben, ut litera sonat.

Summa 3 sh 10 ₰.

GB. 16, 109 b, 2.

Nr. 385.

Von der Häusergruppe 385 (dem jetzigen Areal des alten Rathauses, Wipplingerstraße 8, Stoß im Himmel 2) gehörten 1421 fünf Häuser zur Judenstadt.

Nr. 385 C (Stoß im Himmel 2).

Vorbesitzer um 1376: Kolman der Unterkäuffel.

„Wir Albrecht tun kunt, daz wir Kolman dem underkeufflen, unserm Juden ze Wienn die gnad getan haben und tun auch mit diesem brief, daz er mit seinem haus, daz er nu zemale hie ze Wienn hat, frey und ledig sein sol vor allem pettlehen, also, daz er nu fürbas weder gen uns und unsern hof, noch dem Judenrichter oder yeman anderm von unserm wegen ichts darumb gepunden sein sol in dhainen weg."

Senckenberg, Selecta juris etc. IV, S. 292.

(Nach einem Alberti III. et Leopoldi fratrum Ducum Austriae chartularium 1379—80.)

Nach L i n d, Die St. Salvatorkapelle im Rathause zu Wien (Ber. u. Mitt. d. Altert.-Ver. II, S. 189 u. ff.) und W e i ß, Festschrift aus Anlaß der Vollendung des neuen Rathauses (Wien 1883), S. 7, erwarb der Stadtrat das Haus K o l m a n s (bei Weiß, veranlaßt durch den Druckfehler bei Camesina, S. 188: Wollmann) d e s U n d e r c h e u f l s, gelegen im Stoß im Himmel. Es wurde, wie die meisten der um das alte Rathaus gelegenen Judenhäuser, für städtische Zwecke verwendet, nach den Kammeramtsrechn. vom Jahre 1441 zur Inhaftierung von bedenklichen Personen, die von den Schergen aufgegriffen wurden, daher die Bezeichnung als Schergenhaus. Mit dem Rathaus war es durch eine in der Hofmauer angebrachte Türe verbunden; diese Verbindung wie auch die im Hofraum befindlich gewesene Handmühle wurde wohl erst später (um 1530) hergestellt. Eine Zeitlang im Privatbesitz, wurde es 1546, *„da die Stadt Wienn es jezo wiedrumb nothdurftig wurde“*, von dieser zur Erweiterung des Rathauses zurückgekauft. Der letzte jüdische Besitzer des Hauses ist aus den Eintragungen der Grundbücher nicht festzustellen. Kolman der Unterkäuffel hat es bis etwa 1380 besessen (in Wiener Urkunden figuriert er in der Zeit 1379—80); doch kommt er als Eigentümer des Hauses schon 1376 vor (s. Eintrag 5 zu Nr. 363). Möglicherweise bezieht sich die Urkunde bei Senckenberg, in der Herzog Albrecht Kolman von allen Bettlehen nach seinem Hause, *„daz er nu zemal hie ze Wienn hat“*, befreit, auf dieses Haus.

Nr. 385 D (Wipplingerstraße 8, Stoß im Himmel 2).

1422, an mitichen vor Philippi et Jacobi apostolorum (April 29).

Elspeth die Newkristinn, etwann genant L e a, d e r P ê l t l i n J u d i n t o c h t e r hat gevangen nucz und gewer von gescheft und haissens wegen hern Hannsens von Puchaim ains hauß, gelegen in der Wildbercherstrass ze Wienn zenegst Wolfgangs Lengennawer haus, das weilent M a i s t e r l e i n s d e s J u d e n gewesen ist, darinn R ê d l d e r J u d wirt ist gewesen, daz ir der hochgeborn furst herczog Albrecht, herczog ze Osterreich etc. unser genediger herr gegeben hat.

Summa 72 ₰.

GB. 16, 312 b, 2.

Nr. 385 E (Wipplingerstraße 8).

1421, an freitag nach sannd Michels tag (Oktober 3).

Wolfgang Lengennawer, burger ze Wienn hat gevangen nucz und gewer ains hauß, gelegen in der J u d e n g a s s e n, zenagst der stat haus, das ettwenn K y s l i n g s d e s J u d e n was, das er von dem hochgeboren fursten herczog Albrechten, herczogen ze Osterreich etc. gekaufft hat und das an denselben unsern genedigen herren herczogen Albrechten von H a g k i n d e r J u d i n komen ist, umb 150 phunt wienner phening, also das er und seine erben dasselb haus nu hinfur mogen ledichleich und freileich haben und allen iren frumen damit schaffen, verkauffen, verseczen und geben, wem sy wellent, ut litera ducis sonat.

Summa 5 sh ₰, altera pars vacat propter ducem.

GB. 16, 308 b, 1.

Nr. 385 F (Wipplingerstraße 8).

1430, an freytag vor Judica (März 31).

Her Kunrad Holczler, burgermaister und der rat gemain der stat ze Wienn habent verkaufft ain haus, gelegen in der Wildwercherstrass zenagst Matern des kursner haus an ainem tail und an dem andern tail zenagst unserm mauthaus, das weilent ain Judenhaus gewesen ist,*) mit aller der gerechtikait, als hernach geschriben stet, umb 160 phunt Wolfharten von Püsewl und seinen erben. Also daz die tur und das venster dabay in dem keller auf der erden des egenanten hauß, die da geent in unser mauthaus von irm gut verpawt sullen werden und die drew swebischen venster in der stuben desselben stokchs ob demselben keller, die auch in das egenant unser mauthaus geent, sullen beleiben und inwendig mit eysnein stangen verstengt werden und die zway klein venster in dem gmach under dem dach des egenanten stokchs sullen auch beleiben, als si dann yecz steent und das regenwasser, daz auf das dach desselben stokchs vellet, sullen sy selber ausfürn von irm gut an unssers mauthaus schaden, also das es in dasselb unser mauthaus nicht flies; aber die schidmaur, die da stosset an den egenanten stokch und an den rosstal in unserm mauthaus sol baiden tailen gemain sein, darin ze trenen und ze pawen yedem tail nach seinen notdürfften, ungeverleich, sicut litera sonat.

Summa 10 sh 20 ₰.

GB. 16, 170 b, 1.

---

*) Nach der vorhergehenden Grundbuchseintragung befand sich das Haus 385 E *„zenagst der stat haus, das ettwenn Kyslings des Juden was“*, wodurch der Name des Vorbesitzers des vorliegenden Hauses festgestellt ist. (Die Angabe des Namens des letzten Besitzers fehlt auf dem Plane von Camesina; bei ihm als „olim Efferlein Arons Aydam des Juden“ bezeichnet.)

Nr. 385 G (Wipplingerstraße 8).

Der letzte Besitzer aus der Zeit der Aufhebung der Judenstadt ist nicht bekannt. Frühere Besitzer: vor 1351 Höschl von Judenburg, 1351 Mörchel, Nachmans Sohn von Salzburg, 1391 Hetschel, Merchlein Arons Sohn; dieser kommt in Wiener Urkunden in der Zeit 1380—1412 vor.

1.

1351, Juni 20, Wien.

Ich Mörchel der Jude, Nachmans sun des Juden von Salczpurch und alle mein erben vergehen offenlich an disem brief, daz ich mit gütleichen und tugentlich verebent und verricht han mit hern Jacoben dem Pollen zů den zeiten chappllan der chappellen dacz hern Ottenheim in der purger rathaus ze Wienne umb alle den versezzen dienst, den ich im versezzen han auf meinem haus gelegen under den Juden ze Wienne, daz weiln gewesen ist meines enen Höschleins dez Juden von Judenburch, an einem tayl ze nåchst Efferleins haus, Aronsaydem dez Juden und an dem andern tail ze nåchst mit dem ekke an dem gåzzlein, daz da get an daz Judentor ze nåchst Jacobs haus des Måserleins, dez auch er von seiner egenanten chappellen wegen rechter gruntherre ist, ze stiften und ze stören, davon man der selben seiner chapellen alle iar dient ainen wienner phenninge ze gruntrecht und drew phunt wienner phenninge ze purchrecht und daz auch er mit vrag und mit urtail vor rechtem gericht mit rechten nottaydingen in der purger schrann vor hern Nychlasen dem Wurffel, zů den zeiten statrichter ze Wienne und vor hern Hainreichen dem Straicher, zů den zeiten judenrichter ze Wienne in sein gewalt erlangt und behabt het für zway phunt wienner phenninge versezzens purchrechts und für alle die zwispilde, die im mit recht darauf ertailt und gegangen sint, dez er uns alles durch unser und ander erber laůt und herren, Christen und Juden vleizziger pet willen gar und gånczlich ledich lazzen und begeben hat, also daz er und alle sein nachchomen, swerlich der vorgenanten seiner chappellen nach im chapplan und verwezer sint, von dez selben versezzen dinsts und purchrechts und von dez behaben wegen auf daz vorgenant mein haus süln fürbas chain ansprach noch vodrung gehaben noch gewinnen. Und darumb so han ich

Mórchel der Jude und mein erben oder swer daz selb mein haus fúrbas nach mir inne hat, uns dez mit unsern trewn an disem brief gegen dem vorgenanten hern Jacoben dem Pollen und gegen seinen nachchomen, der vorgenanten chappellen chappllan und verweser verlúbt und verpunden, also daz wir in fúrbas alle iar unverczogenlich von dem selben unserm haus dienen dez ersten ainen wienner phenninge gelts purchrechts zů drin zeiten in dem iar unverczogenlich von demselben unserm haus dienen dez ersten und ain phunt an sant Jórigen tag, mit alle dem nucz und recht, alz man an der purchrecht in der stat ze Wienne dient. Also beschaidenlich, swenne daz ist, daz in der dienst versezzen wirt, daz si denne dez náchsten tags darnach vollen gewalt und recht haben súlen, daz in der judenrichter poten ze Wienne, swer judenrichter ist, mit unserm gůtleichen willen an alles fúrbot und an alle chlag und auch an alles recht von alle dem varundengůt, daz in unserm haus ist phant genůg antwúrten sol, alz verre, daz si denne zehant an Christen oder an Juden irs versezzen diensts und dez rechten wandels dem judenrichter und swaz in gen dez judenrichters poten auf die phantunge get gar und gánczlich davon verricht und gewert werdent und dez bechómen an allen irn schaden und daz wir auch da wider si weder hincz hof, noch an chain gewaltich pet, noch niendert alswo pringen, noch in damit waygern noch verczieben súln, denne daz wir alles daz gánzlich stát und unzerprochen halten súln ze alle dem rechten alz vor geschriben stet. Und wand ich Mórchel der Jude selber nicht aygens insigil han, darumb so gib ich in disen brief zů einer ewigen vestunng diser sach, versigelten mit hern Wernhers insigil, zů den zaiten forstmaister in Österreich und auch von dez herczogen wegen mein richter und mit dez vorgenanten hern Nychlas insigil dez Wúrffels, zů den zeiten statrichter ze Wienne, die ich dez fleizzich gepeten han, daz si diser sach gezeug sint mit irn insigiln. Diser brief ist geben ze Wienne nach Christes gepúrde dreuczehen hundert iar darnach in dem ain und fúnfczigisten iar dez náchsten mantages vor sant Johans tag ze Sunbenten.

Orig. auf Perg. im Archiv d. Stadt Wien.
Regest in QGW. II, 1, 382.

2.

1373, August 23, Wien.

Ich Thoman der Swemmbel und ich Jorig von Nicoltspurkch, ze den zeiten paid des rates der stat ze Wienne, bechennen offennleichen mit dem brief, das für den rat der stat ze Wienne chome der erber herre her Jacob, die zeit chappllan der chappellen Unser Vroẘn, gelegen in der purger weilent altem rathaws ze Wienne hern Otto Haymen seligen stifftung und chlagt, das im M e r c h e l d e r J ů d e in seinem haws, gelegen u n d e r d e n J u d e n ze Wienne, zenast dem J u d e n t ů r l e i n in der Wiltwercherstrazze in seinem hoflein, an des vorgenanten hern Jacobs fridmaẘr, die da gieng zwischen desselben Juden egenanten haws und seinem haws, das zu der egenanten Unser Vrôwn chappellen gehört, ein chuchen gemacht hiet, die von alter nicht da gestanden wêr und ouch der nicht recht hiet und hiet ouch einen rawchfankch an dem ekke, das da stiezz an desselben hern Jacobs haws, der egenant Jud auz seiner stuben ze nider gepawt, das er den rukch nicht envollen uber das dach getragen mocht, dovon der rauch und aller unrainer gesmach von derselben chuchen und rauchfang durch seiner venster ains, das ob der chuchen stůnd, durch ein gewelib vor seiner stuben in des egenanten hern Jacobs haus gieng, das niemant dövor nacht nach tag dhain rüb selten gehaben mochte und ouch von demselben seinem haws denne derselb rukch und ungesmach des morgens, so man die messe spreche in die egenant chappellen Unser Vrown gieng und ouch darum den herren grozz irrung têt. Und pat den ganczen rat, das si im geben zwen des rates auz, in darauf ze beschawern und darnach im ein recht ze sprechen, dabey er furbas vor allem chrieg beleiben wolt. Des gab der rat uns vorgenanten zwen darauf ze beschawern und haben wir die vorgenanten chuchen, den rauchfankch und die scheden des egenanten hern Jacobs beschaẘt und uns darůmb mit guter chuntschaft und gewizzen ervarn und darnach ein recht gesprochen, dabey er furbas vor allem chrieg beleiben sol. Also, das der vorgenant M e r c h e l d e r J ü d den rauchfankch hoher machen sol, das der rauch an scheden des egenanten hawses und der chappellen ausgen můge und die chuchen in dem egenanten seinem hoflein, die da stet an des egenanten hern Jacob fridmaẘr ze stet friderprechen und tun sol und dhain hertstat, fewrstat nach chuchen in demselben hoflein, des vorgenanten hern Jacobs haws noch seiner chappellen ze scheden haben sol, das dhain rauch noch unrainer gesmach in dasselb haws noch auch in die chappell icht mer ge und dhain irrüng mer darinne tůe. Und darnach chomen wir wider für den rat und sagten da unser chuntschafft bey unsern trewn, als wir ze recht solten in den rechten als vorgeschriben stet. Und darüber so geben wir von geschefft und gehaizz des rats der egenanten stat ze Wienne dem vorgenanten hern Jacoben und seinen nachkomen, chappellen und verwesern der vorgenanten chappellen und des hawses den brief ze einem warn urchund und geczeug der sache, versigilten mit unser baider anhangunden insigiln. Der brief ist geben ze Wienne nach Christs gepürd drewczehen hundert jare darnach in dem drew und sibenczigistem jare an sant Bartholomens abende des heiligen zwelifpoten.

Orig. auf Perg., m. 2 anh. Siegeln, im Archiv d. Stadt Wien. Regest in QGW. II, 1, 831.

3.

1391, feria quarta proxima post festum s. Erasmi (Juni 6).

Hëtschel, Merchleins Arons sun des Juden und sein erben habent verchawfft 8 phunt und 6 schilling gelts purkchrechts auf irm haws gelegen under den Juden ze Wienn und stozzet an daz rathaws, umb 70 phunt wienner phening Hannsen, Hannsen sun von Erdfurt und seinen erben. Es wer denne, daz er an leiberben abgieng, so sullen die vorgenanten 8 phunt und 6 schilling gevallen auf sein muter, frawn Johannan, Hanmans hawsfrawn des Payrs, des goltsmids, sicud litera sonat.

Summa 1 ℔ 20 ₰.

GB. 57, 93 a, 2.

Nr. 393 A—396 (Wipplingerstraße 3, 5, früher 7, 9, Schultergasse 4, 6, früher 8, 10, Jordangasse 1, 3).

Von dieser Häusergruppe wurde Nr. 395 am 3. März 1423 von der Stadt Wien an Thoman den Talhaimer verkauft. Nr. 394 erhielt Hanns Scharffenperger d. Ä. 1433 (oder früher, zur Zeit seines Bürgermeisteramtes 1425—26?) vom Herzog Albrecht. Nr. 393 und 396 ist wahrscheinlich mit jenen Häusern identisch, die Scharffenperger von der Stadt Wien vor 1424 für 400 ℔ gekauft hat (s. oben S. 20, Anm. 40).

Nr. 393 A (Wipplingerstraße 3, früher 7, Schultergasse 4).

Nr. 394 (Wipplingerstraße 5, früher 9, Jordangasse 1).

1.

1433, an montag vor Georii (April 20).

Hanns Scharffenperger der elter hat emphangen nucz und gewer ains hauß, gelegen ze Wienn, mit dem vordern tail in der Wildbergerstrass gelegen, an ainem tail zenagst dem gesslein gegen Hern Otten und Haymen kappellen uber und an dem andern tail zenegst der Peisserin haus und an dem andern tail zenegst desselben Scharffenpergers haus, daz im der hochgeborn furst herczog Albrecht, herczog ze Osterreich etc. ledichlichen ubergegeben hat nach laut des briefs von demselben fursten im daruber gegeben.

Summa 3 ℔ 80 ₰.

GB. 16, 374 a, 1.

2.

1437, feria secunda ante Lucie (Dez. 9).

Hanns Scharffenperger, dieczeit ainer des rats der stat ze Wienn hat emphangen nucz und gwer ains hawß, gelegen mit dem vordern tail in der Wiltwerherstrass ze Wienn, an ainem tail zenegst dem gesslein gegen Herren Otten und Haimen cappellen uber, zenagst Jeronimen Moser des ôler haws und ligt mit dem hindern tail in dem Schiltergêsslein, das im von Hannsen Scharffenperger seinem vater seligen ist anerstorben und angeerbt, doch unvergriffen der 200 ℔ ₰, die dem spital vormaln darauf verschriben sein.

Summa nulla propter patrimonium.

GB. 16, 419 a, 4.

Nr. 395 (Schultergasse 6, früher 10, Jordangasse 3).

1423, an mitichen nach Reminiscere (März 3).

Chunrat Holczler, zu den zeiten burgermaister und der rat gemain der stat ze Wienn habent verkaufft ain haus, gelegen an dem egk an dem Schiltergêsslein ze Wienn zenêgst Niclas Rodendorffer haus des kursner gen Jacobs von Velach haus uber umb 108 pfunt Wienner pfening dem erbern Thoman dem Talhaimer dem kursner, Annen seiner hausfrawn et heredibus, ut litera sonat.

Summa 7 ßh 6 ₰.

GB. 16, 33 b, 3.

Nr. 396 (Jordangasse 3, Schultergasse 6, früher 8).

1436, an montag vor Esto Michi (Febr. 12).

Hanns Scharffenperger, diezeit des rats der stat ze Wienn hat emphangen nucz und gewer ains hawß, gelegen im Schiltergesslein zenagst dem Giesser seinem haws, das ettwen e i n e s J u d e n gewesen ist, davon man jerlichen dint zu der ewigen mess, die fraw Anna Hainreichs Osterhofers witib auf Allerheiligen altar zu Sand Steffan gestifft hat $5^1/_2$ ℔ ₰ ze purkrecht und nicht mehr, das im von Hanss dem Scharffenperger seinem vater ist anerstorben und angeerbt.

Summa nulla propter patrimonium.

GB. 16, 400 a, 3.

Nr. 401 (Jordangasse 5, Schultergasse 5).

1.

1425, an freytag vor nativitatis Marie (Sept. 7).

Hans Scharffenperger, burgermaister und der rat gemain der stat ze Wienn habent verkaufft ain haus, gelegen in dem Schiltergesslein ze Wienn zenechst Wenczlas in (!) Guckinslegel haus, daz weilent des reichen Steußen des Juden gewesen ist, umb 380 phund dem erbern Jacoben von Velach und sein erben, sicut litera sonat.

Summa 3 ℔ 40 ₰.

GB. 16, 104 a, 3.

2.

1425, an pfincztag nach unsrer frawn tag assumpcionis (Aug. 16).

Jacob von Velach hat verkaufft 25 ℔ wienner phening gelts purkrechts auf sein haus, gelegen in dem Schiltergesslein, daz weilent des reichen Steußen des Juden gewesen ist, zenegst Wenczla des Gugkinslêgl haus umb 200 ℔ wienner phening Arnolten von Ach und seinen erben, sicut litera sonat.

Summa 13 sh 10 ₰.

GB. 58, 143 a, 2.

S. auch die auf das Haus bezügl. Satzeinträge ibid. 143 b, 1 (1427), 144 a, 3 (1428) u. 145 a, 2 (1430).

Nr. 402 (Jordangasse 7).

Vorbesitzerin: Hansussin (Tochter des Steußen, Witwe des Rabbiners Meir v. Erfurt). S. Eintr. 1—3 zu Nr. 403.

Über die Berechtigung der Bezeichnung dieses Hauses als „Cantorei der Juden" s. Anm. 102 auf S. 44.

1433, Juni 30, Wien.

Wir Albrecht von gotes gnaden herczog ze Österreich, ze Steyr, ze Kernden und ze Krain, marggraf ze Merhen und graf ze Tyrol etc. bekennen, daz wir unserm getrewn Hainreichen dem Mosmann, unserm burger ze Wienn ze kauffen geben haben und geben auch wissentleich mit dem brief ain haws daselbs ze Wienn in der Judengassen, ze nachst Jacoben von Velach haws gelegen, genant die Cantorey, das nach der Juden venkhnuss an uns ist komen, umb zwayhundert phunt phening, der wir gancz und gar entrichtet und gewert sein. Also, daz derselb Mosmann und sein erben dasselb haws mit seiner zugehörung nur fürbazzer in kaufs weis ynnhaben, nuczen und niessen und iren frumen damit schaffen süllen und mügen, wie in das am pesten füget oder wolgevellt, als kaufs und der stat ze Wienn recht ist, ungeverleich. Wir süllen und wellen auch darauf ir herr und scherm sein vor gewalt und unrecht. Mit urkunt des briefs, geben ze Wienn am ertag nach sant Peter und sant Pauls tage, nach Kristi gepurde vierczehenhundert jar, darnach in dem drew und dreyssigisten jare.

Dominus dux per magistrum
hubarum ad relacionem
Oswaldi Oberndorfer notarii sui.

Orig. auf Perg., ohne Siegel, im Archiv d. Stadt Wien.
Regest in QGW. II, 2, 2443.

Nr. 403 (Jordangasse 9, Judenplatz 1).

1.

1422, an mitichen vor sand Barbaren tag (Dez. 2).

Kadolt von Ekchartsaw hat empfangen nucz und gewer des hauß, das gelegen ist in der Judengassen ze Wienn, das Schauln des Juden gewesen ist und das im der hochgeborn furst herczog Albrecht, herczog zu Osterreich etc. von sundern gnaden gegeben hat und ist gelegen an ainem tail zenegst der Hansussin haus und an dem andern tail zenegst dem haus, das Hoczen des Juden gewesen ist, furbasser ledichleich und freileich zehaben, ut litera ducis sonat.

Summa nulla ex jussu consulum.
GB. 16, 316 a, 4.

2.

1423, an sand Scolasticen tag (Febr. 10).

Chadolt von Ekchartsaw hat verkaufft ain haus, gelegen in der Judengassen ze Wienn, das weilent Schauln des Juden gewesen und von demselben Juden an den hochgeboren fursten herczog Albrechten, herczogen ze Osterreich mit andern Judenheusern komen ist und das er im geben hat, an ainem tail zenegst der Hansussin haus und an dem andern tail zenegst dem haus, das Hoczen dem Juden gewesen ist, umb 300 pfunt wienner pfening dem erbern Hawgen von Regenspurgk, burger ze Wienn, Kathrein seiner hausfrawen und ir baider erben, doch das er allczeit vollen gewalt sol haben mit dem egenant haus, ut litera sonat.

Summa 10 sh ₰, altera pars vacat propter dominium.
GB. 16, 33 b, 1.

3.

1424, an montag nach sand Pangreczen tag (Mai 15).

Hawg von Regenspurgk und Kathrey sein hausfraw habent verkaufft ir haus, gelegen in der Judengassen ze Wienn, daz weilent Schauln des Juden gewesen ist, an ainem tail zenagst der Hansussin haus und an dem andern zenagst dem haus, das weilent Hoczen des Juden ist gewesen, umb 350 ℔ ₰ Hannsen Mawrer dem wachsgiesser, Agnesen seiner hausfrawn und ir baider erben oder welches under in baiden das ander uberlebt, sicut litera sonat.

Summa 2 ℔ 7 sh 10 ₰.

GB. 16, 101 b, 1.

4.

1431, an montag vor Gotsleichnams tag (Mai 28).

Agnes, Hannsen Mawrer des wachsgiessers seligen witib und Hannsen von Miltenberg eliche hausfraw hat verkaufft 10 phunt wienner phening gelts purkrechts auf irm haus, gelegen in der Judengassen ze Wienn, zenagst Petern Swarcz des schusters haus umb 100 phunt wienner ₰ dem ersamen herrn hern Niclasen, erczbriester zu Prag und obrister kapplan Sand Peters kappellen ze Wienn und seinen nachkomen, ut litera sonat.

Summa 6 sh 20 ₰.

GB. 58, 10 b, 1.

Nr. 404 (Judenplatz 2).

Vorbesitzer: Hocz (s. Beil. 1, 2, 3 zu Nr. 403 u. Beil. 1 zu Nr. 405 A). Nachrichten über den direkten Verkauf des in den Besitz der Stadt gelangten Hauses fehlen. 1431 besitzt es Peter Schwarz der Schuster (s. Beil. 4 zu Haus Nr. 403).

Nr. 405 A (Kurrentgasse 12).

1.

1424, an freytag nach Urbani (Mai 26).

Jacob Schetinger und Magdalen sein hausfraw habent gevangen nucz und gewer des hauß, gelegen in der Judengassen ze Wienn zenechst Hoczen des Juden haus, das Peltlin der Judin gewesen ist, daz sy von dem hochgeboren fursten herczog Albrechten, herczogen zu Osterreich unsern genedigen herrn gekaufft habent, ut litera ducis sonat.

Summa 72 ₰.

GB. 16, 321 a, 5.

2.

1424, an montag vor dem Auffarttag (Mai 29).

Jacob Schetinger, Magdalen sein hausfraw habent verkaufft ir haus, gelegen in der Judengassen ze Wienn, zenechst Thomans des Krewssen und Petern des Swarczen des schuster heusern umb 160 ℔ ₰ Merten dem Torbecken, burger ze Wienn und seinen erben, sicut litera sonat.

Summa 10 sh 20 ₰.

GB. 16, 146 a, 6.

Nr. 405 B (Kurrentgasse 12).

1.

1373, September 7, Wien.

Ich Michel der Vierdung, ze den zeiten statrichter ze Wienn vergich offenleich an dem brief, das für mich cham in die purgerschrann ze Wienn, do ich sas an offem gericht Chünrad Perngêr, hern Niclas diener des Würffels mit vorsprechen an desselben seins herren stat, der im di recht mit vollem gewalt het aufgeben ze flust und ze geben auf Merchleins haws des Juden, gelegen in dem Schülhof under den Juden ze Wienn, ze näst Peltlinn haws der Judinn umb fünf phunt wienner phenning gelts versezzens pürchrechts und umb alle die zwispil, die mit recht darauf ertailt und gegangen sind, als verrer uncz das och im mit recht poten darauf gab, Micheln den Schreiber und Jannsen von Velczperg, die zwen vorsprechen, di habent auch paid darumb gesagt mit irn trëwn var offem gericht, als si ze recht sullen, daz si daz egenant haws mit den umbseczen daselbs haben beschaut und geschaczt, das es so tewr nicht einst, als das versezzen pürchrecht und die zwispil, die mit recht darauf ertailt und gegangen sind. Und darnach ward gevragt, was recht wêr; do geviel mit vrag und mit ůrtail, mir solt der obgenant her Niclas der Würffel mein recht geben, das hat er getan und solt ich in des egenanten hawses gewaltig machen und an die gewer seczen, das han ich auch getan. Also, das er dasselb haws sol fürbas ledichleich und freylich haben und allen seinen frumen damit ze schaffen, verchauffen, verseczen und geben, swem er welle, an allen chrig und irrsal und solt ich im das mein ürchund geben. Und des ze ürchund so gib ich hern Niclasen dem Wůrffel den prief versigelt mit meinem insigel. Der prief ist geben ze Wyenn nach Christi gepürd drewczehenhundert jar, darnach in dem drew und sibenczigistem jar, des nasten mitichens vor unser vrow̃n tag ze der gepůrd.

Orig. auf Perg., m. anh. Siegel, im Archiv d. Stadt Wien. Regest in QGW. II, 1, 833.

2.

1423, an mitichen nach Reminiscere in der vasten (März 3).

Chunrat Holczler, zu den zeiten burgermaister und der rate gemain der stat ze Wienn habent verkaufft ain haus, gelegen ze Wienn, pey der padstuben genant zu den Rören, zenegst Jacobs Schettinger des gürtler haus, das von dem hochgeborn fürsten herczog Albrechten, herczogen ze Osterreich etc. mit andern Judenheůsern in kaufsweis an die stat komen ist, um 80 ℔ wienner pfening der erbern frawn Elspethen, weilent Thomans des Flênderl seligen witiben und iren erben, ut litera sonat.

Summa 5 sh 10 ₰.

GB. 16, 33 b, 2.

Nr. 406 (Kurrentgasse 8).

Bildet zusammen mit den Häusern 432 und 433 das Areal der Badstube zu den Röhren. S. die auf diese Häuser bezügl. Eintragungen.

Nr. 407 (Kurrentgasse 6).

1422, an mantag vor Egidii (Aug. 31).

Vlreich Gundloch, zu den zeiten burgermaister und münssmaister und der rat gemain der stat zu Wienn habent verkaufft ain haus, das weilent Maister Jekleins des Juden gewesen ist und das von demselben Juden an den hochgeboren fursten herczog Albrechten, herczogen zu Osterreich etc. komen ist und von demselben unsern genedigen herrn mit andern heusern in kauffs weis an sy komen ist, und leit dasselb haus in dem gesslein bey den weissenbrudern zenegst der padstuben genant die Rörn, um 40 phunt wienner phening dem erbern Petern Janstorffer und seinen erben oder wem er es schafft, macht oder geit, furbas ledichlich und freileich zehaben und allen iren frumen damit zeschaffen, ut litera sonat.

Summa 24 ₰, altera pars vacat propter civitatem.

GB. 16, 274 a, 2.

Nr. 408 (Kurrentgasse 4).

1429, an mantag nach Invocavit (Febr. 14).

Niclas Vndermhimel, burgermaister und münssmaister und der rat gemain der stat ze Wienn habent verkaufft ain haus, gelegen im gesslein, als man zu den weissenbrudern get, zenagst Mathes Kramer haus, mitsambt den hindern zwain höfen, dem grossen und dem klain, daz weilent R e b l e i n s d e s J u d e n gewesen ist, umb 100 phunt wienner phening Philippen dem Kraukcher und seinen erben, sicut litera sonat.

Summa 6 sh 20 ₰.

GB. 16, 210 b, 3.

Nr. 409 (Kurrentgasse 5, Judenplatz 3).

1426, an freitag vor Georii (April 19).

Hanns Scharffenperger, burgermaister und der rate gemain der stat ze Wienn habent verkaufft ain haus, gelegen im gesslein am egk, als man zu den weissenbrudern get, zenegst Niclas Graner haus an ainem tail und zenegst Hannsen des glaser haus an dem andern, mitsambt der hofmarch daran, als weit und die yecz mit paw uncz an das tor umbvangen ist, umb 200 ℔ ₰ Clementen von der Staigen, Dorotheen seiner hausfrawn und derselben Dorothen erben, doch also, ob dieselb Dorothe mit tod abgeet, ee denn der Clement, so sol das vorgenant haus und hofmarch geleich halbs erben und gevallen auf irer tochter Affren, die si mit irm eern wirt, Petern dem Gakusch gehabt hat und den andern halben tail sol der Clement sein lebteg unverkumert inhaben und nach seinem tod zegevallen auch auf die egenant Affren oder ob die nicht inn wer, auf der egenant Dorothen nagst erben, ob aber der Clement vor seiner hausfrawn Dorothen abging, so ist ir das haus gancz ledig und doch das si gwalt hab, sicut litera sonat.

Summa 13 sh 10 ₰.

GB. 16, 105 a, 2.

Nr. 410 (Judenplatz 4).

1423, an freitag vor dem heiligen phingsttag (Mai 21).

Chunrat Holczler, zu den zeiten burgermaister und der rate gemain der stat ze Wienn habent verkaufft ain haus, gelegen in der J u d e n g a s s e n a n d e m N e w n p l a c z ze Wienn, zenegst Jacobs Lebschon des sneider haus, mitsambt dem hoflein daran und dem secret und auch mit allen den venstern, als es yecz steet, umb 38 ℔ wienner pfening Hansen Puchspawm dem glaser, Pericht seiner hausfrawn und ir baider erben oder welhes under in baiden das ander uberlebt, sicut litera sonat.

Summa 76 ₰.

GB. 16, 34 a, 5.

Nr. 411 A (Judenplatz 5, Parisergasse 6).

1.

1422, an mantag vor dem Palmtag (März 30).

Peter Pirchner hat gevangen nucz und gewer ains hauß, gelegen in dem gêsslein pey den weissenbrudern, das weileut Sundleins des Juden, Rachmels des Juden bruder ist gewesen, zenegst des vorgenanten Rachmels haus, gegen hern Hannsen von Püchaim haus uber, das er von den ersamen weisen dem burgermaister und dem rat der stat ze Wienn gekaufft hat.

Summa 72 ₰.
GB. 16, 312 b, 1.

2.

1422, an mitichen vor dem Palmtag (April 1).

Peter Pirchner burger ze Wienn hat verkaufft ain haws, gelegen in dem gesslein pey den Weissenbrudern, das weilent Sundleins des Juden, Rachmels des Juden bruder ist gewesen, zenegst des yeczigen Rachmels haws, gegen hern Hannsen von Puchaim haus uber, umb 70 phunt wienner phening dem erbern mann Jacoben dem Lebschan dem sneider ze Wienn und seinen erben, furbas ledichleich und freileich zehaben und allen irn frumen damit zeschaffen, verkauffen, verseczen und geben, wem sy wellent, ut litera sonat.

Summa 1/2 ℔ 20 ₰.
GB. 16, 228 b, 2.

Nr. 411 B (Parisergasse 6, Judenplatz 5).

1422, an freitag vor Allerheiligen tag (Okt. 30).

Michel Weichsselpawm und Lienhart Schober, baid burger ze Wienn haben gevangen nucz und gewer ains hauß, gelegen in der Judengassen ze Wienn, das von weilent Rachmeln dem Juden an den hochgebornen fursten herczog Albrechten, herczogen zu Osterreich komen ist und das sy von demselben herczog Albrechten gekaufft habent, umb 110 phunt wienner phening, also das sy und ir erben dasselb haus furbasser innehaben mügen und niessen sullen und allen iren frumen damit geschaffen, mit verkauffen, verseczen und geben, wem sy wellent, ut litera ducis sonat.

Summa 1/2 ℔ 24 ₰.
GB. 16, 315 b, 2.

Nr. 412 (Parisergasse 4).

1423, an freitag nach Allerheiligen tag (Nov. 5).

Hanns von Hohenperg, burger ze Wienn und Elsbeth sein hausfraw habent gevangen nucz und gewer ains hauß, gelegen ze Wienn, bey den weissenbrudern, zenagst Maister Wenczlabs des zimermans haus mit ainem tail und mit dem andern zenagst Michels des Weichselpawms haus, gegen Hannsen von Puchaim haus uber, das sy von dem hochgebornen fursten herczog Albrechten, herczogen ze Osterreich etc. umb 132 ℔ wienner phening gekaufft habent, sicut litera sonat.

Summa $^1/_2$ ℔ 12 ₰, altera pars vacat propter ducem.

GB. 16, 319 b, 3.

Nr. 413 (Parisergasse 2, Schulhof 6).

1424, an mitichen sand Lucein tag (Dez. 13).

Chunrat Holczler, zu den zeiten burgermaister und der rat gemain der stat ze Wienn habent verkaufft ain haus, gelegen bei den weissenbrůdern, gegen hern Hannsen von Puchaim haus uber, zenegst Hannsen von Brichsen haus, daz L e b i n d e r s a n k c h m a i s t r i n gewesen ist umb 50 ℔ ₰ Maister Wenczlaben dem zimerman und seinen erben, sicut litera sonat.

Summa 3 sh 10 ₰.

GB. 16, 35 b, 4.

Nr. 414 (Kurrentgasse 3, Schulhof 4).

1423, an mantag nach dem Auffarttag (Mai 17).

Chunrat Holczler zu den zeiten burgermaister und der rat gemain der stat ze Wienn habent verkaufft ain haus, gelegen ze Wienn, gegen der padstuben genant dacz den Rören uber, zenegst S w e r c z l e i n s d e s J u d e n haus an ainem tail und stosst mit dem andern tail auf den placz gegen den weissenbrudern uber, umb 140 ℔ ₰ Niclasen dem Graner, Dorotheen seiner hausfrawn et heredibus oder welhes under in baiden das ander uberlebt, sicut litera sonat.

Summa 9 sh 10 ₰.

GB. 16, 34 b, 4.

Nr. 415 (Kurrentgasse 1, Schulhof 2).

Der Name des letzten Besitzers sowie nähere Daten über den Verkauf des Hauses sind bisher nicht bekannt.

1386, am nêchsten montag nach unser frawen tag ze der Liechtmezz (Februar 4).

Herzog Albrecht III. schenkt den auf den Hof angesiedelten Karmelitern eine Reihe um das Kloster gelegener Häuser als Ersatz *„fur das haus das da genant ist Muschals suns haus dez iuden“*, das Herzog Rudolf den Karmelitern hatte schenken wollen.

QGW. I, 2, 1716.

Nr. 417 (Judenplatz 6, Drahtgasse 4, Parisergasse 3).

1437, feria quarta post Tiburcij et Valerianj (April 17).

Hanns von Puchaim hat verkaufft dem erbern Petern Hirssen dem wurczer, burger ze Wienn und fraun Annen seiner hausfrawen oder welichs under in baiden das ander ůberlebt, umb 86 ℔ ₰ sein haws mitsambt den lâden dar inn, das weilent Eschleins des Juden von Drêskirchen gewesen ist und der hochgeboren fůrst der herczog seinem vater seligen lediglichen gegeben hat, gelegen am Schulhof zu Wienn, gegen hern Wilhalms von Puchaim haws *(Nr. 342)* ůber, zenagst Hainreichen Swaben von Esslingen haus mit aller seiner zugehôrung und ausczaigung, ut litera sonat.

Summa 86 ₰.

GB. 16, 132 b, 2.

Nr. 418, 418 A, 419 (früher Am Hof 14, Drahtgasse 3, demol. 1880).

1.

1421, August 5, Wien.

Wir Albrecht von gotes gnaden herczog ze Österreich, ze Steyr, ze Kernden und ze Krain, grave ze Tyrol etc. bekennen und tun kund offenleich mit dem brieve, daz wir unserm lieben getrewn Hannsen von Puchaim durch seiner fleissigen dienst willen, die er uns enther getan hat und noch hinfür tun sol und mag und auch von sundern gnaden gegeben haben und geben auch wissentleich mit dem brief das haws ze Wienn in der Judengassen gelegen, das Eschleins des Juden von Dreskirchen ist gewesen, mitsambt ainem zuhaws daselbs, genant das cziegelhaws, das mit ainem ort an den Hof und mit dem andern an Unser Frawn bruder freithof stösset, das Adams des Juden von Lewbs gewesen ist und auch ain stokhbrunn und gemeẘr zenachst an des benanten Eschleins des Juden haws gelegen, und das alles von den benanten Juden an uns komen ist. In solicher masse, daz derselb von Puchaim und sein erben die vorgenanten heẅser und stokhbrunn mit iren zugehőrungen nu fürbaser innhaben, nuczen und niessen sullen und mugen und iren frumen damit schaffen nach iren notdürften, wie in das am besten fůget. Mit urkunt dicz briefs, geben ze Wienn an sant Oswalds tag, nach Kristi geburde vierczehenhundert jar und darnach in dem ainundczwainczigisten jare.

Orig. auf Perg., m. anh. Wappensiegel, im Archiv d. Stadt Wien. Regest in QGW. II, 2, 2170.

2.

1437, feria secunda post Tiburcii et Valeriani (April 15).

Hanns von Puchhaim hat verkaufft dem erbern Hainreichen Swaben von Esslingen dem pekchen am Hof, mitburger ze Wienn, Annen seiner hausfraun und iren baiden erben umb 250 ℔ wienner ₰ sein haws mitsambt dem garten daneben und dem zuheẅsel hinden daran uncz an die schidmaur in dem hof, das weilent Eschleins des Juden gewesen ist und der hochgeborn fůrst, unser gnêdiger lieber herr, der herczog seinem herren und vater von sundern gnaden lediglichen gegeben hat und ist das vorgenant haws gelegen mit dem vordern ort an dem Hof ze Wienn, gegen hern Wilhalms von Puchaim haws ůber, mit ainer seÿten zenagst Petern Hirssen des wurczer haws, und an der andern seytten mit dem garten zenagst Maister Vlreich Warnhofer haws und auch an der weissenbrůder freithof und růrt mit dem zuheẅslein hinden daran in das gêssel, als man von dem Schulhof zu den weissenbrůdern geet, auch zenagst des egenanten Petern des Hirssen haws an ainem ort und an dem andern zenagst dem zieglhaws mit aller ander ausczaigung, die in dem kaufbrief begriffen ist. Doch also, daz der egenant Hainreich Swab der pekch allczeit ganczen gwalt haben sol, es seÿ beÿ den egenanten seiner hausfraun lebtêgen oder hinach, mit dem egenanten haws und seiner zugehorung allen seinen fromen zeschaffen, ut litera sonat.

Summa 1 ß 10 ₰.
GB. 16, 132 a, 2.

Nr. 420 (Parisergasse 1, Schulhof 8, Am Hof 13 früher 16).

Vorbesitzer: Adam v. Leubs (s. Eintr. 1 zu Nr. 418). 1421 zusammen mit den Häusern 418 und 419 von Herzog Albrecht Hanns v. Puchaim verliehen.

1437, feria quarta post Tiburcii et Valeriani (April 17).

Hanns von Puchaim hat verkaufft dem erbern Hannsen Puchspawm dem lanngen glaser, burger ze Wienn und seinen erben umb 100 ℔ ₰ sein haws genant das zieglhaws, das weilent A d a m s d e s J u d e n v o n L e w b s gewesen ist, und der hochgeborn fůrst, unser gnêdiger lieber herr der herczog, seinem herren und vater lediglichen gegeben hat und stôsset mit dem vordern ort an Unsrer Lieben Fraun bruder freithof, zenagst dem tůrl in dem gêssel, als man von dem Schulhof hincz den benanten brůdern geet und mit der andern seiten zenagst Hainreich Swaben von Esslingen des pekchen zuhaws und růret auch mit dem hindern ort an die mawr, die in des benanten Hainreich des pekchen keler zenagst der obgenanten Unser Fraun bruder freithof desselben Swaben und des egenanten glasers hewsern von gruntauf nucz und den obern estreich geet und tailet mit aller ander zugehorung und ausczaigung, ut litera sonat.

Summa 3 sh 10 ₰, altera pars vacat.

GB. 16, 132 b, 1.

Nr. 428 (Kurrentgasse 2, Steindelgasse 6).

1422, an sand Vlreichs abent (Juli 4).

Mathes Polaner, Kathrey sein hausfraw haben gevangen nucz und gewer ains hawß, das P ů c h s l e i n d e s J u d e n gewesen ist und das von demselben Juden an den hochgeborn fursten herczog Albrechten, herczogen ze Osterreich etc. komen ist, gelegen hie zu Wienn an ainem tail gen Unser Frawen bruder den Carmeten ůber und an dem andern tail zenegst dem haus, das A b r a h a m s Z ü s t l e r ist gewesen, das sy von dem vorgenanten unserm genedigen herren kaufft habent umb 200 phunt wienner phening, allen irn frumen damit zeschaffen, ut litera ducis sonat.

Summa 9 sh 2 ₰, altera pars vacat propter ducem.

GB. 16, 313 b, 2.

Nr. 432 (Kleeblattgasse 5).

Bildete zusammen mit den Häusern 406 und 433 den Komplex der Badestube zu den Röhren, als deren letzte Vorbesitzer die Verweser der Judenzeche zu betrachten sind. S. die Eintragungen zu Nr. 433.

Nr. 433 (Kleeblattgasse 5, 7).

1.

1398, proxima feria quarta ante Bartholomei (August 21).

Hannko der underchewfl und Jacob Vnger sein vetter, Moschens sun des Vnger, die Juden, haben geben nůcz und gewer von der patstuben genant die Rōren, die von den erbern geystleichen herren von dem Dewtschenhaws von er (= *früher, vormals*) an die Juden komen ist und die nu die vorgenanten Hannko der underchåwfl und Jacob der Vnger die Juden innhabent, sicut litera sonat.

Ex iussu ducis et consulum civitatis Wienne.

Summa 10 phenning und 5 solidi.

QGW. III, 2, 2320.

2.

1398, proxima feria quarta post festum sancti Lamberti (September 18).

Hanko der underchewfl, der Jud, hat versaczt seinen halffentayl und alle seine recht, die er hat an der patstuben, genant dacz den Rören, fur 300 ℔ wienner phenning, ze richten von sand Mertentag, der schierist kumbt, uber ein ganczes jar Lesyrn von Perchtoltsdorff dem Juden und Haydgimmen, Lesyers sun dem Juden, bayd innhaber und verbeser der Judenzech ze Wienn und allen irn nachkomen.

Summa $3^1/_2$ ℔.

GB. 57, 101 b, 2.

3.

1400 (Tagesdatum nicht bekannt).

„Schendel die Jüdinn, Hancko des Juden Wittib hat verkauft iren halfen Tail und alle die Recht, die sie von dem obgenannten iren Wirt anchomen sint von der Padstuben bey den Rören umb 300 Pf. 23 Pf. Hadim den Juden, Lesyrs Sun und Schalam den Juden, Warochs Sun diezeit payde Zechmaister der Judenzech ze Wienn und all iren Nachkomen.“

Schlager I, S. 26.

(Nicht ganz korrekte Abschrift nach dem inzwischen verloren gegangenen Kaufbuch D, Seite 278.)

4.

1431, an montag vor Gotsleichnams tag (Mai 28).

Kunrad von Miltenberg, der pader, Elsbeth sein hausfraw und ir baider erben habent emphangen nucz und gewer der padstuben genant zu den Roren und ains hauß daran, gelegen zenagst der Ganiczerin haus und stosset mit ainem tail an Oswalts des Oberndorffer haus, das sy von unserm gnedigen herrn herczog Albrechten, herczogen ze Osterreich etc. umb 400 ℔ wienner phening gekaufft habent, ut litera ducis sonat.

Summa 13 sh ₰.
GB. 16, 357 a, 3.

Nr. 434 (Kurrentgasse 10, Kleeblattgasse 9).

1.

1378, März 8.

Ich Vlreich der Rossel, die zeit des ratz der stat ze Wienne vergich und tün chunt offennleich mit dem brief umb alle die chrieg und stozze, die gewesen sind zwischen den erbern herren hern Fridreichen von Wobart, landcomitewr der Deutschen Heren in Osterreich und hern Giligen comitewr des Deutschen Haus ze Wienne und der prüderschafft gemain daselbs an ainem tail und Hessmann dem Juden, Barochs des Juden sun an dem andern tail umb das hofel, das da leyt under des egenanten Juden dach hinder seinem haws, in dem hof, der da gehoret zu der padstuben dacz den Rörn ze Wienne. Derselben chrieg aller sind si ze paiderseyt mit gütleichem willen unbetwungenlich hinder mich egenanten Vlreichen ze schidung gegangen und mir die gentzleich aus den hannden geben habent. Was ich darumb zwischen in paidenthalb sprich und beschaid nach meinen trewn, das si das alles stët und unverukcht haben wellen und auch sullen an alle widerred und gever und darumb so hab ich zwischen in paidenthalben gesprochen und beschaiden. Also, das die vorgenanten Deutschen Herren sullen haben in dem egenanten hoflein unden ains gadens höch. Also das der obgenant Jud auch darauf gepawn müg ains gadens höch under seinem däch. Es sol auch derselb Jud ein hewsel graben einen schüch von der want in demselben hoflein und wenn er mit der grüb uber die erden chumpt, so sol er die grüb vermachen und sol ir nicht mer offen lazzen, denne das ein stuel darin ge, da ain mensch auf gesiczen müg seins und umb den stuel sol er mawrn eins ziegels dikch ein rorn durch der Deutschen Herren gemach auf. Er sol auch derselb Jud chain venster in dem hof nicht haben und sol auch das hewsel durch sein haws ausfüren. Also das er in der vorgenanten herren hof nichts zeschaffen hab und das der spruch fürbas also stet und unczebrochen beleib, daruber gib ich egenanter Vlreich der Rossel in den brief zu einem warn urchund der sache, versigelten mit meinem insigil und mit der erbern manns insigil hern Vlreichs des Pollen, die zeit des obgenanten rats, der des vorgenanten spruchs durch mich meiner pet willen geczewgen ist mit seinem insigil. Der brief ist geben ze Wienne nach Christs gepurd drewczehen hundert jar darnach in dem acht und sibentzigstem jare, des montags in der ersten ganczen wochen in der vasten.

Orig. auf Perg., m. den an Pergamentstreifen hängenden Wachssiegeln Ulrich des Rössels u. Ulrich des Pollen.
Archiv d. D. R.-O. 1308, a.
(Regest bei Pettenegg 1464.)

2.
1423, an mitichen nach Judica (März 24).

Kunrat Holczler, zu den zeiten burgermaister und der rat gemain der stat ze Wienn habent verkaufft ain haus, gelegen im gesslein bey den weissenbrudern, das Y s s e r l e i n s v o n E n n s d e s J u d e n gewesen ist, zenechst Kunrats von Miltenberg des pader haws umb 200 ℔ ₰ Elsbethen, Hainreichs des Ganneczer witiben und Gregorien irm sun und irn erben, also daz dieselb Elsbecht allczeit vollen gewalt haben sol, es sey bey iren sun lebtegen oder nach seinem tod, allen iren frumen damit ze schaffen, sicut litera sonat.

Summa 6 sh 20 ₰, altera pars vacat propter civitatem.
GB. 16, 33 b, 6.

Nicht bestimmbare Häuser.

1.
1329, Juli 4, Wien.

Ich M ŏ r l d e r J u d e L e h e n m a n n e s s u n und ich T r e c h e l sein housvrowe und ich S ů z m a n d e r J u d e v o n T u l n und ich R a m e l sein housvrowe, wir veriehen und tun chunt allen den, die disen prief lesent oder horent lesen, die nu lebent und hernach chunftich sint, daz wir mit unser erben guten willen und gunst mit verdachten mute ze der zeit, do wir ez wol getun mochten und auch mit unsers gruntherren hant, des erbern mannes hern Herborts auff der Seul recht und redelichen gesaczt haben unser hous, daz da leit in der Wiltwurcher strazze ze Wienne zenaehest Fridelins house des Juden, Lehenmannes aydem, daz weiln gewesen ist Marcharts von Regenspurch mit allem dem nutze und rechte, als wir ez in purchrechtes gewer her pracht haben dem erbern manne hern Chunraten dem Wiltwůrcher, purger ze Wienne und vrow Agnesen seiner housvrowen und ir paider erben fur den weingarten, der da leit an dem Wartperge und haizzet die Grube zu rechter ebenteur und auch ze rechtem gewern und scherm, als des landes recht ist ze Osterrich, so beschaidenlichen, ob im dar an icht abe gienge, daz schol er haben gentzlichen auff dem egenanten house in allem dem rechte und vorgeschriben stet und geben im des disen prief ze ainem offen urchunde und gezeuge und ze ainer ewigen vestunnge diser sache, versigilten mit des vorgenanten unsers gruntherren insigel, hern Herborts auff der Seul, wan wir selber aygens insigels niht enhaben und auch mit des erbern ritters insigel hern Hagens von Spilberch ze den zeiten Judenrichter ze Wienne, die diser sache gezeuge sint mit iren insigeln und ander frume leute genug. Diser prieff ist geben ze Wienne nach Christes geburt dreuczehenhundert jar darnach in dem neun und zwanczigistem jar an sand Ulreichs tage.

Orig. auf Perg., m. 1 anh. Siegel, im Archiv d. Stadt Wien.
Abgedr. bei Wolf, Gesch. d. Juden in Wien S. 233, samt der der Urkunde beigehefteten hebr. Übersetzung.
Regest in QGW. II, 1, 117.

2.

1339, an sand Simons und sand Judas tag (Oktober 28).

Jans der Stůre, Kaplan und Verweser des Gottsleichnamalters zu St. Stephan in Wien stiftet einen ewigen Jahrestag zu dem genannten Altar und schafft zu diesem Zwecke außer anderen Gülten (wie z. B. „*ain phunt gelts auf Lesirs weingarten des Juden, der da leit zwischen sand Veyt und Hekchingen*“) auch „*acht phunt gelts purkrechts auf Davits haus des Juden, Worlins (?) aydem hintrn Penedicten* (im Orig. wohl „*Penditen*“) *haus in dem Turen, des her Jans des (der) Greif grundherre ist, dem man dient drey phening ze grundrecht, und zehen und funf*

schillinge purkrechts, den erren von dem heiligen Creuze, die abzelosen sind mit funnczig phunden Wienner pheningen".
(Ogesser) Beschr. d. Metropolitankirche zu St. Stephan in Wien, 1779, S. 48, Nr. IV.

3.

1368, in purificacione beate virginis Marie (Februar 2).

Sadia judeus filius Jochananni, uxor sua Genanna filia Schawlein vendiderunt mediam domum eorum sitam inter Judeis (!) penes Mayman judeum pro 170 talentis denariorum Eysakchoni judeo et uxori Boran.

QGW. III, 1, 10.

4.*)

1368, Februar 3.

Ich Michel der Vierdung, ze den zeiten statrichter ze Wienn vergich offenlich an dem brief, das fůr mich cham in die purgerschrann ze Wienn, do ich sas an offem gericht Hêbel der Jud, Irmias sun des Juden ze Wienn und vodert mit vorsprechen den erbern geistlichen herren prüder Gilgen, ze den zeiten comitewr des hauses dacz dem Dauczschenhaws ze Wienn in die gewerschaft umb ein haws, daz er von im, und von den erbern geistlichen herren dacz dem Dauczschenhaws ze Wienn gemain gechaufft hiet, gelegen under den Juden ze Wienn, ze näst Steuzzen haws des Juden, daz wêr im ansprechig warden von Jansen auf der Sauln, hern Niclases diener des Würffels, di zeit purgermaister ze Wienn umb zwai phunt wienner phennig gelts pürchrechts, der darumb an desselben seins herren stat hincz dem obgenanten seinem haws chlagt, diselben zwai phunt gelts solt im prüder Gilg an der geistlichen herren stat dacz dem Dauczschenhaws ausrichten und pat darumb gerichts. Do cham prüder Gilg auch für mich, und für offens gericht, und pat den Juden vragen mit vorsprechen, wie lang er daz egenant haws gehabt hiet, da offent der Jud im achten iar, darnach pat pruder Gilgen vragen mit vorsprechen, was recht wêr, do geviel mit vrag und mit urtail, seid daz der stat recht wêr, daz man pürchrecht vir iar und tag schirm solt, und der Jud di geistlichen herren dacz dem Dauczschenhaws in jar und in tag in die gewerschaft nicht gevadert hiet, und iar und tag nur für wêr, als der Jud selb gêch, daz er daz egenant haws im achten iar hiet, so solt auch der egenant

*) Bezieht sich vielleicht auf Haus Nr. 414.

prüder Gilg und der conwent gemain dacz dem Dauczschenhaws ze Wienn umb di gewerschaft des egenanten hawses, und der zwair phunt gelts nicht antwürten und solden, darumb fürbas vor dem egenanten Juden ledig frei und berübt beleiben vor aller ansprach und solt ich in des mein urchund geben und solden si mir darumb mein recht geben, daz habent si getan. Und des ze urchund so gib ich in den prief versigelt mit meinem insigel. Der prief ist geben ze Wienn nach Christi gepürd drewczehen hundert jar darnach in dem acht und sechczigistem jar, des nasten freytags nach unser vrown tag ze der Liechtmesse.

M. an Pergamentstr. hängendem, z. T. beschädigtem Wachssiegel M. des
Virdungs.
Archiv d. D. R.-O. 1260, a.
(Regest bei Pettenegg 1407.)

5.

1376, an samcztag vor dem suntag als man singet Misericordia domini
(April 26).

Andre von Munteinstorf, Pfarrer, und Perchtolt, Merteins des Herscheftleins Sohn bekennen, daß ihnen Hainreich der Huber, Kanzleischreiber Herzog Albrechts u. a. 24 Pfund Pfennige als Erlös von einem Judenhaus zu Wien, auf welchem zugunsten einer von Hainczman von der Schebnicz gestifteten Messe 4 Pfund Pfennige gelegen waren, übergeben hat, welches Haus aber „ze *der zeit da man die Juden gemainlich angegriffen hat“* gänzlich abgebrannt war.

QGW. I, 4, 4003.

6.

1378, feria sexta proxima post festum purificacionis b. Marie virginis
(Februar 5).

Egidius tunc temporis conmentewr in domo dominorum Teotonicorum et fraternitas ibidem vendiderunt 12 solidos redditus, quos habuerunt super domum H ë b l i n i , f i l i u s (!) I r - m i a n J u d e i e t E y s a k c h e n J u d e o (!) d e W e i k h e r s - t o r f sitam i n t e r J u d e o s ex opposito estuarii quod dicitur Rörn pro 9 libris den. predictis Judeis et eorum heredibus, also das die egenanten Tewtschenherren noch ir nachkomen auf dasselb haus furbas dhain ansprach, noch vodrung haben sullen, weder vil noch menikch.

Summa 18 ₰.
GB. 15, 37 b, 1.

Vgl. Nr. 4.

1383, feria secunda in secunda epdomada (!) quadragesimi (Februar 16).

Paulus Holczchawffel purgermaister und der rat habent abzelosen geben Heschlein dem Juden und seinen erben das phunt wienner phenning gelts purchrecht, das die Tewtschen herren gehabt habent auf des egenanten Juden haus under den Juden zenest dem haus, daz weilnt Schefftleins des Juden von Ofen gewesen ist, umb 8 phunt wienner phenning, der (!) dieselben Tewtschen herren nicht nemen wolten.

QGW. III, 1, 1486.

8.

1420, an freitag nach sand Antonien tag (Juni 14).

Miërl die Judin, Adambs weib von Leubs, Riffka der Judin tochter hat nucz und gewer emphangen ains halben haus, gelegen under Juden, zu nagst Nachen, Ysachns sun dem Juden, das seÿ anersturben ist von ir rechten mutter Riffica der Judin, als sÿ das bebeist hat zu rechten zeit, als sÿ zu recht solt, vor dem Judenrichter mit Salman und Zeisl, paid der Juden mesner, da man von dem benanten halben haus allen jar jerleichen dint zu gruntdinst an sand Michls tag 20 Pf.

GB. 709, 104 b.

ANHANG.

Beschreibung der zur ehemaligen Judenstadt gehörigen Häuser nach dem Hofquartierbuche v. J. 1566.

Nr. 332 als „Gemainer Statt Cassten unnd Zeughaus" hofbefreit.

Nr. 333 (Nr. d. Hofquartierbuches 287):

Bei der Erden: 1 Kheller, 2 Camer, 1 Gwelb, 1 Stuben, 1 Camer. Mer im Hof 1 Stubel, 1 Vorheusel, 1 Khuchel, 1 Pöderl. Mer 1 Stubel. Mer 1 Schupfen.

Im ersten Gaden: 1 Poden, 2 Camer.

Unndtern Tach: 1 Poden.

Nr. 334 (288):

Bei der Erden: 1 Kheller, 1 Camer. Mer 1 Stubel, 1 Camerl, 1 Khuchel.

Im ersten Gaden: 1 Stuben, 1 Camer, 1 Vorheusel, 1 Khuchel, 1 Camer.

Unndtern Tach: 1 Poden, 2 verschlagen Camer.

Nr. 335 (289):

Bei der Erden: 1 Kheller, 1 Camer, 1 Hof, 8 Phfert Stallung.

Im ersten Gaden: 1 Stuben, 1 Camer, 1 Vorheusel, 1 Camer, 1 Khuchel.

Im andern Gaden: 1 Stuben, 1 Camer, 1 Khuchel, 1 Camer, 1 Vorheusel.

Hindten aufm Gang: 1 Stuben, 1 Vorheusel, 1 Khuchel, 1 Camer, 1 Poden.

Nr. 341 (434):

Im Stögkhle darinn der Pegkh wont: 1 Pachstuben, 1 Gwelb, 2 Gewelbel, 1 Höfel, 1 verschlagens Ställel auf 3 Phert.

Im ersten Gaden: Ob der Pachstuben 1 Stuben, 1 Camer, 1 Vorheüsl, 1 Khuchel darob, 1 Pöderl.

Mer hindten auf dem Ganng: 1 Stubel, 1 Camerl, 1 Vorheüsel, 1 Khuchel, 1 Camerl.

Unndtern Tach: 1 Pöderl.

Im anndern Stögkel darinn der Wierth zum Haus. Bey der Erden: 1 Pegkhen laden, 1 Kheller, darob 1 Camer, 2 Gwelb. Mer 1 Stuben, 1 Camer, 1 Vorhauss, 1 Khuchel.

Im ersten Gaden: Vorn auf den Hof 1 Stubel, 1 Khuchel. Mer gegen dem Judenplatz 1 Stuben, 1 Camer, 1 Vorhaus, 1 Khuchel, 2 Camern.

Zunegst der Stiegen zur rechten hinein 1 Stubel, 1 Camerl, 1 Holtzcamerl, 1 Kuchel.

Mer über etlich Stäffel 1 Stuben, 1 verschlagens Camerl, 1 Vorhauss, 1 Kuchel, 2 Camerl.

Im anndern Gaden: Gegen dem Judenplatz 1 Stuben, 1 Camer, 1 Vorhauss, 1 Kuchel, 2 Camer.

Mer an der Stiegen 2 Camer.

Undtern Tach: 1 Poden.

Nr. 342 (325):

Bey der Erden: 1 Kheller, 2 Gwelb.

Im ersten Gaden: 1 Stuben, 1 Camer, 1 Vorheüssel, 1 Kuchel, 1 Camer.

Im anndern Gaden: 1 Stuben, 1 Camer, 1 Vorheüssel, 1 Kuchel, 4 Camer.

Unndtern Tach: 1 Poden.

Nr. 343 (324):

Bey der Erden: 1 Kheller, 3 Gwelb, ain Stall auf 17 Phert.

Im ersten Gaden: 1 Stuben, 1 Camer, 1 Vorhauss, 1 Khuchel, 1 Stall, 1 Camerl.

Im andern Gaden: 1 Stuben, 2 Camer, 1 Khuchel, 1 Vorhauss, darneben 1 Camer, 1 Stubel.

Unndtern Tach: 1 Poden.

Nr. 344 (323):

Bey der Erden: 2 Kheller, 1 Press, 5 Gwelb, 2 Ställ auf 4 und 4 Phert. Mer 1 Stubel, 1 Khuchel.

Im ersten Gaden: Vorn 1 Stuben, 3 Camer, 1 Khuchel. Nach der Seÿtten zur rechten 1 Stuben, 1 Khuchel. Nach der Seÿtten zur lingkhen 1 Stuben, 1 Camer, 1 Khuchel, 1 Gwelb. Mer darneben gegen die Wilpingerstrass 1 Stuben, 1 Camer, 1 verschlagens Camerl.

Im anndern Gaden: Vorn 1 Stuben, 1 Camer, 1 verschlagner Poden, 1 Vorhauss, 1 Khuchel. Nach der Seÿtten zur rechten 1 Saal, darinn 1 Camer, 1 Stuben, 1 Camer, 1 khlains Stubel. Mer aufm Ganng 1 Stubel, 1 Camerl.

Unndtern Tach: Pöden.

Nr. 345 (322):

Bey der Erden: 2 Gwelb.

Im ersten Gaden: 1 Stuben, 1 Vorhëusel, 1 Khuchel, 1 Camer.

Im anndern Gaden: 1 Stuben, 1 Vorheüsl, 1 Khuchel, 1 Camer, darob 1 Poden.

Nr. 346 (321):

Bey der Erden: 1 Kheller, 1 Gwelb.

Im ersten Gaden: 1 Stuben, 1 Camer, 1 Vorhauss, 1 Khuchel, 1 Camer.

Im andern Gaden: 1 Stuben, 1 Camer, 1 Khuchel, 1 Vorhaus, 1 Camer unnd die Camer aufm Poden.

Unndtern Tach: 1 Poden, 1 Camer.

Nr. 347 (294):

Bei der Erden: 1 Kheller, 1 Gwelb, 1 Press.

Im ersten Gaden: 1 Stuben, 1 Camer, 1 Vorhauss, 1 Khuchel, 1 Stubel.

Im anndern Gaden: 1 Stubel, 1 Vorheüssl, 1 Khuchel.

Undtern Tach: 1 Poden mit verschlagnen Camer für die Schneÿder.

Nr. 348 (293):

Bei der Erden: 2 Kheller, 1 Gwelb.

Im ersten Gaden: 1 Stuben, 2 Camer, 1 Vorhauss, 1 Khuchel, 1 Stubel.

Im anndern Gaden: 1 Stuben, 1 Camer, 1 Vorhauss, 1 Khuchel, 2 Camer. Mer 1 Vorheüsel, darinn 1 verschlagne Camer, 1 Altänl.

Unndtern Tach: 2 unndterschiedliche Pöden.

Nr. 349 (292):

Bei der Erden: 1 unndterschlagnen Kheller, 1 Gwelb, 1 Holtzcamer, 1 Pranndtwein Prennhaus, 2 Phertstallung.

Im ersten Gaden: 1 Stuben, 1 Camer, hinhindter 1 Stuben, 1 Camer. Mer zur Lingkhen 1 Stuben, 2 Camer, 1 Khuchel.

Im anndern Gaden: 1 Stuben, 1 Vorhauss, 2 Camer, 1 Khuchel. Mer 2 Camer.

Unndtern Tach: 1 Poden.

Nr. 350 (291):

Bei der Erden: 2 Kheller, 1 Gwelb, 1 Press, 1 Hof, 2 Ställ auf 4 unnd 8 Phert.

Im ersten Gaden: Vorn 1 Stuben, 1 Camer, 1 Saal, 1 Schreÿbstube, 1 Camer, 1 Khuchel. Im hinndtern Stogkh 1 Stuben, 1 Camer, 1 Khuchel.

Im anndern Gaden: Vorn 1 Stuben, 1 Camer, 1 Vorhauss, 1 Khuchel, 1 Camer. Mer gegen dem Hof 1 Stuben, 1 Camer, 1 Vorhaus, 1 Khuchel. Im hinndtern Stogkh 1 Stuben, 2 Camer.

Unndtern Tach: 2 Pöden.

Nr. 351 (290):

Bei der Erden: 1 Kheller, 3 Gwelb, 1 Hof, 4 Phert Stallung.

Im ersten Gaden: 1 Stuben, 1 Camer, 1 Saal, 2 Camerl. Mer an der Stiegen hinauf 1 Camer.

Im anndern Gaden: 1 Stuben, 3 Camer, 1 Khuchel, 1 Vorhaus.

Unndtern Tach: 1 Poden.

Nr. 355 (283), Doppelhaus:

I. Bei der Erden: 1 Stubel, 1 Camerl, 1 Khuchel, 1 Gwelb, die Ferbwerckhstat, 2 Phert Stallung.

Im ersten Gaden: 1 Stuben, 1 Camer, 1 Khuchel, 1 Camerl, 1 Ganng, 1 Camer.

Unndtern Tach: 1 Poden.

II. Bei der Erden: 2 Gwelb, 1 Prandtwein Prennhauss, 2 Phert Stallung. Mer 1 Stubel, 1 Camerl, 1 Khuchel. Mer 1 Stuben, 1 Camerl, 1 Khuchel.

Im ersten Gaden: An der Stiegen 1 Stuben, 1 Stubel, 2 Camer. Mer 2 Camer, 1 Khuchel. Mer zur rechten: 1 Stubel, 1 Camerl.

Im anndern Gaden: Vorn 1 Stubel, 1 Camerl, 1 Khuchel. Zur rechten 1 Stubel, 2 Camerl, 1 Khuchel. Mitten 1 Stubel, 1 Camerl, 1 Khuchel. Mer 1 Stubel, 1 Camer, 1 Khuchel.

Unndtern Tach: 2 Pöden.

Nr. 356 (282). Beschreibung fehlt.

Nr. 357 (281):

Bei der Erden: 2 Kheller, 2 Gwelb ineinander, 1 Gwelbl, 1 Hof. Mer 2 Stubel, 1 Khuchel, 1 Camerl, 1 Poden.

Im ersten Gaden: 2 Stuben, 2 Camer, 1 Vorhauss, 1 Khuchel.

Im anndern Gaden: 2 Stuben, 2 Camer, 1 Vorhauss, 1 Khuchel.

Unndterm Tach: 1 Poden.

Nr. 359 (280). 1566 zusammen mit 360 ein Haus:

Bei der Erden: 2 Kheller, 2 Camer, 1 Press, 1 Padtstuben, 3 Ställ auf 2, 5 unndt 12 Phert. Mer 1 Stuben, 1 Gwelb.

Im ersten Gaden: Vorn 1 Saal, 1 Stuben, 1 Camer. Mer hinhindter 3 Stuben, 3 Camer, 1 Khuchel.

Nr. 361 (279):

Bei der Erden: 1 Prodtladen, 1 Kheller, 1 Pinndter Wergkhstat, 1 Gwelb, 1 Meel Gwelb, 1 Phert Stallung.

Im ersten Gaden: 1 Stuben, 1 Camer, 1 Stubel, 1 Vorheussel, 1 Khuchel. Mer 1 Camer.

Im anndern Gaden: 1 Stubel, 1 Camerl, 1 Poden, 1 Camer, 1 Heert.

Nr. 362 (278):

Bei der Erden: 2 Kheller, 5 Gwelb, 1 Camer, 4 Ställ auf 2, 3, 4 undt 5 Phert. Mer 1 Khuchel, 1 Stubel.

Im ersten Gaden: Vorn 1 Stuben, 1 Stubel, 2 Camer, 1 Vorheussel, 1 Khuchel, 1 Camer. Mer 1 Stuben, 1 Camer, alles beÿ einander. Hinndten 1 Stuben, 3 Camer, 1 Khuchel.

Im anndern Gaden: Vorn 1 grosse Stuben, 1 Stubel, 1 Camer, 1 Camer, 1 Stubel, 1 Khuchel, 1 Vorhauss, alles mit ainer Thüer gesperrt. Hinndten 1 Stuben, 1 Camer, 1 Khuchel, 1 Camerl.

Unndtern Tach: Vorn unndt hinndten Pöden.

Nr. 363 (277):

Bei der Erden: 1 Kheller, 1 Press, 3 Gwelb, 1 Camer, 4 Ställ auf 4, 5, 6, 8 Phert.

Im ersten Gaden: Vorn 1 Stuben, 1 Stubel, 1 Saal, 2 Camer, 1 Khuchel. Hinhindter zur rechten: 1 grosse Stuben, 1 Camer, 1 Khuchel. Hinndten 1 Stuben, 1 Camer, 1 Vorhauss, 1 Khuchel, 1 Poden. Hinhindter zur Lingkhen 1 khlains Stubel, 1 verschlagens Gänngel.

Im anndern Gaden: Vorn 1 Stubel, 2 Camer, 1 Khuchel, 1 Poden. Mer 1 Vorhauss, 1 Stubel, 1 Camer gegen dem Hof hinein.

Unndtern Tach: Vorn unnd an der Seÿtten Pöden.

Nr. 384. Die Häusergruppe 384 (Areal des jetzigen Ministeriums des Innern) bestand 1566 aus 11 Häusern, deren Fronten nach dem Hofquartierbuch in der „Wilpinger Strass“ (295, 296, 297, 298, 299), in dem „Schiltergässel“ (312, 313, 314) und „Am Judenplatz“ (318, 319, 320) gelegen waren.

Nr. 295:

Bei der Erden: 1 Kheller, 2 Gwelbel, zwey Ställ auf 2 unnd 2 Phert.

Im ersten Gaden: 1 Stuben, 1 Camer, 1 Vorhauss, 1 Camer, 1 Khuchel. Mer hinhindter 1 Stubel, 1 Camer, 1 Camerl.

Im anndern Gaden: 1 Stubel, 1 Camer, 1 Vorhauss, 1 Khuchel, 1 Camer. Mer 1 Camer.

Unndtern Tach: 1 Poden.

Nr. 296:

Bei der Erden: 1 Kheller, 1 Gwelb, 1 Hof, 7 Phert Stallung.

Im ersten Gaden: 1 Stuben, 1 Vorhauss, 1 Khuchel, 1 Camer, 1 Stubel.

Im anndern Gaden: 1 Stuben, 1 Stubel, 1 Vorhauss, 1 Khuchel, 2 Camer.

Unndtern Tach: 1 Poden.

Nr. 297:

Bei der Erden: 1 Kheller, 2 Gwelb, 1 Gwelbel, 1 Hof.

Im ersten Gaden: 1 Stuben, 1 Camer, 1 Vorhauss, 1 Stubel, 1 Khuchel, 1 Camer.

Im anndern Gaden: 1 Stuben, 1 Camer, 1 Vorhauss, 1 Camer, 1 Khuchel. Mer 1 Camer.

Unndtern Tach: 1 Poden.

Nr. 298:

Bei der Erden: 1 Kheller, 1 Press, 1 Gwelb.

Im ersten Gaden: 1 Stuben, 1 Camer, 1 Khuchel.

Im anndern Gaden: 1 Saal, 1 Stubel, 1 Camerl, 1 Khuchel.

Unndtern Tach: 1 Poden.

Nr. 299:

Bei der Erden: 1 Kheller, 1 Press, 1 Gwelb.

Im ersten Gaden: 1 Stuben, 1 Camerl, 1 Vorhauss, 1 Khuchel, 1 Camer. Mer hindten 1 Stubel, 1 Khuchel, 1 Poden.

Im anndern Gaden: 1 Stuben, 1 Camer, 1 Vorhauss, 1 Khuchel, 1 Camer. Mer 1 Camer.

Unndtern Tach: 1 Poden.

Nr. 312:

Bei der Erden: 2 Läden, 1 Kheller, 2 Gwelb, 1 Camer, ain Stall auf 3 Phert.

Im ersten Gaden: 1 Stuben, 1 Stubel, 1 Vorhauss, 1 Khuchel, 1 gwelbte Camer.

Im anndern Gaden: Hinndten 1 Stubel, 1 Vorheusel, 1 Khuchel, 1 Camer. Mer 3 Camer.

Nr. 313:

Bei der Erden: 2 Kheller, 3 Gwelb, 2 Camer, 1 Heygwelbl, 1 Hof, zween Ställ auf 4 unnd 5 Phert.

Im ersten Gaden: Vorn 1 Stuben, 2 Camer, 1 Vorhauss, nach der lingkhen hinhindter 1 Khuchel, 1 Stubel. Mer zur rechten hinhindter 1 Stuben, 1 Khuchel. Hinten gegen der Wilpingerstrass 1 grosse Stuben, 1 Camer. Mer im Hof 1 Stuben, 1 Vorheüsel.

Unndtern Tach: Vorn 1 Poden, hinndten ainer, darauf ain verschlagne Camer.

Nr. 314:

Bei der Erden: 2 Kheller, 2 Gwelber, 1 Padtstubel, 1 gwelbte Camer, 1 Press, 1 Hof, drey Ställ auf 2, 6 unnd 7 Phert.

Im ersten Gaden: Vorn zur rechten 1 Stuben, 1 Camer, 1 Vorhauss, 1 Khuchel, 1 Pöderl. Zur lingkhen 1 Stuben, darinn noch 1 Stubel, verschlagen, 1 Vorhauss, darneben 1 Khuchel, 1 Camerl. Hindten herein gegen dem Hof 1 Stuben, 1 Camer, 1 Stuben, 1 Vorhauss, 1 Khuchel, aufm Ganng darneben 2 Camer. Mer gegen die Wilpingerstrass 1 Stuben.

Im anndern Gaden: Vorn zur rechten 1 Heypoden. Zur lingkhen 1 Stuben, 1 Camer, 1 Vorhauss, 1 Khuchel, 1 Pöderl. Mer darneben gegen dem Hof 1 Stuben inn Hof. Mer 1 Stuben, 1 Camer, 1 Khuchel zur lingkhen, und noch 1 Stuben zur rechten gegen die Wilpingerstrass.

Unndtern Tach: Umb und umb Pöden.

Nr. 318:

Bei der Erden: 2 Laden, 1 Kheller, 2 Gwelb, 1 Holtz Camer. Mer 1 Stubel, 1 Camerl, 1 Khuchel.

Im ersten Gaden: Vorn 1 Stuben, 1 Camer, 1 Vorheüsel, 1 Khuchel. Mer 1 Stubel, 1 Gwelb, 1 Heertl. Hinndten 1 Stubel, 1 Camerl, 1 Heertl.

Im anndern Gaden: Vorn 1 Stuben, 1 Camer, 1 Vorhauss, 1 Khuchel. Hinndten inn Hof 1 Poden.

Unndtern Tach: 1 Poden mit 2 verschlagnen Camern.

Nr. 319:

Bei der Erden: 1 Laden, 2 Kheller, 2 Gwelb, 2 Camer, 3 Phert Stallung.

Im ersten Gaden: Vorn zur rechten 1 Stuben, 1 Camer, 1 Vorheüsel, 1 Khuchel, 1 Camer. Darneben zur lingkhen 1 Stuben, 1 Camer, 1 Vorheüsl, 1 Khuchel, 2 underschlagne Camerl.

Im anndern Gaden: Zur rechten 1 Stuben, 1 Camer, 1 Vorheüsel, 1 Camerl, 1 Khuchel. Zur lingkhen 1 Stuben, 1 Camer, 1 Vorheüel, 1 Khuchel, 1 Camer, 1 gwelbts Camerl.

Unndtern Tach: Umb und umb 1 Poden.

Nr. 320:

Bei der Erden: 1 Kheller, 2 Gwelb, 3 Phert Stallung.

Im ersten Gaden: 1 Stuben, 1 Vorhauss, 1 Camer, 1 Khuchel, 1 Camer.

Im anndern Gaden: 1 Stuben, so mit ausspauth, 1 Vorhauss, 2 verschlagne Camer.

Unndtern Tach: 1 Poden, 3 verschlagne Camer.

Nr. 385. Von der Häusergruppe 385 waren 1566 nur noch zwei Häuser bürgerlich (385 D u. E), die übrigen waren entweder schon parzelliert (wie 385 G), oder im ganzen dem Rathause einverleibt.

Nr. 385 D (276):

Bey der Erden: 2 Kheller, 1 Press, 2 Gwelbel, 1 Phert Stallung.

Im ersten Gaden: Vorn unndt hindten: 3 Stuben, 1 Vorhauss, 1 Khuchel.

Im anndern Gaden: Vorn 2 Camer, hinndten aine.

Unndtern Tach: 1 Poden.

Nr. 385 E (275):

Bei der Erden: 2 Kheller, 2 Gwelb.

Im ersten Gaden: 1 Stuben, 1 Vorhauss, 1 Camer, 1 Khuchel. Mer 1 Stubel.

Im anndern Gaden: 1 Stubel, 1 Vorhauss, 1 Khuchel.

Unndtern Tach: 1 Poden.

Nr. 393 (301):

Bei der Erden: 1 Kheller, 1 Press, 2 Gwelb, 2 Phert Stallung.

Im ersten Gaden: 1 Stuben, 1 Vorhauss, 1 Camer, 1 Khuchel.

Im anndern Gaden: 1 Stuben, 1 Camer, 1 Vorhauss, 1 Khuchel, 1 Holtzcamer. Mer 2 Camer.

Unndtern Tach: 1 Poden.

Nr. 394 (300):

Bei der Erden: 2 Kheller, 3 Gwelb.

Im ersten Gaden: 1 Stuben, 1 Camer, 1 Stubel, 1 Camerl, alles ineinander, im Vorhauss die Khuchel, 1 Gwelbel.

Im anndern Gaden: 1 Stuben, 1 Camer, 1 Stuberl, 1 Camer, alles ineinander, 1 Khuchel im Vorhauss.

Unndtern Tach: 1 Poden, darauf 1 verschlagne Camer.

Nr. 395 (311):

Bei der Erden: 2 Läden, 1 Kheller, 1 Press, 1 Gwelb, 1 Khuestal und noch auf 2 unnd 3 Phert Stallung.

Im ersten Gaden: 1 Stuben, 1 Camer, 1 Khuchel, 1 Vorhauss, 1 Camer, 1 Poden, darauf man ausm Vorhauss gehet.

Im anndern Gaden: 1 Stuben, 1 Camer, 1 Khuchel, und im Vorheüsl 1 Camer.

Unndtern Tach: 1 verschlagner Poden.

Nr. 396 (310):

Bei der Erden: 1 Laden.

Im ersten Gaden: 1 Stuben, 1 Camer, 1 Vorhauss, 1 Khuchel.

Im anndern Gaden: 1 Stubel, 1 Camer, 1 Vorhauss, 1 Khuchel.

Unndtern Tach: 1 Poden, 1 Camer.

Nr. 401 (316):

Bei der Erden: 3 Kheller, 3 Gwelb, 1 Press, 1 Padtstuben, 1 Hof, 2 Ställ auf 4 und 5 Phert, ob baiden Ställen ain Poden zu Heÿ und Streÿ.

Im ersten Gaden: Vorn 1 Stuben, 1 Camer, 1 gross Vorhauss, daran wider 1 Stuben, 1 Camer, 1 Gwelb, 1 Khuchel. Mer aufm Ganng nach der lingkhen hinhinndter 1 Stubel, 2 Camer. Im hinndtern Stogkh 1 Stuben, 1 Camer, 1 Vorhauss, 1 Khuchel, 1 Poden.

Im anndern Gaden: Vorn 1 Stuben, 2 Camer, 1 Saal, 1 Khuchel. Hinndten 1 khlains Stubel.

Unndtern Tach: 2 Pöden.

Nr. 402 (315):

Bei der Erden: 1 Kheller, 1 Camer, 3 Gwelb, 2 Phert Stallung. Mer 1 Stuben, 1 Camer, 1 Khuchel, 1 Holtzcamer.

Im ersten Gaden: Im vordern Stogkh: 1 Stuben, 1 Camer, 1 Vorheüsel, 1 Khuchel unnd noch 1 Stubel. Im hindtern Stogkh am Schnegkhen zur rechten hindten 1 Stubel, 1 Camer, 1 Khuchel, 1 Vorheüsel, mit ainem verschlagnen Camerl. Zur Lingken inn Hof 1 Stubel, 1 Vorheusel, 1 Khuchel.

Im anndern Gaden: Im vordern Stogkh: 1 Stuben, 1 Camer, 1 Vorheüsel, 1 Khuchel und auf dem Ganng 1 Camer. Mer darneben 1 Stubel, 1 Vorheüsel, 1 Heert. Im hinndtern Stogkh:

1 Stuben, 1 Camer, 1 Vorheüsel, 1 Khuchel, 1 verschlagens Camerl. Nach der lingkhen im Hof 1 Stubel, 1 Vorheüsel, 1 Heertl.

Im dritten Gaden: Im vordern Stogkh: 1 Poden. Hinndten 1 Stuben, 1 Camer, 1 Khuchel. Nach der Seÿtten im Hof 1 Stubel, 1 Camerl, 1 Vorhauss, 1 Heertl.

Im vierten Gaden: Hinndten 1 Stubel, 1 Camerl, 1 Vorhauss, 1 Heertl.

Unndtern Tach: 1 Poden.

Nr. 403 (348):

Bei der Erden: (Beschreibung fehlt).

Im ersten Gaden: Zur lingkhen 1 Stuben, 2 Camer, 1 Khuchel, hinhindter zur rechten 1 Stuben, 2 Camer, 1 Khuchel.

Im anndern Gaden: Zur lingkhen 1 Stubel, 2 Camer, 1 Khuchel. Hinhindter zur rechten, über etlich Stäffel 1 Stuben, 4 Camer, 1 Khuchel.

Unndtern Tach: 1 Poden.

Nr. 404 (346):

Bei der Erden: 1 Laden, 2 Kheller, 1 Gwelb, 1 Hof, 7 Phert Stallung. Mer 1 Stubel, 1 Camerl.

Im ersten Gaden: Vorn 1 Stuben, 1 Camer, 1 Vorhauss, 1 Khuchel, 1 Camerl, 1 Stubel gegenüber. Im hindtern Stogkh: 1 Stuben, 2 Camer, 1 Vorhauss, 1 Stubel, 1 Khuchel, daran wider 1 Stubel.

Im anndern Gaden: Vorn 1 Stuben, 1 Camer, 1 Vorhauss, 1 Khuchel. Mer 1 Stubel, 1 Camer. Im hinndtern Stogkh 1 Stubel, 2 Camer, 1 Vorhauss, 1 Camer mit ainem Camin, 1 Khuchel, 1 Camer.

Unndtern Tach: Vorn 1 unndterschlagner Poden, hinndten 2 unndterschlagne Pöden.

Nr. 405 (345):

Bei der Erden: 2 Kheller, 5 Gwelb, 1 Press, 2 Ställ, jede auf 3 Phert.

Im ersten Gaden: Vorn 2 Stuben, 2 Camer, 1 Vorhauss, 1 Khuchel, hinndten 1 Stubel, 1 Vorheüsel, 1 Camer, 1 Khuchel, darob 1 Pöderl.

Unndtern Tach: 1 Poden, 2 Camer.

Nr. 406 (343):

Bei der Erden: 1 Kheller, 1 Gwelb. Mer 1 Stubel, 1 Camerl, 1 Khuchel.

Im ersten Gaden: 1 Stuben, 1 Vorhauss, 2 Camer, 1 Khuchel.

Im anndern Gaden: 1 Stubel, 1 Camerl, 1 Vorheüsel, 1 Khuchel, 1 Camerl.

Unndtern Tach: 1 Poden.

Nr. 407 (341):

Bei der Erden: 1 Kheller, 1 Gwelb.

Im ersten Gaden: 1 Stuben, 1 Vorheüsel, 2 Camer, 1 Khuchel.

Im anndern Gaden: 1 Stubel, 1 Camerl, 1 Vorheüsel, 1 Khuchel, 1 Camer.

Unndtern Tach: 1 Poden.

Nr. 408 (340):

Bei der Erden: 1 Kheller, 2 Gwelber, 1 Camer, 3 Phert Stallung.

Im ersten Gaden: 1 Stuben, 1 Vorhauss, 3 Camer, 1 Khuchel. Mer hindten 1 Stubel, 1 Camer unnd an der Stiegen noch 1 Camer.

Im anndern Gaden: 2 Stuben ineinander, 1 Vorhauss, 1 Khuchel. Mer hindten 1 Stubel, 1 Camerl, 1 Khuchel, gegenüber 1 verschlagens Pöderl.

Unndtern Tach: 1 Poden.

Nr. 409 (335):

Im vordern Stogkh: Bei der Erden: 2 Kheller, 3 Gwelb, 1 Hof.

Im ersten Gaden: 1 Stuben, 3 Camer, 1 Vorheüsel, 1 Khuchel.

Im anndern Gaden: 1 Stuben, 2 Camer, 1 Vorheüsel, 1 Khuchel.

Unndtern Tach: 1 unndterschlagner Poden.

Im hindtern Stogkh: Bei der Erden: 2 Gwelb, 1 Padtstuben, 3 Ställ auf 2, 3 und 3 Phert. Mer 1 Stuben.

Im ersten Gaden: 1 Stuben, 1 Camer, 1 Vorhauss, 1 Khuchel, 1 Holtzcamerl. An der Stiegen zur rechten 1 Stubel, 1 Camerl imm Hof.

Im anndern Gaden: 2 Stuben, 2 Camer aneinander, 1 Vorhauss, 1 Khuchel. Mer 1 Camer.

Unndtern Tach: 1 Poden.

Nr. 410 (334):

Bei der Erden: 1 Kheller, 3 Gwelb, 1 Camer, 3 Phert Stallung.

Im ersten Gaden: 1 Stuben, 1 Camer, 1 Vorhauss, 1 Khuchel. Mer 1 Stubel, 1 Gwelb.

Im anndern Gaden: 1 Stuben, 1 Camerl, 1 Khuchel, 1 Vorheüsel. Mer hinndten 1 Stuben, 1 Camer unnd noch 1 Camer.

Unndtern Tach: Pöden.

Nr. 411 (332):

Bei der Erden: 1 Kheller, 1 Gwelb, 1 Phert Stallung.

Im ersten Gaden: 1 Stuben, 1 Camer, 1 Khuchel.

Im anndern Gaden: 1 Stuben, 1 Camer, 1 Gwelbl.

Unndtern Tach: 1 Poden.

Nr. 412 (331):

Bei der Erden: 1 Kheller, 3 Camer, ain Stall auf 3 Phert.

Im ersten Gaden: Vorn 1 Stubel, 1 Vorheüsel, 1 Khuchel, 1 Camer, 1 Holtzcamer. Hinndten, 1 Stubel, 1 Camer, unndten an der Stiegen 1 Khuchel.

Im anndern Gaden: 1 Camer an der Stiegen, 1 doppelte Stuben, 1 Vorhauss, 2 Camer, 1 Khuchel.

Unndtern Tach: Poden.

Nr. 413 (330):

Bei der Erden: 1 Kheller, 1 Gwelb, 1 Camer. Mer 1 Stuben, 1 Camer, 1 Vorheusel, 1 Khuchel, 1 Camer.

Im ersten Gaden: 1 Stuben, 1 Camer, 1 Khuchel, 1 Vorhaus, 1 Camer, 1 Holtzcamer.

Im anndern Gaden: 1 Stuben, 1 Camer, 1 Vorhauss, 1 Khuchel, 2 Camer.

Unndtern Tach: 1 Poden, 1 Camer.

Nr. 414 (336):

Bei der Erden: 1 Kheller, 2 Gwelb, 1 Stall auf 4 Phert.

Im ersten Gaden: 1 Stuben, 2 Camer, 1 Stubel, alles ineinander, 1 Vorhauss, 1 Khuchel, 1 Holtzcamer.

Im anndern Gaden: 1 finnsters Stubel, 1 Vorhauss mit ainer Thüer gesperrt.

Unndtern Tach: 1 Poden.

Nr. 415 (337):

Bei der Erden, 1 Gwelb, 1 Holtzcamer, 1 Pachhauss. Mer 1 Stuben, 1 Camer.

Unndtern Tach: 1 Poden, 1 Camer.

Nr. 417 (328):

Bei der Erden: 2 Läden, 2 Kheller.

Im ersten Gaden: 1 Stuben, 1 Camer, 1 Vorhauss, 1 Khuchel. Mer 1 Camer, so ein Stuben gewesen.

Im anndern Gaden: unauspauth.

Nr. 418 (435):

Bei der Erden: 2 Läden, 1 Kheller, 3 Gwelb, 2 Camer, 1 Pachhauss, 3 Phert Stallung.

Im ersten Gaden: 1 Stuben, 1 Stubel, 2 Camer, 1 Vorhauss, 1 Khuchel. Mer 1 Stubel, 1 Camer. Mer 1 Vorheüsel, 1 Camer.

Im anndern Gaden: 1 Stubel, 1 Camer, 1 Khuchel. Mer mit ainem besondern Aufgang 1 Stuben, 1 Camer, 1 Khuchel, 1 Camer. Mer 1 Stubel, 2 Camer. Mer 1 Stubel, 1 Khuchel, 1 Camer.

Im dritten Gaden: 1 Padtstubel unnd Pöden.

Nr. 419 (436):

Bei der Erden: 2 Läden, 1 Kheller, 1 Stubel, 1 Gwelb.

Im ersten Gaden: 1 Stuben, 1 Camer, 1 Vorhauss, 1 Khuchel.

Im anndern Gaden: 1 Stuben, 1 Camer, 1 Khuchel, 1 Camer, Placz aufm Poden.

Unndtern Tach: 1 Poden.

Nr. 420 (329): Beschreibung fehlt. Nach der im 2. Teile des Hofquartierbuches (Taxordnung) enthaltenen Beschreibung waren für Hofquartiere verfügbar: Im ersten Gaden ain Stuben, daran ain khlains Stübel, ain Camer, zwaÿ Gewelbel ineinander. Mer ain Cämerl, ain Stuben, darob wider ain Camer, ob welcher ain Camer aufm Poden. Mer beÿ der Erden ain Khuchel, darbeÿ ain Holtz Cämerl, ain Gewelbel.

Nr. 432 u. 433 (Badestuben zu den Röhren) frei.

Nr. 434 (344):

I. Im vordern Stogkh: Bei der Erden: 1 Kheller, 2 Gwelb, 1 Camer, 2 Phert Stallung.

Im ersten Gaden: 1 Stuben, 1 Camer, 1 Vorhauss, 1 Khuchel, 2 Camer.

Im anndern Gaden: An der Stiegen 1 Camer. Mer 1 Stubel, 1 Vorhauss, 2 Camer, 1 Khuchel. Mer 2 Camer.

Unndtern Tach: 1 Poden.

II. Hindten: Bei der Erden: 1 Kheller, 1 Gwelb, 3 Phert Stallung.

Im ersten Gaden: Zur rechten 1 Stuben, 1 Camer, 1 Vorhauss, 1 Khuchel. Mer zur lingkhen aufm Gang 1 Stuben, 1 Camer, 1 Vorhauss, 1 Khuchel.

Im anndern Gaden: An der Stiegen 1 Camer. Mer 1 Stuben, 1 Camer, 1 Vorhauss, 1 Khuchel, 1 Holtzcamerl.

Unndtern Tach: Pöden.

Regesten der in den Beilagen mitgeteilten Grundbuchseintragungen und Urkunden.

Zur Erleichterung der Übersicht sind die Regesten nach den heutigen Orientierungsnummern geordnet.

1. Am Hof 10 (Färbergasse 1, 332, 332 A) 1426, Juli 31. Ulrich Schrot, Herzog Albrechts Küchenmeister empfängt Nutz und Gewer des früher Süssmann und Smoyel von Krems und „Joseppin", Smoyels Mutter gehörigen Hauses.

2. Am Hof 12 (419). S. Nr. 4.

3. Am Hof 13 (früher 16, Schulhof 8, Parisergasse 1, 420). 1437, April 17. Hanns v. Puchaim verkauft sein Haus, gen. das Ziegelhaus, das früher Adam von Leubs besessen hat, um 100 ℔ an Hanns Puchspaum, den Glaser.

4. Am Hof alt 14 (Drahtgasse alt 3, jetzt 2, 418, 418 A, 419). 1. 1421, August 5. Herzog Albrecht schenkt Hanns von Puchaim das früher im Besitze des Eschl von Traiskirchen gewesene Haus sammt dem Adam von Leubs gehörigen Zuhause, gen. das Ziegelhaus. — 2. 1437, April 15. Hanns v. Puchaim verkauft das oben genannte Haus um 300 ℔ an Heinrich Schwab von Esslingen.

Drahtgasse 2 (früher 3), s. Nr. 4.

5. Drahtgasse 3 (früher 2, Judenplatz 7, 341, 342, 342 A). 1. 341. 1425, September 10. Bürgermeister und Rat der Stadt Wien verkaufen das Haus „Judis der Mördlin" um 110 ℔ an Hanns den Klausen. — 2. 342, 342 A. 1437, Oktober 11. Wilhelm v. Puchaim stiftet das ihm von Herzog Albrecht verliehene Haus am Judenplatz zu einer ewigen Messe in die Stephanskirche.

6. Drahtgasse 4 (Judenplatz 6, Parisergasse 3, 417). 1437, April 17. Hanns v. Puchaim verkauft das im Jahre 1421 von Herzog Albrecht seinem Vater geschenkte Haus, das früher Eschl von Traiskirchen gehört hat, an Peter Hirsch um 86 ℔.

Färbergasse 1, s. Nr. 1.

7. Färbergasse 3 (333). 1423, März 10. Bürgermeister und Rat der Stadt Wien verkaufen das neben dem Judenfleischhof gelegene Haus um 180 ℔ an Mert den Fraunmesser.

8. Färbergasse 5 (Wipplingerstraße 19, 352). 1422, September 17. Bürgermeister und Rat der Stadt Wien verkaufen das früher im Besitze des Jakob von Weitra gewesene Haus um 120 ℔ an Michel Morgenpesser.

9. Färbergasse 6 (335). 1421, August 6. Meister Kaspar von Landshut und seine Hausfrau Kathrein empfangen Nutz und Gewer des ihnen von Herzog Albrecht geschenkten Hauses, das früher Musch, dem Stiefsohne Meister Jekleins gehörte.

Färbergasse 8 (334). Grundbücherl. Eintrag ist nicht festzustellen.

Färbergasse 10 (Wipplingerstraße 17, 351). Vorbesitzer: Meister Jakob. Nähere Daten fehlen.

10. Füttterergasse 1 (Judenplatz 10, Wipplingerstraße 9, 345, 346, 347). 1. 345: 1422, Juli 24. Mathes Voburger empfängt Nutz und Gewer eines Hauses, das früher im Besitze Sara der Jüdin gewesen ist und das er von Herzog Albrecht um 240 ℔ gekauft hat. — 2. 346: Vorbesitzer: Abraham v. Perchtoldsdorf. Nähere Daten fehlen. — 3. 347: 1. 1422, September 28. Heinrich Reutter empfängt Nutz und Gewer des ihm von Herzog Albrecht geschenkten Hauses, das früher Hendl von Klosterneuburg und Merchl von Herzogenburg gehört hat. — 2. 1422, September 28. Derselbe verkauft $3^1/_2$ ℔ Burgrechts auf sein Haus um 28 ℔ an Michel, Pfarrer zu St. Ruprecht und Kaplan der St. Sigmunds- und Wolfgangskapelle in der Stephanskirche.

Füttterergasse 2 (jetzt zu Judenplatz 11, Wipplingerstraße 7 gehörig, 384 A). Vorbesitzerin: Schedl von Tulln. Nähere Daten fehlen.

11. Jordangasse 1 (Wipplingerstraße 5, 394). 1. 1433, April 20. Hanns Scharffenperger d. Ä. empfängt Nutz und Gewer des ihm von Herzog Albrecht geschenkten Hauses. — 2. 1437, Dezember 9. Hanns Scharffenperger d. J. empfängt Nutz und Gewer des ihm nach dem Tode seines Vaters zugefallenen Hauses.

12. Jordangasse 2 (jetzt zu Judenplatz 11, Wipplingerstraße 7 gehörig, 384 F, G.). 1. 384 F: 1. 1426, April 12. Hanns Vierlinger und seine Hausfrau Kathrein empfangen Nutz und Gewer des von Herzog Albrecht um 200 ℔ gekauften Hauses. — 2. 1430, April 28. Hanns Karthauser (identisch mit dem Vorigen) und seine Hausfrau Kathrein verkaufen das früher der „Altenmaistrin und der Kolmannin" gehörige Haus um 240 ℔ an Hanns den Reintaler. — 384 G: 1423, Juni 21. Bürgermeister und Rat der Stadt Wien verkaufen „ain Judenhaus" um 160 ℔ an Andres den Rysen.

13. Jordangasse 3 (Schultergasse 6, 395). 1423, 3. März. Bürgermeister und Rat der Stadt Wien verkaufen das Haus um 108 ℔ an Thomas Talhaimer den Kürschner.

14. Jordangasse 5 (Schultergasse 5, 401). 1. 1425, September 7. Bürgermeister und Rat der Stadt Wien verkaufen ein Haus, das „weilent des reichen Steußen des Juden gewesen ist" um 380 ℔ an Jakob von Velach. — 2. 1425, August 16. Jakob von Velach verkauft 25 ℔ Burgrechts auf sein Haus um 200 ℔ an Arnold von Ach.

15. Jordangasse 7 (402). 1433, Juni 30. Herzog Albrecht verkauft das Haus, genannt die Cantorey, das „nach der Juden venkhnuss" an ihn gekommen ist, an Heinrich den Mosmann.

16. Jordangasse 9 (Judenplatz 1, 403). 1. 1422, Dezember 2. Kadolt v. Eckartsau empfängt Nutz und Gewer des früher Schaul dem Juden gehörigen Hauses. — 2. 1423, Februar 10. Derselbe verkauft das Haus um 300 ℔ an Haug von Regensburg. — 3. 1424, Mai 15. Haug von Regensburg und seine

Hausfrau Kathrein verkaufen das Haus um 400 ℔ an Hanns Maurer. — 4. 1431, Mai 28. Agnes, Witwe des Hanns Maurer verkauft 10 ℔ Burgrechts auf ihr Haus für 100 ℔ an Niklas, Erzpriester zu Prag und Kaplan der St. Peterskapelle in Wien.

Judenplatz 1, s. Nr. 16.

Judenplatz 2 (404). Vorbesitzer: Hocz. Nähere Daten über den Verkauf des Hauses fehlen.

17. Judenplatz 3 (Kurrentgasse 5, 409). 1426, April 19. Bürgermeister und Rat der Stadt Wien verkaufen das Haus um 200 ℔ an Clemens von der Staigen und Dorothea, seine Hausfrau.

18. Judenplatz 4 (410). 1423, Mai 21. Bürgermeister und Rat der Stadt Wien verkaufen das Haus um 38 ℔ an Hanns Puchspaum, den Glaser.

19. Judenplatz 5 (Parisergasse 6, 411 A, B). 411 A. 1. 1422, März 30. Peter Pirchner empfängt Nutz und Gewer des Hauses, das früher Sundl, dem Bruder Rachmels gehört hat. — 2. 1422, April 1. Derselbe verkauft das Haus um 70 ℔ an Jakob den Lebschan, den Schneider. — 411 B. 1422, Oktober 30. Michel Weichsselpaum und Lienhart Schober empfangen Nutz und Gewer eines Hauses, das früher Rachmel gehört hat und das sie um 110 ℔ von Herzog Albrecht gekauft haben.

Judenplatz 6, s. Nr. 6.

Judenplatz 7, s. Nr. 5.

20. Judenplatz 8 (Wipplingerstraße 15, 343, 349, 350). 343: Zuhaus zu Nr. 344. S. dieses. — 349: 1. 1294, September 1. Pilgrim, Paltrams Sohn von Wien stiftet eine Gülte von 5 ℔ auf „Penditen hous“ nach Heiligenkreuz. — 2. 1379, Juli 1. Abt Koloman von Heiligenkreuz und der Konvent daselbst geben Judel Rötel von Klosterneuburg die auf seinem Hause liegende Burgrechtsgülte um 8 ℔ abzulösen. — 3. 1381, April 23. Niklas der Würffel und Margarete, seine Hausfrau, geben demselben die auf seinem Hause liegende Burgrechtsgülte um 40 ℔ abzulösen. — 4. 1424,

Juni 7. Bürgermeister und Rat der Stadt Wien verkaufen das Haus, zusammen mit Nr. 341 um 500 ℔ an Niclas den Verber. — 5. 1430, September 6. Anna, Hausfrau des Heinrich des Stollen, Lehrers der Arznei, erste Gattin Niklas des Verbers, verkauft das Haus um 300 ℔ an ihren Vetter Stefan Nechel. — 350: 1. 1391, Oktober 31. Schymman der Jude verkauft „an Hetschleins des Peltleinsstat" 8 ℔ und 6 sh Burgrechts, das auf dem Hause des letzteren gelegen ist, um 70 ℔ an Hanns von Erfurt. — 2. 1424, Mai 9. Bürgermeister und Rat der Stadt Wien verkaufen das Haus um 160 ℔ an Hanns den Angervelder.

21. Judenplatz 9 (Wipplingerstraße 13, 344). 1. 1424, Juni 7. Bürgermeister und Rat der Stadt Wien verkaufen das Haus, das früher drei Häuser gewesen sind, nämlich das Judenspital und das Haus des Rotl mit einem Hinterhaus um 500 ℔ an Niclas den Verber und Anna, seine Hausfrau. — 2. 1424, September 25. Niclas Verber und seine Hausfrau Anna verkaufen 25 ℔ auf ihrem Hause gelegenen Burgrechts um 200 ℔ an Barbara, Konventschwester zu St. Laurenz in Wien. — 3. 1432, Oktober 17. Anna, Witwe nach Niclas Verber, Gattin des Heinrich Stoll, Lehrers der Arznei, verkauft das Haus, das ehemals das Judenspital gewesen ist, um 305 ℔ an Hanns Verber und seine Hausfrau Agnes.

Judenplatz 10, s. Nr. 10.

22. Judenplatz 11 (384 C, E, H, I). 1. 348 C: 1422, Januar 11. Thoman Wild empfängt Nutz und Gewer des Haus, das früher Perla der Jüdin gewesen ist und das er von Herzog Albrecht um 470 ℔ gekauft hat. — 2. 384 E: 1423, April 27. Bürgermeister und Rat der Stadt Wien verkaufen das früher „Kolmanin der Judin" gehörige Haus um 200 Gulden an Friedrich den Hering. — 3. 384 H: 1423, Juni 9. Bürgermeister und Rat der Stadt Wien verkaufen das früher im Besitze des Efferl von Krems gewesene Haus um 240 ℔ an Heinrich den Nadler von Basel. — 384 I: 1. 1427, April 30. Hanns

Sukel empfängt Nutz und Gewer des ihm von Herzog Albrecht geschenkten Hauses, das früher Hystir (Ester) v. Tulln gehörte. — 2. 1430, Februar 17. Derselbe verkauft das Haus um 50 ℔ an Thoman den Wilden.

Kleeblattgasse 5 (432), s. Nr. 23.

23. Kleeblattgasse 7 (433, zus. mit 406 und 432 die Badestube zu den Röhren). 1. 1398, August 21. Hannko der underchewfl und Jacob Vnger sein Vetter, Sohn des Mosche des Vnger empfangen Nutz und Gewer der von dem Deutschen Orden an sie gelangten Badestube zu den Röhren. — 2. 1398, September 21. Hannko versetzt den ihm gehörigen Teil und seine Rechte auf die Badestube an die Verweser der Judenzeche. — 3. 1400. Schendl, die Witwe des Hanko verkauft ihren Teil und die Rechte auf die Badestube an die Zechmeister der Judenzeche. — 4. 1431, Mai 28. Konrad von Miltenberg, der Bader und Elsbeth seine Hausfrau empfangen Nutz und Gewer der Badestube, die sie von Herzog Albrecht um 400 ℔ gekauft haben.

24. Kleeblattgasse 9 (Kurrentgasse 10, 434). 1. 1378, März 8. Ulrich der Rössel bestätigt den Vergleich zwischen dem Landkomthur des deutschen Ritterordens, Friedrich von Wobart und Bruder Gilg einerseits und Hessmann dem Juden, Barochs Sohn andererseits wegen eines Höfels, geheimen Gemaches und Fensters in seinem an die Badestube zu den Röhren angrenzenden Hause. — 2. 1423, März 24. Bürgermeister und Rat der Stadt Wien verkaufen das früher Isserl von Enns gehörige Haus um 200 ℔ an Elsbeth und Gregor, Witwe, resp. Sohn Heinrichs des Gannczer.

25. Kurrentgasse 1 (Schulhof 2, 415). 1386, Feber 4. Herzog Albrecht III. schenkt den Karmelitern als Ersatz für das Haus „Muschals suns“ eine Reihe anderer Häuser.

26. Kurrentgasse 2 (Steindelgasse 6, 428). 1422, Juli 4. Mathes Polaner und Kathrey seine Hausfrau empfangen Nutz und Gewer eines Hauses, das früher „Püchslein des Juden“ gewesen ist und das sie von Herzog Albrecht um 200 ℔ gekauft haben.

27. Kurrentgasse 3 (Schulhof 4, 414). 1423, Mai 17. Bürgermeister und Rat der Stadt Wien verkaufen das Haus um 140 ℔ an Niklas den Graner und Dorothea, seine Hausfrau.

28. Kurrentgasse 4 (408). 1429, Februar 14. Bürgermeister und Rat der Stadt Wien verkaufen das früher Reblein gehörige Haus um 100 ℔ an Philipp den Kraukcher.

Kurrentgasse 5 (409), s. Nr. 17.

29. Kurrentgasse 6 (407). 1422, August 31. Bürgermeister und Rat der Stadt Wien verkaufen das Haus, das früher Meister Jekl gehört hat, um 40 ℔ an Peter Janstorffer.

Kurrentgasse 8 (406), s. Nr. 23.

Kurrentgasse 10 (434), s. Nr. 24.

30. Kurrentgasse 12 (405 A, B). 405 A. 1. 1424, Mai 26. Jakob Schetinger und Magdalena, seine Hausfrau empfangen Nutz und Gewer des früher Peltlin der Jüdin gehörigen Hauses. — 2. 1424, Mai 29. Dieselben verkaufen das Haus um 160 ℔ an Mert den Torbecken. — 405 B. 1. 1373, September 7. Michel der Vierdung, Stadtrichter von Wien macht Niklas den Würfel des Hauses „Merchleins des Juden“ wegen versessenen Burgrechts gewaltig. — 2. 1423, März 3. Bürgermeister und Rat der Stadt Wien verkaufen das Haus um 80 ℔ an Elspeth, Witwe des Thoman Flenderl.

Parisergasse 1 (420), s. Nr. 3.

31. Parisergasse 2 (Schulhof 6, 413). 1424, Dezember 13. Bürgermeister und Rat der Stadt Wien verkaufen das früher „Lebin der sankchmaistrin“ gehörige Haus um 50 ℔ an Meister Wenczla den Zimmermann.

Parisergasse 3 (417), s. Nr. 6.

32. Parisergasse 4 (412). 1423, November 5. Hans von Hohenperg und Elsbeth, seine Hausfrau empfangen Nutz und Gewer des von Herzog Albrecht um 132 ℔ gekauften Hauses.

Parisergasse 6 (411 A, B), s. Nr. 19.

Schulhof 2 (415), s. Nr. 25.

Schulhof 4 (414), s. Nr. 27.

Schulhof 6 (413), s. Nr. 31.

Schulhof 8 (420), s. Nr. 3.

33. Schultergasse 4 (Wipplingerstraße 3, 393A, 396). 393A. Besitzer: Hanns Scharffenperger (s. Eintrag zu Nr. 394). — 396. 1436, Februar 13. Hanns Scharffenperger d. J. empfängt Nutz und Gewer des Hauses, „das ettwen aines Juden gewesen ist“ und das nach dem Tode seines Vaters ihm zugefallen ist.

Schultergasse 5 (401), s. Nr. 14.

Schultergasse 6 (395), s. Nr. 13.

34. Schwertgasse 1 (Wipplingerstraße 18, 356, 356A). 1. 1422. Pangrecz der Hederstorffer erwähnt in seinem Testamente sein Haus „das emaln der Juden gewesen ist“, das ihm Herzog Albrecht „gegen einen guten kostlichen tuch mit pilden“ gegeben hat. — 2. 1425, November 9. Weichkart Sulczperger und Anna seine Hausfrau empfangen Nutz und Gewer von zwei Häusern, deren eines Kedlein dem Juden und das andere Swerlein (richtig Smerlein) dem Sangmeister gehörte.

35. Schwertgasse 2 (Wipplingerstraße 16, 360). 1. 1422, Mai 11. Herzog Albrecht schenkt der Gattin des obersten Marschalls Ott v. Meissau, Agnes v. Pottendorf das früher im Besitze Smerl des Wenkl gewesene Haus. — 2. 1432, August 18. Anna, Witwe des Ott v. Gelestorf und ihr Sohn Jorg verkaufen das von Agnes v. Pottendorf ererbte Haus um 260 ℔ an Hanns Lampfleisch und seine Hausfrau Agnes. — 3. 1432, August 27. Hanns Lampfleisch verpfändet das Haus um 100 ℔ an Anna und Jorg v. Gelestorf. — 4. 1433, März 11. Derselbe verkauft 10 ℔ und 6 sh. Geldes Burgrechts, gelegen auf seinem Hause an Schwester Anna die Liechteneg̃kerin, Priorin zu St. Laurenz in Wien.

36. Schwertgasse 3 (357). 1426, April 8. Bürgermeister und Rat der Stadt Wien verkaufen das früher von Moidlein innegehabte Haus um 80 ℔ an Hanns den Herwort.

Schwertgasse 4 (359), s. Nr. 42.

Steindelgasse 6 (428), s. Nr. 26.

37. Stoß-im-Himmel 1 (Wipplingerstraße 10, 363). 1. 1357, April 27. Jans der Poll, Bürger zu Wien u. Kathrei seine Hausfrau verkaufen u. a. 2 ℔ ₰ ewigen Geldes Burgrechts, gelegen auf Esrams Haus des Juden, das früher Jöslein dem Juden gehört hat. — 2. 1370, Dezember 14. Ulrich mit der Petczich (Pettziechen) verkauft das Haus, das früher Schalam dem Juden gehörte, um 40 ℔ an Isserl, Sohn des Aron. — 3. Kaufbrief über dieselbe Transaktion. — 4. 1371, Januar 1. Herzog Albrecht gestattet, daß Isserl das genannte Haus „innemen und haben mag". — 5. 1376, Juli 14. Herzog Albrecht gestattet, daß Isserl zwischen seinem und Kolman des Unterkäufels Haus über die Straße eine Küche in der Höhe baue. — 6. 1380, November 26. Herzog Albrecht befiehlt, daß das in der Nähe des Hauses Isserls befindliche, in die Judenstadt führende Tor ewig vermauert bleibe. — 7. 1383, Juni 4. Philipp, Kaplan und Verweser des S. Kathreinaltars in der S. Agneskirche zur Himmelpforte gibt die auf Isserls Haus liegenden 2 ℔ Burgrechts diesem um 8 ℔ abzulösen. — 8. 1391, November 3. Herzog Albrecht nimmt auf Bitten Isserls das Haus, das dieser den Söhnen des Steuß verkauft hat, in seinen Schutz. — 9. 1421, April 10. Hans Musterer, Bürgermeister von Wien empfängt Nutz und Gewer des ihm von Herzog Albrecht geschenkten, früher im Besitze Jonas des Steußen gewesenen Hauses. — 10. 1421, April 12. Brief Herzog Albrechts an Bürgermeister und Rat der Stadt Wien über die an Hans Musterer erfolgte Schenkung des Hauses.

38. Stoß-im-Himmel 2 (385 C, D). 1. 385 C. Um 1380. Herzog Albrecht befreit Kolman den Unterkäufel und sein Haus von dem Hofbettlehen. — 2. 385 D. 1422, April 29. Elspeth die Newkristinn, früher genannt Lea, Tochter der Peltlin empfängt Nutz und Gewer des ihr von Herzog Albrecht geschenkten Hauses, früher im Besitze von Maisterl und von Redl verwaltet.

Wipplingerstraße 3 (früher 7, 393 A), s. Nr. 33.

Wipplingerstraße 5 (früher 9), s. Nr. 11.

39. Wipplingerstraße 7 (früher 11, 384 A—F). 1. 384 A. Vorbesitzerin: Schedl v. Tulln. — 2. 384 B. Vorbe-

sitzerin: Perla. — 3. 384 C, s. Nr. 22, 1. — 4. 384 D. 1422, Juni 17. Heinrich v. Straßpurg empfängt Nutz und Gewer des Hauses, das früher Knofleich und Lesir v. Znaim gehörte und das ihm Herzog Albrecht geschenkt hat. — 5. 384 E, s. Nr. 22, 2. — 6. 384 F, s. Nr. 12, 1.

40. Wipplingerstraße 8 (385 E—G). 1. 385 E. 1421, Oktober 3. Wolfgang Lengenawer empfängt Nutz und Gewer des Hauses, das früher Hagkin der Jüdin gehört hat und das er um 150 ℔ von Herzog Albrecht gekauft hat. — 2. 385 F. 1430, März 31. Bürgermeister und Rat der Stadt Wien verkaufen ein Haus, „das weilent ain Judenhaus gewesen ist" um 160 ℔ an Wolfhart den Pusewl. — 3. 385 G. 1. 1351, Juni 20. Mörchel der Jude, Sohn des Nachman v. Salzburg bestätigt, daß er sich mit Jakob dem Pollen, Kaplan der Ottenheimkapelle wegen der versessenen Dienste auf seinem Hause, das früher Höschlein v. Judenburg gehört hat, verglichen habe. — 2. 1373, August 23. Thoman der Swembel und Jorig v. Nicolspurkch treffen in der Klage des Kaplans Jakob, daß die Ottenheimkapelle durch den Rauch und die Ausdünstung der angebauten Küche im Hause des Merchl belästigt wird, die Entscheidung, daß die Küche abgetragen werde. — 3. 1391, Juni 7. Hetschl, Sohn des Merchl Aron verkauft 8 ℔ und 6 sh Burgrechts, gelegen auf seinem Hause an Hanns von Erfurt.

Wipplingerstraße 9 (345, 346, 347), s. Nr. 10.

Wipplingerstraße 10 (363), s. Nr. 37.

41. Wipplingerstraße 11 (früher 15, 348). 1. 1425, März 21. Herzog Albrecht schenkt Thomas Pawngartner, Pfarrer zu Ober-Hollabrunn für seine Arbeit, „die er uns mit verglasen der newn kapellen in unser burg ze Wienn getan", das von ihm bewohnte, früher im Besitze des Müschlein von Linz gewesene Haus. — 2. 1425, März 28. Thomas Pawngartner empfängt Nutz und Gewer des genannten Hauses. — 3. 1426, Okt. 3. Seine Testamentsvollstrecker verkaufen das Haus um 300 ℔ an Konrad den Lempertshaimer.

Wipplingerstraße 12 (362), s. Nr. 42.

Wipplingerstraße 13 (früher 17, 344), s. Nr. 21.

42. Wipplingerstraße 14 (361). 1. 1421, November 26. Herzog Albrecht schenkt der Wilburga v. Dachsperg drei Häuser, die früher im Besitze „Rechlinn der Jüdin" (359), „Smerl des Wenckel" (361) und „Hendlinn der Jüdin von Lempach" (362) gewesen sind. — 2. 1435, Januar 10. Die Vollstrecker des letzten Willens der Wilburga v. Dachsperg verkaufen das Haus, „daz ettwen drew Judenheuser gewesen sein", um 600 ℔ an Niklas den Zingken. — 3. 1435, Januar 10. Herzog Albrecht genehmigt den Verkauf des Hauses. — 4. 1440. Anna, Witwe des Niklas des Zingken, empfängt Nutz und Gewer der Überteuerung des Hauses.

Wipplingerstraße 15 (früher 19 und 21, 343, 349, 350), s. Nr. 20.

Wipplingerstraße 16 (360), s. Nr. 35.

Wipplingerstraße 17 (früher 23, 351), s. Färbergasse 10.

Wipplingerstraße 18 (356, 356 A), s. Nr. 34.

Wipplingerstraße 19 (früher 25, 352), s. Nr. 8.

43. Wipplingerstraße 20 (355). 1422, Mai 20. Bürgermeister und Rat der Stadt Wien verkaufen das Haus, „das weilent Müschleins Juden von Brünn gewesen" um 104 ℔ an Sigmund den Schober.

44. Wipplingerstraße 21 (früher 27, 353). 1. 1422, Mai 18. Michel Morgenpesser und Elspeth seine Hausfrau empfangen Nutz und Gewer des Hauses, das früher Wolf von Wiener Neustadt besessen hat. — 2. 1428, September 15. Elsbeth, Witwe Michels des Morgenpessers empfängt Nutz und Gewer dieses und des Hauses, das früher Jakob von Weitra gehört hat (352).

45. Wipplingerstraße 22 (355 A). 1423, Dezember 17. Bürgermeister und Rat der Stadt Wien verkaufen das Haus um 105 ℔ an Hans und Ulrich die Herwarten.

▽

Nicht bestimmbare Häuser.

1. 1329, Juli 4. Mörl, Sohn des Lehenmann und Trechel seine Hausfrau, Süssmann von Tulln und Ramel seine Hausfrau versetzen ihr Haus in der Wiltwercherstraße „zenaehest Fridelins house des Juden, Lehenmannes aydem“, Chunrat dem Wiltwurcher, Bürger zu Wien, für den Weingarten am Wartperg, gen. die Grube.
2. 1339, Oktober 28. Jans der Sture, Kaplan des Gottsleichnamaltars zu St. Stephan, stiftet u. a. 8 ℔ Geldes Burgrechts „auf Davits haus des Juden, Worlins (?) aydem hintrn Penedicten haus in dem Turen“ zu einer ewigen Messe.
3. 1368, Februar 2. Sadia, Sohn des Jochanan und seine Hausfrau Genanna, Tochter des Schaul, verkaufen die Hälfte ihres Hauses, gelegen neben dem Hause des Mayman, um 170 ℔ an Eysak den Juden und seine Hausfrau Boran.
4. 1368, Februar 3. Michel der Vierdung entscheidet in der zwischen den Deutschen Herren und Hêbel, Sohn des Irmias, obwaltenden, das Haus des letzteren betreffenden Burgrechtsangelegenheit zu Gunsten der Deutschen Herren.
5. 1376, April 26. Empfangsbestätigung über den Erlös von 24 ℔ für ein Judenhaus, das „ze der zeit, da man die Juden gemainlich angegriffen hat“, gänzlich abgebrannt war.
6. 1378, Februar 5. Der Deutsche Ritterorden gibt Hebl, Sohn des Irmias und Eysak v. Weikersdorf 12 sh Burgrechts, gelegen auf dem Hause der genannten Juden um 9 ℔ abzulösen.
7. 1383, Februar 16. Bürgermeister und Rat der Stadt Wien geben Heschl dem Juden das Pfund Geldes Burgrechts, das die Deutschen Herren auf dem Hause des Juden „zenest dem haus, das weilnt Schefftleins des Juden von Ofen gewesen ist“, um 8 ℔ abzulösen.
8. 1420, Juni 14. Mierl, Hausfrau des Adam v. Leubs, Tochter der Rifka, empfängt Nutz und Gewer des von ihrer Mutter ererbten Hauses „zu nagst Nachen, Isachns sun dem Juden“.

Schicksal der im Jahre 1421 an Herzog

Fortl. Nr.	Haus Nr.	Vorbesitzer	Geschenk des Herzogs an	Verkauft vom Herzog an	Weiterverkauft von der Stadt an
1	332	Süssmann u. Smoyel v. Krems u. Joseppin, Smoyels Mutter	Ulrich Schrot 31. Juli 1426		
2	332A	Judengemeinde (Fleischhof d. Juden)		die Stadt Wien	
3	333	Nicht angegeben		die Stadt Wien	Mert den Frauwnmesser 10. März 1423
4	334	Musch v. Klosterneuburg (?)		die Stadt Wien	Grund-
5	335	Musch, Meister Jekleins Stiefsohn	Kaspar v. Landshut 6. August 1421		
6	341	Judis die Mördlin (Mördlin die Judin)		die Stadt Wien	Hanns den Klaus 10. Sept. 1425
7	342 342A	Nicht angegeben	Wilhelm v. Puchaim (1421)		
8	343	Rotlein		die Stadt Wien	
9	344	Judengemeinde (Spital)		die Stadt Wien	Niklas den Verber 7. Juni 1424 zus. mit Nr. 343 u. 349
10	345	Sara		Mathes Voburger 24. Juli 1422	
11	346	Abraham v. Perchtoldsdorf			
12	347	Hendl v. Klosterneuburg u. Merchl v. Herzogenburg	Heinrich Reutter 28. Sept. 1422		
13	348	Musch v. Linz	Thoman Pawngartner 21. März 1425		

Albrecht V. gefallenen Judenhäuser.

Verkaufspreis	Grundbuchs-gebühr	Jetzige Lage	Anmerkung
		Am Hof 10 Färbergasse 1	Zum Zeughaus verbaut.
		Ebenso	1424 auf 40 Pfund geschätzt, unverkauft geblieben und später in das Zeughaus verbaut.
180 ℔	12 sh	Färbergasse 3	
bücherl. Daten fehlen		Färbergasse 8	Vielleicht das in den K.-R. 1424 auf 150 Pfund geschätzte Haus „Muschen von Newnburg".
		Färbergasse 6	
110 ℔	7 sh 10 ₰	Drahtgasse 3 (früher 2)	
		Judenplatz 7	Vorder- und Hinterhaus. Das Hinterhaus 1437 zu einem ewigen Jahrtag in die Stefanskirche gestiftet.
		Judenplatz 8 Wipplingerstr. 15	Zuhaus zu Nr. 344. S. dieses.
500 ℔	2 ℔ 20 ₰	Judenplatz 9 Wipplingerstr. 13	
240 ℔	72 ₰	Judenplatz 10 Wipplingerstr. 9 Fütterergasse 1 (zus. m. Nr. 346 u. 347)	„zenegst der Judenschul an ainer seitten".
		Ebenso	Vorbesitzer nur nach dem auf das Haus 345 bezügl. Eintrag bekannt.
	72 ₰	Ebenso	Nr. 346 u. 347 wurden 1838 in eines verbaut. (Haus der Schneidergenossenschaft.)
	72 ₰	Wipplingerstr. 11	1426 wurde ein Teil des Hauses um 300 Pfund weiterverkauft

Fortl. Nr.	Haus Nr.	Vorbesitzer	Geschenk des Herzogs an	Verkauft vom Herzog an	Weiterverkauft von der Stadt an
14	349	Rotlein		die Stadt Wien	S i e h e
15	350	Nicht angegeben („ain Judenhaus")		die Stadt Wien	Hanns den Angervelder 9. Mai 1424
16	351	Meister Jakob		N ä h e r e	
17	352	Jakob v. Weitra		die Stadt Wien	Michel Morgenpesser 17. Sept. 1422
18	353	Wolf v. Wiener Neustadt		Michel Morgenpesser 18. Mai 1422	
19	355	Musch v. Brünn		die Stadt Wien	Sigmund den Schober 19. Mai 1422
20	355A	Nicht angegeben		die Stadt Wien	Hans u. Ulrich die Herworten 17. Dez. 1423
21	356	Kedlein		Pangretz den Hederstorffer (vor 1422)	
22	356A	Smerl (Swerlein) der Sangmeister			
23	357	Moidlein		die Stadt Wien	Hans den Herwort 8. April 1426
24	359	Rechlin (Rachel)	Wilburga v. Dachsperg 26. Nov. 1421	Z u s a m m e n m i t N r.	
25	360	Smerl der Wenkl	Agnes v. Pottendorf 11. Mai 1422		
26	361	Smerl der Wenkl	Wilburga v. Dachsperg 26. Nov. 1421	Z u s a m m e n m i t	
27	362	Hendlein v. Lempach	Wilburga v. Dachsperg 26. Nov. 1421	Z u s a m m e n m i t	
28	363	Jonas der Steuß	Hans den Musterer 12. April 1421		

Verkaufspreis	Grundbuchs-gebühr	Jetzige Lage	Anmerkung
Nr. 343 und 344		Wipplingerstr. 15	Von der Witwe Niklas des Verbers 1430 um 300 Pfund weiterverkauft.
160 ℔	5 sh 10 ₰	Mit 343 und 348 in Wipplingerstr. 15 verbaut	Besitzer 1391: Hetschl der Peltl.
Daten fehlen		Wipplingerstr. 17 Färbergasse 10	Vorbesitzer nur nach dem auf das Haus Nr. 350 bezügl. Eintrag bekannt.
120 ℔	½ ℔	Wipplingerstr. 19 Färbergasse 5	
160 ℔	72 ₰	Wipplingerstr. 21	
104 ℔	6 sh 28 ₰	Wipplingerstr. 20	
105 ℔	7 sh	Wipplingerstr. 22	
300 ℔		Wipplingerstr. 18 Schwertgasse 1	Um diesen Betrag, resp. einen gewirkten Teppich und eine Aufzahlung von 180 Pfund zus. m. 356 A gekauft.
80 ℔	5 sh 10 ₰	Schwertgasse 3	Das Haus war im Besitzstandkonto der Stadt 1424 auf 250 Pfund geschätzt.
361 u. 362. S. diese		Schwertgasse 4	
		Schwertgasse 2 Wipplingerstr. 16	Von ihrer Erbin Anna v. Gelestorf 1432 um 260 Pfund weiterverkauft.
Nr. 359 und 362		Wipplingerstr. 14	
Nr. 359 und 361		Wipplingerstr. 12	
		Wipplingerstr. 10 Stoß-im-Himmel 1	Der erste, die Aufhebung der Judenstadt betr. Eintrag im Gewerbuch.

Fortl. Nr.	Haus Nr.	Vorbesitzer	Geschenk des Herzogs an	Verkauft vom Herzog an	Weiterverkauft von der Stadt an
29	384A	Schedl v. Tulln		Nähere	
30	384B	Perla		Nähere	
31	384C	Perla		Thomas den Wilden 11. Jan. 1422	
32	384D	Ichl Knofleich u. Lesir v. Znaim	Heinrich v. Straspurg 17. Juni 1422		
33	384E	Kolmanin		die Stadt Wien	Fridrich den Hering 27. April 1423
34	384F	Altenmaistrin u. Kolmanin		Hanns Vierlinger 12. April 1426	
35	384G	Nicht angegeben („ain Judenhaus")		die Stadt Wien	Andreas den Rysen 21. Juni 1423
36	384H	Efferl v. Krems		die Stadt Wien	Heinrich den Nadler 9. Juni 1423
37	384I	Hystir (Ester)	Hans Sukel 30. April 1427		
38	385C	Nicht angegeben (um 1380: Kolman der Unterkäufel)		die Stadt Wien	Nähere
39	385D	Maisterl	Elspeth die New-kristinn (Lea, Tochter der Peltlin) 29. April 1422		
40	385E	Hagkin (die Jüdin)		Wolfg. Lengenawer 3. Okt. 1421	
41	385F	Kysling		die Stadt Wien	Wolfhart den Pusewl 31. März 1430
42	385G	Nicht angegeben (um 1390: Hetschl, Sohn des Merchl)		die Stadt Wien	

Verkaufspreis	Grundbuchsgebühr	Jetzige Lage	Anmerkung
Daten fehlen		Fütterergasse 2 Wipplingerstr. 7 Judenplatz 11	Vorbesitzerin im Eintrag zu 347 genannt. Nach den Lokalisierungsdaten von 384 H scheint das Haus 1423 Andreas der Ryse besessen zu haben.
Daten fehlen		Wipplingerstr. 7 Judenplatz 11	Vorbesitzerin nach dem Eintrag zu 384 C konstatiert.
470 ℔	17 sh	Judenplatz 11 Wipplingerstr. 7	
	72 ₰	Judenplatz 11 Wipplingerstr. 7	Vom Besitzer noch 1422 um 310 Pfund an Niklas von Radmanstorf verkauft. (GB. 16, 97 b, 1).
200 Gu den = 180 ℔ ₰)	10 sh	Wipplingerstr. 7 Judenplatz 11	
200 ℔	6 sh 20 ₰	Jordangasse 2 Wipplingerstr. 7 Judenplatz 11	Die Namen der Vorbesitzerinnen erst im Verkaufseintrag v. J. 1430 genannt.
160 ℔	5 sh 10 ₰	Ebenso	In demselben Jahre an Michel den Lienvelder für 230 Pfund weiterverkauft.
240 ℔	2 ℔	Judenplatz 11	
		Judenplatz 11	1430 an Thomas den Wilden für 50 Pfund verkauft.
Daten fehlen		Wipplingerstr. 8 (Areal des Rathauses) Stoß-im-Himmel 2	Wurde nicht verkauft und für städtische Zwecke verwendet.
	72 ₰		
150 ℔	5 sh		
160 ℔	10 sh 20 ₰		Vorbesitzer nach den Daten zu 385 E festgestellt.
			Das Haus blieb unverkauft u. wurde schon früh (um 1426) für städtische Zwecke parzelliert.

Fortl. Nr.	Haus Nr.	Vorbesitzer	Geschenk des Herzogs an	Verkauft vom Herzog an	Weiterverkauft von der Stadt an
43	393A	Nicht angegeben	Hanns Scharffenperger (1425—26, 20. April 1433 ?)		
	394	Nicht angegeben	Derselbe		
	396	Nicht angegeben („ettwen eines Juden")	Derselbe		
44	395	Nicht angegeben		die Stadt Wien	Thomas Talhaimer 3. März 1423
45	401	„Der reiche Steuß"		die Stadt Wien	Jakob v. Velach vor 7. Sept. 1425
46	402	Hansussin		Heinrich den Mossmann 30. Juni 1433	
47	403	Schaul	Kadolt v. Eckartsau 2. Dez. 1422		
48	404	Hocz		die Stadt Wien	Nach den K.-R. 1424 wurde das Haus zusammen mit Swerczleins Haus (414 ?) für 200 ℔ verkauft
49	405A	Peltlin		Jakob Schetinger 26. Mai 1424	
50	405B	Nicht angegeben (um 1373: Merchl)		die Stadt Wien	Elspeth Fländerl 3. März 1423
51	406	Judenzeche		Zuhaus zur Badestube zu den	
52	407	Meister Jekel		die Stadt Wien	Peter Janstorffer 31. Aug. 1422
53	408	Reblein		die Stadt Wien	Philipp den Kraukcher 14. Febr. 1429
54	409	Swerczlein		die Stadt Wien	Clement von der Staigen 19. April 1426

Verkaufspreis	Grundbuchsgebühr	Jetzige Lage	Anmerkung
		Wipplingerstr. 3 Schultergasse 4	S. Eintrag zu 394. Nach den K.-R. 1424 ist Hanns Scharffenperger auf ein gekauftes Judenhaus 400 Pfund schuldig. Um welches Haus es sich hier handelt, konnte nicht festgestellt werden. Wie es scheint, wurde das Haus (oder 2 Häuser) erst später in die 3 Parzellen geteilt.
	3 ℔ 80 ₰	Wipplingerstr. 5 Jordangasse 1	
		Schultergasse 6 Jordangasse 3	
108 ℔	7 sh 6 ₰	Schultergasse 6 Jordangasse 3	
380 ℔	3 ℔ 40 ₰	Jordangasse 5 Schultergasse 5	
200 ℔		Jordangasse 7	Grundbücherl. Eintrag fehlt.
		Jordangasse 9 Judenplatz 1	Am 10. Febr. 1423 an Haug v. Regensburg um 300 Pfund weiterverkauft.
60 ℔ (?)		Judenplatz 2	Vorbesitzer aus den Beil. 1, 2, 3 zu Nr. 403 u. Beil. 1 zu Nr. 405 A festgestellt.*)
	72 ₰	Kurrentgasse 12	Verkaufspreis nicht angegeben. Am 29. Mai dess. Jahres um 160 Pfund weiterverkauft.
80 ℔	5 sh 10 ₰		
Röhren (432, 433). S. diese		Kurrentgasse 8	
40 ℔	24 ₰	Kurrentgasse 6	
100 ℔	6 sh 20 ₰	Kurrentgasse 4	
200 ℔	13 sh 10 ₰	Kurrentgasse 5 Judenplatz 3	

*) Das sogen. Haus „zum grossen Jordan", mit einer auf die Judenverfolgung bezügl. Inschrift auf der Darstellung der Taufe Johannis.

Fortl. Nr.	Haus Nr.	Vorbesitzer	Geschenk des Herzogs an	Verkauft vom Herzog an	Weiterverkauft von der Stadt an
55	410	Nicht angegeben		die Stadt Wien	Hanns Puchspaum 21. Mai 1423
56	411A	Sundl		die Stadt Wien	Peter Pirchner 30. März 1422
57	411B	Rachmel		Mich. Weichselpaum u. Lienh. Schober 30. Okt. 1422	
58	412	Nicht angegeben		Hans v. Hohenperg 5. Nov. 1423	
59	413	Lebin die Sangmeisterin		die Stadt Wien	Wenzel den Zimmermann 13. Dez. 1424
60	414	Nicht angegeben		die Stadt Wien	Niklas den Graner 17. Mai 1423
61	415	Nicht angegeben (1386: Muschals Sohn)			N ä h e r e
62	417	Eschlein v. Traiskirchen	Hanns v. Puchaim d. Ä. (1421)		
63	418 418A	Eschlein v. Traiskirchen	Hanns v. Puchaim d. Ä. 5. Aug. 1421		
64	419				
65	420	Adam v. Leubs	Derselbe 5. Aug. 1421		
66	428	Püchslein		Mathes Polaner 4. Juli 1422	
67	432	Judenzeche resp. Erben d. Hanko des Unterkäufels u. Musch des Ungars		Konrad v. Miltenberg 28. Mai 1431	
68	433				
69	434	Isserl v. Enns		die Stadt Wien	Elsbeth Gannczer 24. März 1423

Verkaufspreis	Grundbuchsgebühr	Jetzige Lage	Anmerkung
38 ℔	76 ₰	Judenplatz 4	
	72 ₰	Judenplatz 5 Parisergasse 6	Verkaufspreis nicht angegeben. Am 1. April dess. Jahres um 70 Pfund weiterverkauft.
110 ℔	$^1/_2$ ℔ 24 ₰		
132 ℔	$^1/_2$ ℔ 12 ₰	Parisergasse 4	
50 ℔	3 sh 10 ₰	Parisergasse 2 Schulhof 6	Der Kaufeintrag datiert erst vom 13. Dez. 1424, doch besass Zimmermann das Haus schon 1422. Vgl. QGW. I, 4, 4521.
140 ℔	9 sh 10 ₰	Kurrentgasse 3 Schulhof 4	
Daten fehlen		Kurrentgasse 1 Schulhof 2	
		Judenplatz 6 Drahtgasse 1 Parisergasse 3	1437 von Hanns v. Puchaim d. J. um 86 Pfund weiterverkauft.
		Drahtgasse 2 (früher 3) Am Hof alt 14	Haus, Zuhaus u. Garten von Hanns v. Puchaim d. J. 15. Apr. 1437 um 250 Pfund weiterverkauft.
		Am Hof 12	
		Am Hof 13 (früher 16) Parisergasse 1 Schulhof 8	Ein Teil des Hauses (das Ziegelhaus) wurde am 17. April 1437 um 100 Pfund weiterverkauft.
200 ℔	9 sh 2 ₰	Kurrentgasse 2 Steindelgasse 6	
400 ℔	13 sh	Kleeblattgasse 5	Bildet zusammen mit dem Zuhaus Nr. 406 das Areal der Badestube zu den Röhren.
		Kleeblattgasse 7	
200 ℔	6 sh 20 ₰	Kurrentgasse 10 Kleeblattgasse 9	

Zusammenstellung der Häuser der ehemaligen Judenstadt nach ihrer jetzigen Lage.

Am Hof 10 (Färbergasse 1) — 332, 332 A.
 12 — 419.
 13 (früher 16, Schulhof 8, Parisergasse 1) — 420.
„ „ (frühere Nr. 14 u. Drahtgasse 3, jetzt 2) — 418, 418 A.*)
Drahtgasse 2 (früher 3) — 418, 418 A.
 3 (früher 2, Judenplatz 7) — 341, 342, 342 A.
„ 4 (Judenplatz 6, Parisergasse 3) — 417.
Färbergasse 1 (Am Hof 10) — 332, 332 A.
 3 — 333.
 5 (Wipplingerstraße 19) — 352.
 6 — 335.
 8 — 334.
„ 10 (Wipplingerstraße 17) — 351.

*) Das sogen. „Tiefe Haus", demoliert 1880. Einer handschriftlichen Notiz Hütters aus der Zeit der Demolierung entnehme ich folgende Beschreibung des Hauses: „Dieses 3 Stock hohe, sehr winkelige und schmutzige Haus besteht aus mehreren zu verschiedenen Zeiten erfolgten An-, Zu- und Aufbauten; an den nachbarlichen Feuermauern ist genau zu sehen, daß dieser Bau ursprünglich ein Stock hoch, später 2 Stock hoch und zuletzt, zur Zeit der Demolierung 3 Stockwerke hatte, über welchen sich gegen die Gasse zu eine fast stockwerkhohe Dachbodenaufmauerung befand, welche durch Fenster unterbrochen die Fassade gegen die Straße zu erhöhte resp. vergrößerte. Die Fenster in jedem Stockwerke sind von ungleicher Größe und ungleicher Entfernung von einander. An der Stelle, wo sich die eine Front gegen die Drahtgasse zu wendet, ist das dadurch entstandene Eck abgerundet. An der Biegung befindet sich das gewölbte niedere Tor, das durch eine finstere Einfahrt tief gegen abwärts in den kleinen Hof führt. Rechts führt eine schmale steile Treppe in mehreren Absätzen und Richtungen in die Stockwerke, welche ein wahres Chaos von kleinen unregelmäßigen Zimmern und Kabinetten bilden, welche durch ihre Einteilung und Zusammensetzung die vielen Bauveränderungen und Zubauten sichtbar werden lassen. Durch die Unregelmäßigkeit der inneren Einteilung entstand auch das Unregelmäßige und Unsymmetrische der Fassade. Die niederen Wölbungen und Eingangstüren zu den Verkaufsgewölben gegen den Hof sind, wie nur mehr selten, selbst bei alten Häusern vorkommend, in dem Stile der ältesten Gassengewölbe angelegt. Die verschiedenen Dachabteilungen mit den dadurch entstandenen Zwieseldächern und Zwieselrinnen waren mit Schindeln gedeckt."

Fütterergasse 1 (Judenplatz 10, Wipplingerstraße 9) — 345, 346, 347.

2 (zu Judenplatz 11, Wipplingerstraße 7) 384 A.

Jordangasse 1 (Wipplingerstraße 5) — 394.

2 (zu Judenplatz 11, Wipplingerstraße 7) — 384 F, G.

3 (Schultergasse 6) — 395.

5 (Schultergasse 5) — 401.

7 — 402.

„ 9 (Judenplatz 1) — 403.

Judenplatz 1 (Jordangasse 9) — 403.

2 — 404.

3 (Kurrentgasse 5) — 409.

4 — 410.

5 (Parisergasse 6) — 411 A, B.

6 (Drahtgasse 4, Parisergasse 3) — 417.

7 (Drahtgasse neu 3) — 342, 342 A.

8 (Wipplingerstraße 15) — 343, 349, 350.

9 (Wipplingerstraße 13) — 344.

10 (Fütterergasse 1, Wipplingerstraße 9) — 345, 346, 347.

„ 11 — 384 C, E, H, I.

Kleeblattgasse 5 — 432.

7 — 433.

9 (Kurrentgasse 10) — 434.

Kurrentgasse 1 (Schulhof 2) — 415.

2 (Steindelgasse 6) — 428.

3 (Schulhof 4) — 414.

4 — 408.

5 (Judenplatz 3) — 409.

6 — 407.

8 — 406.

10 (Kleeblattgasse 9) — 434.

„ 12 — 405 A, B.

Parisergasse 1 (Schulhof 8, Am Hof 13) — 420.

2 (Schulhof 6) — 413.

3 (Drahtgasse 4, Judenplatz 6) — 417.

4 — 412.

6 (Judenplatz 5) — 411 A, B.

REGISTER.

Hausbesitzer.

A. Juden.

1. Zur Zeit der Aufhebung der Judenstadt.

Die beigefügten Ziffern bezeichnen die Häusernummern.

Abraham v. Perchtoldsdorf 346.[1])
Abraham, s. Züstler.
Adam v. Leubs 420.[2])
Altenmaistrin 384 F.[3])
David im Turm,[4]) s. Nr. 363, 9, 10.
Efferl v. Krems 384 H.[5])
Eschl v. Traiskirchen 417—419.[6])
Hansus 402.[8])
Hagkin 385 E.[7])
Hendl v. Klosterneuburg 347.[9])
Hendl v. Lengbach 362.[10])
Hocz 404.[11])
Hystir (Ester) v. Tulln 384 I.[12])
Jakob, Meister 351 (als Meister Jekel 407).[13])
Jakob v. Weitra 352.[14])
Ichl Knofleich 384 D.[15])
Jonas der Steuß 363.[16])
Joseppin, Smoyels Mutter 332.[17])
Isserl v. Enns 434.[18])
Judis die Mördlin 341.[19])
Kedl 356.[20])
Kolmanin 384 E, F.[21])
Kysling 385 F.[22])
Lebin, die Sangmaisterin 413.[23])
Lesir v. Znaim 384 D.[24])
Maisterl 385 D.[25])
Merchl v. Herzogenburg 347.[26])
Moidl 357.[27])
Musch v. Brünn 355.[28])
Musch v. Linz 348.[29])

Musch, Jekels Stiefsohn 335.[30])
Musch v. Newnburg (Klosterneuburg) 334.[30a])
Peltlin 405 A.[31])
Perla 384 B, C.[32])
Püchsl[ein] 428.[33])
Rachmel 411 B.[34])
Rebl 408.[35])
Rechl 359.[36])
Rotl 343, 349.[37])
Sara 345.[38])
Schaul 403.[39])
Schedl v. Tulln 384 A.[40])
Smerl der Wenkl 360, 361.[41])
Smerl der Sangmaister s. Swerl.
Smoyel v. Krems 332.[42])
Steuß („der Reiche“, David) 461.[43])
Sundl 411 A.[44])
Sussmann 332.[45])
Swerl (Smerl) der Sangmaister 316 A.[46])
Swenczl[ein] v. Krems 409.[47])
Wolf v. Wiener-Neustadt 353.[48])
Züstler, Abraham, s. Nr. 428.[49])

2. Vor 1421.

Boran, G. des Eysak 1368. S. 108, 3,
David, Schwiegers. des Worlin (?) 1339. S. 107, 2.
Efferl, Schwiegers. des Aron.[50])
Esram 1357, 1. 1351, 385 G, 1.[51])
Eysak, G. der Boran 1368. S. 108, 3.
Eysak v. Weikersdorf 1378. S. 109, 6.
Fridelin, Schwiegers. des Lehenmann 1329. S. 106, 1.
Genanna, G. des Sadia 1368. S. 108, 3.
Gerson, Vater des Marchardus (um 1300).[52])
Hannko der Unterkäuffel 433 (1398).[53])
Hatschim (Katschim) v. Cilli (Zil) 363 (vor 1370).[54])
Hebel, Sohn des Irmias 1368, 1378. S. 108, 4. S. 109, 6.
Hendl, Sohn des David Steuß 363 (1391).[55])
Heschl 1383. S. 110, 7.[56])
Hessmann, Sohn des Baruch 434 (1378).[57])
Hetschel, Sohn des Merchl Aron 385 G (1391).[58])

Hetschel der Peltl 350 (1391).[59])
Höschl v. Judenburg 385 G (vor 1351).[60])
Jakob der Unger, Sohn des Mosche 433 (1398).
Jonas, Sohn des David Steuß 363 (1391).[61])
Joslein 363, 1 (vor 1357).
Isak (Ysaach) dya[bolus].[62])
Isserl, Sohn d. Aron 363 (1370).[63])
Judel Rötel v. Klosterneuburg 349 (1379, 1381).[64])
Judenzeche 433 (1398, 1400).
Katschim, s. Hatschim.
Kolman der Unterkäuffel 38 C (1376).[65])
„Marchardus filius vorsprech".[66])
Mayman 1368. S. 108, 3.
Merchel, s. Mörchel.
Mierl, G. des Adam v. Leubs 1420. S. 110, 8.[67])
Mörchel (Merchel) 385 G (1351 u. ff.).[68])
Mörl, Sohn des Lehenmann 1329. S. 106, 1.[69])
Musch v. Marburg 363, 3 (vor 1370).[70])
„Muschals" Sohn 415 (1386).
Nachem (Nachen), Sohn des Isak 1420. S. 110, 8.
Peltlin die Jüdin 1373 (s. Nr. 405 B, 1).[71])
Pendit 349, 1 (1249).[72])
Pendit 1339. S. 107, 2.[73])
Pendit 1391 (s. Nr. 363, 8).[74])
Ramel, G. des Sussman v. Tulln 1329. S. 106, 1.
Riffka 1420. S. 110, 8.[75])
Sadia, Sohn des Jochanan, G. der Genana 1368. S. 108, 3.
Schalam, Josleins Sohn 363, 2, 3 (vor 1370).
Scheftl v. Ofen 1383. S. 110, 7.[76])
Schendel, Witwe des Hannko 433, 3. (1400).
Schlom (Sclom, Shlom, Zlom = Salomon) 1195. S. 32.
Sussman v. Tulln 1329. S. 106, 1.
Trechl, G. des Mörl 1329. S. 106, 1.[77])
Tröstl 1391 (s. Nr. 363, 8).
Zacharias 1290 u. ff.[78])

Anmerkungen.

[1]) Vielleicht identisch mit Abraham, Sohn des Aram v. Klosterneuburg, der in den Wiener Grundbüchern zwischen 1401 und 1421 vorkommt. Vgl. auch S. 152, Anm. 49.

[2]) Adam v. Leubs (= Langenlois) war der Schwiegersohn des Meisters Abraham (Klausner); seine Gattin Mirl wird bereits

1420 als Witwe bezeichnet (GB. 709, 104 b). Als Besitzer eines Hauses in Langenlois bei Kurz, Österr. unter K. Albrecht II, 2. B., S. 363.

[3]) Die *„Altenmaistrin“* ist vielleicht mit der Verwalterin des mit dem Spital verbundenen Siechenhauses identisch. Vgl. *„Lazel jud* (in Krems) *de domo gegen der alten maistrin uber“* (1393). Bl. d. Ver. f. Landesk. v. N.-Öst. 28, 252.

[4]) Wahrscheinlich identisch mit dem Sohne des *„Tröstl in dem Türn“* (d. h. in dem Hause neben dem Judenturm). Den Vater finden wir in Wiener Urkunden aus den Jahren 1389—1404.

[5]) Vgl. H.- u. St.-Arch. Hs. 16, 43 b: *„Sussmann und Efferl von Krems“* (1399), nach einem Eintrag in GB. 788 (1413) Schwiegersohn Sussmanns.

[6]) Nur hier nachweisbar.

[7]) Nur hier nachweisbar.

[8]) Tochter des David Steuß, seit 1393 (GB. 57, 263 b, 2) als Gattin des Wiener Rabbiners Meister Meir von Erfurt genannt, seit etwa 1408 Witwe. (Die Eintragungen der Wiener Grundbücher beantworten, wenigstens annähernd, die bisher offen gewesene Frage, wann Meir von Erfurt, identisch mit dem aus hebräischen Quellen als Meir b. Baruch hallevi bekannten Schöpfer des Morenu-Titels, aus Frankfurt nach Wien gekommen ist. Da die von ihm nach seiner Freilassung aus dem Frankfurter Gefängnis ausgestellte Urfehde (Stern-Salfeld, Die israel. Bevölkerung der deutschen Städte. III: Nürnberg. S. 325. Zeitschr. f. hebr. Bibliogr. 1907, S. 107) vom 19. März 1392, die auf ihn bezügliche erste Nachricht in Wiener Quellen vom 6. März 1393 datiert, besitzen wir für seine Übersiedelung nach Wien einen terminus a quo ad quem. Als sein Sohn wird zum ersten Male 1403 Salman genannt (Goldmann, JB. 239). Ob der bei Stern-Salfeld S. 236 erwähnte Frankfurter Steuerzahler David (1398—1400) auch wirklich ein Sohn R. Meirs gewesen ist, scheint mir sehr fraglich. Man müßte höchstens annehmen, daß er seine Gattin schon früher aus Wien holte, oder daß er Witwer und sie Witwe, daß Salman entweder sein oder ihr Sohn erster Ehe gewesen ist, und daß der erwähnte David als ein Sohn Meirs erster Ehe nach der Übersiedelung des Vaters nach Wien weiter in Frankfurt verblieb).

[9]) Wahrscheinlich identisch mit dem Sohne David des Steuß (in Wiener Quellen 1388—1407). Sein gleichnamiger Großvater *„Hendl[in] v. Klosterneuburg“* kommt in Wiener Urkunden 1352—84 vor.

[10]) *„Hendlin die Judinn von Lempach“*, zuerst 1416 erwähnt in Goldmann, JB. 322.

[11]) Hocz, Sohn des Baruch, kommt in Wiener Quellen zuerst 1378 vor. Vgl. S. 18, Anm. 33.

[12]) Identisch mit Hystir (Ester) v. Tulln, Schwiegerm. d. Smerl v. Krems (1412: GB. 57, 123 a, 3. 1414: GB. 1088, 117 b, 2).

[13]) Schwiegervater oder Stiefvater des Musch, zuerst genannt 1413 in GB. 1088, 96 a, 1. Vgl. auch S. 17, Anm. 28, S. 18, Anm. 31.

[14]) Zuerst erwähnt 1379 in GB. 15, 101 b, 2, doch wahrscheinlich identisch mit dem 1411 in GB. 57, 54 b, 5 zuerst genannten Jakob v. Weitra, der dann 1414 u. 1415 als Einnehmer der Judensteuer fungiert. Sein Sohn David wird 1414 erwähnt.

[15]) Sohn der *„Gaila“*, kommt in Wiener Quellen (GB. 15, 75 a, 1) zuerst 1380 vor. Schwiegervater des *„Zartl“* (1405—16).

[16]) Sohn des David Steuß; figuriert in Wiener Urkunden seit 1391 (QGW. I, 3, 3454).

[17]) Gattin (Witwe) des Joseph v. Krems (wahrscheinl. identisch mit *„Joseph von Ybbs gesessen zu Krems“*, Staats-Arch. Hs. 16, 51 a: 1400. 140 a: 1417).

[18]) Wohl identisch mit Israel v. Enns, einem der ersten Opfer der Wiener Judenverfolgung.

[19]) Verschrieben statt *„Judit die Mördlin“* oder *„Mördlin die Judin“*. Eine Judit, Witwe des Sundl 1402 in GB. 1087, 121 a, 2. „Mördlin“ vielleicht identisch mit *„Möderlinn die Judinn ze Lyntz“* 1414, 1415. Staats-Arch. Hs. 16, 113 b.

[20]) Nur hier nachweisbar. Ob mit Kestl, Bruder d. Hirsch v. Lengbach (1401—12) identisch?

[21]) Witwe des Kolman des Unterkäufel? (S. 155, Anm. 65.) Nur hier nachweisbar.

[22]) Kysling (nicht „Kyfling“, wie in Revue des études juives, XXVIII, S. 262) wird 1455 im Wiener Neustädter Judenbuch als Schwiegersohn des „Muschrat“ (?) genannt.

[23]) Nur hier nachweisbar, wenn nicht etwa identisch mit Schifra, der Gattin (seit 1414 Witwe) des Judenmessners Leb.

[24]) Wahrscheinlich Sohn des „Musch von Znaim“, als solcher in Wiener Quellen 1407—13 genannt.

[25]) Bekannt sind Maisterl v. Perchtoldsdorf (1414 u. ff., ob identisch mit *„Rabbi Meinsterl“* der Wiener Geserah, Goldmann a. a. O., S. 128?) u. Maisterl v. Tulln (1401).

[26]) 1408: GB. 57, 116 b, 1. 1409: QGW. III, 2, 2575.

[27]) = Moidl (Moydl) v. Tulln (1411: GB. 57, 147 a, 4). Seine Tochter Sara, sein Schwiegersohn Mendl (1406—17). Vgl. S. 19, Anm. 36. S. 20, Anm. 38.

[28]) Zuerst erwähnt 1418 in GB. 57, 275 b, 3.

[29]) 1414—15 Miteinnehmer der Judensteuer (Staats-Arch. Hs. 16, 104 a. Kurz, Österr. unter Albr. II., 1, 309).

[30]) In Wiener Quellen kommen vor: *„Mäschel Maister Jäckleins sun“* (1413, GB. 788, 8 a) und Musch, Meister Jekels Schwiegersohn 1414 (GB. 1088, 114 b, 1. QGW. I, 1, 467). 1415 Goldmann, JB. 306).

[30a]) S. Anm. 33 auf S. 18 u. Anm. 36 auf S. 19.

[31]) Gattin des Peltl v. Salzburg, ihr eigentlicher Name war Hanna, unter welchem sie schon um 1401 (GB. 1082, 20 b, 40 a, Dienst- u. Gültenbuch der Schotten) vorkommt. Ihr Gatte dürfte 1411 gestorben sein. Von ihren beiden Töchtern Lea und Schöndl ließ sich die erstere 1421 taufen.

[32]) Offenbar identisch mit der in GB. 57, 125 b, 5 (1415) genannten Perl, Schwester der Rifka, der Witwe des Meisters Abraham (Klausner).

[33]) Nur hier nachweisbar.

[34]) In Wiener Quellen kommen um diese Zeit zwei Juden namens Rachmel (Rachem, Rachym) vor: R., Sohn des Haidian (Hadyam) v. Traiskirchen (1401—17), 1414—17 Miteinnehmer der Judensteuer in Österreich und R., Sohn des Isachar *„ze Wienn“* (1401—18). Welcher von beiden der hier genannten Bruder des Sundl ist, läßt sich nicht feststellen.

[35]) Von Wiener Juden dieses Namens (Rabl, Rabel, Rabl, Rebl) sind bekannt: 1403—15 R., Sohn des Hendl v. Oedenburg, Schwiegersohn des Steuß; R., Schwiegervater des Jonas (1415—20) und R., Vater des Nachim (1416).

[36]) Um diese Zeit werden in Wiener Quellen genannt: R., Witwe des Eysak v. Pressburg (1410) und R., Tochter des Pesach v. Tulln (1418).

[37]) Bekannt sind: R. v. Klosterneuburg, Vater des Baruch und des Juda (bis etwa 1409) und *„Rotlein Judlein“*, Vater des Nathan (Naasen), 1397—1413.

[38]) Wir kennen aus Wiener Quellen: S., Witwe des Jonas, des Sohnes des Musch v. Agram (1397—1415); S., Gattin resp. Witwe des Joseph v. Feldsberg (die *„Joseppin“*, 1375—1401); S., Gattin des Mendl, Tochter des Moidl v. Tulln (1417) und S., Tochter d. Smoyel v. Tulln (1398—1413).

[39]) Sohn des Meisters Abraham Klausner, zuerst erwähnt im Jahre 1408 (Goldmann, JB. 275, 276).

[40]) Vielleicht identisch mit *„Schöndel“*, Schwester des Abraham v. Krems (1420, GB. 58, 273 a, 1).

[41]) Smerl [der] Wenkel (Wenkl), Sohn des Jakob des Walich.

[42]) Sohn des Joseph Krems, 1417 Miteinnehmer der Judensteuer.

[43]) = David Steuß, Sohn des Hendl v. Klosterneuburg, kommt in Wiener Quellen 1352—85 vor. Wahrscheinlich befand sich das Haus zur Zeit der Aufhebung der Judenstadt im Besitze eines seiner drei Söhne (Jakob, Hendl, Jonas).

[44]) Außer dem hier genannten Bruder des Rachmel ist aus Wiener Urkunden 1376—98 ein Sundl (Suendl, Suendel, Sunl, Sundel) bekannt, dessen Erben 1398 genannt werden (QGW. III, 2, 2323).

[45]) Mit Rücksicht darauf, daß er mit Smoyel v. Krems zusammen genannt wird, wohl identisch mit Sussmann v. Krems (1399—1400).

[46]) Verschrieben statt Smerl[ein], erwähnt 1413 (GB. 1088, 106 b, 1), 1414, 1415 (Goldmann, JB. 301, 308).

[47]) 1414—15 Miteinnehmer der Judensteuer. Wohl identisch mit *„Swarcz“*, der zusammen mit *„Chestel“* 1393 als *„judenzechmaister“* in Krems genannt wird (Bl. d. Ver. f. Landesk. 28, 253). Vgl. S. 18, Anm. 33.

[48]) Als Vetter des Meister Salomon v. Wiener-Neustadt erwähnt 1413 (GB. 1088, 94 a, 3, 94 b, 3).

[49]) Als Nachbarhaus von Nr. 428 wird in dem betreffenden Grundbuchseintrag erwähnt ein *„haus, das Abrahams Züstler ist gewesen“*. Die anrainenden Häuser von Nr. 428 waren Nr. 408, das als Eigentum Rebleins festgestellt ist und das Haus 429, das demzufolge vielleicht auch als Judenhaus anzusprechen wäre. Mit welchem der aus Wiener Quellen bekannten Juden dieses Namens Abraham Züstler identisch ist, läßt sich vorderhand nicht feststellen. Bekannt sind: Abraham, S. des Aram v. Klosterneuburg (1401—21), Abraham v. Krems (1412—19, 1419: *„gesessen zu Wienn“*), Abraham v. Perchtoldsdorf (s. oben, Anm. 1) und 1419 ohne nähere Bezeichnung im St.-B. III,

22 b (Die Erben Hannsen des Lukchner sollen gelten *„Abraham dem Juden 8 ℔ ₰ in dem Judenpuech"*).

[50]) In Wiener Urkunden (QGW. II, 1, 381, 540, III, 1, 453) zwischen 1351 und 1360 nachweisbar; an letzterer Stelle irrtümlich als *„Adams aiden"*.

[51]) Als *„Guetmans* (= R a b b i N i s s i m) *sun"* und Gatte der *„Töchterl"* 1337—38 (QGW. I, 3, 3024, 3029, 3033, 3034) genannt.

[52]) Vgl. S. 33, Anm. 71.

[53]) Aus Weikersdorf. Kommt in Wiener Quellen zuerst 1380 vor (GB. 15, 74 a, 6). Einen aus Weikersdorf datierten Brief an den Rat der Stadt Wien 1393 (nicht 1493, wie bei Schlager I, S. 60) s. in QGW. II, 1, 1263; G.: *Schöndel.* S.: *Musch.*

[54]) *„Hatschim"*, *„Chatschim"*, *„Katschim"*, S. d. *Schebl*, Br. d. *Musch.* Vgl. QGW. I, 3, 3260 (1367).

[55]) S. oben unter A. Anm. 8.

[56]) Bekannt ist *„Heschel (Heskel, Heschkel, Heskchl, Heschk, Jeschke) von Raab"* (1368—1407). Eventuell mit einem der zahlreichen „H e t s c h l" identisch.

[57]) Vielleicht identisch mit *Hetschel, S. d. Waroch* (B a r u c h), in Wiener Quellen 1374—87 nachweisbar.

[58]) Figuriert in Wiener Urkunden 1380—1412 (GB. 15, 74 a, 5. GB. 57, 214 b, 2).

[59]) Identisch mit H e t s c h e l, S o h n d e r P e l t l i n (1380, QGW. III, 1, 1218).
b u r g. Vgl. QGW. II, 1, 453 (1354). St.-A. Hs. 15, 115 (1357).

[60]) *„Höschlein"*, *„Höbschlein"*. *„Häslein"*, *„Heslein"* v. J u d e n-

[61]) S. oben unter A. Anm. 16.

[62]) Hausbesitzer „in der iuden straz" um 1290 u. ff. Vgl. S. 33, Anm. 71. Über den jüdischen Familiennamen Teufel (Var. Dufel, Dufel, Teyfel, hebr. Satan, Ssôtn) vgl. Stern, Die israel. Bevölkerung der deutschen Städte. III: Nürnberg. S. 329. (Anm. zu S. 48, Z. 6.)

[63]) S. d. A r o n v. K l o s t e r n e u b u r g, Br. d. M e r c h l. Er kommt in Wiener Quellen 1350—1391 vor.

[64]) J u d e l, S. d. R ö t e l v. K l o s t e r n e u b u r g, Br. d. B a r u c h, zwischen 1361 u. 1393 nachweisbar.

[65]) Vgl. Wiener Stadtrechn. 1379 (Bl. d. Ver. f. Landesk. v. Niederösterr. 1894, S. 215): *„Cholman dem Juden zu leikouff"*.

[66]) Hausbesitzer in der *„iuden straz"* um 1290—1315. Vgl. S. 33, Anm. 71.

[67]) Tochter des M e i s t e r A b r a h a m und der R i f k a.

[68]) *„Nachmans sun des Juden von Salzpurch"*.

[69]) In der beigehefteten hebr. Übersetzung des Satzbriefes lautet der Name „M o r d e c h a i". 1339 schon als verstorben bezeichnet. S. Anm. 77.

[70]) Wohl identisch mit *„Musch der Jud weilent Iszerleins eninchel von Marichburch"* (1365 Font. rer. Austr. 35, 748).

[71]) Entweder L i e b l, die Gattin des P e l t l (P a e l t l, W e l t l e i n), der 1372 schon als verstorben angeführt wird (QGW. I, 3, 3304) oder die Mutter des S i m o n (*„der Pelltlin sün ze Wienn"*, 1374: GB. 15, 35 b, 4), die aber wahrscheinlich auch mit der ersteren identisch sein dürfte.

[72]) Ein *„Bendittus iudeus de Wienna"* schon 1286 genannt (Font. rer. Austr. 51, 74).

[73]) Ob identisch mit dem Vorigen?

[74]) Ein *Pendytt* im Jahre 1394 in GB. 57, 146 b, 4.

[75]) Gattin des (Rabbiners) Meister Abraham (Klausner), zuerst 1404 (GB. 57, 153 b, 1) erwähnt, 1408 das erste Mal als *„witib"* bezeichnet. Erwähnt werden ihr Sohn Saul, ihre Tochter Mirl, Gattin des Adam von Leubs und eine dem Namen nach nicht bekannte Tochter, Gattin des Werach von Wiener-Neustadt, ferner ihre Schwester Perl.

[76]) Zuerst genannt 1369 (QGW. III, 1, 225). 1373 (QGW. III, 2, 2951): *„Schaeftl, filius Schaeftlini de Wuda"*. 1383 als schon verstorben bezeichnet. Seine Söhne Hessmann und Jakob werden 1373 resp. 1369—76 erwähnt.

[77]) *„Trechl"*, *„Trehel"*, *„Drahel"*. Vgl. Bl. d. Ver. f. Landesk. v. Niederösterr. 1898, 188: *„Trehel unser judinn Morleins unsers juden witib ze Wienn"* (1339).

[78]) Hausbesitzer *„in der iuden straz"* um 1290 u. ff. Vgl. S. 33, Anm. 71.

B. Christen.

[1]) Möglicherweise Jude und mit dem oben (S. 33, Anm. 71) genannten Marchardus identisch.

∇

Topographisches Register.

Wien.

Ortsregister.

A.

B.

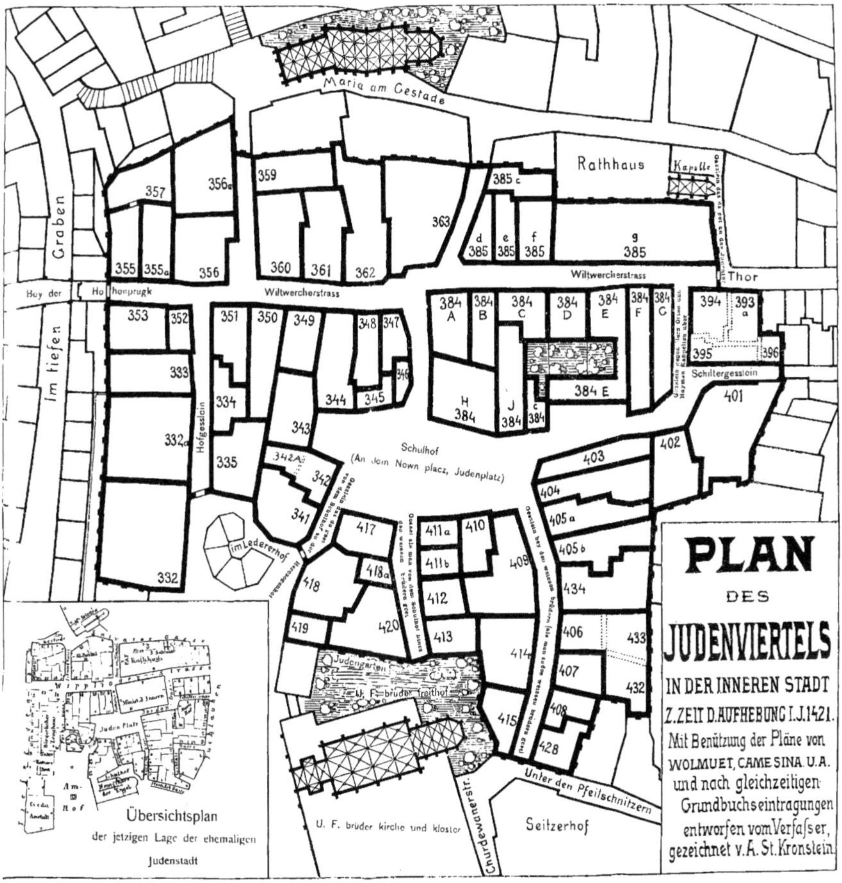

Zu Schwarz: Das Wiener Ghetto. I. Teil.

Wien und Leipzig Verlag von Wilhelm Braumüller.

II. TEIL

Die Judenstadt im unteren Werd 1625—1670

Das Grundbuch der Judenstadt (1632)

Urkundliche Nachrichten zur Geschichte der Judenhäuser

Die auf Juden bezüglichen Eintragungen des städt. Toten-protokolls 1648—1669

Die Geschichte der Judenstadt im unteren Werd, ihre Entstehung und ihre Aufhebung hat in Kaufmanns „Die letzte Vertreibung der Juden aus Wien, ihre Vorgeschichte (1625—1670) und ihre Opfer“ (Wien 1889) eine bei ihm gewohnte lichtvolle Darstellung gefunden. Noch klarer wäre das von ihm entworfene Bild geworden, wären ihm zwei Quellen bekannt gewesen, die das bisher gekannte urkundliche Material in ganz besonderer Weise vervollständigen, nämlich das Grundbuch des Judenbezirkes und die auf die Juden bezüglichen Eintragungen des städtischen Totenprotokolls. Während das erstere das äußere Bild der Anlage der Judenstadt reproduziert, enthält das Totenprotokoll trotz seiner speziell in bezug auf die Personen etwas knappen Angaben und trotz seiner Lücken manches, was für die Geschichte der Familienverhältnisse der Bewohner der Judenstadt, ihre Lebensdaten etc. als Ergänzung und Richtigstellung zu der bisherigen fast einzigen biographischen Quelle, den von Frankl publizierten Wiener Grabinschriften, dienen kann.

Auch dieser zweite Teil der vorliegenden Arbeit soll nur einen Beitrag zur Geschichte der Juden in Wien darstellen, — eine topographische Übersicht der zweiten Judenstadt, ohne auf das zum Teil schon von Kaufmann benützte urkundliche Material zur inneren Geschichte der Wiener Juden des 17. Jahrhunderts einzugehen. Der gegenwärtige Beitrag bietet im Zusammenhange mit den bereits bekannten Daten einen vielleicht nicht ganz unwesentlichen Baustein für eine umfassende Geschichte der Wiener Judenschaft, wie sie ja doch einmal auf Grund des sukzessive an den Tag geförderten Urkundenmaterials geschrieben werden wird.

Die Schlagbrücke.
Ausschnitt aus Houfnagels Ansicht (1609).

Die Zeit von der Vertreibung der Juden und der Aufhebun der Judenstadt im Jahre 1421 und der kurz darauf erfolgte Wiederkehr der Juden nach Niederösterreich bis zur Gründun des Ghettos im unteren Werd stellt eine Toleranzepoche der Wie ner Judenschaft dar. Kurz nach der Katastrophe vom Jahre 142 fand man in dem päpstlichen Dispens vom 20. September 145 ein bequemes Auskunftsmittel, um den Juden, ohne daß dies sich darum beworben hätten, die Rückkehr nach Österreich z ermöglichen.[1]) Mit der Wiederaufnahme war gleichzeitig ein mehr oder minder liberale Gewährleistung von Rechten verbunden deren sich die Juden, von einigen krisenhaften Episoden in de Zwischenzeit abgesehen, entsprechend ihrer Stellung als Toleriert und ihrer verhältnismäßig geringen Anzahl in bescheidener Forr erfreuen durften. Von einer Konsolidierung der äußeren Ver hältnisse der Juden, wie sie sich etwa in der Schaffung einer selbst gewählten Ansiedelungsstätte ausgedrückt hätte, konnte nicht di

[1]) Scherer a. a. O. S. 423.

11*

Rede sein, trotzdem sich die äußere Lage der Juden im allgemeinen — hauptsächlich seit dem 16. Jahrhundert, wo die Kategorie der hofbefreiten Juden eine ziemlich privilegierte Sonderstellung einnahm — wesentlich gebessert hat. Das Damoklesschwert der Hofgunst schwebte nichtsdestoweniger ständig über den Häuptern der Wiener Juden. Jede Änderung der politischen Verhältnisse, jeder Thronwechsel mußte unbedingt auch die Befürchtung einer neuerlichen großen Katastrophe aufkommen lassen, wenn man vielleicht auch jetzt zu aufgeklärt war, um eine Judenvertreibung nicht auch zugleich mit Scheiterhaufen und Folterwerkzeugen zu staffieren.

Seit dem Jahre 1600, der letzten Vertreibung der Juden vor der Gründung des Ghettos im unteren Werd, bedrohte die kleine Anzahl der durch vereinzelte k. Gnadenakte wieder eingewanderten Juden eine neue Gefahr. In ihrer Stellung als Geduldete, jedwelchen Besitzrechtes entblößt, waren sie gezwungen, bei den Bürgern Wiens zu Miete zu wohnen. Es war nichts leichter als den Mieter durch eine unvorhergesehene Kündigung, hauptsächlich wenn sie wie im Jahre 1623 auf Befehl der städtischen Obrigkeit erfolgte, obdachlos zu machen. Der Versuch, unterstützt durch mannigfache Machinationen und Intriguen bei Hofe, gelang vollkommen. Man mußte nun, da man eine Massenvertreibung der Juden nicht für zeitgemäß hielt, die vor die Türe Gesetzten irgendwo ansiedeln. Es beginnt die Plan einer besonderen Judenstadt aufzutauchen, wie Kaufmann meint, eine Anregung des k. Beichtvaters Lamormain, und alsbald auch wird der Hofkriegsrat mit der Einleitung der erforderlichen Vorarbeiten betraut. Eine für die Separierung der Juden geeignete Örtlichkeit glaubte man in dem durch eine Brücke, die sogenannte Schlagbrücke, mit der Stadt verbundenen unteren Werd gefunden zu haben. Die Verhandlungen mit den Besitzern der Häuser in dieser Gegend waren bald eingeleitet und eine Einigung um so leichter erzielt, als man die der Transferierung anfangs feindlich gegenüberstehenden Besitzer der armseligen Häuser und Hütten durch Bewilligung der geforderten hohen Ablösungssummen milder zu stimmen verstanden hat. Die im Jahre 1624 erworbenen 14 Häuser bildeten die erste Grundlage der Judenstadt, die sich im darauffolgenden Jahre durch Ankauf weiterer 15 Häuser erheblich erweiterte. Erst jetzt konnte man daran gehen, in einem

Vertrag mit der Stadt auch die rechtlichen Verhältnisse des Ghettos zu regeln und so, insoweit verbriefte Rechte verläßlich sind, eine Grundlage friedlicher Entwickelung zu schaffen.

In dem Vertrage vom 15. Juni 1626 wird neben den Beziehungen zur Grundherrschaft, dem Bürgerspital, auch das Verhältnis des Ghettos zur Stadt, hauptsächlich in Steuersachen, geregelt und den Juden die Errichtung eines eigenen Grundbuches gewährt. Die Führung des eigenen Grundbuches schien man aber im Laufe der Zeit als einen Eingriff in die Rechtssphäre der Grundobrigkeit betrachtet zu haben und man suchte Mittel und Wege, um sich das Aufsichtsrecht und die materiellen Vorteile des Judengrundbuches zu sichern. Mit welchen Mitteln man dies zu erreichen suchte, wissen wir nicht. Tatsache ist, daß die Einleitung zu dem 1632 renovierten Grundbuche festsetzt, daß „jeder Judt in diesem aussgezaigten gezürckh und Platz, von seinen habenden Judenhauss so an ietzo beraith erpaut, und noch erpaut werden , die gewöhr daselbst zu empfahen schuldig und verpunden sein, alsdann in das hierüber neu aufgerichte Grundtbuech ordentlich eingeschriben werden sollen."

Das Grundbuch von Jahre 1632, das älteste des Ghettos, orientiert uns auf das genaueste über den Stand der Häuser in der Judenstadt im ersten Jahrzehnt ihrer Begründung. Sie umfaßte damals 104 Häuser, zumeist Erwerbungen der Jahre 1624 und 1625; ihre Eintragung in das neue Grundbuch ist demnach nur als Erneuerung der früheren Geweranschreibung zu betrachten. Die Einträge laufen in der natürlichen Reihenfolge der Anrainerschaft, beginnend mit dem Hause des Jeremias Gerstl und endigen mit dem Eintrag des Hauses des N: Ascherl, beziehungsweise (1660) Perl Hierschl Mayr. Veränderungen in den Besitzverhältnissen durch Verkauf von Häusern und Grundstücken kommen in den ersten Jahren des Bestandes der Judenstadt fast gar nicht vor; auch hypothekarische Vormerkungen auf einzelne Häuser stammen erst aus späterer Zeit; diese, dem Satzbuch entnommen, sind in dem im Anhang mitgeteilten Abdruck des Grundbuches den einzelnen Grundbucheintragungen organisch angefügt und bieten, wenn auch nich für die ganze Zeit des Bestandes der Judenstadt, so doch wenigstens für die ersten drei Jahrzehnte ein Bild der allfälligen Veränderungen im Besitzstande der einzelnen

Realitäten. Es ist wohl anzunehmen, daß dieses Grundbuch nicht das einzige amtliche Register der Judenstadt darstellt. Daß es auch für die spätere Zeit ein solches gegeben hat, geht aus dem „Index über der Jüdischen Gemain Grundtbuech im Untern Wörth“ hervor. Die Eintragungen dieses Index berufen sich auf ein mit dem Buchstaben C bezeichnetes, derzeit verschollenes Grundbuch, das, etwa um 1655 angelegt, bis zur Aufhebung der Judenstadt in Gebrauch gewesen sein dürfte. Der Umstand, daß uns der Index mit der topographischen Anordnung der Judenstadt und ihrer Häuser und mit dem Namen der Hausbesitzer bekannt macht, sichert ihm immerhin die Bedeutung eines wichtigen Behelfes für die Beurteilung der Verhältnisse der Judenstadt und muß uns, insolange das Grundbuch selbst nicht zum Vorschein kommt, für den Verlust dieses wichtigen Dokumentes einigermaßen entschädigen.

Die am Schlusse mitgeteilten urkundlichen Beilagen stammen aus den letzten Tagen der Judenstadt und aus der ersten Zeit der auf ihren Trümmern entstandenen Leopoldstadt. Man hatte wieder einmal das Verlangen, der Welt das Schauspiel einer Judenverfolgung im großen zu bieten, die auf Widerruf gestattete Existenz von vielen Hunderten Geduldeten mit einem Streiche zu vernichten. In rührender Einigkeit fanden sich wieder alle beteiligten Faktoren zusammen, um den Fortbestand der Judenstadt, gegen deren Existenzberechtigung theologische, juridische und fiskalische Scheingründe ins Treffen geführt wurden, zu untergraben. Wie vor 250 Jahren die Hussitenkriege, so waren es diesmal die Türkenkriege, die die finanziellen Kräfte des Staates aufs äußerste anspannten. Stadt und Land wurden zu ganz enormen Steuerleistungen herangezogen, die man zum großen Teil in Form von ordentlichen und außerordentlichen Toleranzgeldern auf die Juden zu übertragen suchte. Die Tatsache, daß Proteste gegen derartige, zumeist ungesetzliche Belastungen nicht nur keinen Erfolg hatten, sondern die Situation nur noch mehr verschärften, war für die Machthaber nur eine Ansporuung, auf dem einmal eingeschlagenen Wege fortzufahren, für die Juden die irrige Anschauung, sie könnten sich durch das mehr oder minder freiwillige Zugestehen aller Forderungen Ruhe und Frieden erkaufen. Kritischer wurde der Moment, als die Stadt sich erbötig machte, im Falle der Ausweisung der Juden die von diesen bisher bezahlte jährliche Toleranzgebühr aus eigenem zu bezahlen und die amtlich auf 216.219 Gulden 26 Kreuzer geschätzten Judenhäuser zur Begleichung der Gläubiger der Juden gegen eine Pauschalsumme von 100.000 Gulden zu übernehmen. So kurzsichtig war die mit dem Ausweisungswerk betraute Kommission, daß sie das Anerbieten der Stadt als einen ganz besonders erfolgreichen Handel — ohne Rücksicht auf die von Jahr zu Jahr steigenden außerordentlichen Abgaben der Juden und den für die Judenstadt gebotenen Spottpreis — dem Kaiser befürwortend empfahl. Man machte kurzen Prozeß — Wien war wieder einmal „judenrein“ geworden.

Kläglich wie das Vertreibungswerk war auch seine Bilanz. Im ersten Taumel des Jubels über die gelungene Aktion dachte man die zur Leopoldstadt gewordene Judenstadt in ein Eldorado umzuwandeln. Doch der Erfolg wollte sich nicht einstellen; dafür trat aber das ein — ein Beweis, daß auch in der Geschichte Gesetze von eherner Konsequenz walten —, was vor rund 250 Jahren die Stadt fast an den Rand der finanziellen Krise brachte, ein Fehlschlagen aller Hoffnungen auf einen vorteilhaften Verkauf der Judenhäuser, ein Übelstand, der sich von Jahr zu Jahr fataler gestaltete. Im Jahre 1680 erstattet der Oberkämmerer der Stadt Bericht über die fast zehnjährige Bilanz des so aussichtsvoll begonnenen Unternehmens und bringt dabei die traurige Tatsache zur Kenntnis, daß das Geschäft, das so viel versprochen hat, bis dahin mit einem Verlust von 52.858 Gulden 20 Kreuzer abschließe. „Es befindet sich aber eine solche Armuthey unndt Elent“, schreibt der städtische Oberkämmerer an Bürgermeister und Rat, „allda in der Leopold Stadt, dass nicht allein ein grausen, sondern nicht genugsamb kan beschrieben werden.“[2])

Die Mittel, den enormen Schaden, den Staat, Stadt und Land durch die Ausweisung der Juden erlitten hat, wettzumachen, versagten. Es galt jetzt, zu dem Äußersten Zuflucht zu nehmen — die Judenfrage noch einmal vom theologischen, politischen und finanziellen Gesichtspunkte prüfen zu lassen und die Wiedereinwanderung der Juden zu ermöglichen.

[2]) Kaufmann a. a. O. S. 161 nach d. Orig. im Archiv d. Stadt Wien 26/1680.

So endete der kurze Wahn mit einem unermeßlichen Schaden, dessen Löwenanteil wieder die Stadt Wien zu tragen hatte. Bis zum Jahre 1684 hatte die Stadt, entsprechend ihrem freiwilligen Anerbieten, an den Fiskus ein jährliches Äquivalent von 14.000 fl. an Toleranzgeldern zu entrichten; erst um diese Zeit wurde die auf die Landjuden entfallende Quote von 4000 fl. nachgesehen. Von einer weiteren Reduzierung der aus freien Stücken übernommenen Verpflichtung wollte der Fiskus lange nichts wissen und es blieb bis auf weiteres bei der Jahresabgabe von 10.000 fl. Erst im Jahre 1706 wurde die Angelegenheit in der Weise geordnet, daß sich der Magistrat, nachdem er den Klageweg betreten hatte, zu einem Pauschale von jährlich 6000 fl. verpflichtete, unter der Bedingung, daß nur die mit Hofkanzleipässen versehenen Juden in Wien geduldet werden dürfen. Trotzdem nun Juden auf Grund der Toleranzedikte vom Jahre 1764 und 1782 sich in Wien frei niederlassen konnten und die Schutz- und Toleranzgelder aus eigener Tasche bezahlen mußten, blieb die Zahlungspflicht des Magistrats bis zum Jahre 1815 aufrecht. Erst die k. Entschließung vom 27. August 1815 enthebt den Magistrat von der Entrichtung der Judentoleranzgelder.[3])

* * *

Die Verwertung der auf die Judenstadt bezüglichen Grundbuchsdaten für topographische Zwecke, d. h. für die Lokalisierung der einzelnen Häuser begegnet deshalb größeren Schwierigkeiten, weil ein großer Teil der Judenhäuser während der Türkenbelagerung ein Raub der Flammen wurde und man sich in der Folge daher fast nur auf den Verkauf von Gründen und Brandstätten beschränkte. Doch bieten die grundbücherlichen Eintragungen, ferner die „Beschreibung der Juden-Gezürckh" aus dem Jahre 1651 und das Schätzungsprotokoll vom Jahre 1671 wertvolle Anhaltspunkte für die Feststellung der allmäh-

[3]) Es läßt sich leicht berechnen, mit welcher Summe die Übernahme der Toleranzgelder das städtische Budget in der Zeit 1670 bis 1814 belastet hat:

1670—1684	jährlich fl. 14.000	fl. 210.000
1685—1706	jährlich fl. 10.000	fl. 220.000
1707—1814	jährlich fl. 6.000	. . . . . fl. 648.000
		Summa fl. 1,078.000.

lichen Entwicklung der Judenstadt. Die erste Anlage des Ghettos bestand aus 14 im Jahre 1625 erworbenen Häusern, doch schon am Ende dieses Jahres erwies sich der „aussgeczaigte“ Bezirk als viel zu klein, um die bis dahin noch in der Stadt gebliebenen Juden aufzunehmen. Es wurden daher noch weitere 15 Häuser abgelöst. Im Jahre 1632, also sieben Jahre nach der Begründung der neuen Ansiedelung umfaßt die Judenstadt schon 104 Häuser. Die im Jahre 1660 seitens der Stadt vorgenommene zwangsweise Beschreibung der Judenstadt zählt 111 Häuser auf, während das letzte, nach der Vertreibung der Juden aufgestellte Schätzungsprotokoll 132 Häuser aufweist.

Das Häuserkontingent der Judenstadt verteilt sich auf die einzelnen Gassen in folgender Weise: Die „Hauptgasse“ (später Herrengasse, jetzt Große Sperlgasse) umfaßte 32, die „Untere Gasse“ (die heutige Tandelmarktgasse) 19, die „Mittere Gasse“ (die jetzige Haidgasse, früher Badgasse) 9, die „Obere Gasse“ (jetzt Große Pfarrgasse) 18, die Taborgasse“ (jetzt ein Teil der Kleinen Pfarrgasse) 12, das „Neu Gassl“ (z. T. die spätere Rauchfangkehrergasse, jetzt teilweise verbaut, teilweise in die Kleine Pfarrgasse einbezogen) 20 Häuser. Kleinere Häuserkomplexe befanden sich noch in der der heutigen Kleinen Sperlgasse entsprechenden Gasse (2 Häuser), 4 Häuser, die ihren Eingang in der Taborstraße hatten, ein Haus in der jetzigen Rotekreuzgasse, 2 Häuser mit dem Eingang von der Augartenstraße aus, 4 Häuser in der früheren Zuchthausgasse und auf dem Areal des Zuchthauses, 4 Häuser auf dem „Platz“ (Auf der Haide), endlich 3 Häuser (Gemeinde- und Studierhaus) in der jetzigen Großen Schiffgasse.

Die Versuche zur Verwertung des Häuserkontingents der Judenstadt wurden bereits Ende 1670 eingeleitet und zum Teil auch mit Erfolg durchgeführt, obwohl die „geschwohrne Kay. Hoff Handtwerkhsleuth“ erst am 7. Dezember 1671 die genaue Aufstellung über den Schätzungswert der „in der alhiesigen Judenstatt bey Wienn befindenden Behausungen“ vorlegen konnten. Mit dem höchsten Preise (fl. 7308·15) war in diesem Schätzungsprotokoll das Haus des Abraham Hecht (Nr. 12), mit dem niedrigsten (fl. 139·40) das Haus Nr. 59 (Besitzer Scheuch)[4]) eingeschätzt.

[4]) Das Haus wurde übrigens laut Vermerk des Schätzungsprotokolls kurz danach demoliert.

Die Gesamtschätzung (inklusive der auf fl. 3426'02 geschätzten alten und der mit fl. 7142'30 eingestellten neuen Synagoge) belief sich auf fl. 216.219'26.

Aufzeichnungen über die in den Jahren 1670—75 stattgefundenen Häuserverkäufe, resp. die entsprechenden Gewerauschreibungen sind nicht vorhanden, lassen sich aber aus anderen gleichzeitigen Quellen rekonstruieren.[5]) Die Einträge des Gewerbuches des „gewesten Judengezürckhes anjetzo intitulierten Leopoldstatt"[6]) beginnen erst mit dem 24. Dezember 1675 und enthalten teils neue, teils erneuerte Geweren. Die bis etwa 1708 reichenden Aufzeichnungen über den Verkauf von Judenhäusern geben uns ein recht deutliches Bild von den mehr als dreißigjährigen Bemühungen, für die ehemalige Judenstadt neue Hausbesitzer zu werben.[7])

* * *

[5]) Dem *„Sambler über Empfang und Außgab der gewesten Juden — nunmehr Leopoldstatt genandt"* 1670—84 (Archiv d. Stadt Wien. Rep. 184, Nr. 7, 1—13) entnehme ich folgende auf den Verkauf von Judenhäusern bezügliche Daten: Verkauft wurden im Jahre 1670 die Häuser Nr. 1, 4, 8, 10, 13, 14, 15, 18, 19 u. 20, 22, 26, 32, 36, 38, 44, 46, 49, 51 u. 52, 54, 60, 65, 78, 79, 80, 82, 83, 84, 86, 89, 90, 92, 95, 96, 97, 98, 99, 100, 101, 102, 105 u. 106, 109, 110, 111, 112, 113, 115, 116, 117, 118, 119, 120, 121, 127, 128, 129 u. 130, 131; im Jahre 1671 Nr. 2, 5, 7, 9, 16, 35, 81, 85, 87, 88, 91, 93, 94, 114; im Jahre 1672 Nr. 12, 47, 67, 68, 103; im Jahre 1673 Nr. 3, 23, 25; im Jahre 1674 Nr. 6, 45, 55, 77, 108; im Jahre 1675 Nr. 21, 24, 27, 29, 30, 41, 42, 43, 53, 76; im Jahre 1676 Nr. 50, 64, 66, 75; im Jahre 1677 Nr. 56, 61, 62; in den Jahren 1678—80 ausser einigen oeden Gründen keines; im Jahre 1681 Nr. 34; im Jahre 1682 u. 1683 keines; im Jahre 1684 Nr. 104. Das erste am 5. Aug. 1670 zum Verkauf gelangte Haus war Nr. 36, in welchem das rituelle Bad untergebracht war (Schätzung fl. 1952.36, Verkaufspreis fl. 1300; ein 20—30%iger Nachlass vom Schätzungspreis wurde fast ausnahmslos eingeräumt).

[6]) GB. 523 (Rep. 61, 27, 1).

[7]) Die Eintragungen des Gewerbuches, zumeist Erneuerungen früherer Geweren verteilen sich auf folgende Jahre und Häuser: 1675: Nr. 81; 1676: Nr. 1, 15, 82, 119, 120; 1677: Nr. 39, III; 1678: Nr. 33, 51, 54; 1679: Nr. 115; 1680: Nr. 38, 44; 1681: Nr. 34; 1682: Nr. 95; 1683: Nr. 42; 1685: Nr. 30 („Prandtstatt", Geschenk des Stadtrates an „Georg Frantz Koltschützky, der Röm. Kay. May. Türckhischen Curir"), 43, 104, 125, 126, 127 (die letzten drei „der Juden Gemain Häussl und Studier Häussl"); 1686: Nr. 18, 22, 50; 1687: Nr. 9, 16, 110, 122; 1688: Nr. 5, 12, 19, 20, 36, 40, 70, 88, 102, 103, 105, 106, 109,

Das im Anhang mitgeteilte Totenbuch der Wiener Juden aus der Zeit 1648—1669, den Toten- resp. Beschauprotokollen der Stadt Wien entnommen, wird in seiner Bedeutung als Quelle zur Geschichte der Wiener Juden im 17. Jahrhundert erst dann voll gewürdigt werden, wenn die groß angelegte Gesamtpublikation der Grabinschriften des Rossauer Friedhofs, von der bereits eine viel versprechende Probe erschien (Wachstein, Wiener hebräische Epitaphien. Sitz.-Ber. d. Akad. d. Wiss. 156, IV. 1907), vollständig vorliegen wird. Scheinen auch die knappen Angaben der Vornamen auf den ersten Blick nicht viel zu bieten, so wird man doch aus diesen, aus den Sterbe- bezw. Beschaudatum und der Altersangabe im Zusammenhange mit den Daten der Epitaphien so manches für die Lebensgeschichte des einen oder anderen wichtige Moment zu rekonstruieren in der Lage sein.

112, 129, 130; 1689: Nr. 14, 24, 26, 27, 28, 31, 32, 37, 52, 89, 121; 1690: Nr. 7, 47, 53, 56, 67, 80; 1691: Nr. 118; 1692: Nr. 11, 78, 101; 1693: Nr. 28, 29, 48, 60, 83; 1694: Nr. 64, 66, 85, 98; 1695: Nr. 99; 1696: Nr. 13 (Haus des Abraham Hecht „zum guldenen Löwen, mit ainem Gärtl und Stokh daran, am untern Egg der Tändlmarkhtgassen gegen dem zum schwarzen Beern genannten Wirthshaus über"), 131; 1697: Nr. 74, 84, 91, 93; 1698: Nr. 46, 79; 1699: Nr. 8, 65; 1701: Nr. 61, 62; 1702: Nr. 41, 45; 1703: Nr. 87; 1705: Nr. 113; 1706: Nr. 117; 1708: Nr. 57, 128 („das Spittal Hauss genant").

Vogelperspektiv-Ansicht der Judenstadt.
(Aus Dolfin Lustra decem.)

I.

Grundtbuech

über den Juden Gezürckh enthalb der Schlagpruckhen in der unteren Wörth gelegen, Anno 1632.

GB. 519 (Rep. 61, Nr. 25, 1). Fol. 1—116 Gewerbuch; fol. 1—107 Geweren aus dem Jahre 1632; fol. 109—116 Geweren aus den Jahren 1643—60. Fol. 1—14 (neue Foliierung): Satzbuch 1638—67.

Die den einzelnen Gewereinträgen beigefügten Nachträge sind dem „Gwöhr- Satz- und Fürmerckhungs Rapulatur bey dem Grundbuech über den alhiesigen Juden Gezüerck" (GB. 520 [Rep. 61, Nr. 25, 2]) entnommen.

Grundtbuech

Über den Juden Gezirckh enthalb der Schlagpruckhen in dem Untern Wörth auf der Burger Spittal in Wienn Grundt unnd Poden welches auf aines edlen hochweissen Raths der Khaӱ: Residents Statt Wienn Verordnung, zu Zeiten der wol edl und gestrengen Herrn Danieln Mosers, Röm. Khaӱ: Maӱ: Rath und Burgermaisters der Statt Wienn etc. Dann Geörgen Metzners von Metzenhoffen allerhöchst gedacht Irer Khaӱ: Maӱ: Rath etc.: und Herrn Vlrichen Kerttenkalch Khaӱ: Maӱ: Dienner etc. beenden des innern Statt Raths allhier, und hievor ernanter Burger Spittal wolverordneter Herrn Superintententen als respective Stat mehrberüertes Spittal Grundtobrigkhaiten rc. durch Andreen Hörmann Stichhauner des Aussern Raths, Gemainer Statt Wienn und obermeltes Undtern Wörths Grundtbuechs Verwaltern aufgericht worden, im 1632. Jahr.

Zu vernemmen meniglichen wasmassen der Allerdurchleichtigist Grossmechtigist unnd Uniberwindlicheste Römische Khaisser zue Hungarn und Böhaimb Khönig, Ertzhertzog zue Österreich Ferdinandus der Annder von Gottes genaden unsser Allergenedigister Landtsfürst und Herr sich allergenedigist dahin resolvirt, das die alhiesige in der Statt Wienn losirte Judenschafft und derselben sowollen befreündte als ander Jüdische Gemain, enthalb der Schlagpruckhen in dem Untern Wörth auf der Wiennerischen Burger Spittals Gründt heüsslichen undergebracht, und als gehorsambe Undersässen accomodirt werden sollen, hieriber dan zu gehorsambister Volziechung allerhöchst gedacht Irer Khaӱ: Maӱ: allergenedigister Verordnung (crafft dessen darӱber aussgeferttigten Khaӱ: [Lücke], dessen datum Wienn den 16. December des 1630. Jahrs mehrers in sich helt), ain Edler Hochweisser Statt Rath mehrwolernanter Statt Wienn durch dero hierzue depudierte Herrn Commissarien und gedachten Spittals Herrn Superintenten gemelter Judenschafft viel unterschiedliche Heüsser, Gärtten unnd Plätz durch Designation und Beschreibung ordenlicher gemerckh in besagten untern Wörth außzaiger, auchwegen der davon schuldige Jurisdictionen, grundtobrigkeitlichen Gebürnussen, jährlich Grundtdienst, Steuerherrnforderungen und andern dergleichen mitleiden, mit der Judenschafft ain ordenlichen Vergleich, so datiert den 15. Juni des 1626. Jahr mit mehrem zu vernemmen, aufzurichten, und denenselben gegen Zuruckhgebung Ires Revers sub dato den 15. Juni nach erschaffung der welt in 5387. Jahrs anhendigen zu lassen anbevolchen hat, Als ist auch in gemelten Vergleich unter andern fürgesehen und disponirt worden, das es mit dem Puncten, so die Gerechtigkeit der Gwöhrferttigungen concernirt also gehalten werden sollte, das nemblichen weillen das Burger Spittal über obbestimbten Orth und Grundt, erste instanz und Grundtobrigkeit ist, ain Jeder Judt in diesem aussgezaigten gezürckh und Platz, von seinen habenden Judenhauss so an ietzo beraith erpaut, und noch in diesem gezürckh über Khurtz oder lang doch mit vorwissen und einwilligen ernenten Burger Spittals verordneten Herrn Superintendenten umb guetter nachrichtung willen beschechen soll und muess, erpaut werden, ainer wie alle, und alle wie ainer die gwöhr daselbst zu empfahen schuldig und verpunden sein, Alssdann in das hieriber Neu aufgerichte Grundtbuech ordenlich eingeschriben werden sollen, davon ihnen zur nachrichtung umb gebürunde Tax ain gleichlauttendte mit offternanter Spittal Signet besigelte Abschrift dergestalt anzuhendigen versprochen worden, das Nemblichen die Judenschafft umb die ins khünfftig noch erpauete Heusser und Gründt in dem eingefangem gezirckh enthalb des Wassers zu negst der Judenschafft Gmain Heusser und dato nichts aussgezaigt worden seint, auf künfftige abmessung bey der Burger Spittal Grundtbuech, wie auch so offt ain veränderung der Heüsser durch Erbschafft, verkhauff oder versetzung derselben beschicht die Gwörn von neuem zuenemen und solches der Burger Spittal wissen zue machen benebens auch alle gebürende Tax nach lautt des Grundtrechtens davon zuentrichten schuldig und obligirt sein solten, getreulichen, ohne geverde.

Special-Gwöhrn.

1.

Moiszes Jeremias Gerstl befreiter Hoff Judt, hat empfangen Nutz und Gwöhr dreyer unterschiedlicher Thail Grundt, darauf numehr ain Hausz erpaut worden, enthalb der Schlagpruckhen in dem Untern Wörth ausserhalb des Plauen Iggl und helt bestimbter Grundt in die Lenge auszwerths gegen dem Pratter zue 104 Daumbelln und die Praitten in der Gassen der Strassen nach gegen dem Plauen Iggl über, 102 Daumbelln, mit dem Innern thail an Isac Samueln Juden behausung daselbst gelegen, davon dient man Jährlichen der Buerger Spittal in Wienn Michaelis 3 Schilling 22 Pfenning zue rechtem Grundtdienst und nicht mehr, darumben hievor ins Grundtbuech über den Untern und Obern Wörth No. 4, fol. 137 Hanss Hertzog, Zimerman, Burger zue Wienn neben Margaretha seiner Ersten, und fol. 190 Eodem Libro neben Catharina seiner Anderten Ehewürthin Jedes mal auf überleben geschriben gestanden, und seint nach des Hertzogen Erster Ehewürthin Margaretha Tödtlichen ableiben die Ersten zwen thail Grundt mit überlebens recht offternanten Hannsen Hertzogen Iren gelassenen Ehewürth ainig und allain gevolgt. Als nun aber die Röm: Khay: auch zue Hungarn und Behaimb Khönigl: May: Ertzhertzog zue Össterreich sich allergenedigist resolvirt, das die gesambte Alhiesige Judenschafft[1]) ausser der Statt in obangezognen Untern Wörth losiert und mit Hauss unter gebracht werden sollten, ist demnach auf höchsternannter Ihrer Khay: May: ergangene Allergenedigiste Verordnung am dato den 5. Augusti des langst abgewichenen 1624. Jahrs sowollen durch den hoch und wolgebornen Graffen und Herrn, Herrn Graffen von Collaldo Ihrer Khay: May: Gehaimben Rath, und Hoff Khriegsrath Praesidenten, als auch durch die von ainem Löblichen Rath der Statt Wienn hiezue deputierte Herrn Commissarien und Superintendenten offternanter Burger Spittal neben andern mehr Christenheussern, so zue Unterbringung der Judenschafft assigniert worden, auch eingangs ermelte behausung, mit seiner Zuegehörung aussgezaigt worden, gestalt dann volgundts umb die von Hoff auss ergangne Schätzung dessen Werth dem Aigenthumber bei dem Spittal durch die Judenschafft erlegt worden, Hertzog und sein Ehewürthin guettwillig cediert und übergeben haben dem eingangs ernenten Gerstl. Mag also Gerstl damit fürbass seinen nutzen schaffen, wie der zwischen dem Spittal und der Judenschafft aufgerichte Contract mit mehrem in sich helt, doch unvergriffen des Burger Spittals Grundtobrigkeitlichen recht und Gerechtigkeiten, als von Alters herkommen ist. *[Gewerb. fol. 3.]*

*) Bei den folgenden Eintragungen „von denen Christen separiert".

2.

Hinder des Jeremiae Gerstl behausung da seint gethailt fünf Grundtstückh, so yegliches 6 Klaffter lang und 6 Claffter brait. Ein Grundtstuckh darvon ist geben worden, Aaron Munckhen, Eines Salomon Seelig Munckhen, solche 2 grundtstuckh hat ihnen Davidt Fränckhl aberkaufft, und bar bezahlt und dise beede Grundstuckh seint also dem Davidt Fränckhl und seiner Ehewuerthin Rachala aigenthümblich zuestendig worden, laut Jüdischen Grundtbuechs folio 87 und 88, alssdan ietzo, nach ihres Mans todt, ihr gehörig, also kan sie an Nutz und Gewöhr geschrieben werden. Dises attestire Ich.

נא׳ הק׳ יעקב משה לבית לוי בלא״א הר״ר יעקב סגל
זלה״ה אשכנזי סופר הק״ק פה ווינא

(Wort des kleinen Jakob Moses aus dem Hause Levi, Sohn seines Herrn Vaters h[robh] r[obb] Jakob Sgl. Sein Andenken zum Leben in der künftigen Welt. Schreiber der h[eiligen] G[emeinde] hier zu Wien).

Moyses Levi Jüdischer Stat schreiber.

(Lose Beilage zu GB. 519.)

3.

Isac Samuel befreitter Hoff Judt hat empfangen Nutz und Gwöhr aines Grundts, darauf ain Hauss erpaut ist, in dem Untern Wörth enthalb der Schlagpruckhen, zwischen Jeremiasen Gerstl, und Peer Mayer beede Juden Haüser daselbst im Untern Wörth in der Juden gezirckh gelegen, und helt bemelter Grundt in die Praitten auf der Gassen 35 und die Leng Inwendig im Hoff auswerths gegen dem Thäber 104 Daumbellen. *[Gewerb. fol. 4b—5b.]*

Dienstzins: dem Bürgerspital jährl. 40 Pf.

Vorbesitzer: Georg Landtman, Burger, Schneider in Wienn und Maria sein Hausfrau.

Notiz von späterer Hand: *Habet nunc [1650] sein Sohn Samuel Issac befreyter Hof Judt, Hester uxor (S. Nr. 4).*

4.

Samuel Iszac, befreyter Hoff Judt und Hester sein Hauszfraw empfangen Nutz und Gewähr des obigen Hauses *„zwischen Michaeln Gerstl und Davidt Fränckhls Juden Heusern“*,

das ihm sein Vater als „*seinem ainig gelassenen Sohn*" hinterlassen
hat, „*vermüge ainer zum Grundtpuech erlegten Jüdischen At-
testation*". Wien, 23. Mai 1650. *[Gewerb. fol. 113a.]*

5.

S a m u e l I s s a c, befreÿter Hoff Judt und H e s t e r, sein
Hauszfrau haben „versetzt undt verpfendt ihren beeder
aigenthumblichen Grundt, sambt dem darauf erpauten Hauss
zwischen M i c h a e l s G e r s t l und D a v i d t F r ä n c k h e l s
J u d e n Heusern gelegen" an den Med. Dr. Johann Zwölffer
„*umb aberkhauffte 4650 Pf. guets gerechts Paumb Öhl*" laut
Schuldobligation vom 19. Mai dess. Jahrs über 1250 Pf. Pf. Wien,
23. Mai 1650. *[Satzb. fol. 8—9.]*

Einen 2. Satz von 1800 Pf. Pf. 12. Febr. 1653 von demselben.
Laut Nota vom 14. Nov. 1658 wurde das Darlehen in den stipulierten
Raten am 16. Juli 1657 völlig getilgt.

6.

S a m u e l I s a c oder G o l d t s c h m i d t befreÿter Hoff
Judt versetzt und verpfändet Grund und Haus „*zwischen Mi-
chaeln Gerstls und Davidt Fränckhls Juden heusern*", das ihm
und seiner „*abgeleibten Ehewürthin Hester*" gehört und auf dem
eine Satzpost von 1800 Pf. Pf. an Dr. med. Johann Zwölffer lastet
(wovon 1033 Gulden schon abgezahlt sind) an „*Model Rüssen
gleichsfahls befreÿten Hoff Juden*" für 400 Pf. Pf. Wien, 14. Nov.
1658. *[Satzb. fol. 10.]*

7.

D a v i d t F r e n c k h l, befreiter Hoff Judt hat empfangen
Nutz und Gwöhr aines Grundts darauf nachmal ain! heüssl erpaut
worden, in dem Untern Wörth zwischen I s a c S a m u e l und
L e e b e n P i n n k h e s beeder Juden heüser und Gründt daselbst
gelegen, und helt bemelter orth und Hauss in der Praitten auf der
Gassen 33 und die Leng durch den Hoff auf auswerths gegen dem
Thäber 156 Daumbellen. *[Gewerb. fol. 6a—6b.]*

Dienstzins: dem Bürgerspital jährl. 40 Pf.
Vorbesitzer: Niclas Schlundt. Burger, Trager und Apolonia sein
ehewürthin.

8.

P e e r M a ÿ r befreitter Hoff Judt hat empfangen Nutz
und Gwöhr aines Grundts, darauf numehr zwaÿ Stöckhl und ain
Stadl erpaut worden, in dem Untern Worth zwischen D a v i d
F r e n c k h l und L e b e n P i n n k h e s Heüser daselbsten ge-

legen und helt bemelter orth in die Praitten auf der Gassen 34 und die Leng durch den Hoff auswerts gegen dem Thäber zue 38 Daumbellen. *[Gewerb. 7a—8b.]*

Dienstzins: dem Bürgerspital jährl. 40 Pf.

Vorbesitzer: Hanss Kleber, Burger und Margaretha sein Ehewürthin.

9.

Leeb Pinckhes befreiter Hoff Judt hat Nutz und Gwöhr empfangen aines sibenden thail Hauss, so von ainem ganntzen Hauss, der Gulden Schwan genant, gethailt worden, und ist dises der Erst thail mit der Untern Seitten an Peer Mayr und mit der obern im Gassel an Simon Wolffen beeder Juden Heüser in dem Untern Wörth gelegen und helt bemelter thail hauss der Strassen nach an des Peer Mayr Hauss 33 und die Leng in dem Klainen Gässel 25 Daumbellen. *[Gewerb. fol. 8a—8b.]*

Dienstzins: dem Bürgerspital jährl. 40 Pf.

Vorbesitzer: Thoma Parth Burger und Gastgeb und Rosina seine eheliche Hausfrau.

10.

Simon Wolff befreitter Hoff Judt hat empfangen Nutz und Gwöhr, aines sibenden thail Hauss, so von ainem ganntzen Hauss, der Gulden Schwan genant, gethailt worden, und ist solches der ander Thail zwischen Leben Pinckhes, Ennzgen Marburg beeden Juden Heüsern in dem Untern Wörth gelegen und helt bemelter thail Hauss der Lenng nach im Klainen Gässl 28 und in die Praitten nach zewerch des Leeben Pinckhes hauss auch 28 Daumbellen. *[Gewerb. fol. 9.]*

Dienstzins: wie oben.

Vorbesitzer: wie oben.

11.

Enzgen Marburg befreitter Hoff Judt hat Nutz und Gwöhr empfangen aines sibenten thail Hauss, so von ainem gantzen Hauss, der gulden Schwan genant, gethailt worden, und ist dises der dritte thail Hauss, zwischen Simon Wolff und Simon Falckh beeder Juden Heüsern in den Neuen Klainen Gässel im Untern Wörth gelegen, und helt bestimbter thail Hauss in die Leng der ernanten Gässels 29 und die Praitten der zwerch nach an Simon Wolffen Judenhauss 28 Daumbellen. *[Gewerb. fol. 10.]*

Dienstzins: wie oben.

Vorbesitzer: wie oben.

12.

Simon Falch befreiter Hoff Judt hat Nutz und Gwöhr empfangen aines sibenden thail Hauss, so von ainem gantzen Hauss, der Gulden Schwan genant, getheilt worden, und ist solches der vierte thail, in dem Untern Wörth mit dem herinern thail an Entzgen Marburg Juden Hauss in dem Klain Neuen Gassel, und helt bemelter thail Hauss der Leng nach des ernanten Gässels 29 in die Praitten aber nach zwerch am gemelten Entzgen Marburg 28 Daumbellen. *[Gewerb. fol. 11.]*

Dienstzins: wie oben.

Vorbesitzer: wie oben.

Fol. 11b: Nota anheunte dato den 7. Augusti Ao. 1641 ist Davidt Nattan, alda vor disem Buech erschinen und in Beysein der Juden Gemain Schreiber Moses Levi Fränckhl angezaigt, wie Er obstehendes Simon Falckhen thail Hauss, so von ainem gantzen Hauss, der Gulden Schwan genandt, gethailt worden, kheufflich an sich gebracht, derowegen den obgedachten Juden Gemain Schreiber, anstatt gemeltes Simon Falckhen aufgesandt, so hieher anstatt der Gwöhr ad nottam genomben worden.

Die Ander Seitten des Gässels.

13.

Jacob Israel befreitter Hoff Judt hat Nutz und Gwöhr empfangen aines sibenten Thail Hauss, so von ainem gantzen Hauss, der Gulden Schwan genant, gethailt worden und ist dises der fünffte thail, unten herauf in dem Neuen Gässel der Judenstatt zue zuenegst Isac Abrahamb Schuelrüeffers Juden Hauss oben daran in dem Untern Wörth gelegen, und helt bemelter Sibente Thail Hauss der leng nach in Jetztgedachten Gässel 25 und in die Praitten der Zwerch nach an negstermelten Schuelrüeffers Juden Hauss 29 Daumbellen. *[Gewerb. fol. 12.]*

Dienstzins: wie oben.

Vorbesitzer: wie oben.

14.

Isac Abrahamb der Judenschafft Schuel Rüeffer hat Nutz und Gwöhr empfangen aines sibenden thail Hauss, so von ainen gantzen Hauss, der gulden Schwan genant, gethailt worden, und ist dises der Sechste Thail, in dem Khlainen Neuen Gässel zwischen Jacoben Israel und Scheÿa Lintzen beeder Judenheüser in dem Untern Wörth gelegen und helt der Leng nach in berierten Gässel $28^1/_2$ und in die Praitten an gedachtes Scheÿa Lintzen Judenhauss 29 Daumbellen. *[Gewerb. fol. 13.]*

Dienstzins: wie oben.

Vorbesitzer: wie oben.

15.

S c h e ÿ a L i n t z befreitter Hoff Judt, hat Nutz und
Gwöhr empfangen, aines thail Hauss, so von ainem gantzen Hauss,
der Gulden Schwan genant, in siben thail gethailt worden, und ist
diser der leste thail, mit dem untern thail an I s a c A b r a h a m -
b e n S c h u e l r ü e f f e r s Juden Hauss in dem Klainen Neuen
Gässel in dem Untern Wörth gelegen und mit dem obern thail an
A r o n L e i t h e n i c k h Judenhauss daselbst gelegen, und helt
bemelter lester thail Hauss in berierten Gassel der leng nach von
des Schuelrüeffers Hauss biss an des Leithenickh hauss 55$^1/_2$,
dann in die Praitten nach Zwerch an ehnerernantes Schuelrüeffers
Judenhauss 32 und die ander Praitten auf der Gassen der Zwerch-
strassen nach 31$^1/_2$ Daumbellen. *[Gewerb. fol. 14.]*

Dienstzins: wie oben.
Vorbesitzer: wie oben.

16.

A r o n L e i t h e n i c k h befreitter Hoff Judt hat Nutz
und Gwöhr empfangen zwaÿer unterschiedlichen Grundt, darauf
numehr ain Hauss Stadl und Schupffen erpaut worden, mit ainem
thail zue negst S c h e ÿ a L i n t z Judenhauss in dem Untern
Wörth gelegen, und helt selbiger orth und Platz im bemelten
Gässel 34 die Leng aber durch den Hoff dem obern Wörth werths
zue 106 Daumbellen. *[Gewerb. fol. 15.]*

Dienstzins: 40 Pf.
Vorbesitzer: Mörth Pfäffl, Burger, Vassziecher und Susanna sein
ehewürthin.

17.

E n o c h S c h i c k h befreitter Hoff Judt hat Nutz und
Gwöhr empfangen aines Grundt, darauf ain Hauss erpaut worden,
gelegen in dem Untern Wörth, mit dem untern thail in das Klaine
Neue Gässel an A r o n L e i t h e n i c k h Juden Hauss und mit
dem obern Eckh oder Rundeln der Juden gezirckh negst der
Zwerchstrassen zu stossent und helt bemelter Orth, Hauss und
Grundt auf der Gassen in die vorder Praitten 28 und in die Leng
im Klainen Gässel biss an negsternantes Leithenickh Hauss 106
Daumbellen. *[Gewerb. fol. 16.]*

Dienstzins: 32 Pf.
Vorbesitzer: Weillandt Mörth Vischer, Burger, Thonau Vischer und
Barbara sein Ehewierthin.

18.

L e e b C r a c k h a w befreitter Hoff Judt hat empfangen Nutz und Gwöhr aines ödten Platz und Grundts, darauf numehr dreÿ gemaurthe Stöckhl, und aines von Holtz erpaut worden, in dem Untern Wörth enthalb der Schlagpruckhen in der Juden gezirckh, zuenegst E n o c h S c h i c k h e n Juden Hauss, in der Gassen gegen dem Pratter über gelegen, und helt bemelter Grundt in die Praitten auf der vordern Gassen 56 und in dem Klainen Gassel, die Leng 27 Daumbellen. *[Gewerb. fol. 17.]*

Dienstzins: Summe nicht angegeben.
Vorbesitzer: nicht angeführt (Bürgerspital).

19.

A b r a h a m b A i n s c h i l t befreitter Hoff Judt, hat Nutz und Gwöhr empfangen aines lähren Platz und Grundts enthalb der Schlag Pruckhen in dem untern Wörth in der Juden Gezürckh, darauf numehr ewaÿ Stöckhl erpaut worden, mit ainem thail an L e e b e n C r a c k h a u r Judenhauss im Gasserl gelegen und helt bestimbter Grundt in die Praitten auf der Gassen gegen dem Pratter über 24, die Leng aber durch den Hoff 50 Daumbellen. *[Gewerb. fol. 18.]*

Dienstzins: wie oben.
Vorbesitzer: wie oben.

20.

S a l a m o n L e i t h e n h a i m b befreitter Hoff Judt hat Nutz und Gwöhr empfangen aines lähren Platz und Grundt enthalb der Schlag Pruckhen in dem Untern Wörth in der Juden gezierckh, darauf numehr ain Hauss und Stadl erpaut worden, zwischen A b r a h a m b e n A i n s c h i l t, und B e n e d i c t e n L e b l beeder Judenheüsern in dem Neuen Gässel gelegen und helt bemelter Grundt in die Praitten auf der Gassen 22 und in die Leng durch den Hoff sambt den Stadl $47^1/_2$ Daumbellen. *[Gewerb. fol. 19]*

Dienstzins: wie oben.
Vorbesitzer: wie oben.

21.

B e n e d i c t L e b l Hoff Judt, hat Nutz und Gwöhr empfangen, aines lährn Platz und Grundts in dem Untern Wörth enthalb der Schlag Pruckhen in der Judenschafft aussgezaigten Gezirckh, darauf numehr ain Hauss erpaut worden, mit ainem thail an S a l a m o n L e i t h e n h a i m b Judenhauss gelegen, und helt bemelter Grundt auf der vordern Gassen in die Praitten 28 und die Leng im Klainen Neuen Gässel sambt dem Höffl daran biss an bemelten Leithenhaimb Hauss $39^1/_2$ Daumbellen. *[Gewerb. fol. 20.]*

Dienstzins: wie oben.
Vorbesitzer: wie oben.

22.

Saloman Wolff befreitter Hoff Judt, hat Nutz und Gwöhr empfangen aines lahren ungepautten Platz und Grundt in dem untern Wörth enthalb der Schlag Pruckhen an Benedicten Leebl neuerpaut Judenhauss daselbsten gelegen und helt bemelter Platz in die Praitten 24 und in die Leng 33 Daumbellen. *[Gewerb. fol. 21.]*

Dienstzins: 24 Pf.
Vorbesitzer: Bürgerspital.

23.

David Fränckhl befreitter Hoff Judt hat empfangen Nutz und Gwöhr umb ainen lähren Platz und Grundt hinter sein Fränckhl andern erpauten Hauss in der Juden gezirckh enthalb der Schlagpruckhen in dem Untern Wörth gelegen. (Ausmaß nicht angegeben.) *[Gewerb. fol. 22.]*

Dienstzins: 24 Pf.
Vorbesitzer: Bürgerspital.
Der Grund wurde vom Bürgerspital „zur erpauung aines Judenhauss dem Saloman Prodt Juden gegen barer bezallung des Grundts ausgezaigt, der hat bemelten Grundt volgunts anfangs ernanten David Fränckhl überlassen".

24.

Assarel Lucerna Judt hat empfangen Nutz und Gwöhr aines lähren Platz und Grundts in dem untern Wörth enthalb der Schlag Pruckhen zuenegst Daviden Fränckhl Juden Platz daselbst gelegen. (Ausmaß nicht angegeben.) *[Gewerb. fol. 23.]*

Dienstzins: 24 Pf.
Vorbesitzer: Bürgerspital.

25.

Schellig Judt, des Rabina Veith Juden Aiden hat Nutz und Gwöhr empfangen aines lähren Platz und Grundt in dem Untern Wörth enthalb der Schlag Pruckhen, zue negst der andern aussgezaigten Plätz in der Juden Gezürckh gelegen, und helt bemelter Grundt in die Leng 24 und in die Praitten auch 24 Daumbellen. *[Gewerb. fol. 24.]*

Dienstzins: 24 Pf.
Vorbesitzer: Bürgerspital.

26.

E l i a s G o l d t G o l d t s c h m i d t o d e r W u r m s befreitter Hoff Judt hat Nutz und Gwöhr empfangen aines lährn Platz und Grundts in der Juden Gezürckh enthalb der Schlag-Pruckhen in dem Untern Wörth, darauf numehr ain Hauss erpaut worden mit ainem thail zue negst P e e r n D a v i d P o l a c k h e n A i d e n Judenhauss gelegen und helt bemelter Grundt der Leng nach gegen dem Pratter 24 und der Praitten nach auf der Strassen 41 Daumbellen. *[Gewerb. fol. 25.]*

Dienstzins: 24 Pf.
Vorbesitzer: Bürgerspital.

27.

N: P e e r, D a v i d e n P o l l ä c k h e n A ÿ d e n hat Nutz und Gwöhr empfangen aines öeden Grundt und Platz in der Judengezürckh enthalb der Schlag Pruckhen in dem Untern Wörth, zwischen E l i a s e n W u r m s und H ÿ l l e l P o l l ä c k h e n new erpauten Juden Häusern daselbst gelegen, und helt bemelter Grundt in die Leng nach der strassen 24 und die Praitten hervorn auf der Gassen auch 24 Daumbeln. *[Gewerb. fol. 26.]*

Dienstzins: 24 Pf.
Vorbesitzer: Bürgerspital.

28.

H ÿ l l e l P o l ä c k h befreitter Hoff Judt, hat Nutz und Gwöhr empfangen aines lähren Platz und Grundts, darauf numehr ain Judenheüssl erpaut worden, in der Judenstatt enthalb der Schlag Pruckhen in dem untern Wörth, zwischen D a v i d P o l a c k h e n und D a p h i a P l a n beeder Juden unverpauten Plätzen daselbst gelegen und helt bemelter Orth und Platz in die Praitten auf der Gassen 24, in die Leng aber der Strassen nach auch 24 Daumbellen. *[Gewerb. fol. 27.]*

Dienstzins: 24 Pf.
Vorbesitzer: Bürgerspital.

29.

D a p h i a P l a n Judt, hat Nutz und Gwöhr empfangen aines lähren unverpauten Platz in der Juden Gezirckh enthalb der Schlagpruckhen in dem Untern Wörth zwischen H ÿ l l e l P o l a c k h e n neu erpauten Judenhauss daselbst, und der Gassen zue negst des Untern Thor gegen dem Thaber zue gelegen und helt bemelter Grundt in die Praitten auf der Gassen 24 und in die leng auch 24 Daumbellen. *[Gewerb. fol. 28.]*

Dienstzins: 24 Pf.
Vorbesitzer: Bürgerspital.

30.

N: Judt Jacoben Schuelrieffers Aÿden, hat Nutz und Gwöhr empfangen aines lähren Platz und Grundts, darauf numehr ain Judenheüssl erpaut worden, gelegen in der Juden Gezürckh enthalb der Schlagpruckhen in dem Untern Wörth, mit ainem thail zuenegst Eliasen Fleichhackher neu erpautten Judenheüssl und helt bemelter Grundt in die Praitten 28 und in die Leng 24 Daumbellen. *[Gewerb. fol. 29.]*

Dienstzins: 24 Pf.

Vorbesitzer: Bürgerspital.

31.

Elias Fleischhackher Judt hat Nutz und Gwöhr empfangen aines lähren Platz und Grundts, darauf numehr ain Judenheüssl erpaut worden in der Judengezirckh enthalb der Schlagpruckhen, zwischen Jacoben Schuelrüeffers Aiden und Sabina Joeln Juden Wittib beeder Heüser daselbst gelegen, und helt bemelter Grundt in die Braitten auf der Gassen 24 und in die Leng hindurch auch 24 Daumbellen. *[Gewerb. fol. 30.]*

Dienstzins: 24 Pf.

Vorbesitzer: Bürgerspital.

32.

Sabina, Joel N. Juden Wittib, hat Nutz und Gwöhr empfangen aines lähren Platz und Grundts, darauf numehr ain Häüssl erpaut worden, zwischen Eliasen Fleischhackher und Israeln Jeüsckh beeder Juden Häuser in dero Gezürckh enthalb der Schlagpruckhen in dem Untern Wörth gelegen und helt bemelter Grundt in die Praitten auf der Gassen 24 und in die Leng hindurch auch 24 Daumbellen. *[Gewerb. fol. 31.]*

Dienstzins: 24 Pf.

Vorbesitzer: Bürgerspital.

33.

Israel Jeüsckh, befreitter Hoff Jud hat Nutz und Gwöhr empfangen, aines lähren Platz und Grundts, darauf numehr ain Heüssl erpaut worden, in der Juden Gezürckh enthalb der Schlagpruckhen in dem untern Wörth zwischen Sabina Joel N: Judens Wittib, und Vrieln Pröschka beeder neu erpautten Judenheüser daselbst gelegen, und helt bestimbter Grundt in der Praitten auf der Gassen 24 und in der Leng hindurch des Heussels auch 24 Daumbellen. *[Gewerb. fol. 32.]*

Dienstzins: 24 Pf.

Vorbesitzer: Bürgerspital.

34.

Vriel Pröschka oder Perlheffter Judt hat Nutz und Gwöhr empfangen aines lähren Grundt und Platz, darauf numehr ain Häussl erpaut worden in der Juden Gezürckh enthalb der Schlagpruckhen in dem Untern Wörth zwischen Israel Jeüsckh und Leeb Entzgen Aÿden, beeder Juden Häüser daselbsten gelegen, und helt bemelter Grundt in die Praitten auf die gassen 24 und in die Leng durch das Häussl auch 24 Daumbeln. *[Gewerb. fol. 33.]*

Dienstzins: 24 Pf.
Vorbesitzer: Bürgerspital.

35.

N: Jud, Leeb Entzens Aÿden hat Nutz und Gwöhr empfangen aines lähren unerpautten Platzes und Grundts in der Juden Gezürckh enthalb der Schlagpruckhen in dem Untern Wörth, zwischen Vriel Pröschka, und Salamon Auerpach new erpauten Judenhäusern daselbst gelegen und helt bemelter Grundt in die Praitten 24 und in die Leng auch 24 Daumbellen. *[Gewerb. fol. 34.]*

Dienstzins: 24 Pf.
Vorbesitzer: Bürgerspital.

36.

Saloman Auerpach befreitter Hoff Judt hat Nutz und Gwöhr empfangen, aines lähren Platz, darauf numehr ain Judenheüssl erpaut worden, in der Judengezürckh enthalb der Schlagpruckhen in dem untern Wörth, zwischen Leeben Entzgens Aÿden unerpautten Platz, und Rössl Veithen N: Judens Wittib neu erpauten Judenheüssl daselbst gelegen und helt bemelter Grundt in der Praitten 24 und in der Leng auch 24 Daumbellen. *[Gewerb. fol. 35.]*

Dienstzins: 24 Pf.
Vorbesitzer: Bürgerspital.

37.

Rössl, Veithen N. Judens Wittib hat Nutz und Gwöhr empfangen, aines lähren Platz und Grundts, darauf numehr ain Jüdenheissl erpaut worden, in der Judengezürckh enthalb der Schlagpruckhen, in dem Untern Wörth zwischen Saloman Auerpach und N: Mändel der Judenschafft Schuel Vorsingers beeden new erpauten Judenheüsser daselbst gelegen, und helt ermelter Grundt in die Praitten 24 und in der Leng auch 24 Daumbellen. *[Gewerb. fol. 36.]*

Dienstzins: 24 Pf.

Vorbesitzer: Bürgerspital.

38.

Sara Schelig Salaman Polläckhen Judens Ehewüerthin empfängt Nutz u. Gewähr des ihr von ihrer Mutter Rössl Veiten N: Judens Wittib verkauften Hausgrundes *„umb willen sÿ nach Hierusalem verraist“*, *„wie solches der Juden Stattschreiber Moises Levi Fränckhl xor dem Grundtbuech Mündlichen ausgesagt vnndt bekhent“*. Wien, 4. Sept. 1643. *[Gewerb. fol. 109.]*

Am Schluß: Habet nunc Maÿr Schölckhl, oder Salomon, Hoff Judt, Rössl uxor, in disem Grundtbuch, fol: 114 (S. Nr. 40).

39.

Sara Schellig Salaman Polläckhen Judens Ehewüerthin *hat versetzt und verpfendt Ihren aigenthumblichen Grundt . . zwischen Salamon Auerpach, und N: Mändl, der Judenschafft Schuel Vorsingers, beeder newerpauten Judenheuser gelegen* dem Bürger und Goldschmied Mathias Reichperger um 500 Pf. Pfennige *guetter österreichischer Landtswehrung.* Wien, 4. Sept. 1643. *[Satzb. fol. 4.]*

40.

Maÿr Schölckhl oder Salomon Hoff Judt, Rössl sein Ehewüerthin empfangen Nutz und Gewähr des obigen Grundes und Hauses, auf das seitens des Goldschmieds Matthias Reichberger ein Satz von 500 Gulden lag und dann im Exekutionswege an die Witwe und Kinder des Gläubigers gelangte, von denen es Mayr Schölckhl *umb ein bestimbte Summa geldts* kaufte. Wien, 26. Juli 1656. *[Gewerb. fol. 114.]*

41.

N: Mändl Jud, der Judenschafft Schuel Vorsinger, hat Nutz und Gwöhr empfangen aines lähren Platz und Grundts, darauf numehr ain Judenheüssl erpaut worden, in der Judenschafft Gezürckh enthalb der Schlagpruckhen in dem untern Wörth zwischen Rössl Veithen N: Judens Wittib neu erpauten Judenheüssl und Zachariassen Maÿr noch unerpauten Platzes daselbst gelegen, und helt bestimbter Grundt in die Leng 24 und in die Praitten auch 24 Daumbellen. *[Gewerb. fol. 37.]*

Dienstzins: 24 Pf.

Vorbesitzer: Bürgerspital.

42.

Z a c h a r i a s M a ÿ e r Jud, hat Nutz und Gwöhr empfangen aines lähren unerpauten Grundt und Platzes in der Juden Gezürckh enthalb der Schlagpruckhen in dem Untern Wörth, zwischen N: M ä n d l d e r J u d e n s c h a f f t S c h u e l v o r s i n g e r s und E s a i a s e n S c h e ü c h s beeder Juden Häusern daselbsten gelegen, und helt bemelter Grundt in die Praitten 24 und in die Leng auch 24 Daumbeln. *[Gewerb. fol. 38.]*

Dienstzins: 24 Pf.
Vorbesitzer: Bürgerspital.

43.

E s a i a s S c h e ü c h Jud, hat Nutz und Gwöhr empfangen, aines lähren Grundts und Platz, darauf numehr ain Judenheüssl erpaut worden, in der Juden Gezürckh enthalb der Schlagpruckhen in dem untern Wörth mit ainem thail an Z a c h a r i a s e n M a ÿ r Judens verpautten Grundts, und dem andern thail zuenegst der Gassen gelegen, und helt bemelter Grundt in der Lenge 24 und in der Praitten auch 24 Daumbellen. *[Gewerb. fol. 39.]*

Dienstzins: 24 Pf.
Vorbesitzer: Bürgerspital.

44.

J a c o b e n M u n c k h J u d e n s W a i s s e n haben Nutz und Gewöhr empfangen aines lähren unerpautten Platz und Grundts in der Juden Gezürckh enthalb der Schlagpruckhen in dem untern Wörth mit ainem thail am Egkh des Gässl gegen E s a i a s e n S c h e ü c h neu erpautten Judenheüssl über gelegen, und helt bemelter Grundt in die Praitten gegen die Statt 28 und in die Leng 33 Daumbellen. *[Gewerb. fol. 40.]*

Dienstzins: 24 Pf.
Vorbesitzer: Bürgerspital.

45.

M o ÿ s e s L i b e r m a n Jud, hat Nutz und Gwöhr empfangen aines lähren unerpauten Grundts und Platz in den Juden Gezürckh enthalb der Schlagpruckhen in dem Untern Wörth zu negst J a c o b M u n c k h e n Judens Waisen aussgezaigten Platzes gelegen, und helt bemelter Grundt in die Leng 20 und in die Praitten gegen der Thonau 57 Daumbellen, welcher Grundt volgunts durch die Jüdische Gemain zu ainem Gässel genommen worden. *[Gewerb. fol. 41.]*

Dienstzins: 24 Pf.
Vorbesitzer: Bürgerspital.

46.

M o y s s e s B e n e d i c t Hoff Judt, hat Nutz und Gwöhr empfangen aines lähren Platz oder Grundt, darauf numehr ain Judenheüssl erpaut worden, in der Juden Gezirckh enthalb der Schlagpruckhen in dem Untern Wörth mit ainem thail zu negst des Gassl und dem andern thail zu M o y s e s L i n t z e n Judenheüssl daselbst gelegen, und helt bemelter Grundt in die Praitten 36 und in die Leng nach der Strassen 38 Daumbellen. *[Gewerb. fol. 42.]*

Dienstzins: 24 Pf.
Vorbesitzer: Bürgerspital.

47.

M o y s s e s L i n t z Hoff Judt hat Nutz und Gwöhr empfangen aines lähren Platz und Grundts, darauf numehr ain Judenheüssl erpaut worden, in der Juden Gezirckh enthalb der Schlagpruckhen in dem Untern Wörth, mit ainem thail zuenegst M o y s e s B e n e d i c t Judenhauss daselbst gelegen, und helt bemelter Grundt in die Praitten 24 und in die Leng auch 24 Daumbellen. *[Gewerb. fol. 43.]*

Dienstzins: 24 Pf.
Vorbesitzer: Bürgerspital.

48.

H i e r z A u e r p a c h Judt, hat Nutz und Gwöhr empfangen aines lähren Platz und Grundts, darauf numehr ain Judenheüssl erpaut worden, in der Juden Gezürckh enthalb der Schlagpruckhen in dem Untern Wörth, mit ainem thail an M o y s e s L i n t z e n new erpauten Judenhäüssl gelegen, und mit dem andern Thail in das khleine gässel stossent, und helt bemelter Grundt in die Praitten 24 und in die Leng durchs Häussl auch 24 Dambellen. *[Gewerb. fol. 44.]*

Dienstzins: 24 Pf.
Vorbesitzer: Bürgerspital.

49.

I s a c W e n d l Jud, hat Nutz und Gwöhr empfangen aines lähren Platz und Grundts in der Juden Gezürckh enthalb der Schlagpruckhen in dem untern Wörth. *[Gewerb. fol. 45.]*

NB. Diser des I s a c W e n d l s Platz sambt noch einem absonderlichen orth an des A u e r p a c h s Grundt stossent, so ihme zu erpauung aines Judenhaüsels ausgezaigt worden ist, und in der Mass der Leng nach 36, in die braiten aber 20 Daumbeln gehalten, ist nicht erpaut, sondern durch die Jüdische Gemain zu ainem Gemainweg und Gassen deputirt und gemacht worden, welches nachrichtung halber hir gleichfals assignirt ist.

50.

M a r x A s c h e r Judt, hat Nutz und Gwöhr empfangen aines lähren Grundt und Platz, darauf numehr ain Judenheüssl erpaut worden, in der Juden Gezürckh enthalb der Schlagpruckhen in dem Untern Wörth, mit ainem thail zu negst J o n a s e n A b r a h a m b e n S c h u e l r ü e f f e r s A ÿ d e n neu erpautten Judenheüssl daselbst gelegen, und helt bemelter Grundt in der Praitten auf der Strassen 24 und in die Leng durchs Heüssl auch 24 Daumbellen. *[Gewerb. fol. 46.]*

Dienstzins: 24 Pf.
Vorbesitzer: Bürgerspital.

51.

J o n a s N. J u d, A b r a h a m b e n S c h u e l r ü e f f e r s A ÿ d e n, hat Nutz und Gwöhr empfangen aines lähren Platz und Grundts, darauf numehr ain Judenheüssl erpaut worden, in der Juden Gezürckh. enthalb der Schlagpruckhen in dem Untern Wörth, mit ainem thail zu negst M a r x e n A s c h e r neu erpautten Judenheüssl daselbst gelegen, und helt bemelter Grundt in die Praitten auf der Gassen 24 und in die Leng durchs Heüssl auch 24 Daumbellen. *[Gewerb. fol. 47.]*

Dienstzins: 24 Pf.
Vorbesitzer: Bürgerspital.

52.

L a s l a L a z a r u s befreÿtter Hoff Jud, hat Nutz und Gwöhr empfangen aines lähren Platz und Grundts, so er zu erweitterung seines negst daran stossenden neu erpauten Juden Hauses gezogen, in der Juden Gezürckh enthalb der Schlagpruckhen in dem Untern Wörth zwischen einen oben daran ligenden und des J o n a s e n N: A b r a h a m b e n S c h u e l r i e f f e r s A ÿ d e n Juden Häussl gelegen, und helt bemelter Grundt in die Praitten 24 und in die Leng auch 24 Daumbellen. *[Gewerb. fol. 48.]*

Dienstzins: 24 Pf.
Vorbesitzer: Bürgerspital.

53.

L a s l a L a z a r u s befreÿtter Hoff Jud hat Nutz und Gwöhr empfangen aines Hauss, Grundt und Garttens in der Juden Gezürckh enthalb der Schlagpruckhen, in dem untern Wörth zu negst seines andern lähren Grundts daselbsten gelegen und helt bemelter Orth, Platz und Grundt in die Praitten an dem untern

Orth 69 und in die Leng des kleinen Gässel durch das gantze Hauss hindurch 161 Daumbeln. *[Gewerb. fol. 49.]*

Dienstzins: 2 sh. 20 Pf.

Vorbesitzer: Leonhardt Stainpüchler, Burger und Thonau Vischer und Eva sein hausfrau.

54.

Zacharias Issrael befreitter Hoff Jud hat Nutz und Gwöhr empfangen aines Grundts, darauf ain Heüssl erpaut, in der Juden Gezürckh enthalb der Schlagpruckhen in dem Untern Wörth, und helt bemelter Grundt in die Praitten auf der Gassen $35^1/_2$, in die Leng inwendig 29 Daumbellen. *[Gewerb. fol. 50.]*

Dienstzins: 12 Pf.

Vorbesitzer: Hanss Soÿrer, Burger, Binter und Agata sein ehewürthin.

55.

Veit Brott befreitter Hoff Judt hat Nutz und Gwöhr empfangen aines Gärtl und Grundts, darauf ain Heüssl erpaut worden, in der Juden Gezürckh enthalb der Schlagpruckhen in dem Untern Wörth zunegst Zachariasen Israel Judenhauss daselbst gelegen und helt bemelter Grundt auf der Gassen gegen dem Gulden Pfaben über in die Praitten 40 und die Leng dem obern Wörth werts zue 165 und in die hinter Praitten im Gärtl gegen dem Taber werths 90 Daumbellen. *[Gewerb. fol. 51.]*

Dienstzins: 2 sh. 2 Pf.

Vorbesitzer: David Friderich, Burger, Gartner und Annna sein Ehewürthin.

Anmerkung am Schluß: Zuvernemen hiemit das nach fürgangener Abmess: und beschreibung des Juden Gezürckhs obernanter Veith Brot befreÿter Hoff Judt bey disem Buech erschinen, anzaigent wasmassen er seiner Ehewirthin Rachl sowoln wegen des Ihr versprochenen Heÿratsvermacht, als auch Ihme zuegebrachten guets gebührliche versicherung zuthuen versprochen, und weillen er dieselbe besser nicht zuversichern gewist, demnach hat er sÿe diser Ihrer habunden spruchforderungen willen, wie die genant werden möchten, auff angeregt sein erpaut Judenhauss mit der assecuration dergestalt gewisen, das solch sein Hauss mit allen seinen Zugehorungen recht und Gerechtigkeiten Ir der Rachl Brotin seiner Ehewirthin frey aigenes guet sein und verbleiben: und mit solchem ietzt und khünfftig Iren besten nutzen schaffen, aigenthumblichen possedirn, und auff begeben von allen Gerichten dabey wirkhlichen geschutzt, und handtgehabt werden soll, so nun in diser mainung durch Ihne Veith Prot seiner Ehewirthin cedirt bey vorstehender Jüdischen Gewöhr ad notam zenemmen gebetten, auch diser fürschreibung halber diss Grundbuech ohne nachtl und schaden enhalten, versprochen worden ist ohne gever. Geschehen in Wien den 19. July Ao. 1634.

56.

R e g i n a B r o t t i n nimmt auf ihr Haus, genannt „*zum plauen Wolffen*" zu der Schuld „*umb erkhauffte Wahrn an Niclas und Georg Zollikofer unnd gebruedern Handls Verwandte alhier*" von 2197 fl. 30 kr. (laut Schuldbrief vom 24. Dez. 1636) noch eine Hypothek von 1500 fl. in Barem auf. Wien, 22. Juni 1638. *[Satzb. fol. 1.]*

57.

M a ÿ r F r e n c k h l befreÿter Hoff Judt hat Nutz und Gewöhr empfangen aines sibenden thail Hauss so von ainem gantzen Hauss zum Gulden Pfaben genant gethailt worden, und ist diser der erste thail, gelegen in der Juden Gezürckh enthalb der Schlagpruckhen in dem Untern Wörth, zu negst M o ÿ s e n S c h l e s i n g e r Judenhauss, so auch von gantzen gethailt worden und helt bemelter thail Hauss in die Praitten auf der Gassen 34 und in die Leng inwendig 26 Daumbellen. *[Gewerb. fol. 52.]*

Dienstzins: 12 Pf.

Vorbesitzer: Adam Maurer, Burger, Gastgeb und Margaretha sein eheliche Hausfrau.

58.

M o ÿ s s e s S c h l e s i n g e r Hoff Judt hat Nutz und Gwöhr empfangen aines sibenden Thail Hauss gethailt von ainem gantzen Hauss zum Gulden Pfaben genant und ist dises der ander Thail, mit ainer Seitten zuenegst M a ÿ r F r e n c k h l Judenhauss, in der Juden Gezürckh enthalb der Schlagpruckhen in dem Untern Wörth gelegen, und helt bemelter Thail, Hauss und Grundt in die Leng einwendig im Hoff 20 und aussen in der Praitten 25 Daumbellen. *[Gewerb. fol. 53.]*

Dienstzins: wie oben.

Vorbesitzer: wie oben.

59.

N: M a t h e s s u n d N: G e r s t l beede Juden haben miteinander Nutz und Gwöhr empfangen aines sibenden Thail Hauss, so von einem gantzen Hauss zum Gulden Pfaben genant, gethailt worden, und ist dises der drite Thail zu negst M o ÿ s e n S c h l e s i n g e r Judenhauss daselbsten, in der Juden Gezürckh enthalb der Schlagpruckhen, in dem Untern Wörth gelegen, und helt bemelter Thail Hauss und Grundt die Leng einwendig im Höffel biss fürs Thor 39, die hinter Praitten aber gegen dem obern Wörth über 31 Daumbellen. *[Gewerb. fol. 54.]*

Dienstzins: wie oben.

Vorbesitzer: wie oben.

60.

Israel Zacharias Hoff Judt hat Nutz und Gwöhr empfangen aines sibenden Thail Hauss, und Grundts, so von ainem gantzen Hauss zum Gulden Pfaben genant gethailt worden und ist dieses der vierte thail zuenegst N: Mathesen und N: Gerstls beeder Juden thail Hauss, in der Juden Gezürckh enthalb der Schlagpruckhen in dem Untern Wörth gelegen, und helt bestimbter thail Hauss und Grundt in der Leng im Hoff bis fürs Thor auf der Linckhen handt 40 und die Praitten hindten gegen dem Wasser 28 Daumbellen. *[Gewerb. fol. 55.]*

Dienstzins: wie oben.
Vorbesitzer: wie oben.

61.

N: Matthes und N: Gerstl beede Juden haben miteinander Nutz und Gwöhr empfangen aines sibenden thail Hauss Grundts, darauf ain Waschkuchl erpaut worden, so von ainem gantzen Hauss zum gulden Pfaben genant gethailt worden, und ist dises der fünffte thail, zunegst Israeln Zachariasen thail Hauss in der Juden Gezürckh enthalb der Schlagpruckhen in dem Untern Wörth gelegen, und helt bemelter Grundt in der Leng durch den Hoff 25 Daumbellen, und in die Praitten im Hoff 16 Daumbellen und ain Werckschuech. *[Gewerb. fol. 56.]*

Dienstzins: 8 Pf.
Vorbesitzer: wie oben.
Am Schlusse die Notiz: Nunc Salaman Wolff Auerpach Maria uxor in hoc lib: fol: 109 (S. Nr. 62).

62.

Salamon Wolff Auerpach der Zeit Juden Richter und Maria sein Ehewüerthin empfangen Nutz und Gewer des ihnen von N: Mathes unnd N: Gerstl *„umb ain miteinander verglichene Summa geldts“* verkauften siebenten Hausanteils *„mit ainem Thail an sein Auerpach andere alda habente Behaussung stossent“*. Wien, 5. Aug. 1643. *[Gewerb. fol. 109.]*

63.

David Auerpach Hoff Judt hat Nutz und Gwöhr empfangen aines sibenden thail Hauss, so von ainem gantzen Hauss zum Gulden Pfaben genant, gethailt worden, und ist dieses thail Hauss der sechste thail, in der Juden Gezürckh enthalb der Schlagpruckhen in dem Untern Wörth, zunegst N: Mathesen und N: Gerstl beeder Juden Thail Grundt und Waschkuchl daselbst gelegen und helt beriertber thail Hauss in die Praitten auf der Gassen 48 und in die Leng einwendig im Hoff 32 Daumbellen. *[Gewerb. fol. 57.]*

Dienstzins: 12 Pf.
Vorbesitzer: wie oben.

64.

Davidt Auerpach Hoff Judt versetzt und verpfändet seinen Hausanteil ($^1/_7$ vom Goldenen Pfau) an Peter Kheller für 400 Pf. Pf. Wien, 4. Juni 1657. *[Satzb. fol. 10.]*

65.

Saloman Wolf Auerpach befreiter Hoff Judt hat Nutz und Gwöhr empfangen aines sibenten thail Hauss, so von ainem gantzen Hauss, zum Gulden Pfawn genant, gethailt worden, und ist diss der sibendt und letste thail, zunegst David Auerpach thail in der Juden Gezürckh enthalb der Schlagpruckhen in dem Untern Wörth daselbst gelegen, und helt derselbe letste thail in die Praitten auf der Gassen 27 und in die Leng einwendig 58 Daumbeln. *[Gewerb. fol. 58.]*

Dienstzins: 12 Pf.
Vorbesitzer: wie Nr. 54.

66.

Saloman Mayr Hoff Judt der Jünger hat Nutz und Gwöhr empfangen aines Grundts, darauf ain Heüssl erpaut in der Juden Gezürckh enthalb der Schlagpruckhen in dem Untern Wörth, und helt die Praitten auf der Gassen gegen der Statt Wienn werths 48 und die durch des Heüssl und Hoff auch 48 Daumbellen. *[Gewerb. fol. 59.]*

Dienstzins: 24 Pf.
Vorbesitzer: Hanss Fellner, Burger, Thonau Vischer.

67.

Simon unnd Jacob Levÿ Dal Banco gebrueder, *beede befreÿte Hoff Juden* empfangen Nutz und Gewer *eines Grundts, darauf ain Haus erpaut* worden. Grund und Haus haben die früheren Besitzer, Salamon Mayr *Hoff Judt neben seiner Ehewürtin* Perla, dem Hofhandelsmann Johann Baptista Rossaln *„wegen ainer Ihnen par dargelihenen Summa geldts crafft ernanter Jüdischen Conpersohnen von sich gegebener Obligation“* verpfändet (1633), da Rossal *„auf vilfeltiges anmahnen und ersuechen der Bezallung nicht habhaft werden mögen“*, wurde ihm das Haus gerichtlich zugesprochen. *„Waillen aber die Rossallischen Erben berüertes Hauss unnd Grundt als ain Jüdisch Gueth* nit bewohnen khünnen", verkaufen sie diese an die Brüder Del Banco. Wien, 8. Jan. 1644. *[Gewerb. fol. 110.]*

Am Schlusse: Habet nunc P e r l H i e r s c h l M a ÿ r befreÿter Hoff Judt, unndt L u c i a Z i e r l, sein leibliche Schwester, in disem Buech, fol: 115 (S. Nr. 69).

68.

J a c o b L e v i D a l B a n c o *befreÿter Hoff Judt* verpfändet sein Haus, das er früher mit seinem Bruder S i m o n zusammen besessen hat, um 2000 Pf. Pf. an Julius Graf Hardegg. Wien, 20. Sept. 1652. *[Satzb. fol. 9.]*

69.

P e r l H i e r s c h l M a ÿ r, *befreÿter Hoff Judt zu Wienn* und L u c i a Z i e r l, *sein leibliche Schwester* empfangen Nutz und Gewer des obigen Grundes und Hauses, das nach der zwischen den Brüdern Dal Banco vorgenommenen Vermögensaufteilung durch Los J a c o b L e v i D e l B a n c o zufiel. Die hypothekarische Belastung durch Julius Graf Hardegg wurde im Vergleichswege gelöscht und Grund und Haus an P e r l H i e r s c h l M a ÿ r verkauft. Wien, 16. Jan. 1666. *[Gewerb. fol. 115.]*

70.

J o a c h i m G e r s t l Hoff Judt hat Nutz und Gwöhr empfangen aines Grundt, darauf numehr ain Juden Hauss erpaut worden ist, in der Judengezürckh enthalb der Schlagpruckhen in dem Untern Wörth zuenegst S a l o m a n M a ÿ r des Jüngern Judenhauss gelegen, und helt bemelter Grundt in der Praitten auf der Gassen 53, die Leng einwendig gegen dem Wasser hinauf 36 Daumbellen. *[Gewerb. fol. 60.]*

Dienstzins: 24 Pf.

Vorbesitzer: Abraham Kresmperger, Burger in Wienn und Eva sein Ehewürthin.

71.

L e o n o r a J o a c h i m i n G e r s t l i n *Hoff Jüdin und wittib . versetzt und verpfendt Ihre zwaÿ thail Heuser zu nechst Salamon Maÿr des Jüngern Judens Hauss gelegen,* deren eines sie von ihrem Gatten *crafft seines gethanen Jüdischen Testaments* geerbt hat, *das ander aber hat sÿ Leonora hernach in ihrem wittibstandt erpawet,* an Susanna von Starhemberg, geb. Gräfin von Meggau um 700 Pf. Pfennige *gueter österreichischer Landtswehrung unnder der Enns.* Wien, 20. Mai 1643. *[Satzb. fol. 4.]*

Einen zweiten Satz in derselben Höhe nimmt sie 12. Nov. dess. Jahres von Eva Regina von Crailsheimb, geb. Jörgerin Freÿin auf. (Satzb. fol. 5.)

Eine dritte Hypothek von 720 Pf. Pf. 16. Aug. 1644 von Regina Christine von Puechhaimb „wegen anvertrauter Clainodien". (Satzb. fol. 7.)

72.

Marx Perlhefftter Hoff Judt hat Nutz und Gwöhr empfangen aines Grundt und Garttens, darauf numehr ain Judenhauss erpaut worden, gelegen in der Juden Gezürckh enthalb der Schlagpruckhen in dem Untern Wörth zuenegst Joachim Gerstl neu erpautten Judenhauss gelegen, und helt bemelter Grundt in der Praitten 71 und in der Leng das Hauss hindurch 30 Daumbellen. *[Gewerb. fol. 61.]*

Dienstzins: 24 Pf.

Vorbesitzer: Wolff Schwaÿmaÿr, Burger, Gartner und Barbara sein Ehewürthin.

73.

Samuel Auerpach khays. befreitter Hoff Judt hat Nutz und Gwöhr empfangen aines lähren Grundts in dem Judengezürckh enthalb der Schlagpruckhen in dem Untern Wörth und helt bemelter Platz und Grundt die Praitten auf der Gassen gegen dem oberen Wörth zue 12 und die gantze Leng nach dem Gründtlerischen Gartten 100 Daumbellen. *[Gewerb. fol. 62.]*

Dienstzins: 24 Pf.

Vorbesitzer: Bürgerspital.

74.

Simon Munnckh Hoff Judt hat Nutz und Gwöhr empfangen aines thail Grundt, so von ainem gantzen Hauss und Gartten gethailt worden, und ist dises der erste thail, darauf numehr ain Judenheüssl erpaut worden, gelegen in dem Jüdischen Gezürckh enthalb der Schlagpruckhen in dem Untern Wörth, zu negst Saloman Fläsch daran neu erpautten Juden hauss daselbst, und helt bemelter Grundt in die Praitten auf der Gassen 39 und die gantze Leng durch das Hauss und dem Hoff des Samuel Auerpachs Grundt noch 100 Daumbellen. *[Gewerb. fol. 63.]*

Dienstzins: 24 Pf.

Vorbesitzer: Christoff Gründtler, Burger, Fleischhackher und Margaretha sein Eheliche Hausfrau.

75.

Veit Munckh *Juden Commissari Richter* versetzt und verpfändet sein Haus *zunegst Salomon Fläsch dan Gerstl Moÿsës unnd Aron Moÿses Munckhens beder gebrüeder übrigen halben Thail Grundt und halben Hauss gelegen*" an Chr. Math. Stechawer, Gerichts-Advokaten in Wien um 1000 Pf. Pf. Wien, 30. März 1667. *[Satzb. fol. 11.]*

76.

S a l o m a n F l ä s c h befreitter Hoff Judt hat Nutz und Gwöhr empfangen aines thail Grundt, so von ainem gantzen Hauss und Gartten gethailt worden, und ist diss der anderte thail, gelegen in der Jüden Gezürckh enthalb der Schlagpruckhen in dem Untern Wörth, mit ainem thail zue negst S i m o n M u n c k h e n alda neu erpautten Judenhauss, und helt bemelter Grundt, darauf numehr ain Judenheüssl erpaut worden, die Praitten auf der Gassen 28 und die Leng durch den Hoff 42 Daumbellen. *[Gewerb. fol. 65.]*

Dienstzins: wie oben.
Vorbesitzer: wie oben.

77.

H i n d l, A b r a h a m e n M e e r b u r g J u d e n W i t t i b, hat Nutz und Gwöhr empfangen aines thail Grundt, so von ainem gantzen Hauss und Gartten gethailt worden, und ist diss der dritte thail, gelegen in der Juden gezürckh enthalb der Schlagpruckhen in dem Untern Wörth zwischen S a l o m a n F l ä s c h und M i c h a e l S c h l e s i n g e r Waisen beeder Juden Heüser daselbst, und helt bemelter Grundt in der Praitten auf der Gassen 50 und die Leng durch das Heüssl und Hoff 42 Daumbellen. *[Gewerb. fol. 66.]*

Dienstzins: wie oben.
Vorbesitzer: wie oben.

78.

A b r a h a m b P o l l ä c k h *Hoff Judt* verpfändet seinen Grund *zwischen Salomon Fläsch und Michael Schlesinger Waisen beeden Judenheuser daselbst* um 300 Pf. Pf. an Mathias Ladtschacher. Wien, 21. Jan. 1644. *[Satzb. fol. 6.]*

79.

M i c h a e l S c h l e s s i n g e r Judens Waissen haben Nutz und Gwöhr empfangen, aines thail Grundts, darauf numehr ein Judenheüssl erpaut ist, so von ainem gantzen Hauss und Gartten gethailt worden, und ist dises der viertte thail, gelegen in der Juden Gezürckh enthalb der Schlagpruckhen. in dem Untern Wörth, mit ainem thail zuenegst J ü d l S c h w e i n b u r g e r s neu erpauten Judenhauss daselbst, und helt bemelter abgethailte

Grundt in die Praitten auf der Gassen 24 und in die Leng durch Hauss und Hoff 41 Daumbellen. *[Gewerb. fol. 67.]*

Dienstzins: wie oben.

Vorbesitzer: wie oben.

80.

Jüdl Schweinburger Judt hat Nutz und Gwöhr empfangen aines thail Grundts darauf an jetzo ain Judenhauss erpaut ist, so von ainem gantzen Gartten und Hauss gethailt worden, und ist dieses der fünffte thail, gelegen in der Juden gezürckh enthalb der Schlagpruckhen in dem Untern Wörth, mit ainem thail zuenegst Scheÿa Eliasen Juden Doctors neuerpauten Judenhauss daselbst und helt bemelter abgethailte Grundt in der Praitten auf der Gassen 24 und in die Leng durch das Hauss und Höffl 41 Daumbellen. *[Gewerb. fol. 68.]*

Dienstzins: wie oben.

Vorbesitzer: wie oben.

Habet Nunc Hirschl Maÿr, befreÿter Hoff Judt, Ester uxor, hierinnen fol: 113 (S. Nr. 82).

81.

Adam Jüdl und Saloman Maÿr schulden laut Schuldbrief dd. 5. Juli 1631 *Frawen Barbara Purgwegerin Hauptmanin* 10.000 fl., da *„der mitverschribene Debitor aber Salaman Maÿr in solch abnemben khomben, dass er endlich bonis cedirn und von seinen Güettern abstehen missen“*, vergleicht sich der erste Schuldner 1634 bezüglich der Zahlungstermine mit der Gläubigerin; da 1640 noch ein Rest von 6000 fl. unbezahlt war *(„mit anziehung der jetsigen schweren Zeiten und andern der Judenschaft zugestandenen impedimenten und täglich eraigneten grossen Contributionen dannenhero fürgeschitster unvermögenheit“)*, einigen sich die Parteien auf einen neuen Termin unter Nominierung der Bürgen Lebl Russ und Markus Perlheffter. 15. Juli 1641. *[Rapulaturbuch (GB. 520) fol. 4.]*

82.

Hierschl Maÿr *befreÿter Hoff Judt und Ester sein Ehewüerthin* empfangen Nutz und Gewer des obigen Hausteils *zu negst Scheÿa Eliasen Juden Doctors Erben, das früher Jüdl Schweinburger, nachmals Adam Jüdl genanndt* besessen hat. *„Auf sein des Jüdls absterben ist beriierter Grundt unnd Hauss, vermitls dessen noch in Lebzeiten gemachter mündtlichen Disposition, seinen dreyen eheleiblichen Khindtern, Nahmens Scheüch*

Jüdl, Ezechiel unnd Isac Samuel miteinandter zugleich erblichen an: unndt zuegefahlen; dieweilen aber, er Adam Jüdl, undterschiedliche Schuldten verlassen, wurde der Grund mit Konsens des Obersthofmarschallamtes von dem Vormund Enoch Falckh an den genannten Hirschl Mayr verkauft. Wien, 3. August 1655. *[Gewerb. fol. 113.]*

83.

Scheÿa Elias Juden Doctor, hat Nutz und Gwöhr empfangen aines thail Grundts, so von ainem gantz Hauss und Gartten gethailt worden ist, darauf numehr ain Hauss erpaut worden, und ist dises der sechste thail in der Juden Gezürckh enthalb der Schlagpruckhen in dem Untern Wörth, mit ainem thail zuenegst Isac Abrahamben Schuel Klopfers neu erpautten Judenhauss daselbst gelegen, und helt bemelter thail Grundt in der Praitten auf der Gassen 24 und in die Leng durch das Hauss und Höffl 40 Daumbellen. *[Gewerb. fol. 69.]*

Dienstzins: wie oben.
Vorbesitzer: wie oben.

84.

Isac Abrahamb Jud Schuelkhlopffer hat Nutz und Gwöhr empfangen aines thail Grundts von ainem gantzen Hauss und Gartten gethailt, und ist dises der sibende thail, auf welchem Grundt numehr ain Judenheüssl erpaut worden, gelegen in der Juden Gezürckh enthalb der Schlagpruckhen in dem Untern Wörth, mit ainem thail zuenegst N. Hierschl, Saloman Munckhens Aÿden neuerpauten Judenheüssl. (Ausmaß fehlt.) *[Gewerb. fol. 70.]*

Dienstzins: wie oben.
Vorbesitzer: wie oben.

85.

Hierschl N: Judt, Saloman Munckhens Aÿden hat Nutz und Gwöhr empfangen aines thail Grundts, so von ainem gantzen Hauss und Gartten gethailt, und ist dises der acht und leste thail bestimbter Gartten, darauf numehr ain Judenheüssl erpaut worden, mit ainem thail zuenegst Scheÿa Eliasen Juden Doctors Aÿden newerpauten Judenheüssl, in der Jüdengezürckh enthalb der Schlagpruckhen in dem Untern Wörth gelegen. (Ausmaß fehlt.) *[Gewerb. fol. 71.]*

Dienstzins: wie oben.
Vorbesitzer: wie oben.

86.

Israel Liberman Hoff Judt hat Nutz und Gwöhr empfangen aines thail Grundts, gethailt von ainem gantzen Gartten und Grundt, darauf an jetzo ain Judenheüssl erpaut worden, und ist solches der erste thail, gelegen in der Juden Gezürckh enthalb der Schlagpruckhen in dem Untern Wörth, mit ainem thail zuenegst Samuel Auerpach neuerpauten Judenhauss daselbst gelegen, und helt bemelter Grundt in die Praitten vorn auf der gassen 24 und die Leng 41 Daumbellen. *[Gewerb. fol. 71.]*

Dienstzins: 24 Pf.
Vorbesitzer: Obrist Leitenambt Hoffer.

87.

Samuel Auerpach Hoff Judt hat Nutz und Gwöhr empfangen umb zwaien thail abgemessne Gründt, von ainem gantzen Gartten und Grundt abgethailt, darauf numehr zuesamen ain gantzes Judenhauss erpaut worden, gelegen in der Juden Gezürckh enthalb der Schlagpruckhen in dem Untern Wörth, mit ainem thail zue negst Israeln Liberman new erpauten Judenhauss daselbst gelegen, und ist diser der ander und dritte thail Grundt, deren jedweder auf der Gassen in die Praitten 24 und in die Leng durchauss 41 Daumbeln halten thuet. *[Gewerb. fol. 73.]*

Dienstzins: wie oben.
Vorbesitzer: wie oben.

88.

Jonas Abbt Jud hat Nutz und Gwöhr empfangen aines thail Grundts zu erpauung aines Judenhäüssl, gethailt von ainem gantzen Gartten und Grundt und ist dises der vierte thail, gelegen in der Judengezürckh enthalb der Schlagpruckhen in dem Untern Wörth gegen Samueln Auerpach new erpauten Judenhauss über, und helt bemelter Platz und Grundt vornher in der Praitten 44 und in der Leng gegen dem Schwarzen Beern 54 Daumbeln. *[Gewerb. fol. 74.]*

Dienstzins: wie oben.
Vorbesitzer: wie oben.

89.

Simon Falckh Hoff Judt hat Nutz und Gwöhr empfangen aines thail Grundts, so von ainem gantzen Gartten und Grundt gethailt worden, und ist dises der fünffte thail, gelegen in der Judengezürckh enthalb der Schlagpruckhen in dem Untern Wörth, mit ainem thail zunegst Jonasen Abbt Juden unerpauten Grundt daselbst gelegen, und helt bestimbter Grundt, darauf numehr ain Judenhauss erpaut worden, in der Praitten vorn auf der gassen 19 und in die Leng durchauss 44 Daumbeln. *[Gewerb. fol. 75.]*

Dienstzins: wie oben.
Vorbesitzer: wie oben.

90.

N: Khÿbo Judt Schuelrieffer, hat Nutz und Gwöhr empfangen, aines Grundt, gethailt von ainem gantzen Gartten und Grundt und ist dises der sechste thail, gelegen in der Juden Gezürckh enthalb der Schlagpruckhen in dem Untern Wörth zwischen Falckhen Simon, Maÿr Munckhen beeder neu erpautten Judenheüsern daselbsten, und helt bemelter thail Grundt, darauf numehr auch ein Judenhauss erpaut worden, in der Praitten vorn auf der Gassen 19 und in die Leng durch das Hauss und Hoff 44 Daumbellen. *[Gewerb. fol. 76.]*

Dienstzins: wie oben.
Vorbesitzer: wie oben.

91.

Maÿr Munckh Hoff Judt hat Nutz und Gwöhr empfangen aines thail erpauten Heüssl und Höffl dabei in Herrn Obristen Leitenant Hoffers Garten, so von dessen gantzen Hauss, Hoff und Gartten gethailt worden, gelegen in der Juden Gezürckh enthalb der Schlagpruckhen in dem Untern Wörth, und helt bemelter thail Heüssl und Hoff in der Praitten auf der Gassen 56 und in die Leng 44 Daumbellen. *[Gewerb. fol. 77.]*

Dienstzins: wie oben.
Vorbesitzer: wie oben.

92.

Am 7. November 1640 erscheinen Lew Khalstatt, *hauss-gesessener Judt in der Judenstatt* und Eva Munckhin *Wittib* vor dem Grundbuch und geben an: *Demnach* Maÿr Munckh *Hoff Judt mit Todt abgangen, und nichts als schulden, sein Hauss und Höffel in der Judengezürckh in dem untern Wörth hinterlassen,* da seine Witwe wegen ihrer Morgengabe Anspruch an den Nachlaß stellt und ihr dieser durch *der Juden Richter, Rabin und Juristen statt pahr geldt ordenlich eingeantwortt worden, welche nachmalss mehrbesagtes Hauss und Höffl mit erstgemelter Richter Rabin und Juristen vorwissen und Einwilligung dem* Lew Munckh *und seiner Haussfrawen* Magdalena um 1600 Gulden käuflich überlassen hat. *[Rapulaturbuch (GB. 520) fol. 3.]*

93.

Höschl Elias Juden Doctor, hat Nutz und Gwöhr empfangen aines thail erpautten Heüssl und Höffl dabeÿ, in Herrn Obristen Leittenambt Hoffers Gartten, so von dessen gantzen Hauss, Hoff und Gartten gethailt worden, gelegen in der Juden Gezürckh enthalb der Schlagpruckhen in dem Untern Wörth und helt bemelter thail Grundt in die Praitten auf der Gassen 28 und die Leng durch das Heüssl und dem Hoff 44 Daumbellen. *[Gewerb. fol. 78.]*

Dienstzins: wie oben.
Vorbesitzer: wie oben.

94.

Joseph Plan Hoff Jud hat Nutz und Gwöhr empfangen aines Thail Grundts, und Thail Heüssl in Herrn Obristen Leitenambt Hoffers Gartten, gethailt von dessen gantzen Hauss, Gartten und Grundt, gelegen in der Judengezürckh enthalb der Schlagpruckhen in dem Untern Wörth und helt derselbe thail Heüssl und Grundt in die Praitten auf der Gassen 74 und in die Leng durchauss 44 Daumbellen. *[Gewerb. fol. 79.]*

Dienstzins: wie oben.
Vorbesitzer: wie oben.

95.

Israel Wolff befreitter Hoff Judt hat Nutz und Gwöhr empfangen aines Häussl und Gartten und Grundt in Herrn Obristen Leitenambt Hoffers Gartten gethailt von dessen gantzen Hauss und Grundt daselbst, und ist dises der leste thail, gelegen in der Juden Gezürckh enthalb der Schlagpruckhen in dem Untern Wörth und helt diser letzte thail in die Praitten auf der gassen biss an das Eckh herfür 104 und in die Leng gegen den Wasser der Thonau 51 Daumbellen. *[Gewerb. fol. 80.]*

Dienstzins: wie oben.
Vorbesitzer: wie oben.

96.

Am 27. Juni 1639 erscheinen *Lambl Riss und Lew Khalstatt beede haussgesessene Juden in der Judenstatt alhie* und geben an, „Israel Wolffen Judens Hauss, sowol seines Sohnes Wolffen Israel neben Heusel“ ist laut Schätzung u. Exekution wegen schuldiger 1800 Gulden ddo. 20. Okt. 1639 dem Bevollmächtigten der Kaiserin-Witwe eingeantwortet und von diesem laut hoffmarschallamtl. Befehl ddo. 5. Dez. 1636 dem *Abrahamben Risen kheufflichen hinumgelassen worden* *nach dessen ableben aber seiner hinderlassenen Wittib Vögellin Risen zu deren ab: und hindan förttigung durch der Juden Rabin und Juristen völlig zuegesprochen vnd wie bei Ihnen gebreichig auch eingeschriben worden.* Von diesen zwei Theilen hat die Witwe Rüss *„den stainen Stockh sambt dem Gartten dem Veit Maÿr Juden . . das ander Thail alss das vordere hülzene Eckhheüsel, worinnen Wolff Israels Sohn gewohnt hat,* dem Saloman Ascherl Juden Fleischhackher verkauft; der dritte Theil ist *Ihr der Abrahamb Risischen Wittib verbliben. [Rapulaturbuch (GB. 520) fol. 1.]*

97.

Abrahamb Rüss befreitter Hoff Jud hat Nutz und Gwöhr empfangen aines Hauss und Gartten sambt all ander derselben ain- und Zuegehörung, gelegen in der Juden Gezürckh enthalb der Schlagpruckhen in dem Untern Wörth, mit dem vordern thail an die Strassen gegen der Thonau zue stossent, und helt bemelter Grundt in seiner Circumferenz, nemblichen in die Praitten gegen dem Wasser 66, die Leng durch den Hoff des Innern Stockhs 304, und die ander Leng nach dem aussern Stockh 82 Daumbellen. *[Gewerb. fol. 81.]*

Dienstzins: 32 Pf.

Vorbesitzer: Andre Pfeiffer, Röm. Khays. May. Rath, des Innern Statt Raths zue Wienn, und Ober Statt Camerer.

Notiz am Schluß: NB. An heunt zu Endt gesezten dato ist Abrahamb Riss alda erschinen, und angezaigt, wie er obstehentes Pfeifferisches Hauss seinem Brueder Lemble Risen verkhaufft und überlassen, derowegen aufgesandt, so hieher an statt der Gwöhr ad notam genomben worden ist. Actum den 11. October Ao. 1635.

98.

Abrahamb Rüss hat Nutz und Gwöhr empfangen aines Grundts, darauf vorhero beraith ain Hauss erpaut worden, so er zue erweitterung seines negst daran stossenden Hauss gezogen, daselbst in der Juden Gezürckh in dem Untern Wörth enthalb der Schlagpruckhen gelegen, dessen Grundts abmessung zu seinen hievor ernanten Hauss khommen, und in ain Mass beede numehr aber gantzes Hauss khomen. *[Gewerb. fol. 82.]*

Dienstzins: 36 Pf.

Vorbesitzer: Michael Stöberl, Thonau Vischer, Burger zue Wienn und Jacobina sein Ehewürthin.

Nota: An heut zu Endt gesezten Dato ist Abraham Rüss vor diesem Buech erschinen, angezeigt wie er vorstehende seine Behausung dem

Monosch Perlheffter, seinem Weib und Iren Erben kheufflichen überlassen, demnachen alda aufgesandt, und Ihme dieselbig völlig cediert, welches hie an statt der Gwöhr ad notam genomen worden ist. Actum den 11. October 1635.

99.

Abrahamen Austerlitz Judens Erben, haben Nutz und Gwöhr empfangen aines Hauss und dessen Zuegehörung in der Juden Gezürckh enthalb der Schlagpruckhen in dem Untern Wörth, mit ainem thail zuenegst Abrahamb Rüssens Judenhauss daselbst gelegen...... und helt bemelter Haussgrundt in die Praitten auf der Gassen 35, die Leng aber durch das Hauss und dem Hoff 93 Daumbellen. *[Gewerb. fol. 82.]*

Dienstzins: 40 Pf.

Vorbesitzer: Georg Khersinger, Burger und Vischkheüffl.

Am Schluß: Habet nunc Davidt Austerlitz, so sich auch Brodt nennet, Hoff Judt, Schöne uxor, hierinnen fol: 112 (S. Nr. 100).

100.

Davidt Austerlitz *Hoff-Judt, und Schöne, Jeremiassen Gerstl gelassne leibliche Tochter* empfangen Nutz und Gewer des obigen Hauses, das *„Collmann und Hierschl Austerlitz, ihrem Bruedern obbesagten Davidt Austerlitzen umb ain benante Summa geldts völlig cediert und übergeben, hernach aber hats mehrbesagter Davidt Austerlitz eingangernenter seiner Ehewüerthin Schönne (: Wie solches der Judenschafft bestelter Vice Stattschreiber Jacob Auerpach, beym Grundbuech aussgesagt :) dergestaldt, im 1636. Jahr für Ihr Morgengab völlig verheurath, das dise Behausung und Grundt, in ihrer beeder Lebzeiten, ein gleiches Guett, hernach aber, auf des Austerlitzens begebenden Todtfahl, seiner Ehewürthin der Schöne, allein sein unndt verbleiben solle.“* Wien, 17. Juli 1646. *[Gewerb. fol. 112.]*

101.

Davidt Austerlitz Hoff Judt und Schöne, Jeremiassen Gerstl gelassene Leibliche Tochter haben versetzt und verpfendt ihr Haus „mit ainem thail zu negst Abrahamb Risens, Judens Hauss“ um 400 Pf. Pf. an „weÿlendt des Verstorbenen Maÿr Niderlender, Judens, gelassenen Pupillen“. Wien, 17. Juli 1646. *[Satzb. fol. 7.]*

102.

Davidt Brodt *Hoff Judt, so sich auch Austerlitz nennet* und Schöne, Jeremiassen Gerstl *gelassene leibliche Tochter* versetzen und verpfänden die Überteuerung ihres Hauses

„mit ainem thail zu negst Abrahamb Risens Juden *Hauss daselbst gelegen, sovil über die 400 Pf. Pf. denen Mayr Niderlendischen Pupillen vorhero darauf beschriben seindt und bleiben, an Susanna Veronica Schmidtawerin von obern Wallsee um 700 Pf. Pf.“* Wien, 11. Aug. 1656. *[Gewerb. fol. 9.]*

103.

Mierl Fränckhlin Hoff Jüdin hat Nutz und Gwöhr empfangen aines Heüssl und Grundts, darauf zway Stöckhl erpaut worden, gelegen in der Juden Gezürckh enthalb der Schlagpruckhen in dem Untern Wörth, mit ainem thail zuenegst Abrahamen Aussterlitz Juden Erben hauss daselbst und helt bemelter Grundt in die Praitten auf der gassen 10$^{1}/_{2}$, in die Leng aber gegen der Strassen 95 Daumbellen. *[Satzb. fol. 83.]*

Dienstzins: 36 Pf.

Vorbesitzer: Hanss Glatz, Burger, Fassziecher und Magdalena sein Ehewürthin.

104.

Samuel Moravia Hoff Judt hat Nutz und Gwöhr empfangen aines thail Grundt und Garttens, darauf numehr ain Judenheüssl erpaut worden, gethailt von ainem Gartten und Grundt, so hievor zu weillant Niclassen Neükhumb Stifft in St: Steffans Thumbkirchen alhier gehörig gewest, und ist dieses der erste thail, gelegen in der Juden Gezürckh enthalb der Schlagpruckhen in dem Untern Wörth, mit ainem Thail zuenegst Aron Munckhens Juden Erben unerpautten Grundt daselbst, und helt obbestimbter berait erpautter Grundt in die Neue-Gassen hinein der Leng nach auf der Gassen 41 und in der Untern Praitten 45 Daumbellen. *[Gewerb. fol. 84.]*

Dienstzins: 24 Pf.

Vorbesitzer: Neukomm'sche Stiftung an der Stefanskirche.

105.

Aron Munckh Judens Erben, haben Nutz und Gwöhr empfangen zwayer unterschiedlichen Gründt und Platz gethailt von ainem gantzen Gartten und Grundt, so hievor zue weillundt Niclasen Neukhomb Stifft in St: Stephans Thumbkirchen alhier gehörig gewest und ist dises der dritte thail, gelegen in der Juden Gezürckh in dem Untern Wörth zuenegst Moyses Simon Juden unerpautten ausgezaigten Grundt daselbst gelegen, und helt jedweder derselben thail in die Praiten 38$^{1}/_{2}$ und in die Leng 44 Daumbellen. *[Gewerb. fol. 85.]*

Dienstzins: wie oben.

Vorbesitzer: wie oben.

106.

Moysses Simon Jud von Priesters Gschlecht hat Nutz und Gwöhr empfangen aines lähren Platz und Grundts, gethailt von ainem gantzen Gartten und Grundt, so hievor zue weillandt Niclas Neukhomb Stifft in St: Stephans Thumbkirchen alhier zue Wienn gehörig gewest, und ist dises der vierte thail gelegen in der Judenzürckh (!) enthalb der Schlagpruckhen in dem Untern Wörth mit ainem thail zuenegst Moysen Schreiber Juden neuerpautten Judenheissl daselbst, und helt bemelter Platz und thail Grundt in die [Leng] 38$^1/_2$ und in die Praitten 44 Daumbellen. *[Gewerb. fol. 86.]*

Dienstzins: wie oben.
Vorbesitzer: wie oben.

107.

Moysses Fränckhl der gesambten Judenschafft Schreiber, hat Nutz und Gwöhr empfangen aines Grundts und lähren Platzes, darauf numehr ain Judenheüssl erpaut worden, gethailt von ainem gantzen Gartten und Grundt, so hievor zue weillandt Niclas Neükhomb Stifft in St: Stephans Thumbkirchen alhier zue Wienn gehörig gewest, und ist dises der fünffte thail, gelegen in der Juden Gezürckh enthalb der Schlagpruckhen in dem Untern Wörth, mit ainem thail zuenegst Simon Polackhen neu erpautten Judenhauss daselbst, und helt derselbe Thail Grundt in die Leng auf der Gassen 21 und in der Praitten einwendig 44 Daumbellen. *[Gewerb. fol. 87.]*

Dienstzins: wie oben.
Vorbesitzer: wie oben.

108.

Simon Polläckh Judt hat Nutz und Gwöhr empfangen, aines Thail Grundt, oder lähren Platz, darauf numehr ain Judenheüssl erpaut worden, gethailt von ainem gantzen Gartten und Grundt, so hievor zue weillant Niclas Neukhomb Stifft in St: Stephans Thumbkirchen alhier gehörig gewest, und ist dises der sechste Thail gelegen in der Juden Gezürckh enthalb der Schlagpruckhen in dem Untern Wörth, mit ainem Thail zuenegst der Judenschafft Schreibers neu erpautten Judenheüssel gelegen und helt bemelter Thail Grundt in die Leng auf der Gassen 24 und in der Praitten durch den Hoff 44 Daumbellen. *[Gewerb. fol. 88.]*

Dienstzins: wie oben.
Vorbesitzer: wie oben.

109.

J a c o b S c h l e s i n g e r Jud hat Nutz und Gwöhr empfangen aines thail Grundts und unerpauten Platz, welcher von ainem gantzen Gartten und Grundt, so hievor weillant Niclas Neukhomb Stifft in St: Johannes (sic!) Thumbkirchen alhier gehörig gewest, gethailt worden, und ist dises der sibende thail, gelegen in der Juden Gezürckh enthalb der Schlagpruckhen in dem untern Wörth, mit ainem thail zuenegst S i m o n P o l ä c k h e n neu erpauten Judenhäüssl daselbst, und helt bemelter thail Grundt in der Leng auf der Gassen 56 und in die Praitten der Strassen nach 44 Daumbeln. *[Gewerb. fol. 89.]*

Dienstzins: wie oben.
Vorbesitzer: wie oben.

110.

W o l f f I s r a e l Hoff Judt hat Nutz und Gwöhr empfangen aines Thail Grundt und lähren Platzes, welcher von ainem gantzen Gartten und Grundt, so hievor zu weillanndt Niclasen Neukhomb Stifft in St: Stephans Thumbkirchen alhier gehörig gewest, gethailt worden, und ist dises der achte thail, gelegen in der Juden Gezürckh enthalb der Schlagpruckhen in dem Untern Wörth, zwischen J a c o b e n S c h l e s i n g e r Juden unerpauten Grundt und L e e b e n K a l c h s t a t t neu erpautten Judenhäussl daselbst, helt auch bemelter thail Grundt in der Praitten auf der Gassen 49 und der Leng nach gegen der Gassen 36 Daumbeln. *[Gewerb. fol. 90.]*

Dienstzins: wie oben.
Vorbesitzer: wie oben.

111.

L e e b K a l c h s t a t t Judt und V e g e l l a sein Haussfrau haben miteinander Nutz und Gwöhr empfangen aines thail Grundt und lähren Platz, darauf numehr ain Judenheüssl erpaut worden, gethailt von ainem gantzen Gartten und Grundt, so hievor zue weillandt Niclasen Neukhomb Stifft in St: Stephans Thumbkirchen alhier gehörig gewest, und ist dises der neunte und letste thail in bemelten Stifft Garten, gelegen in dem Jüdischen Gezürckh enthalb der Schlagpruckhen, in dem Untern Wörth, mit ainem thail zuenegst W o l f f e n I s r a e l Juden unerpautten Grundt daselbst, welcher Haussgrundt in der vordern Praitten auf der Gassen 56 und die unter 40 Daumbellen. *[Gewerb. fol. 91.]*

Dienstzins: wie oben.
Vorbesitzer: wie oben.
Am Schluß: Habet nunc J a c o b F r ä n c k h l, Hoff Judt, hierinnen fol: 113 (S. Nr. 112).

112.

Jacob Fränckhl Hoff Judt in Wienn empfängt *auf aines Edlen Hochweisen Statt Raths . Verordnung* Nutz und Gewer obigen Hauses, das die früheren Besitzer *vermüg ainer untern dato 24 Novembris dis Jahrs zum Grundbuech erlegten Bekhandtnus ihrem eheleiblichen Sohn Samueln Khallstatt übergeben,* dieser aber dem oben genannten Fränkel *umb ain mit ainander verglichene Summa geldts* verkauft hat. Wien, 24. Nov. 1652. *[Gewerb. fol. 113.]*

113.

Leeb Lutzern Hoff Judt hat Nutz und Gwöhr empfangen aines halben Hauss und Gartten, so von ainem gantzen Hauss und Gartten, zum Plauen Iggl genant, gethailt worden, gelegen in der Juden Gezürckh enthalb der Schlagpruckhen in dem Untern Wörth, zuenegst Aron Lutzern Juden Doctorn Behausung, davon obberierther thail gethailt worden, daselbst, und helt bemelter erster thail Hauss, Gartten und Grundt in die erste Praitten auf der Strass 63, die Leng auch auf der Landstrass 248, die ander Leng gegen den Vischer Eÿbel 152 und die aine Praitten auf der Gassen 39 Daumbellen. *[Gewerb. fol. 92.]*

Dienstzins: 1 sh. 24 Pf.

Vorbesitzer: Adam Schweigl, Burger und Gastgeb neben Margaretha seiner Ehelichen Hausfrauen resp. ihr Erbe Caspar Ambacher.

Am Schluß: Habet nunc, aus obberüerten halben Gartten, ainen thail, Perl Goldschmidt, Hoff Judt, Baÿrl uxor, hierinnen fol: 114.

114.

Perl Goldtschmidt Hoff Judt zu Wienn und Baÿrl sein Ehewüerthin empfangen Nutz und Gewer obigen Haus- und Grundanteils *„undtenher gegen des Khauffmann Lebens Hauss über, undt vornher, am Egg, gegen Moÿsses Levi Jüdischen Stattschreibers Erben Gartten gelegen"*. Haus und Grund wurde nach dem Tode des Vorbesitzers *„vermög ainer durch Isacen von Hamburg damalig angesetzten Jüdischen Stattschreibern, dan Maÿr, Schuelrüeffer, unndt gerichtsgeschwornen undterm 19. März d. J. . . . geferttigten Attestation dessen Aÿden, Asriel Lucern freyledig zugesprochen; welcher über das hiervon oberwenten Thail Grundt, Hierschln von Nicolspurg, als gedachter Leeb Lucerns Enickhel: Ingleichen, derselbe verrer, Samueln: oder Goldtschmidten Schmuell, seiner Mutter Lea, unndt anfanggemelten Perl Goldtschmidt beedes mahls ."* verkauft hat. Nach dem Tode Leahs gelangte Samuel in den Besitz des mütterlichen Anteils, den er dann auch an Perl Goldschmidt verkaufte. Wien, 27. Okt. 1659. *[Gewerb. fol. 114.]*

115.

Perl Goldtschmidt *Hoff Judt* und Bayrl *sein Ehewüerthin* versetzen und verpfänden ihren Grund zum blauen Igel *„gegen des Khauffmann Lebens Hauss über, vorher aber, am Egg, gegen des Moÿses Levj Jüdischen Stattschreibers Erben“* Garten gelegen, an den nieder-österr. Landschaftssekretär Johann Widerauf von Sonnenberg um 1500 Pf. Pf. Wien, 27. Okt. 1659. *[Satzb. fol. 11.]*

116.

Moÿses Khierschner *Judt* und Pluemen *dessen Ehewüerthin* versetzen u. verpfänden zwei Teile ihres Grundes zum blauen Igel *zwischen Perl Goldtschmidts Grund und Hauss dan Lipman Lucerns öeden Platz* an den Karmeliterinnen-Konvent bei St. Joseph um 1000 Pf. Pf. Wien, 4. Mai 1667. *[Satzb. fol. 13.]*

117.

Aron Lucern Juden Doctor hat Nutz und Gwöhr empfangen aines halben Hauss und Hoffmarch, so von ainem gantzen Hauss, Gartten und Grundt gethailt worden, und ist dises der ander thail, gelegen in der Juden Gezürckh enthalb der Schlagpruckhen in dem Untern Wörth, mit ainem thail zuenegst Leeb Lucernen andern halben thail, davon dises gethailt worden und helt bestimbter thail Hauss und Hoffmarch in die unter Praitten 38, die Leng auf der Gassen der Landstrass nach 89 und die ober Praitten auch gegen der Strassen 62 Daumbellen. *[Gewerb. fol. 93.]*

Dienstzins: wie oben.
Vorbesitzer: wie oben.

118.

Scheuch Wendl, *Judt,* und Jedelle *sein Ehewüerthin* empfangen Nutz und Gewer obigen Grundes, *so von des Aron Lucern halben thail Hauss, und Hoffmarch, gethailt worden, im gässl gegen Victrin Lazaro, unnd Khauffmann Lewen über.* Einen Teil des Grundes schenkte der frühere Besitzer Aron Luzern seinem Sohne Moÿsses *unndt von Ihme widerumben verrer crafft ainer behaubten Execution . . . an Ihr Gn. Frau von Crailshaimb, gebohrnen Jörgerin, Freyin auf Craissbach* khommen, die dann den *Grundt sambt dem darauf erpauten Heussl* mit Kaufbrief und Aufsandung vom 2. Dez. 1644 an die oben Genannten verkauft hat. Wien, 19. Juli 1645. *[Gewerb. fol. 111.]*

119.

L e e b P r o d t Hoff Judt hat Nutz und Gwöhr empfangen aines Grundts, darauf vormalen schon ain Heüssl erpaut worden, und eines Gärttl hinten daran, gelegen in der Juden Gezürckh enthalb der Schlagpruckhen, in dem Untern Wörth und helt bemelter Grundt in der Leng gegen die Gassen 86$^1/_2$, die unter Praitten gegen denen Herrn Carmelitten 26$^3/_4$ Daumbellen. *[Gewerb. fol. 94.]*

Dienstzins: 40 Pf.

Vorbesitzer: Caspar Hoffer, Garttner und Maria, sein Ehewürthin.

120.

V i c t r i n L a z a r u s, *Hoff Judt* und E g d l *sein Ehewürthin* empfangen Nutz und Gewer des obigen Hauses, das *auf sein Prodtens ableiben seinem gelassenen Sohn Colman Prodten allain erblichen gevolgt, der es aber nachmals zu abförttigung seines Vatters sel. hinterlassenen wittib, Jüdtlin* den Genannten *umb ain benanndte Summa geldt* verkauft hat. Wien, 6. Juli 1644. *[Gewerb. .fol. 110.]*

121.

A b r a h a m P e r l h e f f t e r Hoff Judt hat Nutz und Gwöhr empfangen aines erpautten Hauss, Gartten und Grundts, in der Juden Gezürckh enthalb der Schlagpruckhen in den Untern Wörth, zuenegst L e e b P r o t t Judenhauss mit ainem thail gelegen, und helt bemelter Grundt jetziger Zeit in die Praitten auf der Judengassen 40$^1/_2$, die Leng durch das Hauss, Hoff und Gartten 113$^1/_2$, die unter Praitten gegen der Statt Wienn 42 Daumbellen. *[Gewerb. fol. 95.]*

Dienstzins: 28 Pf.

Vorbesitzer: Georg Ansorg. Burger, Garttner und Barbara, sein Ehewürthin.

122.

D a v i d L a t z a r u s befreitter Hoff Judt hat Nutz und Gwöhr empfangen aines Hauss und Gartten hinten daran in der Juden Gezürckh enthalb der Schlagpruckhen in dem Untern Wörth, mit ainem thail zuenegst A b r a h a m P e r l h e f f t e r

Judenhauss daselbst gelegen, und helt bemelter Grundt in die Praitten auf der Gassen 34½, die Leng durch das Hauss, Hoff und Gärttl 100½, und die ander Praitten am untern orth 40 Daumbellen. *[Gewerb. fol. 96.]*

Dienstzins: 28 Pf.

Vorbesitzer: Philipp Kirchperger, Burger, Garttner, und Anna, sein Ehewürthin.

Nota: obstehendes Hauss, und Gartten ist zerthailt, und hat ainen thail Elisabeth Maÿrin, Jüdin, allein, hernach, fol. 111. Ingleichen den andern halben thail, Jacob Gerstl, Hoff Judt, und Dworl uxor. Fol. 112.

123.

Elissabeth Maÿrin, Jüdin empfängt Nutz und Gewer des obigen halben Hausanteils und Gartens *mit ainem thail neben des Jacob Gerstl, Juden anndern hievon abgethailten halben thail gelegen,* der nach Ableben des Vorbesitzers David Lazarus *seinem gelassenen Sohn Salomon allein erblich gevolget; nach dessen auch tödtlichen abgang durch die Jüdische Gemain, Veiten Maÿr anstatt seines Bruedern Eliasen Maÿr, umb ain gewisse Summa . verkhaufft wordten; umb willen er Maÿr aber nachmahlen in Pollen verraist, hat er genanntes Haus seiner Mutter Elisabeth Maÿrin verkauft.* Wien, 4. Mai 1646. *[Gewerb. fol. 111.]*

Habet nunc Pessel, Veiten Maÿrs, Judens, hinterlassene Wittib allein, hernach fol: 112.

124.

Jacob Gerstl *Hoff Judt* und Dworl *sein Ehewüerthin* empfangen Nutz und Gewer obigen Hausanteils und Gartens, *„mit ainem thail neben der Elisabeth Maÿrin, Jüdin, anndernhalben thail gelegen“.* Nach dem Tode des Vorbesitzers David Lazarus *„ist erstberüertes gantze Hauss, und Gartten seinem seinem gelassenen Sohn Salomon allein erblichen gefolgt, nach dessen auch tödtlichen abganng durch die Jüdische Gemain, Veiten Maÿr anstatt seines Bruedern Eliasen Maÿr . verkhaufft worden; umb willen er Maÿr aber nahmahlen in Pollen verraist, hat er anfanngs angezogenen halben thail . . . obbesagten Gerstl und seiner Ehewüerthin . . . kheufflichen hinumb gelassen, und durch Moÿsem Levi Fränckhl Jüdischen Stattschreibern völlig übergeben.* Wien, 4. Mai 1646. *[Gewerb. fol. 112.]*

125.

Pesszel Veiten Mayrs *Judens hinterlassene Wittib* empfängt Nutz und Gewer des obigen Hausanteils und Gartens, den früher Elisabeth Mayr besessen, *umb willen Sÿ aber nachmahlen in Pollen verraist, hat Sie solches halbe Hauss durch ihren Sohn Zachariasen Maÿr, derzeit Juden Richter, obenernennter Pessel umb ain Summa gelts . . kheufflichen hinumbgelassen.* Wien, 20. Jan. 1647. *[Gewerb. fol. 112.]*

Habet nunc Joseph Isac, von Khrembssier, befreÿter Hoff Judt, Belle uxor, vermög der gleich hernach folgenden Gwöhr.

126.

Josseph Isac von Khrembssier, *befreÿter Hoff Judt, und* Belle Jüdlin *sein Ehewüerthin* empfangen Nutz und Gewer des genannten Hausanteils, den die Vorbesitzerin *„nachmallen mit besagtem Joseph Isacen umb ain Juden Gewölb in der Statt, so er von seinem Vatter Adam Jüdl ererbt, gegen gleichen Tausch, ohne Aufgab vertauscht unndt neben Moÿsen Levi, Jüdischen Stattschreibern vor Grundtbuech völlig übergeben hatt"*. Wien, 15. Mai 1647. *[Gewerb. fol. 113.]*

127.

Abraham Fläsch Hoff Judt hat Nutz und Gwöhr empfangen aines Hauss und Grundts in der Judengezürckh enthalb der Schlagpruckhen in dem Untern Wörth mit ainem thail zue negst David Lazarusen Judenhauss und Grundt daselbst gelegen, und helt bemelter Grundt jetziger Zeit in der Praitten auf der Gassen $36^1/_2$, in die Leng durch das Heüssl, Hoff und Gärttl 111 und in die unter Praitten in Garttl 33 Daumbellen. *[Gewerb. fol. 97.]*

Dienstzins: 28 Pf.

Vorbesitzer: Michael Vischer, Thonau Vischer und Barbara sein Ehewürthin.

128.

N: N: ain gesambte Judenschafft alhier zu Wienn hat Nutz und Gwöhr empfangen aines Grundts, darauf ain Stadl erpaut, durch die Judenschafft aber numehr zur Schuel deputirt worden, gelegen in der Juden Gezürckh enthalb der Schlagpruckhen in dem Untern Wörth, mit ainem thail Ihr der Jüdischen Gemain andern Heüssl, so abgebrochen und zum Schuel Hoff gemacht worden, und helt bemelter Grundt, dar auf bestimbte Judenschuel stehent ist, in die Praitten auf der Gassen 36, die hinter Praitten 36½ und die gantze Leng aussen her 84 Daumbellen. *[Gewerb. fol. 98.]*

Dienstzins: 28 Pf.

Vorbesitzer: Helena, Witwe des aussern Raths und gewesten Handelsman Geörgen Federl.

129.

Mehr hat ain gesambte Jüdische Gemain, Nutz und Gwöhr empfangen aines thail Grundts, so von ainem Hauss und gantzen Grundt gethailt und an jetzo zum Schuelhoff gezogen worden, gelegen in der Juden Gezürckh enthalb der Schlagpruckhen in dem Untern Wörth zunegst Ihrer Schuel, und helt bemelter Grundt in die Praitten 16½, und in die Leng 20½ Daumbellen. *[Gewerb. fol. 99.]*

Dienstzins: 8 Pf.

Vorbesitzer: wie oben.

130.

Jacob Polläckh Judt hat Nutz und Gwöhr empfangen aines thail Grundts, darauf numehr ain Judenheüssl erpaut worden, gethailt von ainem gantzen Hauss und Grundt, gelegen in der Juden Gezürckh enthalb der Schlagpruckhen in dem Untern wörth zue negst der Judenschafft Schuelhoff, davon diser Grundt gethailt worden, und helt bemelter Grundt in die Praitten auf der Gassen 32 und in dem Heüssl einwendig 21½ Daumbellen. *[Gewerb. fol. 100.]*

Dienstzins: 8 Pf.

Vorbesitzer: Frau Helena Gründtlerin Wittib (?) Federl.

131.

Isac Rüss Judt, hat Nutz und Gwöhr empfangen aines Heüssl und Grundts, gelegen in dem Untern Wörth enthalb der Schlagpruckhen in der Juden Gezürckh und helt bemelter Grundt jetziger Zeit in der Praitten auf der Gassen 36, die Leng gegen der Landstrass 32½, und die ander Leng durch das Höffl und Hauss 39½ Daumbellen. *[Gewerb. fol. 100.]*

Dienstzins: 32 Pf.

Vorbesitzer: Leonhardt Zindtler, Burger, Thonau Vischer und Barbara, sein Ehewürthin.

132.

Hierschl Frenckhl Hoff Judt, hat Nutz und Gwöhr empfangen aines Grundts, darauf ain Heussl erpaut ist, gelegen in der Juden Gezürckh enthalb der Schlagpruckhen in dem Untern Wörth, und helt bemelter Grundt in der vordern Praitten auf der Gassen 22 Daumbellen, 1 Schuech, in der untern Praitten 25 Daumbellen und in die gantze Leng 67$^1/_2$ Daumbellen. *[Gewerb. fol. 101.]*

Dienstzins: 36 Pf.

Vorbesitzer: Gabriel Finckh, Thonau Vischer und Anna, sein Ehewürthin.

133.

Jacob Köpl Hoff Judt hat Nutz und Gwöhr empfangen aines thail Grundt, darauf ain Heüssl ist, so von des Hiersch Frenckhl Juden gantzen Grundt gethailt worden, gelegen in dem Jüdischen Gezürckh enthalb der Schlagpruckhen in dem Untern Wörth, mit ainem thail zue negst ernantes Frenckhl Hauss und Grundt gelegen, und helt bemelter Grundt auf der Gassen in der vordern Praitten 12 Daumbellen, 2 Werkschuech, die unter Praitten aber 15 und die Leng durchauss 67$^1/_2$ Daumbellen. *[Gewerb. fol. 102.]*

Dienstzins: wie oben.

Vorbesitzer: wie oben.

134.

David Polläckh Judt, hat Nutz und Gwöhr empfangen aines Grundts, darauf ain Heüssl erpaut ist, gelegen in der Juden Gezürckh enthalb der Schlagpruckhen in dem Untern Wörth und helt bemelter Grund in der Praitten auf der Gassen 35, in die Leng aber abwerts an der untern Gassen 90 Daumbellen. *[Gewerb. fol. 103.]*

Dienstzins: 28 Pf.

Vorbesitzer: Mathias Caesari, Burger und Vischkheüffler.

135.

N: N: ain gantze Jüdische Gemain hat Nutz und Gwöhr empfangen aines lähren Platz und Grundts in dem Jüdischen aussgezaigten Gezürckh, der Juden Gezürckh enthalb der Schlagpruckhen, gelegen enthalb des Wasser, da vorhero ain Au gewest, dahin ermelte Judenschafft ain Gemainhaus erpauen lassen, und helt bemelter aussgezaigte Grundt in der Praitten gegen dem Wasser und obern Wörth zue 20$^1/_2$, der Leng nach aufwerts gegen dem Wasser oder Thäber 52$^1/_2$, die ander Leng gegen der Stadt Wienn werths auch 52$^1/_2$ und die vordere Praitten der Juden Gezürckh zue gleichfalls 20$^1/_2$ Daumbellen. *[Gewerb. fol. 104.]*

Dienstzins: 24 Pf.

Vorbesitzer: Bürgerspital.

136.

N: N: ain gesambte Jüdische Gemain, hat Nutz und Gwöhr empfangen aines lähren Platz und Grundts in dem Jüdischen aussgezaigten Gezürckh, der Juden Gezürckh über der Schlagpruckhen in dem Untern Wörth gelegen, enthalb des Wassers, da vorhero ain Au gewest, auf welchen Platz und Grundt durch die Judenschafft numehr ainer Gemain Ross Stall erpaut worden und helt bemelter Grundt in der Leng gegen der Stadt Wienn $24^1/_2$, in die Praitten gegen der Juden Gezürckh 13, in die ander Leng aufwerts gegen dem Wasser auch $24^1/_2$ und in die unter Praitten gegen dem Obern Wörth zue gleichfals 13 Daumbellen. *[Gewerb. fol. 105.]*

Dienstzins: wie oben.
Vorbesitzer: wie oben.

137.

N: N: ain gesambte Jüdische Gemain hat Nutz und Gwöhr empfangen aines lähren Platz und Grundts in dem Jüdischen aussgezaigten Gezürckh, der Juden Gezürckh über der Schlagpruckhen in dem Untern Wörth gelegen, enthalb des Wassers, da vorhero ain Au gewest, dahin numehr obernante Judenschafft ain Gemain Spittal erpauen lassen, und helt bemelter Orth und Platz in die Leng gegen der Stadt Wienn 27, in die Praitten gegen der Juden Gezürckh über 17, in die ander Leng aufwerts gegen dem Wasser auch 27 und die hinter Praitten gegen dem obern Wörth insimili 27 Daumbellen. *[Gewerb. fol. 106.]*

Dienstzins: wie oben.
Vorbesitzer: wie oben.

138.

N: Ascherl Judt hat Nutz und Gwöhr empfangen aines lähren Platz und Grundts, darauf numehr ain Judenhauss und Rosstallung erpaut worden, gelegen enthalb des Wassers in der Juden Gezürckh in dem Untern Wörth und helt bestimbter Grundt in die Praitten gegen dem Obern Wörth über 48, in die Leng der Statt Wienn zue werts $56^1/_2$, in die unter Praitten gegen der Juden Gezürckh über auch 48 und in die ander Leng gleichergestalt $56^1/_2$ Daumbellen. *[Gewerb. fol. 107.]*

Dienstzins: wie oben.
Vorbesitzer: wie oben.

∇

II.

Urkundliche Beiträge

zur

Geschichte der Judenhäuser im unteren Werd.

1. Index zum Gewerbuch C ca. 1660.

Index
Über der Jüdischen Gemain Grundbuch im Untern Wörth.

Index der Gässen, wie solche gelegen.

	Folio
Haubtgassen.	
Auf der Rechten Handt	1
Zur Linckhen Handt	17
Undergassen.	
Rechte Handt	36
Linckhe Handt	52
Mittergassen.	
Rechte Handt	61
Linckhe Handt	67
Obergassen.	
Rechte Handt	73
Linckhe Handt	88
Täborgassen.	
Rechte Handt	98
Linckhe Handt	109
Neugässl.	
Rechte Handt	126
Linckhe Handt .	129
Platz.	
Linckhe Handt, aufwehrts	132

Haubtgassen

so von dem untern Thor bey der Carmeliten Closter biss zum obern Thor gegen dem Tabor aufwehrts gehet.

Auf der Rechten Handt.

Umb ain Hauss.
Simon Munckh.

Umb ain Hauss.
Salamon Schächt.

Umb ain Hauss.
Samuel Israel.

Umb ain Hauss und Gartten.
Lämbl Rüss.

Umb ain Hauss und Platz.
Juda Polläckh.

Umb ain Hauss.
Aron Fränckhel.

Umb ain Hauss und Gartten.
Copel Fränckhel.

Umb ain Hauss.
Die Jüdische Gemain.

Umb ain Höffel.
Die Jüdische Gemain.

Umb ain Hauss.
Wolff Khopel und Leb Franckhfuhrter.

Umb ain Hoff zum Eingang der Sinagog, auch Duckh und Baadt.
Die Jüdische Gemain.

Umb ain Hauss.
Joel Herlinger.

Umb ain Hauss.
Enoch Benisch.

Umb ain Hauss.
Leeb Polläckh.

Umb ain Hauss und Hoff.
Marcus Wenzel.

Auf der Linckhen Handt der Haubtgassen.

Von ainem Hauss.
Saloman Misslitz.

Umb ain Hauss.
Joachimb Schnattich.

Umb ain Hauss.
Abrahamb Franckhl und Jacob Mautter.

Umb ain Hauss.
Joseph Hönig.

Umb ain Hauss.
Samuel Müldenburg.

Umb ain Hauss.
Hersch Goldtschmidt.

Umb ain Laden und Kheller.
Leeb Sunigers Erben.

Umb ain Hauss.
Anschl Fränckhl Erben.

Umb ain Hauss.
Hirschl Simon, Cantor.

Umb ain Hauss.
Jacob Lebus.

Umb ain Hauss.
Hirschl Mayr.

Umb ain Hauss.
Saloman Wolff.

Umb ain Hauss.
Lazarus Saloman.

Umb ain Hauss und Einfahrt.
Samson Mayr vnd Marx Schlesinger.

Umb ain Hauss und Einfahrt.
Simon Polläckh.

Umb ain Hauss.
Berman Fränckhel Erben.

Umb ain Hauss und Gartten.
Lipman Prediger.

Umb ain Hauss.
Moyses Neustädl.

Undergassen.

Von den Judenspittal herabwerts gegen den Schwarzen Pern.

Rechte Handt.

Umb ain Oeden Grundt darauf zway Gemain Heüssl erpauth
Die Jüdisch Gemain.

Umb ain Hauss und Hoff.
Jacob Tröstl.

Umb ain Hauss.
Jacob Tröstl.

Umb ain Hauss.
Josephen Munckhs Wittib Bella.

Umb ain Hauss.
Samuel Fläsch.

Umb ain Hauss.
Davidt Nathan.

Umb ain Hauss.
Jondel Schneider.

Umb ain Hauss.
Michael Gerstl.

Umb ain Hauss.
Perl Mayr und Moysses Leeb.

Umb ain Hauss.
Wolff Fleckhelkhramer.

Umb ain Hauss.
Salomon Wolff.

Umb ain Hauss.
Hierschl Munckh.

Umb ain Hauss.
Saloman und Semel gebrueder.

Umb ain Hauss.
Mayr Schneiders Erben.

Umb ain Hauss.
Jacob Jüdl.

Linckhe Handt der Vndergassen.

Umb ain Hauss.
Samuel Israel.

Umb ain Hauss.
Mora Blans Wittib und Aron Blan.

Umb ain Hauss.
Model Pusckh und Jacob Plan.

Umb ain Oedem Grundt.
Moyses Neustädl.

Umb ain Hauss.
Saloman Zigans Khünder.

Umb ain Hauss.
Lebl Pierschenckhs Wittib Idel.

Umb ain Hauss.
Jeremias Mayr.

Umb ain Hauss.
Joachimb und Israel Pusckh gebrueder.

Umb ain Hauss und Gartten.
Abrahamb Höcht.

Mittergassen.

Von der Juden unaufgebnen Platz herab auf die Closter gassen.

Rechte Handt.

Umb ain Hauss.
Moyses Franckhel.

Umb ain Hauss.
Copel Russ und Saloman Ainschilt Weib Saräch.

Umb ain Hauss.
Isac Wallerstain.

Umb ain Hauss und Gartten.
Moyses Leui.

Umb ain Hauss.
Lämbl Simon und Hierschl Isac Erben.

Umb ain Hauss.
Jacob Schlessinger.

Linckhe Handt der Mittergassen.

Umb ain Hauss.
Ennoch Fränckhl.

Umb ain oeden Platz.
Copel Fränckhel.

Umb ain Hauss.
Berl Goldtschmidt.

Umb ain oeden Platz und Höffel.
Jacob Sallam.

Umb ain Hauss.
Moyses Kirschner.

Umb ain oeden Platz.
Lidman Lucerna.

Obergassen.

Von der Juden noch unaufgebnen Platz herabwerths, gegen Frank Pändl, Fleischhackhers Hauss über.

Rechte Handt.

Umb ain Hauss.
Marx Schlessinger.

Umb die Sinagog und ain Höffel.
Die Jüdische Gemain.

Umb ain Hauss, Hoff und Gartten.
Lazarus Cassiss.[1])

Umb ain Hauss.
Gerstl Borta (?).

Umb ain Hauss.
Joseph Jüdl.

Umb ain Hauss.
Mayr Perlheffter.

Umb ain Hauss und Hoff.
Söckhl Fränckhel.

Umb ain Hauss.
Avigtor Gerstl.

Umb ain Haus, im Gässl.
Copel Fränckhel.

Umb ain Hauss.
Scheüch Wendl.

Umb ain oeden Platz.
Moyses und Leeb Lederern gebrüeder.

Umb ain Hauss und Platz.
Modl Russ.

Umb ain Hauss.
Hirschel Lucerner und Lebl Lucerner.

Linckhe Handt der Obergassen.

Umb ain Hauss.
Moyses Wienner Erben.

Umb ain Hinter Heüssl, Stadl und Gartten.
Copel Fränckhel.

Umb ain Hauss.
Zachariä Israel Erben.

Umb ain Hauss.
Aron Austerlitz Erben.

Umb ain Hauss.
Scheüch Jüdl.

Umb ain Hauss, Hoff, Gartten, Pad und Duckh.
Zachariä Mayrs Erben.

Umb ain Hauss und Gartten.
Dauid Fränckhels Erben.

Umb ain Hauss.
Samuel Goldtschmidt der Elter.

Umb ain Hauss.
Michael Gerstl und Pessl, Joseph Khalmanns Weib und Ihr Sohn Aron.

Umb ain Hauss.
Hierschl Brodt.

Taborgassen.

Von dem Obern Eckh der Judenstatt, herab gegen den Neuerpauten Creüz.

---

[1]) Im Schätzungsprotokoll 1671: Lazarus Khäses, in der Beschreibung 1660: Lazarus Käsesser.

Rechte Handt.

Umb ain Hauss.
Marcus Auerbach.

Umb ain Hauss.
Mayr Auspitz.

Umb ain Hauss und Hoff.
Moyses Benedict.

Umb ain Hauss und Hoff im Gässel.
Ara Munckh Schaidtrichter.

Umb ain Hauss.
Moyses Linz.

Umb ain Hauss.
Joseph Mayerl Äscherl Wittib.

Umb ain Hauss.
Mayr Ascherl.

Umb ain Hauss.
Leeb Jonass.

Umb ain Hauss.
Isac Stain.

Umb ain Hauss.
Moyses Leibhaimb und Marcus Israel.

Umb ain Hauss.
Abrahamb und Samuel Perlheffter.

Linckhe Handt der Tabor Gassen.

Umb ain Hauss.
Copel Fränckhel.

Umb ain Hauss.
Abrahamb Wolff und sein Brueders Copls Wittib und Erben.

Umb ain Hauss.
Ennoch Falckh.

Umb ain Hauss.
Hindele Schulsingers Wittib.

Umb ain Hauss.
Mayr Selckhel Erben.

Umb ain Hauss.
Lazarus und Marcus Mämels Erben.

Umb ain Hauss.
Saloman Linz Erben.

Umb ain Hauss.
Mayr Wenzel.

Umb ain Hauss.
Lazaruss Jonas und Rosa Abrahamb Hardtfeldters Dochter.

Umb ain Hauss und Höffel.
Isac Jonas Wittib und Erben.

Umb ain Hauss.
Lebel Mayr.

Umb ain Hauss.
Samuel Khallstatt.

Umb ain Hauss.
Benedict Salomon.

Umb ain Hauss.
Hierschl Molazkhy.

Umb ain Hauss.
Rachel Goldtschmidtin Erben.

Umb ain Hauss.
Modl Molazkhy und Dauidt Austerlitz.

Umb ain oeden Platz.
Saloman Fränckhel.

Neugässl.

Von der Obern in die Täborgassen gehent.

Rechte Handt.

Umb die Neue Sinagog, und Höffl.
Zacharjä Mayrs Erben.

Umb ain Hauss.
Dauidt Nathan.

Umb ain Hauss und Eingang.
Zachariass Mayr.

Linckhe Handt des Neügässel.

Umb ain Hauss.
Abrahamb Munckh.

Umb ain Hauss.
Jonas und Saloman Isac gebrueder.

Umb ain Hauss.
Isac Wormbs Wittib und Erben.

Auf den Platz an der Linckhen Handt aufwehrts.

Umb das Juden Spittal.
Die Jüdische Gemain.

Umb ain Hauss.
Leeb Cracau Erben.

Umb ain Hauss.
Jacob Hirschls Wittib und Erben

Umb ain Hauss.
Leeb Heschel.

Umb ain oeden Platz.
Abrahamb Höcht.

GB. 582 (Rep. 100, 17).

2. Beschreibung der Juden Gezürckh Ao. 1651.

Angefangen beim Juden Thor zur rechten Handt.

1. Simon Munckh zway Heuser.
2. Salomon Flaschen Erben iezo die Wittib.
3. Abraham Pollackh.
4. Gerstl Schlessinger.
5. Adam Jüdl.
6. Elias Scheichen Erben.
7. Isac Abrahamb (nunc Salomon Wolff).
8. Hirschl Munckh.
9. Lebl Pisk.
10. Lamprecht (so!, darüber: Gumprecht) Samuel.
11. Samuel Auerpach.

Die andere Seiten:

12. Moyses Fröschl, nunc Abraham Höchten Erben.
13. Joachimb Munckh.
14. Leb Munckh.
15. Abraham Ziggan.
16. Mora Plan.
17. Samuel Israel 2 thail.
18. Salomon Fleischhackher.
19. Lembl Rüss.
20. Manusch Perlheffter.
21. Dawidt Prodt oder Austerlitz.

Die andere Gassen rechter Handt:

22. Moyses Fränckhl.
Aron Fränckhl.
23. Marx Fränckhl Gemain Inhaber.
24. Isac Valckhstain.
25. Moyses Fränckhl Stattschreiber.
26. Simon Pollackh.
27. Jonas Schlessinger.

Linckher Handt:

28. Perl Goldtschmidt.
29. Samuel Kholstatt.
30. Copl Fränckhl.
31. Hirschl Fränckhl.
32. Copl Pollackh.
33. Dawidt Ascherl.
34. Der Juden Sinagog.

Die 3. Gassen rechte Handt:

35. Jodl Herlinger.
36. Joseph Welscher.
37. Gerstl Khalstatt und Joseph sein Ayden.
38. Mayr Pruckh.
39. Victor Gerstl.
40. Khauffman Leb.
41. Scheich Wendl.
42. Oeder Grundt.
43. Aron Lucern 2 Heuser, dass andere Issrael Prandeiss.

Linckher Seiten:

44. Jeremiass Gerstl.
45. Isac Goldtschmidt iez der Sohn Samuel.
46. Davidt Fränckhl.
47. Zacharias Mayer.
48. Issrael Pinckhes.
49. Adam Jüdl (darüber Davidt Jüdl).
50. Aron Austerlitz.
51. Ennoch Penisch 3 Heuser (darunter: die Erben).
52. Leb Pollackh.

4te Gassen rechter Handt:

53. Natan Moyses.
54. Salamon Leybaumb.
55. Perman Fränckhl.

Linckhe seiten:

56. Marx Benedict.
57. Eliass Goldschmidt.
58. Hirschl Benedict.
59. Moyses Pallier.
60. Moyses Neustättl Egghauss.
61. Elias Lembl.
62. Isac Janusch 2 H.
63. Mayr Wendl.
64. Marx Goldschmidt.
65. Sara Munckhin.
66. Leb Schulsinger.
67. Ennoch Falckh.
68. Simon Wolff.

Die andere seiten am Egg:

69. Marx Auerpach.
70. Moyses Benedict.
71. Moyses Linz.
72. Mayr Ascher.

73. Jonas Isac.
74. Ennoch Penisch Eckhhaus.
75. Isac Mayer.
76. Veit Prodtin.
78.*) Mayr Fränckhl Egghaus.
79. Davidt Auerpach.
80. Salomon Wolff.
81. Simon Leb.
82. Eleonora, hievor Joachim Gerstl, iezo Jacob Levi dal Bankho.

Der Gemain fleischpanckh.**)

83. Marx Perlheffter.
84. Joseph Hönig.
85. Joachim Schnatach.
86. Salomon Misslitz Egghauss.

Über der Pruckhen:

87. Salamon Flasch Egghauss.
88. Joseph Lembl (darunter: Joachimb Pollackh).
89. Trestl Rosstauscher.
90. Judenspittal.
91. Hirschl Pollackh.

(Archiv d. Stadt Wien. 36/1656.)

Die Grenzbeschreibung der Judenstadt enthält das im Faszikel 36/1656 enthaltene Aktenstück vom 26. Oktober 1656. Die Peripherie der Judenstadt markierten 9 Grenzsteine: 1. „auf der Closterstrassen an der Herrn Carmeliten Closter Maur und gegen den Schwarzen Pern über biss zum Marchstain No. 2 gegen St. Francisco und des Gwöhr Inhaber Hauss über"; Ausmaß: 67 Klafter, 2 Schuh. — 2. Von Stein Nr. 2 bis zum Stein Nr. 3 „am Eckh auf die Paumb gegen den Täbor", 29 Kl. 4 Sch. — 3. Vom Stein Nr. 3 bis zum Stein Nr. 4 „gegen der Thonau auf den obern Wörth und den neuerbauten Creuz", 59 Kl. 4 Sch. — 4. Vom Stein Nr. 4 bis zum Stein Nr. 5 „gegen den Würthshauss Grienpaumb zue", 45 Kl. $^1/_2$ Sch. — 5. Vom Stein Nr. 5 bis zum Stein Nr. 6 „am Eckh auswehrts gegen dem Tabor", 102 Kl. $5^1/_2$ Sch. — 6. Vom Stein Nr. 6 bis zum Stein Nr. 7 „gegen der Gassen über, zwischen des Ölers Summerer und der Juden neulich von Wilhelm Schmid erkaufften Grund aufwerths gegen der Donau", 64 Kl. 4 Sch. — 7. Vom Stein Nr. 7 bis zum Stein Nr. 8 „gegen dess Hanns Häkhner Hauss über", 132 Kl. 1 Sch. — 8. Vom Stein Nr. 8 bis zum Stein Nr. 9 „bey der Juden herinern Stadtthor gegen Georg Prüxners Hauss über", 97 Kl. 4 Sch. — 9. Vom Stein Nr. 9 bis zum Stein Nr. 1 „umb dass Rundell an der Herrn Carmeliter Closter hinumb", 99 Kl. 4 Sch.

*) 77 übersprungen.

**) Ohne Numerierung.

3. Beschreibung und Schätzung der Judenstadt.

Den 23 Juny Ao. 1660 die Beschreib- und Schätzung der Juden Heüser über der Schlagpruggen, in Beysein der von ainem löbl. Stattrath verordtneten Herrn Commissarien, alss Herrn Georg Grötschl, Herrn Sebastian Feichtner und Herrn Georg Poppen Gem. Statt Grundtschreiber alle drey dess Äussern Raths, sambt denen Richter und Geschwornen im Undern Wörth, wie auch die Steurdiener in dem Stuben Viertel und die Verordtneten Werkh-, Beschau- und Schätzmeister forgenomben worden.

Zur rechten Handt, wan man von Prixnerischen Hauss hinein gehet.

1. Veith und Gerstl Munkh beede Gebrieder und Handlsleith. An ihren Statt Thor an 2 mit Holtz verschlagene Läden, daran 9 gewölbte Gewölber, dorvon 6 Thüren der Gewölber in Hoff gehen, darauf 2 klaine Kämerl, die Einfarth gewölbt, zur linkhen Handt am Eingang 1 Vorhauss, Kuchel gewölbt, 1 Stuben, 2 Khämer, die Stiegen hinauf 1 Stiberl mit Ibss Arbeith, dorneben der Abtritt; item im ersten Gorn 1 Vorhauss und Kuchel, beede gewölbt, 1 Stuben, doran wider ein grosse Stuben, so underschlagen, doran ain Camer mit Gibss Arbaith, dorbei ain Abtritt, gegen iber der Kuchel ain Potten, zwey Kheller, ain Prun im Hoff und ain Gartten, darin ain Lusthauss, im Hoff ain Schupfen, das Tach halb Ziegl halb Schindl. 5500 fl.
2. Obbemelten Gerstl Munkhen gehörig. Zum Eingang ain Vorhauss, ain Kuchel, ain Stuben, ain Camer, ain Keller, im Hoff über ain Stiegen ain Vorheussl, 1 Kuchel, 1 Stuben, doran ain Camer, aber ain Stubencamer, nichts gwölbt alss die Kuchel und Keller, hilzene Stiegen bis an Potten, ain Abtritt und alles ganz paufellig. 800 fl.
3. Jacob Schneider,[1]) ain Schneider seines Handtwerchs. Zum Eingang 1 Vorheissl, Kuchl, 1 Stuben, 1 Camer über 1 Stiegen ain Vorheissl, 1 Stuben, 1 Cämerl, 1 Kuchel, die ist gwölbt, 1 Höfl, ain Prunen, hilzene Stiegen und ain Schindltach. 400 fl.

---

[1]) Kaufmann a. a. O. S. 76 liest diesen und den Namen des Besitzers von Haus Nr. 9 irrtümlich „Schmied".

4. Gerstl Schlesinger Handlssman. Ain Vorhäussl, 1 Kucherl, ist gwölbt, 1 Stuben, 1 Camer, 1 Höfl, ain klaines Gärtl, hilzene Stiegen, ain Schindltach und alles gar schlecht paudt. 600 fl.
5. Hirschl Mayr. Ain Vorhauss, so gwölbt, ain Keller, ain Gwölb gegen über 1 Stuben, ober ain Kuchel und ain Stüberl, über der Stiegen 1 Kuechl, 1 Stuben, 1 Vorheüssl und siben Camer, 1 Cämerl, 1 Potten, die Stiegen mit Stain, zu ebner Erden ain Cämerl, 1 Hoff, 1 Prunen und der Abtritt, 1 Keller, alles von Holz, das Tach und Stiegen. 1800 fl.
6. Wolff Flökhl Judt. Im Eingang ain Vorheussl, 1 Kuchl, ist gewölbt, 1 Stubn, 2 Cämer, 1 Höffl, die Stiegen hilzen, 1 Keller, ain Potten, 1 Stuben, 2 Cämer, 1 Gwölb zu ebner Erden, ain Schindltach, alles aber ganz paufällig 350 fl.
7. Israel Johaimb, Handlsman bey grienen Wolffen Hauss genandt. 1 Handlsgwölb, 1 Keller, 1 Stuben, 1 Camer, ist gwölbt, 1 Kuchel, 1 Stüberl, ain Hoff, das Tach von Schindl. 750 fl.
8. Hierschl Munckh. Zum Eingang 1 Kuchel, 1 Stuben, 1 Cämerl, ist gewölbt, ain Cämerl oder Laden auf Gassen, 1 Höffel, darneben 1 klaines Heissl, 1 Stiberl, 1 Cämerl, 1 Gwölb mit Holz, hilzene Stiegen, Kuchel und Offen alles ains, ain schlechtes Schindltach. 650 fl.
9. Mayr Schneider, ain Schneider. 1 Stuben, 1 Camer, 1 Gwölb mit Holz auf Gassen, Offen und Kuchel beisammen, 1 Höffel, alles Holz und schlecht paudt.. 500 fl.
10. Sallomon Auerpach. 1 Hoff, 1 Kuchel, 1 Stuben, 1 Camer auf Gassen, alles schlecht von Holzwerch. 350 fl.
11. Jacob Saloman, Handlssman. Zu ebner [Erden] 1 Stuben, 1 Camer, 1 Kuchel, 1 Vorhauss, alles gwölbt; im andern Gorn 2 Stuben, sauber und wolbaut, von Ibss, 1 Kuchel gwölbt, 1 sauber Pottenstiegen von Stain, 1 Höffel, ist sonst ain Durchgang. 1500 fl.

Am Rande der Vermerk: *Der Gmain gehörig.*

12. Abrahamb Höcht, Juden Richter. 1 Vorheissl im Eingang, 1 Stuben, 1 Cämerl, 1 Kuchel, 1 gegen über in dem neuen Stokh; zur ebner Erden 1 Stuben, 2 Gwölber hinein und 2 auf Gassen, ain gwölbte Einfarth, die Stiegen hinauf 1Vorhauss, zur rechten Handt 2 Stuben nach einander, 1

Camer doran, noch ain Stiegen hinauf ain klains Stüberl, darin seine Kinder studirn; die Stiegen von Stain, biss in ander Gorn auf dem Potten, ober die Stiegen von Holz, das Tach von Zigl; der neue Stokh ist nit außgebaudt. 6500 fl.

13. Joachimb Munckh. Im Eingang 1 Vorheissl, 1 Stuben, 1 Kuchel, 1 Cämerl, 1 Höffl, die hilzene Stiegen hinauf 1 Vorheussl, 1 Kuchel, 1 Stuben, 2 klaine Cämerl, alles von Holzwerch. 700 fl.

14. Jeremias Mayr, Richter. Ain Vorheissl, 1 Stuben, 1 gwölbte Camer, die Stiegen von Stain, 1 Kuchl, 1 Stuben, undern Tach 2 verschlagene Cämer, 1 Schindltach, 1 Hoff, 1 Prunnen, 1 Keller. 900 fl.

15. Lebel Pyrschenkh. Im Eingang 1 Camer, 1 Vorheussl und Kuchel, 1 Keller, 1 Stuben, 1 Gwölb auf Gassen, 1 Höfl, die Stiegen von Stain hinauf, 1 Vorheissl, 1 Kuchel doran 1 Stiberl, aber 1 Stuben, doran 1 Kämerl, alles mit Gibss Arbaith; auf dem Potten 1 hilzene Stiegen, ain Schindltach. 1200 fl.

16. Mändl Zigan, Schniermacher. 1 Vorheussl und Kuchl, ain Laden auf Gassen, ain underschlagen Stuben, 1 Camer, hinauf die Stiegen ain Stibl und Camer von Holz, 1 Prun, 1 Höffl, stehet offen, 1 Khellerl, alles ganz paufellig. 350 fl.

Moyses Neustädl, öedter Grundt p. 40 Claffter.

17. Joseph Claa. Im Eingang Vorheussl und Kuchel, 1 Stiberl, 1 Camerl, ist gwölbt, 1 Höffl, Schindltachwerch. 200 fl.

18. Josephs Plan Erben. Im Eingang 1 Stuben, so underschlagen, 1 Kuchel im neuen Stokh, ein Eingang von Höffl, 1 Vorheussl sambt der Kuchel, 1 Stuben, 1 Camer, aber 1 Stibel gegen über ain stainerne Stiegen hinauf ain Vorheussl und Kuchel, 1 Stuben und Cämerl, dorneben ain verschlagener Potten und noch ain Potten dorneben; halb guet pauth und halbes schlecht. 950 fl.

19. Sallomon Israel, Handlssman. Im Eingang 1 Höffl, 1 Gartten, 1 gwölbte Stuben, 1 gwölbte Kuchel und Cämerl, aber 1 Camer, 1 Keller, die Stiegen mit Holz, 1 Vorheussl und Kuchel, 1 Stuben, 1 gwölbte Camer, ain neuerpauter Stokh, 1 Gwölb auf Gassen. . 220 fl.

20. Sallomon Schater oder Fleischhackher Erben. 1 Gwölb auf Gassen, im Eingang 1 Vorheussl, 1

gwölbte Kuchel, doran ain verschlagene Holz Camer, 1 Stibl,
1 Cämerl, aber ain Cämerl, 1 Stübl, auf dem Potten, ain
Schindltach, 2 Gwölber, 1 Kheller. 750 fl.

21. S a m u e l I s r a e l. Neuer Grundt, so angefangen zu bauen,
ist bey voriger Schätzung begriffen.
Am Rand: *Zu obigen gehörig.*

22. L e m b e l R ü s s. Zu Eingang der Rechten auf die Gassen 1
Gwölb, 1 Einfarth gwölbt, linkhe Handt 1 Stuben und 1 Kuchel
doran, 1 Camer, 1 hilzene Stiegen, dorob 1 Stuben, 1 Camer
und Vorheussl, über noch ain Stiegen Vorheussl, zur Rechten
1 Stuben, 1 Camer, gegenüber 1 Camer, Schindltach alles Holz-
werch, im Höffl 1 Waschkuchel, 1 Prunn, 1 Löberhitten ob
der Waschkuchl. 1350 fl.

23. A b r a h a m b H ö c h t, R i c h t e r. Auf der Gasse 2 Handlss-
gwölber, 1 Keller, Einfarth gwölbt, zur Linkhen im Hoff
1 Gwölb, hinden im Hoff 1 Kuchel, Stuben, alles gwölbt, ain
stainerne Stiegen hinauf, zur Rechten 1 Vorhauss, 1 Kuchel,
1 Stuben mit Stucator Arbeith, gegen über 2 Stuben, 1 Camer
mit Gibs Arbeith, 1 Vorheissl, noch 1 Stiberl, das Tach mit
Zigl, 1 Prunen und Gartten, so ganz öedt. 3500 fl.

24. J u d a s s P o l l ä k h. Auf der Gassen 1 Gwölb, 1 Keller, die
Einfarth gwölbt, dorunder der Prunen, zur Rechten hinein
1 Stibel, 1 Cämerl gwölbt, 1 stainerne Stiegen hinauf 1 Vor-
hauss, 1 gwölbte Kuchel, 1 Stuben, 1 Camer, die Loberhitten,
der Potten, daroben ain underschlagene Camer, 1 Stüberl, das
Tach von Schindl. 1100 fl.

25. A r o n F r ä n k h l. Das alte Ekhhauss: auf der Gassen 2 von
Holz verschlagene Läden, 1 Keller, im Eingang 1 Vorheussl,
1 Kuchel, 1 Stuben, 1 Camer. Item doran mehr 1 Stuben,
1 Camer, gegenüber 3 Stöffl hinauf 1 gwölbte Camer, 1 Hoff,
1 Prunen, der Potten mit Ziegl pflastert, das Tach von Schindl
und 2 verschlagene Cämer.
Item M o ÿ s e s F r ä n k h e l, H a n d l s s m a n. Im Eingang
zur rechten Handt, 1 Camer, 1 Kuchel, 1 Cämerl, ist gwölbt,
ain stainerne Stiegen hinauf, zur Linkhen 1 Stiberl, 1 Cämerl,
1 Cämerl im Vorheissl, dorneben die Kuchel, doran 1 Stuben
von Gibs Arbeith, doran ain gwölbte Camer, alles sauber, noch
über ain Stiegen 1 Stüberl und Cämerl, der Potten under Tach
pflastert; das Tach halb Ziegl und halb Schindl, ain Potten, 2

verschlagene Cämer, die Einfarth gwölbt und 1 Keller. 1500 fl.

NB. Dise beeden Heüser werden von bemelten beeden Briedern bewohnt, und alle 3 Jahr mit der Wohnung umbgewexlet.

26. Marx Fränkhl Erben. Der Eingang gwölbt, 1 Vorheussl, 1 Kuchel, 1 Stuben und 1 gwölbte Camer, der Potten und 2 verschlagene Cämer, im Hoff ain Prunen, 1 klaines Gärtl, ain Schupfen, die stainerne Stiegen hinauf 1 Vorheussl, 1 Kuchel, 1 Stuben, 2 Kämer, nichts gwölbt, daroben der Potten, das Tach mit Schindl; gegen über ain Stökhl, 1 Vorheussl, Stübel und Kuchel, dorunder 1 Gwölb, 1 Keller und hilzene Stigen. 1000 fl.

27. Isaac Wallenstainer, ohne Handlung. Im Eingang 1 Vorhaus, 1 Kuchel, 1 Stiberl, 1 Cämerl, ain Hoff zur rechten Handt, 1 Vorheussl, 1 Kuchel, 1 Stüberl, 1 Kämerl, alss schlecht von Holzwerch, 1 Prunen.
Item im andern Stökhl ebner Erdten 1 Kuchel, 1 Stuben, 1 Kamer, 1 Holz Camer, doran 1 hilzene Stiegen, 1 Kuchel, 1 Stuben, 1 Camer, gegen über 3 verschlagene Kämer, dorauf 1 Potten, alles Pundtwerch und ganz paufellig. 800 fl.

28. Moyses Fränkhl Erben. Im Eingang der Keller, 1 Kuchl gwölbt, 1 Stuben, 1 Camer verschlagen, item ain Kämerl an der Kuchel, 1 Höffl, 1 Prunen, der Gartten, ain Stiegen in Hoff hinauf mit Holz, 1 Stiberl, 2 verschlagene Cämer, 1 Hertl ohne Kuchel, gar schlecht paudt, das Tach mit Schindl. 450 fl.

29. Lembel Riss. 1 Camer im Eingang, zur Rechten 1 Kuchl, doran 1 Kamerl, 1 Stuben, 1 Camer, alles Holz, 1 Höffel, 1 Keller, Schindltach und alles paufellig. 150 fl.

Jacob Schlesingers Erben. Oedter Grundt.

30. Jacob Schlesingers Erben. Zu ebner Erdten 1 Vorheissl, im Eingang 1 Kuchel, 1 Stuben, alles gwölbt, 1 Keller, gegen über 1 Stuben, 1 gwölbte Camer underschlagen, 1 stainerne Stiegen zu Rechten, 1 gwölbtes Vorheissl, 1 Stuben, 1 Camer mit Gibs Arbeith, gegen über ain Stuben, 1 Kuchel, ist gwölbt, 1 Löberhitten biss an Potten, stainerne Stiegen am Potten, 3 verschlagene Camer, im Höffel zur Rechten ain gwölbte Camer, 1 hilzene Stiegen im Höffl hinauf, 1 Vorheissl, 1 Stuben, 1 Kuchel, 1 Camer, alles Holzwerch, 1 Prunen und Schindltach. 1800 fl.

Ex dextro.

31. Hierschl und Lebel Luzerl. 1 Kuchl, 1 Stuben, 1 Camer von der Strassen zur Rechten hinein, zur Linkhen 1 Keller, 1 gwölbte Stuben und Camer, 1 Stiegen von Holz hinauf, 1 gwölbtes Vorheissl, 1 Stibel und Kuchel gwölbt, 1 Stuben und Camer ohne Gwölb, aber 1 Stuben, 1 Camer, darauf ain schlechter Potten.

Item im Hoff 1 hilzene Stiegen, 1 Vorheissl und klainers Stiberl, doran 1 Kuchel, 1 Abtritt, gegen über 1 Keller auf der Landtstrassen, under der Stiegen 1 gwölbte Stuben, 1 Kuchl, 1 Prunnen, dorbei ain öedter Grundt. . 1600 fl.

32. Moyses Kirschner, so erst diss Jahr angefangen zu erpauen, und nit bewohnt, auch nit geschätzt worden.

33. Perl Goltschmidt. In Eingang Vorhauss und Kuchel, 1 Stibel und Cämerl, zur Linkhen 1 Stibel, 1 gwölbte Camer, 1 stainene Stiegen, ist nit gar aussgebaudt, oben 1 Vorhauss und Kuchel, doran 1 Stuben und Camer, alles gwölbt; dorneben 1 Stuben, 1 Camer; item wider 1 Stuben, die Stiegen an Potten von Holz, die Stiegen hinundter 1 Vorheissl sambt der Kuchel gwölbt, 1 Stuben mit Holz, doran 1 Stuben mit Ibss, 1 Camer gwölbt, Vorhauss gwölbt, 1 Keller, 1 Hoff, 1 Prunen im Hoff, 1 Stadl. 3500 fl.

34. 1. Copl Frankhl. In der Haubtgassen, die Einfarth gwölbt, 1 schöner Hoff und Prunen, das Vorhauss gwölbt, zur rechten Handt 1 Kuchel, 2 Stuben und 1 Camer, ist gwölbt, die Stiegen hinauf mit Stain, 1 Sall gegenüber zur Linkhen, 1 Kuchel, 1 Stuben und schöne Camer, ist auch die Camer gwölbt, 1 Keller, 1 Schindltach. 2200 fl.

35. 2. In der diten Gassen. Copl Fränkhl. Der Eingang gwölbt; zur rechten Handt 1 Kuchel, sambt dem Vorhauss, 1 Stuben gegenüber, zur Linkhen 1 Stuben, alles gwölbt, 1 Stiegen hinauf, zur Linkhen 1 Vorheissl und Kuchel, gwölbt. 1 Stuben, 1 Camer mit Ibss, gegenüber 1 Stuben, 1 Camer mit Ibss, noch ain Stiegen hinauf 1 gross gwölbtes Vorhauss und Kuchel, 1 Stuben, 1 Camer mit Ibss, gegenüber 1 saubere Stuben und Camer, 1 Keller ganz neugepaudt, die Stiegen bis an Potten mit Stain, das Tach mit Schindl. 2500 fl.

36. 3. Khopl Fränkhl, gegen Perl Goldschmidt über, in Gässl. Der Eingang von der Gassen, 1 Vorheissl sambt der

Kuchel, zur Rechten 1 Stuben, 1 Camer, die Camer gwölbt, gegenüber 1 Stuben, 1 gwölbte Camer, die Stuben mit Ibss, 1 stainerne Stiegen hinauf, zur Linkhen Handt Vorheissl und Kuchel, alles ains, ain Stuben, 1 Camer mit Ibss Arbeith, aber auf den Potten 1 hilzene Stiegen, 1 Schindltach, 1 Keller, 1 Höffl, 1 Prunen und der ganze Stokh neuerpaudt. 1800 fl.

37\. 4. Khopl Fränkhl. In der Haubtgassen. Der Eingang gwölbt, zur Rechten 1 Handlssgwölb, auf Gassen aber 1 Gwölb, doran 1 Stuben und 2 Camer, alles gwölbt, mehr aus klaine gwölbte Camer doran, 1 Kuchl, doran das Höffl und Prunen, aber 1 Gärtl; zur linkhen Handt aber 1 Gwölb auf Gassen, doran das Holzgwölb, die Stiegen hinauf mit Stain, 1 gwölbtes Vorhauss, 1 Stuben, 1 Camer, gegenüber 1 Stuben, 1 Camer mit Ibss, doran die Kuchel, 1 Stiberl und 1 gwölbtes Cämerl, doran der Potten, die Stiegen mit Stain, ain Schindltach und guett paudt. 3500 fl.

38\. Das Gmain Hauss ist nit geschätzt.

39\. Davidt Ascherls Erben. Auf der Gassen 3 claine Läden, 1 Keller, der Eingang gwölbt, 1 Holzgwölb, gegen über 1 Stiberl und Abtritt, 1 Stiegen mit Stain, aber 1 Kuchel und Vorheissl gwölbt, mehr 1 Stuben, gegenüber 1 Stuben, 1 Camer, ist gwölbt, 1 Schindltach. 800 fl.

40\. Die Sinago (so!) nit geschätzt.

41\. Joel Herlinger. Auf 2 mit Holz verschlagene Läden, der Eingang gwölbt, 1 Keller, 1 Gwölb, 1 Vorhauss, 1 Höffl und Prun, aber noch ain Höffl, darin 1 Gwölb, 1 stainerne Stiegen, doroben 1 Stuben mit Ibss, 1 gwölbte Camer, doran die Kuchel, die Stiegen biss an Potten mit Holz, ain Potten, 1 klaines Stüberl, dass Tach von Schindl. 1000 fl.

42\. Das Wachthauss oder Soldaten Stuben.

43\. Lazarus Käsesser. Der Eingang gwölbt, zur Rechten 1 Stuben, 1 gwölbte Camer, gegen über 1 gwölbte Stuben, doran die Kuchel, 1 Hoff, 1 Prunnen, 1 Gartten, 1 Stallung, die stainern Stiegen hinauf 1 Vorhauss, 1 Kuchel, 1 schöne Stuben, gegenüber 1 schöne Stuben und Camer, alles Ibss Arbeith, 1 Keller, Schindltach, alles guet erbautt. 2000 fl.

44\. Gerstl Galstatt und Adam Jüdl Erben. Auf der Gassen zwen mit Holz verschlagene Läden, der Eingang Holz, 1 Hoff, zur Rechten hinein 1 Vorheissl, Kuchel, Camer, gegenüber 1 Kicherl, 1 Stuben, alles Holzwerch, 1 gwölbte Camer, 1 Keller, 1 Prunen, im Hoff ain Schupffen.

Die hilzerne Stiegen rechte Handt, 1 Vorheissl und Kuchel, 1 Stuben, Camer, dorauf ain Potten, dorneben aber ain Kuchel, 1 Stuben, 1 Camer.

Der Stokh gegenüber zur ebner Erdt 1 Vorheissl, 2 Camer, 1 Stuben, 1 Kuchel, 1 hilzene Stiegen hinauf 1 Stuben, 1 Camer, 1 Vorheissl, 1 Kuchel, neben der Kuchel aber 1 Stuben und 1 verschlagenes Cämerl, 1 Prunen; alles Schindl und Holzwerch, gannz paufellig. 600 fl.

45. Mayr Prug, Perlhefffter. Im Eingang zur rechten Handt ebner Erdt 1 Vorheissl und Kuchel, 1 Stuben und Camer, auf Gassen 1 Stiberl, doran 1 hilzene Stiegen, doroben 1 verschlagene Kamer, 1 Vorheissl und Kuchel, 1 Stuben, 2 Kämer, alles von Holz und ganz paufellig. 400 fl.

46. Fichtorin Lazarus. Zum Eingang 1 Stiberl, 1 Kuchel, 1 Hoff, 1 Prunn, 1 Keller, ain gwölbtes Camerl auf Gassen, 1 hilzene Stiegen hinauf 1 Vorheissl, aber 1 Stiegen hinauf 1 Kuchel, 1 schöne Stuben mit Ibss, also doran ain Kämerl, das Tach von Schindl. 900 fl.

47. Wendtl Scheuch. Der Eingang alles Holz, 1 Kuchel, 1 Stuben, 2 verschlagene Cämerl, 1 Hoff und Prunen, alles schlecht und paufellig. 150 fl.

Ain öedter Grunndt so bey 44 Claffter.

48. Samuel Perling. Eingang, 1 schöner Hoff, 1 Prunen, 1 Keller, die Stiegen hinauf von Stain, 1 Vorheissl, 1 Kuchel, 1 Stuben, 1 gwölbte Camer, ober neben 1 klaines gwölbtes Cämerl, aber 1 Stiegen hoch ain Kuchel und Vorheissl, 1 Stuben, gegenüber 1 Camer von Holz, das Tach von Schindl. 1200 fl.

An der Stattmaur ain oetter Grundt bey 70 Claffter der Gmain gehörig.

Ex dextro.

49. Hierschl Prodt. Im Eingang 1 Vorheissl, rechte Handt 1 Stuben, 1 Camer, 1 Kuchel, gegenüber 1 schlechts Cämerl, dorneben 1 Kuchel, 1 Vorheissl, 1 Stuben, gegenüber 1 Kamer, 1 Prun, aber verschitt, alles Holzwerch, schlecht und paufellig. 95 fl.

50. Michael Gerstl. Die Einfahrt gwölbt, zur linkhen Handt 2 Kuchel, 1 Stuben, 1 Camer, 1 gwölbte Stuben, ain

Stiegen mit Stain hinauf, zur Rechten 1 Vorhauss, 1 Stuben, so underschlagen, 1 Gwölb, darin 2 verschlagene Cämer, 1 Kuchel und klaines Khämerl, aber 1 hilzene Stiegen auf den Potten und doroben 1 gwölbtes Kämerl, item am Potten 1 verschlagene Kämer, 1 Schindltach, 1 Keller, 1 Hoff, 1 Prunen, im Hof ain Cämerl. 1500 fl.

51. Samuel Goltschmidt, zum plauen Monschein. Der Eingang gwölbt, 1 Vorhauss zur Rechten, auch gwölbt, 1 Kuchel, 1 Stuben, 1 gwölbte Camer, underschlagen, 1 stainerne Stiegen hinauf 1 Vorhauss und Kuchel, 1 Stuben, 1 klaines Kämerl, aber alda 1 Camer, 1 Stuben, nichts alss Kuchel gwölbt, ain hilzene Stiegen an Potten, an der Stiegen 1 verschlagenes Kämerl, dorbei 2 verschlagene Cämer, ain Hoff, 1 Prunen.
Aber ain neues Stökhl, zur ebner Erdt rechte Handt, Vorheissl und Kuchel, 1 Stiberl, 1 Cämerl, dorneben 1 gwölbtes Vorheissl, 1 Stuben und Cämerl gwölbt, ain Stall, doran ain hilzene Stiegen hinauf, 1 Vorheissl und Kuchel, 1 Stuben, 1 Camer, alles Holzwerch, ain Schindltach ohne Pflaster, 1 Hoff, dorinnen ain Schupffen, 1 Keller, zimblich paufellig. 2000 fl.

52. Davidt Fränkhl Erben. Die Einfarth gwölbt, zur linkhen Handt 1 Stuben, 1 Camer, 1 Kuchel, 1 Vorheissl, alles gwölbt, under der Einfarth der Prunen, doran 1 Vorheissl, 1 Kuchel, ain Stuben, 1 Cämerl, aber bei dem hindern Thor 1 Vorheissl, Kuchel, 1 Stuben, 1 Cämerl mit Holzwerch, doran 1 Gartten. Zur rechten Handt 1 Potten, das Tach mit Schindl, ober der Einfarth 1 Cämerl, aber 2 verschlagene Cämerl, im Hoff die stainerne Stiegen hinauf 1 Vorhauss, 1 Stuben, 1 Cämerl, doran 1 Stibl, 1 grosse Stuben mit Ibss, 1 gwölbte Camer, aldo noch ain Stiegen hinauf 1 gwölbtes Vorhauss und Kuchel, doran 2 Cämer, verschlagen, 1 schöne Stuben, aber doran 1 Camer, alles Ibswerch, die Stiegen biss an Botten mit Stain, 1 Ziegltach, der Potten oben nit pflastert, Keller. 5500 fl.

53. Zacharias Mayr. Die Einfarth gwölbt, 2 Gwölber auf Gassen, zur Linkhen hinein 1 Gwölb, in der Einfarth 1 stainerne Stiegen hinauf 1 Vorhauss, 1 Kuchel, 1 Stuben, ain Camer mit Ibss Arbeith, 1 gwölbtes Stiberl, gegenüber 1

Stuben, 1 Camer, auch mit Ibss, noch ain Stiegen hinauf zur Rechten 1 Stuben, 1 Camer, gegenüber 1 Stuben, 1 Cämerl, 1 Kuchel, doran 1 Cämerl mit Holzwerch, die Stiegen auf den Potten mit Holz, aber thaill alles oedt und paufellig, 1 Hoff, doran der Gartten, im Gartten ain Lustheissl, 1 Stallung, doran 1 Speissgwölb und noch ain Gwölb doran, 1 Schindltach, ganz paufellig, 1 Keller, den Prunen khan man mit Pumpen biss undern Tach schöpffen in pleyen Röhren. 2600 fl.

Item noch ain Heissl darneben, 1 Keller auf Gassen, ain verschlagener Laden oder Zimerl, dorin ain Offen ist, Vorheissl und Kuchl, doran aber 1 Kicherl, 1 Stuben, 1 Camer, alless paufellig, doroben über 1 hilzene Stiegen 1 Vorheissl, 1 Cämerl, 1 Kuchel, 1 Stuben, 1 Camer, noch ain Stiegen an Potten, dorbei 1 Kuchel, 1 Camer, 1 Stuben, alles Holzwerch und ganz paufellig. 850 fl.

54. Seich Jüdl. Gegen der Neuen Sinago über. 1 Vorheissl. 1 Stuben, 1 Camerl und Kuchel, aber dorneben 1 Vorheissl, Stuben und verschlagene Camer, ober der Stiegen 1 Kuchel, 1 Stuben 1 Camer, auf der Gassen 3 Läden, 1 schlechter Keller, alles paufellig und lautter Holzwerch. 600 fl.

55. Abraham Prodt Erben. Die Einfarth alles gwölbt, zur Rechten hinein über 3 Stäffl 1 Forheissl, 1 Gwölb, 1 gwölbtes Stiberl, die Stiegen hinauf 1 gwölbte Kuchel, gegenüber 1 Stuben, 1 gwölbte Camer, 1 Stuben mit Ibss, aber 1 Stiegen hinauf zur Rechten 1 gwölbte Camer, 1 gwölbtes Vorhauss, 1 Stuben von Ibss, aber 1 gwölbte Camer, 1 Stuben mit Ibbs, die Stiegen biss auf den Potten stainern, 1 Schindltach, 1 Hoff, 1 Prunen, ain Gärtl, alles schlecht, aber im Hoff ain gwölbtes Stiberl, zur Rechten heraus ain Handlssgwölb. 2500 fl.

56. Jacob Prisch Erben. Die Einfarth gwölbt, zur Rechten ain Stiegen hinauf 1 Vorhauss, 1 Kuchel, beede gwölbt, 1 Stuben mit Ibss, 2 gwölbte Cämer, auf den Potten die Stiegen mit Holz, 1 Ziegldach, im Gängl daroben 1 Löberhutten mit Stain pflastert, herundten widerumb zu ebner Erdten under der Stiegen 1 Vorheissl, 1 Kuchl, 1 Camer, alle drey gewölbt, alda gegenüber zur ebner Erdt 1 Vorheissl, 1 Stuben, 1 Camer, 1 Kuchel, alles gwölbt, 1 Keller.

Darneben aber 1 stainerne Stiegen hinauf 1 Vorheissl und Kuchel, 1 Stuben, 1 Camer mit Ibss, auf dem Gängl zur rechten Handt 1 Vorheissl, 1 Kuchel, 1 Cämerl, 1 Stuben, doran 1 verschlagene Camer mit Ibss, am Gängl zur linkhen Handt in Eingang 1 Stuben, 1 gwölbte Camer, doran 1 Vorheissl und Kuchel, gwölbt, im Hoff der Prunen und 2 Gwölber in Hoff, das Tach and in Ziegl, 1 Keller.
Aber von der Gassen hinein: der Eingang gwölbt, 1 Vorheissl, 1 Kuchel, 1 Stuben, 1 Camer, das Höffl, dorinnen über 1 Stiegen mit Stain, 1 Vorheissl, 1 Kuchel, 1 Stuben mit Ibss, ain gwölbtes Cämerl, ain hilzene Stiegen an Potten, 1 Keller, aber zu ebner Erdten aber 1 Kuchel, 1 Cämerl, 1 Stuben und verschlagene Camer, alles gwölbt, im Höffl zu ebner Erdt 2 verschlagene Holz-Cämerl, 2 Gwölber auf Gassen undZiegltach, 1 Keller. 7200 fl.

57. L e b P o l l ä k h e n E r b e n. Im Hoff zur Rechten 1 Vorheissl und Kuchel, 1 Stuben, 1 Cämerl, gegenüber ain Holz Camer, gar schlecht, aber gegen über 1 gwölbtes Stiberl und Camer, neben dass Thor der Prunen, 1 gwölbtes Vorheissl, 1 Kuchel, 1 Stuben, 1 gwölbte Camer, 1 Keller, alda ain stainerne Stiegen hinauf 1 Vorhauss, 1 Kuchel, 1 Stuben, 1 Camer von Holz, an der Stiegen 1 Kucherl, 1 Stiberl, 1 Cämerl, nichs gwölbt, ain stainerne Stiegen biss under den Potten, 1 schlechts Schindltach, doroben 2 verschlagene Cämer. 850 fl.

D a s s E k h h i n u m b i n d e r l e s t e n G a s s e n.

58. I s a a c R i s s. 1 Vorhauss von Holz, 1 gwölbte Kuchel, 1 Stuben und ain gwölbte Camer, aber ain gwölbtes Stiberl, 1 Cämerl, 1 Hoff, dorinnen ain Löberhitten, dorundter 2 Holz Cämer, 1 hilzene Stiegen hinauf 1 Stuben, 1 klains Kämerl, aber ain Cämerl, 1 Kuchel, so gwölbt, aber ain Zimer, welches mit aussgebaudt ist, 1 Keller, 1 Schindltach, alles schlecht. 500 fl.

59. M o y s e s L e i n p a u m b u n d M a r x I s e r l. Der Eingang von Holz und 3 mit Holz verschlagene Cämerl, 1 Stuben, 1 Camer, alles Holz, 1 gwölbte Kuchel, ain hilzene Stiegen hinauf 1 gwölbte Kuchel, 2 Stüberl, 1 Camer, 1 Potten, das Tach mit Schindl und paufellig, 1 Höffl, 1 Prunen und 2 verschlagene Holz Cämer, 1 verschlagenes Gärtl. 360 fl.

60. Abrahamb Perlheffter und seind doran drey Parthey. Im Eingang 1 Keller, 1 Stuben, 1 Camer, 1 Kuchel, 1 klain gwölbtes Cämerl, doran 1 Kuchl, 1 Stuben und 2 verschlagene Cämerl auf Gassen, 1 Höffel, 1 Prunen, 1 Holz Camer, im Höffl ain hilzene Stiegen hinauf 1 Kuchel, 1 Stuben, 2 Cämerl, alles Tach von Schindl und ganz paufellig. NB. Dass ist das Ekh Hauss ins Gössl. 315 fl.

61. Isaac Wurbsers Erben. In Eingang 1 Hoff, 1 Keller, 1 Vorheissl, 1 Kuchel, 1 Stuben, dorneben 1 Stuben und 2 verschlagene Cämerl, 1 Kuchel, das Tach gar schlecht von Schindl. 220 fl.

62. Jonas und Joseph Schlambach. Der Eingang gwölbt, zur Rechten 1 Stuben, 1 Camer mit Holz, gegenüber 1 Stuben, 1 Camer, 1 Kuchel, 1 hilzene Stiegen hinauf 2 Stuben, 2 Camer, 1 Kuchl, 1 Schindltach, doroben 2 verschlagene Cämer, 1 Höffel. 1150 fl.

63. Davidt Natan. Der Eingang gwölbt, 1 Stuben, 2 gwölbte Cämer, 1 Kuchel, 1 Höffl, 1 Prunen, ain stainerne Stiegen hinauf 1 schöne Stuben mit Ibss, 1 gwölbte grosse Camer, 1 Stuben, 1 Kuchel, die Stiegen an Potten mit Holz, 2 verschlagene Cämer, 1 Stiberl, doran aber 2 verschlagene Cämerl, der Potten mit Ziegel pflastert, ain Schindltach, guet paudt. 1100 fl.

64. Zacharias Mayr. Neuerpauter Stokh an die Sinago. 1 gwölbtes, 1 Kucherl, 1 Stiberl, 1 Camerl, 1 Keller, ain Stiegen hinauf 1 Vorheissl, 1 Kuchel, 1 Stuben, 1 Cämerl, alles gwölbt, am Potten ain hilzene Stiegen, 2 verschlagene Cämerl und Schindltach. Dorneben 1 Hoff, die Einfarth gwölbt, zur Rechten hinein ebner Erdt 1 Vorheissl und Kuchl, 1 Stiberl, 1 Camerl, alles gwölbt, die stainerne Stiegen hinauf 1 Vorheissl und Kuchel, 1 Stuben, 1 Cämerl, alles gwölbt, aber ain hilzene Stiegen am Potten 2 verschlagene Cämerl, auch Schindltach, 1 Keller.
Im Hoff 1 Prunen, aber 1 Vorheissl, 1 Stuben, 1 Cämerl, 1 Keller, aber ain stainerne Stiegen hinauf, 1 Vorheissl, 1 Kuchel, 1 Stuben, 1 Camer, alles gwölbt, den Potten 2 verschlagene Cämer. Die Stiegen daneben hinauf mehr 1 Vorheissl, 1 Stuben, 1 Camer, 1 Kuchl, alles gwölbt, der Potten, vorige Zimerl. Neben der Stiegen zu ebner Erdten 1 Keller. Vorheissl, 1 Kuchl, 1 Stuben und Camer.

Doran noch 8 dergleichen Zimerl, alles ganz neu und nit gar aussgebauth. 5000 fl.

E x d e x t r o, d i e S e i d t e n g e g e n ü b e r.

65. M a r x B e n e d i c t E r b e n. Der Eingang gwölbt, 1 Stuben, 1 Camer, 1 Kuchel, doran 1 Stuben, 1 Camer, gegenüber 2 Gwölb zur Speiss, alles gwölbt, ain schlechter Hoff und Prunen, 1 Vorhauss, 1 Keller, 1 stainerne Stiegen hinauf 1 Vorhauss, schöne Stuben und Camer mit Ibss, 1 Stiberl, dorob die Löberhitten, gegenüber 1 Kuchel, 1 klains Cämerl, 1 Stuben, alles Gibsarbeth, auf den Potten 1 hilzene Stiegen, 1 Schindltach, aber guet paudt. 2050 fl.

66. E l i a s W u r b s s E r b e n. Der Eingang gwölbt, 1 Stuben, 1 gwölbt Camer, 1 klaines Stiberl, 1 Kellerl, doran die Kuchel, 1 Höffl, 1 verschlagenes Gärtl, 1 schlechter Prunen, 1 hilzene Stiegen hinauf 1 Kuchel, 1 Stuben, 1 Camer, alles Holzwerch, doran der Potten und 2 verschlagene Camer, ain Schindltach und schlecht pautt. 415 fl.

67. H i e r s c h l B e n e d i c t. Der Eingang gwölbt, 1 Stuben, 1 große gwölbte Camer, 1 Kuchel, gegenüber 1 verschlagene Camer, 1 Höfl, 1 Stall auf 3 Pferdt, 1 Holzcamer, ain hilzene Stiegen im Hoff, dorundter 1 Holzcamer, doroben 1 Stuben, 1 Camer, aber ain Stiegen 1 Kuchel, 1 Stuben, 1 Vorheissl, 1 Cämerl, aber 1 Vorheissl und schlechte Stuben, dorob der Potten, 1 Keller, das Tach von Schindl, alles schlecht paudt. 500 fl.

68. B e n e d i c t M o y s e s, E i s e n c r a m e r. Der Eingang Holz, 1 Stuben, 1 Kuchel, 1 Cämerl, 1 Höffl, 1 Prunen, ain Stall in Hoff, ain hilzene Stiegen hinauf ain Vorheissl und Kuchel, 1 Stuben, 1 Cämerl, doroben ain schlechter Potten und alles paufellig. 150 fl.

69. S a m u e l K a l c h s t a d t. Der Eingang Holzwerch, 1 Stuben, 1 Kuchel, doran 1 Camer, 1 Höfl, 1 Stibel, 1 klaines Cämerl, ain hilzene Stiegen hinauf 1 Cämerl, dorneben 1 Cämerl, 1 Kuchel, 1 Stuben, ain verschlagener Potten und guets Schindltach. 215 fl.

M a r x P o s s w i t s c h e r. Oedter Grundt, aber mit ainer Plankhen eingefangen. 3 Claffter eingefangen mit der Plankhen.

Ex dextro über Gassen.

70. Moyses Neustädl, Handlssman. Auf der Gassen die Stiegen hinauf von Stain doroben 1 Vorhauss, 1 Kuchel, 1 Stuben, 1 Camer mit Ibbsarbeith, aber noch 1 Stiberl, am Hoff 1 Prunen, 1 Holzcamer, doran ebner Erdten 1 Vorhauss, 1 gwölbt Kuchel, 1 schöne Stuben, 1 gwölbt Camer, 1 gwölbtes Stiberl, 1 Keller, dass Tach mit Schindl, am Potten ain Zug, alles guet und neuerpaudt. 2500 fl.

In die Gassen negst an Neustädl.

71. Lebel Mayr. Der Eingang alles Holz, 1 Stuben, 1 Camer, 1 Kuchel, Camer, ain Hoff, ain Prunen, ain hilzene Stiegen an Potten, dorbei 3 verschlagene Cämer, ain schlechts Schindltach, 1 Keller auf Gassen. 180 fl.

72. Isaac Jänisch Erben, Münz Jubelier. Der Eingang Holz, 1 Stuben, 1 Camer, 1 Kuchl, 3 verschlagene Cämerl, ain Hoff, dorin 1 Stadl auf 12 Pferdt, 1 Prunen, ain hilzene Stiegen hinauf 1 Kuchel, 1 Stuben, 1 Camer, aber doran 1 Kuchel, 1 Stuben, 1 Cämerl, doroben der Potten, alles schlecht in Pau von Pundtwerch, ain Schindltach. 220 fl.

73. Abrahamb Herzfeller Erben. Der Eingang alles Holz, 1 Stuben, 1 Camer, der Potten und ganz Heissl alles schlecht. 50 fl.

74. Wenzl Mayr. Der Eingang alles Holz, 1 Stuben, 1 Camer, 1 Kuchel, ain Höfl, in Eingang 2 verschlagene Camer, ain hilzene Stiegen hinauf 1 Vorheissl, Kuchel, 1 Stuben, 1 Camer, dorneben noch ain Stibel, 1 Cämerl, alles schlecht von Holz und paufellig. 350 fl.

75. Salloman Auerpach. Der Eingang alles von Holz, 1 Stuben, 1 Camer, 1 Kuchel, 1 Khellerl, alles oedt und paufellig. 40 fl.

76. Mores Mangele Erben. Der Eingang gwölbt, 1 Stuben, ain gwölbte Camer, 1 Keller, 1 Kuchel, 1 Stuben, 1 Cämerl, alles von Holz, ain Höfl und Prun, 1 Holzcamer, 1 hilzene Stiegen, 1 Kuchl, 1 Stuben, 1 Cämerl, aber 2 Stuben, 1 Camer, 1 Löberhitten, der Potten und ain guets Schindltach. 450 fl.

77. Salloman Mayr der Jung. Vor des Hierschl Mayr Grund. Der Eingang Holzwerch, ain verschlagene Camer, 1 Stuben, 1 gwölbte Camer, 1 Kuchel, 1 klaines Höffl und ain klains Gärtl, ain hilzene Stiegen hinauf 3 verschlagene Cämer,

1 Stibl und Herdtstädl, ain Schindltach und zimblich schlecht von Pau. 250 fl.

78. Scheuch von der Eisenstatt Erben. Der Eingang Holz, 1 Kuchel, 1 Stuben und 1 Camer, 1 Höffl, 1 Prunen, aber oedt, ain hilzene Stiegen, 1 Stiberl, 1 Cämerl, 1 oedter Potten, alles ganz paufällig. 300 fl.

79. Hennoch Falkh. Der Eingang alles Holz, 1 Stuben, 1 gwölbte Camer, 1 Stiberl, 1 Kuchl, 1 Hoffl, 1 Stall, 1 Keller, ain hilzene Stiegen hinauf 1 Kuchel, 1 Stuben und 2 Cämerl, alles sauber von Ibss, daroben der Potten, 1 Löberhitten, 2 verschlagene Cämer, ain Schindltach. 600 fl.

80. Simon Wolff Erben. Der Eingang von Holz, 1 Vorheissl und verschlagne Camer, 1 Kuchel, doran 1 Stuben, 1 Kämerl, 1 Höffl, ain Stiegen von Holz an Potten, doroben 2 Kämer, alles von Holz und Laimb, ganz paufellig. 130 fl.

81. Mayr Wallerstain. Eingang alles Holz, 1 Stuben, 1 Kuchel, 1 Höffl, Prun ohne Emper, 1 klain verschlagen Gärtl und Löberhitten, auf den Potten 1 verschlagene Camer, ain Schindltach und alles lautter Holz. 100 fl.

Ex dextro die ander Seidten.

82. Marx Auerpach. Der Eingang alles Holz, 1 Stuben, doran 1 neue, mit Holz verschlagene Camer, 1 gwölbte Kuchel, 1 Prun, 1 Höffl, 1 hilzene Stiegen, doroben 2 verschlagene Cämer, alles schlecht von Holzwerch erpaudt. 100 fl.

83. Abrahamb Veith, Schneider. Der Eingang, 1 Stuben und Camer, ain Herdtstatt, doroben der Potten, 1 verschlagene Camer, alles schlecht von Holz gebaudt. 70 fl.

Dass Egg hinein.

84. Moyses Benedict. Im Eingang ain schöner Hoff, und zimbliche Stallung, der Eingang inss Hauss alles von Holz, negst der Haussthir 1 schlechts Cämerl, doran 1 Stuben, 1 Camer, alles Holz, ain hilzene Stiegen an Potten, 2 verschlagene Cämer, ain Schindltach, 1 Prunen, alles schlecht von Holz paudt. . 250 fl.

85. Aron Lembl. Ain neuerpautes Stökhl. Der Eingang von Holz, zur Linkhen 1 Kuchel, Stuben, 1 Camer, gegenüber 1 Stuben, 1 Camer, auch Holz, ain hilzene Stiegen auf den Potten, 2 verschlagene Cämer, ohne Prun, Keller und Hoff. 350 fl.

Aber zurukh auf Gassen.

86. Moyses Linnz Erben. Ain Vorheissl mit Holz, 1 Stuben, 1 Camer, 1 Kuchel, doran ain Cämerl, ain Höffl, ain verschlagene Camer, dorüber 1 hilzene Stiegen, ain löhrer Potten, alles schlecht und paufellig. 120 fl.

87. Joseph Neustädl Erben. Ain Stuben, 1 Camer, 1 Vorheissl, 1 Kuchel, gegenüber 1 Camer, 1 Höffl und Prun, oben ain hilzene Stiegen und 1 verschlagene Camer, 1 Keller, alles von Holz und ganz paufellig. . 100 fl.

88. Mayr Ascherl. Der Eingang von [Holz], 1 Stuben, 1 gwölbtes Cämerl, 1 Kuchel, ain Höffl, 1 Prunen, halbenthaill ain klaines Stiberl, auf den Potten 1 hilzene Stiegen, alles schecht und paufellig von Holz. 150 fl.

89. Lebel Jonas, Minzhandler. Der Eingang von Holz. 1 Stuben, 1 Camer, aber dorin 1 gwölbtes Cämerl, 1 Kuchel, 1 Höffl, dorin ain Holzcamer, ain hilzene Stiegen hinauf 1 Vorhauss, 1 Kuchel, gwölbt, 1 Stuben, 1 Camer, doroben der Potten, 1 Keller auf Gassen, 1 Schindltach, schlecht und alles Holzwerch. 220 fl.

Am Egg der Gartten (so! statt Gassen).

90. Lipme Prediger. Ain neuerpautter Stokh. Der Eingang gwölbt, zur Linkhen hinein 1 Stuben, ain gwölbte Camer, gegenüber 1 Stiberl und Cämerl, doran ain gwölbte Kuchel, 1 Keller, 1 Hoff, 1 Prunen, 1 Lusthauss, ain schöner Garttn, im Hoff ain Holzcamer, ain stainerne Stiegen hinauf zur Rechten das Vorhauss mit Ibss, ain dergleichen Stuben, 1 gwölbte Camer, gegenüber ain Stiberl und Cämerl, 1 hilzene Stiegen an Potten, 1 Camer, der Potten mit Ziegl pflastert, ain Aufzug, ain Schindltach, alles neuerpaudt. 3000 fl.

91. Perman Fränkhl. Der Eingang gwölbt, im Vorhauss ain verschlagens Cämerl, zur Rechten 1 Kuchel, 1 Stuben, 1 Camer, ain Hoff, ain Prunen, der Gartten, 1 Stall und Löberhitten, gegenüber 1 Stuben, 1 Camer und verschlagens gwölbte Cämerl, aber ain stainerne Stiegen hinauf 1 Vorheissl, 1 hilzener Gang, doran 1 Stuben, ain Stubencamer, alles schön mit Ibbs, aber ain schöne Camer mit Ibbs und ain Gwölb doran, dorauf der Potten, 4 verschlagene Cämer, 1 Schindltach, der Potten mit Ziegl pflastert, 1 Keller, alles von Grundt auf neuerpaudt. 3200 fl.

In Gassen das Ekh.

92. Isaac Mayr. Der Eingang gwölbt. 1 Stuben mit Ibss, ain gwölbte Camer, aber alles underspreiz[t], doran aber 1 klain gwölbtes Cämerl, 1 Kuchel, 1 Hoff, ain Prunen, 2 Keller, 1 hilzene Stiegen und ain schlechter Potten, doroben 2 underschlagene Cämer, das Tach mit Schindl, alles paufellig. 1000 fl.

93. Simon Pradt. Der Eingang im Hoff zur Linkhen, der Stokh, ebner Erdten 1 grosse underschlagene Stuben, ain Kuchel, doran 1 Stuben, 1 gwölbte Camer, ain Vorheissl, 2 underschlagene Cämer, ain hilzene Stiegen hinauf die Loberhitten, 1 schöne Stuben und verschlagene Camer, noch doran ain verschlagene Camer, 1 Kuchel, doran ain gwölbte Stuben und verschlagene Camer, ain klainer Potten, heraus aber ain neuer mit Ziegl pflasterter Potten, 5 verschlagene Kämer, hilzene Stiegen, Schindltach, ain Prun.
Im Hoff ain Ross Stall, aber gegenüber 1 oedter Stokh, khan nit bewohnt werden, alles Holz. Ain Stökhl doran, 1 Vorheissl, 1 Kuchel, 1 Stuben und Camer, alles paufellig von Holz, 1 Keller.
Doran ain neuerpaute Stadl zu Holz, hinter dem Stadl ain oedter Grundt, bei 100 Klaffter, eingefangen mit ainen Plankhen. 2500 fl.

Ex dextro.

94. Marx Schlesinger. Der Eingang und Kuchel gwölbt, doran 1 Stuben, 1 klain gwölbtes Cämerl, doran noch ain gwölbtes Cämerl, durch diss Kämerl 1 gwölbtes Vorheissl, 1 Kuchel, 1 Keller, 1 Stuben mit Holz, aber ain Stuben, 1 gwölbte Camer, im Vorhauss 1 verschlagene Camer, 1 hilzene Stiegen, doroben 3 verschlagene Camer, 1 Schindltach, auf den Potten 1 Kuchel, 1 Stuben und sauberes Cämerl, dise Stiegen hinundter ain verschlagenes Cämerl und 2 klaine Höffl, dorin ain Holzcamer. 1200 fl.

95. Simon Polläkh. Der Eingang. Ain Höffl und 1 klaines Gärtl, zur eben Erdt, rechte Handt ain gwölbtes Vorheissl und Kuchel, doran 1 Stuben, ain gwölbtes Cämerl, 1 Holzcämerl, im Höffl ain hilzene Stiegen hinauf ain Vorheissl und Kuchel, gwölbt, 1 Stuben und Camer von Holz, ain Löberhitten, ain

hilzene Stiegen am Potten, der Potten mit Ziegl pflastert, 1 verschlagene Kamer, herauss das Höffl, zur Rechten 1 Stibel, 1 Kuchel und schlechtes Päudl. 450 fl.

Der gulden Pfau.

96. Moyses Stainakhopff Erben. Die Einfarth gwölbt. 1 Keller, zur Rechten ain stainerne Stiegen, 1 Vorhauss, 1 Stuben mit Ibss, doran 1 gwölbte Camer, gegenüber 1 Stuben mit Holz, 1 gwölbte Kuchel, aber ain stainerne Stiegen hinauf 1 Vorhauss mit Ibss, rechter Handt 1 Stuben, 1 Camer mit Holz, aus gwölbte Kuchel, gegenüber 1 Stuben, 1 Camer mit Ibss, ain hilzene Stiegen auf den Potten, 2 verschlagene Camer und Schindltach, der Potten pflastert mit Ziegl, 1 Hoff, 1 Prun, dorneben 1 Gwölb, auf der Gassen ain Handlssgwölb und ain mit Holz verschlagene Fleischpankh. 1600 fl.

97. Davidt Auerpach Erben. Der Eingang gwölbt. Auf Gassen 2 Handlssgwölber, 1 Keller, doran 1 Gwölb auf Gassen, 1 Höffl, 1 stainerne Stiegen hinauf 1 Vorheissl, 1 Stuben mit Ibss Arbeith und 2 Camer, aber 1 Stuben, 1 Kuchel und die Löberhitten, der erste Potten, 2 verschlagene Cämer, doran 1 Potten und 1 Stuben mit Ibss, 1 verschlagene Camer, 1 Schindltach, der Potten mit Ziegl pflastert. 1500 fl.

98. Salloman Wolff. Das Hauss zum plauen Wolffen. Der Eingang gwölbt, auf Gassen ain Handlssgwölb, 1 Keller, 1 Gwölb in den Eingang, gegenüber ain schönes Gwölb, aber 1 Gwölb, 1 Stiegen von Stain hinauf 1 Vorhauss, gwölbt, zur Linkhen 1 Stuben, 1 Camer mit Ibss, doran 1 klaines Gwölbl, gegenüber 1 Stiberl mit Ibss, doran 1 Kuchel, aber 1 Stiegen hinauf 1 Potten und verschlagene Camer, gegenüber 1 verschlagene Camer, 1 Kuchel, 1 Stuben, 1 Cämerl mit Ibss, der Potten mit Ziegl pflastert, 1 Schindltach, 1 Prunen, 1 Hoff, alda 1 hilzene Stiegen hinauf in Eingang 1 Kuchel und Vorheissl, 1 Stuben, gegenüber 1 Camer von Holz, aber 1 Stiegen auf den Potten, 1 Schindltach, die Löberhitten, dorundter 1 Holzcamer, 1 gwölbte Durchfarth, 1 Roßstall. 2100 fl.

99. Hierschl Mayrs Söhn. Die Einfarth gwölbt. Zur Linkhen 2 Gwölber, doran noch 1 Gwölb, zur Rechten 1 Vorheissl, 1 gwölbte Stuben und Camer, 1 Kuchel, gegenüber 1 Gwölb, den Schnekhen hinauf zur linkhen Handt 1 grosse Stuben,

ain gwölbtes Vorhauss, aber 1 Stuben, 1 Camer mit Ibss, 1 Kuchel, noch ein Schnegen (!) hinauf der Potten, 3 verschlagene Camer, der Potten mit Ziegl pflastert, 1 Schindltach, ain Hoff, 1 verschlagener Stall, 1 Keller. 2300 fl.

100. J a c o b L e b e l. Der Eingang in Hoff. Zur Rechten 1 Vorheissl mit Holz, 1 Stuben, 1 Camer gwölbt, 1 Kuchl, 1 Hoff, die Stiegen hinauf mit Holz, 1 grosse Stuben mit Ibbs, 1 Keller, 1 Prunen, 1 Ziegltach ohne Stiegen. Das Stökhl gegenüber 1 Vorheissl, 1 Kuchel, 1 Stuben, 1 Cämerl, 1 Stibel, der Potten verschlagen, 1 Sindltach (!), gar schlecht, auf Gassen 1 hilzens Lädl. 1800 fl.

G e g e n ü b e r a n G ä s s l.

101. H i e r s c h l s [Lücke, aus dem Steueranschlag mit „R i s z e n" zu ergänzen] E r b e n. 1 hilzene Stiegen hinauf ain Kuchel, 1 Stuben, 1 Camer, an Potten 1 verschlagene Camer, auf Gassen 3 Läden mit Holz, hindten ain oedter Grundt. 250 fl.

102. M a r x P e r l h e f f t e r, j e t z t F r ä n k h l. Der Eingang Holz. 1 Stuben, 1 Camer, 1 Kuchel, 1 Cämerl, alss Holz, 1 Prunen, 1 Höffl, ain hilzene Stiegen hinauf Vorheissl, 1 Kuchel, 1 Stuben, 1 Camer, 1 schlechter Potten, 2 verschlagene Cämer, Schindltach, 1 klainers gwölbtes Stiberl, 1 underschlagenes Gwölb auf Gassen, neben dem Gwölb der Eingang, doran 1 Kuchl, die hilzene Stiegen hinauf 1 Stuben, ain gwölbte Camer, auf der Gassen 1 Keller und auf der Kellerthür ain Prodtladen, dorneben 1 Eisslerladten, alles Holzwerch. 1200 fl.

103. H i e r s c h l G o l t s c h m i d t. Der Eingang ain Eisslerladten, ain gwölbtes Stiberl, 1 Kucherl, 1 Höffl, 1 Kellerl. 110 fl.

104. S a l l o m a n W i l l n p e r g e r. Der Eingang 1 Fleischpankh, 1 Keller, 1 Vorheissl, 1 Stuben, 1 Camer, 1 Höfl, 1 Gwölb, auf Gassen 2 verschlagene Lädten, alles schlecht von Holz pautt. 150 fl.

105. J o s e p h F r ä n k h l. Der Eingang über die Kellerthür, ain Höffl, 1 Vorheissl, 1 Kuchel, 1 Stuben, 1 gwölbte Camer, gehet durch auf Gassen alss wie ain Handlssgwölb, 1 hilzene Stiegen hinauf, 1 Vorheissl, 1 Stuben von Ibbs, 1 Camer, doran 1 Kuchel, der Potten, 1 Sindltach (!). 450 fl.

106. J a c o b M a u t t n e r E r b e n. Der Eingang über die Kellerstiegen, 1 Vorheissl, 1 Kuchel, 1 Stuben, underschlagen, von Holz, neben der Kuchel 3 verschlagene Cämer, 1 hilzene

Stiegen hinauf 1 Vorheissl, 1 Kuchel, 1 Stuben, underschlagen, ain verschlagene Pottencamer, über 1 Stiegen noch ain Potten, doran 2 verschlagene Cämer, alles Holz und Schindltach. 250 fl.

107. Joachimb Schneidich Erben. Auf der Gassen 3 Gwölber, 1 Keller, der Eingang in Gässl, ain hilzene Stiegen, Vorheissl, 1 Cämerl, 1 Kuchel, 1 Stuben mit Ibbs, 1 Camer, auf dem Potten 3 verschlagene Cämer, alss Holzwerch und ain Schindltach. 450 fl.

Ex dextro.

108. Saloman Misslitz. Das hilzene Stökhl in Gässl, die hilzene Stiegen hinauf 1 Camer, 1 Vorheissl, 1 Kuchel, ain Camer, 1 Stuben, das Tach von Schindl, gueth, 1 Fleischhitten, 3 mit Holz verschlagene Lädten, 5 gwölbte Gwölber, 1 Keller, doran an Stadtthor 1 hilzener Ladten, ain Hoff. 1800 fl.

Über Prukhen.

109. Samuel Morabuel. Ebner Erdt 1 Stuben, 1 Camer, 1 Kuchel von Holzwerch, 1 Stallung auf 10 Pferdt, 1 klaines Höffel, ain Schindltach. 150 fl.

110. Joseph Reukh oder Greissler, Rosshandler. 1 Stuben, 1 klaines Stiberl, 1 Camerl, 1 Kuchel, 1 Kellerl, 1 Prun, auf 10 Pferdt Stallung, im obern Stokh 1 Stuben, 2 Camer, 1 Kuchel, dorneben 1 Stiberl und klaines Cämerl, das Tach von Holz. 900 fl.

111. Jacob Tressl, Rosshandler. Zu ebner Erdt 1 Stiberl, 1 Cämerl, 1 grosser Hoff, in grossten Hauss (so! soll heissen Hoff), 1 Keller, Stallung pro 13 Pferdt, gwölbt, item von Holz, Stall auf 30 Pferdt, widerumb 1 großer Hoff, 1 Prun, zu ebner Erdt 2 klaine Gwölbel, 2 Stiberl, ain gwölbte Camer, 1 große Kuchel. Im obern Stokh 2 Stibel, 1 Camer von Stucätor, mehr 1 Stuben, 3 Camer, 1 Vorhauss, 1 schöner Garten, aber 1 große Stuben, doran 1 Camer, 1 gueter Tachpotten von Ziegl dekht, 1 Kuchel. 7000 fl.

112. Der Juden Wachter. 2 klaine Heissl, jedess 1 Kuchel, 1 Stuben und 1 Cämerl von Holz. Jedess 100 fl.
Ihr Spitall-Heussl. 1 Stiberl, 1 Camerl, 1 Kuchel, doran ain khlaine Sinago, Potten.

113. Item ain grosser Stokh dorneben, dorin die Krankhen sint, 1 Prun und grosser öedter Platz, alles Holzwerch. Nit geschätzt.

114. Joachimb Polläkh. 1 Stuben, 1 Camer, 1 Kuchel, 1 Hoff, 4 Pferdt Stallung, 1 Prun ohne Emper, alles Holzwerch. 300 fl.

115. Hierschl Polläkh. 1 Stuben, 1 Kamer, 1 Kuchel, auf 16 Pferdt Stallung, 1 Prun von Holz, alles paufellig. 400 fl.

116. Wolff Alfamus Erben. 1 Stibel, 1 Kuchel, 1 Camer, ganz paufellig. 40 fl.

Summa der Häuser, so von Zeit aufrecht stehen und geschätzt worden 111.

Tragen der Schätzung nach summäriter auss 137.290 fl.

117. Item ein noch unaufgebautes Hauss.

118. Drey Synagoen und zuegehörige Schullen, Wachtstuben und Gwölber.

119. Dass Gmain Hauss.

120. Ain gross Spittall.

Ain eingeplankhter Grundt, so 7 Claffter lang und 5 Claffter braith, sampt ainen Holzläderl, drey öedte Gründt von 150 Klaffter und ain grosser Grass Flökhl.

Archiv d. Stadt Wien.
(Rep. 126/1660, früher Kasten IV, Lit. J, Nr. 1.)

Ehemalige Judenhäuser in der Tandelmarktgasse.

Die Beschreibung der Judenstadt sollte als Grundlage für eine, allerdings unberechtigte Besteuerung der Häuser seitens der Stadt dienen. Der diesbezügliche *„Steuer Anschlag über die 120 Juden Heusser nach der den 23. Juniỳ Ao. 1660 fürgegangenen Beschreibung“* kam erst 1664 zustande (Orig. im Archiv der Stadt Wien); die Höhe der projektierten Steuer belief sich auf 3964 fl. 1 sh 10 ₰.

4. Schätzungsprotokoll der Judenhäuser 1671

Die Schätzungsliste wurde zuerst von Weschel (Die Leopoldstadt S. 278 u. ff.), nach diesem von Realis (Die Juden u. die Judenstadt in Wien S. 80 u. ff.) veröffentlicht, von beiden nicht korrekt und ohne die Schätzungspreise. Da der Abdruck bei Wolf (Die Juden in der Leopoldstadt S. 94 u. ff.) nur bis Nr. 71 (Jonas und Salomon Isac) reicht, dürfte eine Veröffentlichung des Aktenstückes nach der Originalvorlage hier am Platze sein.

Schätzung

Über die in der Alhiesigen Judenstatt bey Wienn befindenden Behaussungen, welche durch die hernach benante Geschwohrne kay. Hoff Handtwerkhsleuth Jeder auf sein Arbeith ordentlich bey Ihrem Gewissen geschätzt worden. Alss

			fl.	kr.
No.	1.	Veit Munkhen Hauss	5588	22 1/2
No.	2.	David Nathan	1199	9
No.	3.	Jacob Schneider	1360	5
No.	4.	Joachimb Gerstl	661	15
No.	5.	Hirschl Mayr Sohns Hauss	2004	17
No.	6.	Wolf Pindl	2204	10
No.	7.	Issrael Joachimb	1403	9
No.	8.	Hirschl Rechl	665	45
No.	9.	Inschall Lemoni Cramer	241	44
No.	10.	David Nathans Enikhl	189	30
No.	11.	Joseph Oberlender oder Adl Aurpacherin	2612	43 1/2
No.	12.	Jacob Salamons Hauss	4391	45
No.	13.	Abrahamb Höcht	7308	15
No.	14.	Joachimb Gibiss	465	
No.	15.	Jeremias Mayr	747	45

			fl.	kr.
No.	16.	Samuel Hecht	1822	
No.	17.	Jacob Ziggeiner	584	54
No.	18.	Modl Puskh	796	52
No.	19.	Joseph Pland	496	45
No.	20.	Aaron Sekhl	488	15
No.	21.	Samuel Issrael	2567	48
No.	22.	Issrael Salomon	718	30
No.	23.	Jacob Hecht	2390	57
No.	24.	Samuel Issrael	3512	
No.	25.	Lemmel Rissens Khinder	1907	9
No.	26.	Abrahamb Höcht	4385	45
No.	27.	Jud Polackh Richter	5115	30
No.	28.	Moyse Aaron Fränckhl	692	36½
No.	29.	Abrahamb Fränckhl	3003	45
No.	30.	Copel Rissen oder Alt Gemain Hauss[1])	2049	45
No.	31.	Abrahamb Fleischhackher	194	40
No.	32.	Ison Häller	706	15
No.	33.	Sambson Stattschreiber oder Alten Moyses Hauss	600	20
No.	34.	Lemel Riss	254	6
No.	35.	Jacob Schlessinger	2820	30
No.	36.	Moyses Kirschner	1952	36
No.	37.	Perl Goldtschmidt	3921	12½
No.	38.	Hönnig Fränckhl	2821	15
No.	39.	Copel Fränckhl	4752	40
No.	40.	Neue Gemain Hauss	2631	24
No.	41.	David Ascherl	2156	20
No.	42.	Die alt Synagoga		
No.	43.	Jacob Herlinger	1573	35
No.	44.	Lazarus Khäses	2118	30
No.	45.	Hierschl Sambson	1646	35
No.	46.	Joseph Jud	501	45

[1]) Das Haus, später eine „Prandstatt" und geschätzt auf 400 fl., erhält am 11. Sept. 1685 für seine der Stadt Wien während der Türkenbelagerung geleisteten Dienste der Kundschafter Georg Franz Kolschitzky. Ber. u. Mitth. d. Alt.-Ver. VIII. S. XXXIV.

			fl.	kr.
No.	47.	Mayr Perlheffters Hauss	1222	48
No.	48.	Jung Kopl Fränckhl	3149	15
No.	49.	Victor Lazaruss	1309	57
No.	50.	Wider Jung Kopl Fränckhl	1727	
No.	51.	Scheuch Wendl	256	30
No.	52.	Modl Riss	1507	55
No.	53.	Hierschl Lutzerner	2692	22
No.	54.	Jochalin Pradtin	376	
No.	55.	Michel Gerstl	2343	45
No.	56.	Samuel Goldschmidt	3075	50
No.	57.	Beniamin und Salomon Frannkhl .	4679	15
No.	58.	Zacharias Mayrn Erben	3988	15
No.	59.	Scheuch Jud. Weckhbrochen worden .	139	40
No.	60.	Austerlische Erben	3232	30
No.	61.	Aaron Fränckhl	2036	30
No.	62.	Aaron Henich	1806	30
No.	63.	Abrahamb Hönnich	2030	30
No.	64.	Löwel Weyl	1940	20
No.	65.	Eliass Polackh	430	
No.	66.	David und Perl Polackh	1744	6
No.	67.	Ison Riss	1591	45
No.	68.	Marx Issrael	988	40
No.	69.	Salomon Enssgen	647	42
No.	70.	Isac Warmesser Witib	796	30
No.	71.	Jonas und Salomon Isac	1379	
No.	72.	Abrahamb Munkh	1161	20
No.	73.	David Judl. H. Pfarrer Wohnung	1733	45
No.	74.	Zachariass Mayr .	2466	30
No.	75.	Marcus Benedict	2466	30
No.	76.	Löwel und Aaron Goldtschmidt	1736	30
No.	77.	Alt Hierschl Benedict	2354	36
No.	78.	Besackh Benedict	243	10
No.	79.	Samuel Kollstatt	317	45
No.	80.	Marx Wenizl	312	15
No.	81.	Moyses Neysidl	1826	45
No.	82.	Löwel Moyses Mayr	248	6
No.	83.	Isac Munzhandler	320	10

			fl.	kr.
No.	84.	Lazarus Isac Munzhandler	133	30
No.	85.	Mayr Wenzl	354	20
No.	86.	Salomon Auerpacher	229	
No.	87.	Lazaruss Mändl	1228	55
No.	88.	Mayr Seckhls Erben	358	30
No.	89.	Alten Löwen Schuelsinger	350	30
No.	90.	Simon Hierschl	720	
No.	91.	Abrahamb Wolff	605	45
No.	92.	Joseph Salomon	514	30
No.	93.	Marx Linz	374	40
No.	94.	Mayr Scheyerer	374	25
No.	95.	Löwel Mayr	183	30
No.	96.	Aaron Thoman	244	15
No.	97.	Schezl Linz	464	20
No.	98.	Joseph Neustadl	280	15
No.	99.	Alten Mayr Ascher Hauss	340	15
No.	100.	Löwel Jonass Hauss	563	
No.	101.	Lippmann Jurist	2415	
No.	102.	Bermann Fränckhl	2756	15
No.	103.	Dess Verstorbenen Alten Isac Schuelmaisters Hauss	803	45
No.	104.	Simon Wienner	2902	30
No.	105.	Marx Schlessinger	3513	51
No.	106.	Simon Polackh	1240	30
No.	107.	Lazarus Wetzel	2461	45
No.	108.	Saloman Wolff	2926	1
No.	109.	Hirschl Mayr.	2215	30
No.	110.	Jacob Leve del Banco	4985	
No.	111.	Hirschl Pruckh	120	30
No.	112.	Perl Eissencramer	406	29
No.	113.	Salomon Fränckhl	848	15
No.	114.	Löwel Schlessinger	174	
No.	115.	Hierschl Goldtschmidt	209	15
No.	116.	Samuel Millenberger	458	37 1/2
No.	117.	Joseph Hönig Falckh	1044	
No.	118.	Saloman Maucher	677	24
No.	119.	Joachimb Neicheles Wittib	1340	

		fl.	kr.
No. 120.	Salomon Nischlitz	1293	30
No. 121.	Joseph Greisslers Wittib	295	9
No. 122.	Perl Greissler	2287	28$^1/_2$
No. 123.	Dess Tröstls Hauss. } Zum Zuchthaus	927	
No. 124.	Jacob Tröstl } khomben	7662	30
No. 125.	Gemain Heussl	177	30
No. 126.	Gemain Heussl	178	9
No. 127.	Studier Hauss	417	
No. 128.	Spithal	783	35
No. 129.	Joachimb Polackh	220	25
No. 130.	Hierschl Polackhen Hauss	358	50
No. 131.	Löwel Kharch	89	15
No. 132.	Die Neue Synagoga. Ist zur Khirchen khomben.		
Summarum aller hievorn beschribenen Posten		205650	54
Dann auch die alte Synagoga, welche hievorn No. 42 gemelt pr.		3426	2
Ingleichen die neuerbaute Synagoga sub Nr. 132 pr.		7142	30
Bringt die völlige Schätzung auf die ganze Judenstatt in allen zusamben		216219	26

27. Dezember 1671.

(Archiv der Stadt Wien. 42/1670.)

Bis zum Ende des Jahres 1673 fanden sich für 83 Häuser Käufer, die für zusammen 65.976 fl. hintangegeben wurden. Die unverkauft gebliebenen 23 Häuser wurden am 30. Oktober und 3. November 1673 neuerdings geschätzt und die Schätzungssumme von 55.858 fl. 30$^1/_2$ kr. auf 26.210 fl. reduziert. Die unverkauft gebliebenen Häuser waren (die eingeklammerte Ziffer bedeutet den neuen Schätzungspreis): Nr. 5 (1330), 6 (560), 24 (1670), 27 (2600), 28 (80), 29 (1850), 30 (1630), 40 (1260), 41 (620), 42 (1500), 43 (780), 45 (520), 47 (600), 48 (2250), 50 (1050), 53 (900), 55 (1000), 56 (1450), 64 (750), 66 (660), 75 (1500), 77 (500) und 108 (2350).

(Archiv d. Stadt Wien 42/1670.)

5. Diverse Urkunden.

1.

Auf den Rossauer Friedhof bezügliche Grundbuchseintragungen.[1])

1.

5. April 1620.

N: und N: die alhieige befreÿte Judenschafft haben empfangen Nutz und Gwöhr, zwaÿer nunmehr zusamben geraintеn Grundts alhie im Oberen Wörth, welcher thails Ihnen vor vill Jahren, der ander thaill aber erst jüngsthin auf ihr gehorsambes bitten, zu ihrer Begrebnus aufgeben worden, darauf derzeit zwaÿ heuser gepaut stehen, helt die Leng an beeden Ohrten sambt dem Graben 148 Daumbeln über zwerch oben und undten, auch mit sambt dem Graben, 128 Daumbeln, darvon man hinfüro Jährlichen dient der Burgerspitall alhie, 80 Pfennig, zu rechtem Grundtdienst und nit mehr; welcher Grundt auf Ihr der Judenschafft gehorsambes anbringen zu Ihrer begrebnuss, von der Grundtherrschafft umb ain benantes Geldt, so sie derselben par erleget haben, auf und übergeben, auch auf Ihr bittliches anlangen, auf der Herrn Superintendenten des Burgerspitalls derwegen eingeraichten und ratificirten Bericht von ainem Edlen hochwaisen Statt Rath darauf erthailter verwilligung ihnen dise Gwöhr darumben aussgeförttigt worden, damit mögen sie Judenschafft fürohin all ihren Nutz und Fromen schaffen und betrachten wie sie verlust und der Statt Wienn Recht ist, doch sollen sie obligirt sein, umb solchen Grundt und darauf gepaut Heusser sowol als der Christen Gemain alle zehen Jahr, laut aussgangner Khayserlicher Generalien die Gwöhr wider zu renovirn und zu erneuen, als Grundtbuechs Recht ist. Actum, den 5. Aprill 1620. *[GB. 194 (Gewöhr Satzbuch über den Obern und Untern Werd, Nr. 4), fol. 138—139.]*

Vernewert den 11. October Anno 1641 wie in lib: no: 5: fol: 49 zusechen.

2.

11. Oktober 1641.

Insimili haben N: und N: die alhieige Judenschafft nutz und gwöhr empfangen aines Öeden und New aufgebenen Grundt

[1]) Trotz der sorgfältigsten Durchforschung der auf den oberen Werd bezügl. Grundbücher und sonstiger einschlägiger Quellen ist es mir nicht gelungen, eine Eintragung über die scheinbar noch im 15. Jahrhundert, kurz nach der Rückkehr der Juden nach Wien erfolgte Erwerbung der Rossauer Friedhofsgründe durch die Judengemeinde zu finden. Daß der Friedhof in der Seegasse schon am Anfange des 16. Jahrh. belegt war, beweist der älteste erhalten gebliebene Grabstein aus dem Jahre 1540.

im Obern Wörth, so Ihnen auf Ihr gehorsames Ansinnen und Bitten zuerwaitterung Ihrer Begräbnus, Inhalt der Wohlverordtneten Herrn Superintendenten und Spittlmaister der Burgerspittall alhie zu Wienn ratificirten Bericht, den 21. Juny dis Jahrs ausgemessen worden, und helt bemelter Grundt, Nemblich an dem untern Orth hinauf werths, gegen dem Mörlutzischen Stadl, in die Lenng 13 Claffter, die ober Praiten gegen des Holzbergers Garten, 30 Claffter, 2 schuech, die Ober oder Inner Lenng auch 13 Claffter, und die unnter Praiten an dem Graben bey ihrer Begröbnus, nach der Planckhen gegen der Thonau auch 30 Claffter 10 Schuech, das macht in die Vierung zusamben 86 Claffter 4 Schuech; darvon man hinfüro Jährlichen diennt der Burgerspittall alhie Michaelis 4 Schilling Pfenning zu rechtem Grundtdienst und nit mehr. Welcher Grundt Ihnnen der obgemelten Judenschafft umb ain benandte Summa Gelt, so Sy Crafft producirter Quittung pahr ins Spittallambt erlegt haben, auf: und übergeben und darumben die Gwöhr zuerthaillen gewilligt worden; damit mögen Sy Judenschafft hinfüro, all ihren nutz und frumen schaffen und betrachten, wie Sie Verlust der Statt Wienn und Grundtbuechs Recht ist; doch sollen Sy obligirt sein umb solchen Grundt sowol als der Christen Gemain, alle 10 Jahr vermög ausgangener Khay. Generalien die Gwöhr wider zu renovirn und zu ernewern, als der Statt Wienn und Grundtbuechs Recht ist. Actum ut supra. *[GB. 195 (Gewöhr u. Satzbuch etc., Nr. 5) fol. 49a.]*

3.

Mehr hat vorgedachte Judenschafft nutz und gwöhr empfanngen aines Newen Grundts, so Ihnnen ingleichen (allermassen negst vorstehende Gwöhr vermag) den 29. Augusti besagten 1641. Jahrs von neuem aufgeben worden, undt helt nun erstlich die herunter praitten, bey dem Weeg, gegen Thoman Rath, Gerichtsgeschwornen, und Schuelmaisters im Obern Wörth, garten über 14 Claffter, die Lenng nach dem Wasser hinauf, gegen der Spittl Oxenaw, beim Spörckhtenpühel, bis zu dem anndern Ihnen zuvor aussgemessenen Newen Grundt, 39½ Claffter, am obern Orth gegen bemelter Aw 16 Claffter, und die ober Lenng neben ihrer alten Begräbnus 41, das ist in die Vierung 110½ Claffter, darvon man auch hinfüro jährlichen diehnt der Bürgerspittall alhie zu Wienn Michaelis 4 Schilling Pfenning zu rechtem Grunndtdiennst und nit mehr; welcher Grunndt ebenfalls auf Ihr der Judenschafft gehorsambes Anlanngen zu Erwaitterung Ihrer Begräbnus, umb ain verglichene Summa gelt, deren besagtes Burgerspittall, Inhalt producirter Quittung zu genüegen befridtiget auf: und übergeben und darumben die Gwöhr zuerthaillen gewilliget worden; die mögen nun auch ihren nutz und frommen damit schaffen, wie Sie Verlust der Statt Wienn und Grundtbuechs Recht ist, und das Sÿ gleichfalls (wie in vorstehenden Gwöhrn begriffen) alle 10 Jahr die Gwöhr zuernewern, schuldig unndt verpundten sein. Es ist auch Ihnnen Juden umb diese ietzt new aufgebene Grundt, ainen Graben, 1½ Claffter weit, als nemblichen auf der seiten, gegen der Spittl Oxenau und gegen der Thonau aufzuwerffen verwilligt worden, auf den anndern zwo saitten aber verbleibt es allerdings beÿ dem alten Graben, allain neben der gassen, gegen gemelten Thoman Rath über soll solcher Graben nur ainer Claffter weit aufgeworffen werden. Actum ut supra. *[GB. 195 fol. 49 b.]*

Renoviert pro 1804 in libro Nro. 15. Fol. 228.

2.

Satzbrief Moyses Fröschls 1641.

Moÿses Fröschl sesshaffter Judt alhie zu Wienn verpfändet wegen schuldiger 13000 Gulden dem Nonnenkloster zu St. Lorenzen *„alle seine Haab und Güetter in genere, sunderlich aber und in specie, seine in alhieiger Judenstatt ligendte Grundtstuckh per 10000 Gulden“* (laut Schuldobligation vom 21. Aug. 1638). Da nun Fröschl von dem Sekretär des Obersthofmarschallamts und Advokaten Dr. Martin Huetter zur Begleichung dieser Schuld 6000 fl. aufgenommen hat, wünscht der Darlehensgeber die diesbezügl. Vormerkung im Judengrundbuch. Wien, 4. Mai 1641. *[Satzbuch fol. 26 (auch in Rapulaturbuch fol. 1.)]*

Beigelegt die mit dem Siegel des Stadtrats versehene gleichlautende Abschrift des Satzbriefes mit der vom 16. Apr. 1657 datierten Erklärung des unten genannten Grafen Starhemberg die Begleichung der Schuldsumme „bey Verkhauff und Uberlassung der Moysses Fröschlischen alhiesiger Jüdenstatt ligender behaussung“ ferner die Zessionsurkunde des Martin Huetter betr. die Übergabe der Hypothek an Erasmus Graf Starhemberg. Wien, 11. März 1643.

3.

Satzbrief Jacob Salomons 1666.

Jacob Salomon oder Jüdl versetzt und verpfändet „Grund und Haus mit ainer seiten zu negst Gumprechten Auerpachs oder Linz Hauss gelegen“ an Paul Wenzl, niederoesterr. Buchhaltungs-Rait-Offizier um 1500 Pf. Pf. Wien, 15. März 1666. *[Satzb. fol. 11.]*

4.

Eingabe der Stadt Wien auf die Landtagsproposition wegen Herstellung der Verteidigungswerke und Aufstellung einer Armee 1684 (Beilage C). Ber. u. Mitt. d. Altert.-Ver., VIII., S. XXVI.

Anno 1671 hat Gemeine Statt zu Erkhauffung der vorhero genanten Juden: aniezo Leopoldstatt der Kay. Hoff Commission und denen von darauss gewissene Partheyen, erlegt und bezahlt	100535 fl.	
Auf erbawung der Kirche, Pfarrhoffs und anderer Heusser Anno 670, 671 und 672 aussgelegt worden	3320 fl.	5 ß 22 Pf.
Widerumb Vermög der 672 Jährigen Ober Cammer Ambts Raithung	426 fl.	4 X
Zu haltung eines Herrn Pfarrers von Michaeli 671 Jährlich 200 fl., dann zu Unterhaltung eines Messners 100 fl. bis Michaeli 673 auf 2 Jahr 600 fl., von Michaeli 673 bis dito 683 aber seindt nur dem Herr Pfarrer allein Jahrlich 200 fl. assigniert, bringt auf 10 Jahr 2000 fl. zusamben	2600 fl.	
Item hat der Vorig und Jeczig Herr Unter-Cammerer etlich 100 fl. reparirungs Unkosten aussgelegt.		
Zu bezahlung besagter Leopoldstatt restirt Gemeiner Statt unterschiedliche Partheyen annoch ausser der bisshero anerwachsene Interessen in die	80000 fl.	
Entgegen wehre von denen Partheyen so alda Heusser erkaufft noch einzufordern und in Ausstandt ausser der Steuer in die	58.000 fl.	
Steuer in die	54000 fl.	
Ausstendiges Interessen biss lezten April bey	10313 fl.	
Benebens seindt die Tolloranz Gelder von 24. July 670 bis 682, Jahrlich mit 14000 fl. biss dito 683 aber in abschlag derselben 8000 fl. bezahlt worden, bringt in Allem auf 13 Jahr	176000 fl.	

PLAN
DER
JUDENSTADT
IM UNTEREN WERD
ZUR ZEIT DER
AUFHEBUNG I. J. 1670.
Mit Benützung eines Planes des Obersten Priami (1663) im k.u.k. Kriegsarchiv u. d. einschlägigen Acten d. Wiener Stadtarchivs entworfen vom Verfasser gezeichnet v. A. St Kronstein.
UNTERER WERD.
UNTERER WERD
UNTERER WERD
UNTERER WERD.
Neu-Gassl.
Tabor-Gasse
Obere Gasse
Mittere Gasse
Untere Gasse
Haupt-Gasse
Haupt-Gasse
Platz (Auf der Haide)
Neue Synagoge
Alte Synagoge
KLOSTER u. KARMELITER KIRCHE
Bären Haus
Tabor-Strasse
Tabor-Strasse
von der Schlagbrücke zur Judenstadt.
Barmherzige Brüder
Donau
Die Strassenbezeichnungen sind dem „Index über der Jüdischen Gemain Grundbuch im Untern Wörth" entnommen. Die Häusernumerierung entspricht der Aufstellung im Schätzungsprotokoll vom 7. Dezember 1671.
PLAN
der jetzigen Lage
der früheren Judenstadt

III.

Aus dem Totenprotokoll der Stadt Wien 1648—1669

Das mit dem Jahre 1648 beginnende Totenprotokoll der Stadt Wien enthält auf den letzten Blättern eines jeden Bandes die auf die Juden bezüglichen Eintragungen. Leider ist die Serie nicht lückenlos erhalten. So fehlt z. B. der die Eintragungen vom 25. Okt. 1656 bis 1. Jan. 1659 enthaltende Band, ebenso sind Lücken innerhalb der vorhandenen Bände zu konstatieren (1662, z. Teil, 1663—1666). Die Judeneintragungen schließen mit dem 21. März 1669.

24. August. Dem Jacob Juden, ins Hirschl Valckh Juden Hauss, sein Khindt Sella ist an der Fraiss beschaut, alt 3 J.

1. September. Dem Samuel Juden, in sein Hauss sein Khindt Rebeca, ist an der Wassersucht beschaut, alt 10 J.

5. September. Dem Jonass Juden, ins Abrahamb Juden Hauss, sein Khindt Rebeca, ist an der Fraiss beschaut, alt $^1/_2$ J.

7. September. Dem Löb Juden, in der Israelin Jüdin Wittib Haus sein Weib Rebeca ist im Khindlböth gestorben, alt 30 J. — Dem Samuel Juden in sein Hauss sein Khind Hitl ist an Pladern beschaut, alt 4 J.

11. September. Der Samuel Jud in sein Hauss ist am Dampff beschaut, alt 70 J.

17. September. Dem Copl Fränckhl Juden, in sein Hauss sein Kindt Ändl, ist an Pladtern beschaut, alt $^1/_2$ J.

20. September. Der Davidt Jud in ihrn Spitall ist ann der Fraiss beschaut, alt 18 J. — Dem Samuel Juden in sein Haus sein Khindt Hitl ist ann der Schwindsucht beschaut, alt 4 J.

28. September. Dem Ara Juden, in sein Hauss, sein Khindt Veit ist an der Dör beschaut, alt 5 J.

22. September. Der Jacob Judt in der Libo Jüdin Wittib Haus ist am Leib Bruch beschaut, alt 60 J.

28. September. Dem Salomon Juden, in der Sprintza Jüdin Hauss, sein Khindt Hitl ist an der Schwindtsucht beschaut, alt 2 J. — Der Bella Jüdin Wittib, ins Mayr Juden Hauss, ihr Kind Hitl ist am Pladtern beschaut, alt 2 J.

5. Oktober. Dem Wolff Juden in sein Hauss sein Khindt Hitl ist an Pladern beschaut, alt $^1/_2$ J. — Dem Herz Juden in sein Hauss sein Khindt Jacob ist ann Pladern beschaut, alt $^1/_2$ J.

7. Oktober. Die Sara Jüdin, ein Wittib in Judenspital, ist an der Gallsucht beschaut, alt 16 J. — Die Rebeca, ein Juden Kindt, in ihren Spital ist an der Fraiss beschaut, alt $^1/_2$ J.

11. Oktober. Dem Sallomon Juden, in der Sprinza Judtin Hauss, sein Khindt Rebeca ist an Pladern beschaut, alt 3 J.

14. Oktober. Die Guetereckh Jüdin, Wittib ins Michl Gerstl Juden Hauss ist an hitzigen Fueber beschaut, alt 45 J. — Dem Samuel Juden, in sein Hauss sein Khind Zirl ist ann der Fraiss beschaut, alt $^1/_4$ J.

15. Oktober. Dem Aronn Juden, ins Selickhen Juden Haus sein Khind Veit ist an Pladern beschaut, alt 4 J.

19. Oktober. Dem Hönl Juden, ins Löb Falckh Juden Haus sein Khindt Monl ist an Pladern beschaut, alt 3 J. — Dem Monl Juden, ins Samuel Juden Haus sein Khindt Israel ist an Pladern beschaut, alt 2 J. — Dem Isac Juden in sein Haus sein Khind Änl ist an Pladern beschaut, alt 2 J.

22. Oktober. Dem Abrahamb Juden, in der Lehen Jüdin Wittib Hauss, sein Khindt Sprintza ist an der Fraiss beschaut, alt 4 J.

25. Oktober. Der Löb Jud, in der Schönl Jüdin Hauss, ist am Dampf beschaut, alt 70 J.

26. Oktober. Der Abrahamb, ein Juden Khindt in ihren Spital ist an der Fraiss beschaut, alt 10 J.

31. Oktober. Der Isac Jud, ins Veit Brodt Juden Hauss ist am Sant beschaut, alt 60 J. — Dem Isac Pinckhes Juden, in sein Hauss sein Khindt Sara, ist an Gallsucht beschaut, alt 10 J.

1. November. Dem Israel Pinkhes Juden, in sein Hauss sein Zueh Khindt Falckh ist 3 Tag inficirt gestorben, alt 3 J.

3. November. Dem Samuel Juden, in sein Hauss, sein Khindt Schweba ist ann der Dör beschaut, alt 10 J.

5. November. Der David Jud, ins Löb Falckhen Juden Hauss ist an Dampff beschaut, alt 43 J.

7. November. Dem Abrahamb Juden, ins Selckhen Juden Hauss, sein Khindt Simon ist ann Pladern beschaut, alt 3 J.

8. November. Der Jaga, ein Juden Khindt, in ihren Spital, ist an Dampf beschaut, alt 12 J.

9. November. Dem Simon Juden, in sein Hauss sein Khindt Simon, ist an Pladtern beschaut, alt 1 J. — Dem Hirschl Juden, ins Michl Gerstl Juden Hauss sein Kindt Scheÿa ist ann Pladtern beschaut, alt $^1/_2$ J.

15. November. Der Hillel Jud, in sein Hauss ist an Dampff beschaut, alt 82 J. — Die Rebeca, ein Juden Khind, in ihren Spital ist an der Frais beschaut, alt 6 J.

16. November. Dem Moÿses Juden, ins Hirschl Judenhaus sein Khindt Joseph ist an Pladern beschaut, alt $^1/_2$ J. — Der Lippein Juden Khindt in ihrem Spitall ist 3 Tag inficirt gestorben, alt 10 J.

22. November. Dem Löb Juden in sein Hauss, sein Khindt Galgat, ist an Dampf beschaut, alt 3 J. — Der Schallam, ein Juden Kindt, in ihren Spitall ist an Pladtern beschaut, alt 10 J. — Dan auch sein Kindt Simon ist an Pladtern beschaut, alt 3/4 J.

24. November. Der Jochamb Jud, in ihren Spital, ist an der Gelbsucht beschaut, alt 24 J.

26. November. Der Moÿses Jud, in ihren Spital, ist an der Dör beschaut, alt 12 J.

28. November. Dem Hirschl Juden, ins Löb Juden Hauss sein Khindt Davidt ist an Pladtern beschaut, alt 3 J.

31. November. Der Lazarus Jud in ihren Spital ist an der Dör beschaut, alt 66 J.

3. Dezember. Dem Löbl Juden, ins Gerstl Juden Hauss sein Khind Pella ist an Pladern beschaut, alt 3 J. — Die Leha Jüdin Wittib im Juden Spital ist an Dampff beschaut, alt 60 J. — Der Esterl Jüdin Wittib, ins Scheÿa Juden Hauss ihr Khind Isac ist an Pladern beschaut, alt 3/4 J.

6. Dezember. Dem Löb Austerlitz Juden, ins Löb Polax (!) Juden Hauss, sein Tochter Rucha ist 8 Tag inficirt gestorben, alt 12 J.

8. Dezember. Die Zierl Jüdin Wittib, ins Samuel Juden Hauss ist in Kindlbötten verschiden, alt 36 J.

10. Dezember. Der Isac Hitzig Jud, in ihren Spital ist an der Wassersucht beschaut, alt 18 J.

11. Dezember. Dem Gumbrecht Juden, in sein Hauss sein Kindt Rössl, ist an Pladtern beschaut, alt 2 J.

16. Dezember. Die Sprinze Jüdin Wittib, in ihren Hauss ist an Dampff beschaut, alt 69 J.

22. Dezember. Dem Abrahamb Juden, ins Maÿr Juden Hauss, sein Khindt Hirschl ist an Pladtern beschaut, alt 1 1/2 J.

29. Dezember. Der Scheÿa Jud in sein Haus, ist an der Dör beschaut, alt 50 J.

1649.

6. Januar. Dem Isaac Juden ins David Austerlitz Juden Hauss, sein Khind Veitl ist an Bladern beschaut, alt 1 J.

7. Januar. Die Jächenne Jüdin Wittib in Juden Spital ist an Carthar beschaut, alt 30 J.

11. Januar. Die Pluma Jüdtin Wittib, ins Salleman Juden Hauss, ist an Dampf beschaut, alt 70 J. — Dem Samuel Juden in sein Hauss, sein Khindt Enssge ist an der Schwindtsucht beschaut, alt 3 J.

14. Januar. Dem Izeckh Juden, ins Joseph Juden Hauss sein Khindt Aberhamb ist an der Fraiss beschaut, alt $^1/_4$ J.

25. Januar. Der Beriz Judt, in sein Hauss ist an Cartar beschaut, alt 60 J. — Dem Jonna Judten, ins Hierschl Judten Hauss sein Weib Sara ist an der Dör beschaut, alt 34 J.

8. Februar. Der Rebeca Jüdtin Wittib, ins Mayr Juden Hauss, ihr Khindt Jacob ist an der Dör beschaut, alt 6 J.

16. Februar. Dem Tröstl Juden in sein Haus sein Weib Frötl ist an der Dör beschaut, alt 50 J.

17. Februar. Dem Löb Juden, in der Bella Judin Hauss sein Khindt Rebeca ist an Bladern beschaut, alt $1^1/_2$ J.

26. Februar. Dem Aberhamb Juden, ins Michael Gerstl Juden Hauss, sein Khindt, ist in 6 Wochen beschaudt.

10. März. Der Jidl Judt, ins Copl Juden Hauss ist an Dampf beschaut, alt 70 J. — Die Rebeca Jüdin Wittib in ihren Spital ist an der Dör beschaut, alt 70 J.

14. März. Der Israel Judt ins Leb Juden Hauss ist an der Dör beschaut, alt 8 J.

15. März. Die Rebeca Jüdin Wittib, ins Samuel Juden Hauss ist ann der Dör beschaut, alt 43 J. — Dem Löb Juden, ins Gerstl Juden Hauss sein Khind Veit ist an der Frais beschaut, alt 1 J.

2. April. Die Rebeca Jüdin Wittib in ihren Hauss ist an der Dör beschaut, alt 40 J.

6. April. Die Lehen Jüdin Wittib in ihren Hauss ist an der Dör beschaut, alt 80 J.

7. April. Der Manisch Judt, in ihren Spital ist an der Dör beschaut, alt 50 J.

11. April. Die Rebeca Judin Wittib, in der Destga (?) Judin Hauss ist an Dampff beschaut, alt 62 J.

25. April. Der Moyses Judt, ins Scheya Juden Hauss ist an der Thör beschaut, alt 40 J.

9. Mai. Dem Lipp Judt, ins Samuel Juden Hauss, sein Khindt Jidtl ist an der Fraiss beschaut, alt 6 Wochen.

10. Mai. Der Moyses Judt, in ihren Spital ist an der Wassersucht beschaut, alt 25 J.

21. Mai. Dem Abrahamb Juden in sein Hauss sein Ziegkhindt Joseph ist an der Schwindsucht beschaut, alt 2 J.

24. Mai. Dem Gerstl Juden in sein Hauss sein Weib Marta ist am Cartar beschaut, alt 20 J.

25. Mai. Die (!) Rebeca Jüdin Wittib, in Juden Spital ihr Khindt Anna ist an der Schwindtsucht beschaut, alt $1^1/_2$ J.

3. August. Dem Löbl Juden, in sein Hauss, sein Khindt Rebeca ist an der Fraiss beschaut, alt 2 J.

6. August. Dem Johaimb Juden, ins Samuel Juden Hauss, sein Khindt Israel ist an der Schwindtsucht beschaut, alt 1 J.

9. August. Dem Tobia Juden, ins Moyses Juden [Hauss], sein Weib Sara ist an der Wassersucht beschaut, alt 40 J.

13. August. Dem Davidt Austerlitz Juden, in sein Hauss, sein Khindt Rebeca ist an der Fraiss beschaut, alt $^3/_4$ J.

15. August. Dem Koffmä (!) Lebl Juden, in sein Hauss sein Weib Rebeca ist an der Dör beschaut, alt 50 J.

7. September. Dem Aran Judten, ins Moyses Franckhls Juden Haus sein Khindt Frumeth ist an der Fraiss beschaut, alt 8 Wochen.

8. September. Dem Joseph Juden, ins Johaimb Juden Hauss, sein Khindt Frumueth ist an der Fraiss beschaut, alt 1 J.

13. September. Dem Tobias Juden, ins Moyses Juden Hauss, sein Khindt Jacob ist an der Schwindtsucht beschaut, alt 1 J.

14. September. Der Wolff Judt in Juden Spittal ist an der Thör beschaut, alt 75 J.

20. September. Dem Sallomon Juden in sein Hauss sein Sohn Khüeffe ist am Cartar beschaut, alt 13 J.

23. September. Die Eva Judtin, Wittib, in der Leonora Judtin Hauss ist am Dampf beschaut, alt 70 J. — Der Leb Judt, ins Nasa Juden Hauss, ist am Cartar beschaut, alt 25 J.

24. September. Dem Marx Juden, in sein Hauss, sein Weib Nacheme ist an der Thör beschaut, alt 40 J.

3. Oktober. Der Herzog Judt, in sein Hauss ist an Schlag beschaut, alt 50 J.

4. Oktober. Dem Wolff Juden, ins Mayr Juden Hauss sein Khindt Anna ist an der Schwindtsucht beschaut, alt 4 J.

12. Oktober. Der Elliass Judt, ins Moyses Juden Hauss, ist an dem Cartar beschaut, alt 70 J.

14. Oktober. Dem Leberman Juden, ins Davidt Juden Hauss sein Khindt Joachimb ist an der Schwindtsucht beschaut, alt 2 J.

15. Oktober. Der Golta Judin Wittib, ins Israel Juden Hauss ihr Khindt Frätl ist an der Schwindtsucht beschaut, alt 2 J.

17. Oktober. Dem Gerstl Juden in sein Hauss, sein Khindt Rachel ist an der Schwindtsucht beschaut, alt 4 J.

18. Oktober. Der Joel Judt, in Juden Spital ist an der Thör beschaut, alt 40 J. — Dem Jacob Juden in Juden Spitall sein Khindt Jüdl ist an der Fraiss beschaut, alt $^1/_2$ J.

24. Oktober. Dem Leberman Juden, ins sein Hauss, sein Khindt Israel, ist an der Fraiss verschiden, alt 4 Wochen.

27. Oktober. Dem Moyses Juden, ins Apel Juden Hauss, sein Khindt Redl ist an der Fraiss verschiden, alt 3 Wochen.

29. Oktober. Der Simon Judt, in sein Hauss ist an der Thör beschaut, alt 65 J.

31. Oktober. Der Isaac Judt, in der Rissl Wittib Hauss ist am Cartar beschaut, alt 50 J.

10. November. Dem Löb Juden in sein Hauss, sein Kindt Israel ist an der Fraiss beschaut, alt 4 Wochen.

14. November. Dem Marx Juden, ins Lebl Juden Haus, sein Khindt Sara ist an der Wassersucht [beschaut], alt 10 J. — Dem Hirschl Juden in sein Hauss, sein Khindt Isaac ist an der Schwindtsucht beschaut, alt 2 J.

30. November. Dem Marckhes Juden, in sein Hauss sein Khindt Frätl ist an der Dör beschaut, alt 6 J.

2. Dezember. Die Wella Jüdtin Wittib ins Judta Juden Hauss ist an der Dör beschaut, alt 77 J.

5. Dezember. Dem Leb Juden in sein Hauss sein Khindt Sara ist an Durchbruch beschaut, alt 3 J.

10. Dezember. Der Juda, ein Judt in Ihren Spital ist an Füeber beschaut, alt 15 J.

15. Dezember. Dem Gerstl Juden, in sein Hauss, sein Khindt Michael ist an der Fraiss beschaut, alt $^1/_2$ J.

16. Dezember. Der Leb Judt, in Ihren Spitall, ist an Dampf beschaut, alt 12 J.

16. Dezember. Dem Moyses Judten ins Mayr Judten Hauss sein Khind Rebeca ist an der Schwindtsucht beschaut, alt 8 J.

17. Dezember. Dem Leb Juden in sein [Hauss sein] Weib Bella ist an der Thör beschaut, alt 50 J.

23. Dezember. Dem Abrahamb Juden ins Khieffe Juden Haus sein Sohn Israel ist an der Wassersucht beschaut, alt 12 J.

1650.

3. Januar. Der Abrahamb Judt ins Jidl Judten Hauss ist an der Dör beschaut, alt 60 J.

13. Januar. Der Perl Judt in der Rebeca Jidtin Wittib Hauss ist an der Dör beschaut, alt 43 J.

15. Februar. Die Rebeca Jüdin, in Juden Spitall ist an der Wassersucht beschaut, alt 15 J.

17. Februar. Der Jacob Judt, ins Isaac Juden Hauss ist an der Thör beschaut, alt 57 J.

18. Februar. Dem Moyses Juden, in Ihren Spitall sein Khindt Jacob ist an der Frais beschaut, alt 2 J.

20. Februar. Dem Moyses Juden, ins Salleman Juden Hauss, sein Khindt Gmantl ist an der Schwindtsucht beschaut, alt 3 J.

21. Februar. Der Jacob Judt, in sein Hauss, ist an der Dör beschaut, alt 73 J.

8. März. Dem Hierschl Judten in sein Hauss sein Khind Löbl ist an der Wassersucht beschaut, alt 3 J.

15. März. Der Nadl Judt ins Abrahamb Juden Hauss ist am Cartar beschaut, alt 11 J.

19. März. Die Rebeca Jidtin, ein ledigs Mensch in ihren Spital ist an der Wassersucht beschaut, alt 13 J.

22. März. Dem Wolff Juden in sein Hauss sein Weib Buna ist ann Cartar beschaut, alt 60 J.

27. März. Der Israel Wolff Judt in sein Hauss ist am Cartär beschaut, alt 40 J.

3. April. Dem Israel Juden, ins Hierschl Juden Hauss, sein Khindt Veit ist an der Schwindtsucht beschaut, alt 1 J.

14. April. Die Jidl Jidtin Wittib, ins Michl Gerstl Juden Hauss ist an der Dör beschaut, alt 90 J.

19. April. Die Rebeca Jidtin ins Khifa Juden Haus ist an der Dör beschaut, alt 70 J.

24. April. Der Simon Judt in sein Haus ist an der Dör beschaut, alt 77 J.

5. Mai. Dem Davidt Jidl in sein Hauss, sein Khindt Hana ist an der Fraiss verschiden, alt 6 Wochen.

29. Mai. Dem Marx Juden ins Israel Juden Haus sein Weib Guderth ist am Carthär beschaut, alt 50 J.

22. August. Dem Janna Juden ins Jacob Juden Haus sein Weib Rebeca ist an der Muetter Frais beschaut, alt 25 J.

31. August. Dem Marx Juden, in sein Hauss, sein Weib Bella ist in Khindlpöten verschiden, alt 26 J.

8. September. Dem Simon Wällisch Juden in sein Haus sein Khindt Jeschkhe ist an der Frais beschaut, alt 7 J.

15. September. Dem Jacob Judten in sein Haus sein Khindt Rebeca ist an der Schwindtsucht beschaut, alt $^1/_2$ J.

21. September. Die Ester Jidtin Wittib in ihren Spitall ist an der Dör beschaut, alt 75 J.

9. Oktober. Der Benedicth Judt, in der Sara Jüdtin Wittib Haus ist am Leibbruch beschaut, alt 38 J.

14. Oktober. Der Joseph Judt ins Henig Juden Hauss ist am Cartär beschaut, alt 55 J.

16. Oktober. Dem Jacob Judten in Judten Spitall sein Khindt Rössl ist an der Schwindtsucht beschaut, alt 4 J.

19. November. Die Hindl Jüdtin ins Jändl Juden Hauss ist an der Wassersucht beschaut, alt 60 J.

4. Dezember. Der Davidt Judt in Juden Spitall ist am Cartär beschaut, alt 16 J.

29. Dezember. Der Haindl Judt ins Haindl Juden Hauss ist an der Dör beschaut, alt 40 J.

1651.

3. Januar. Dem Gabriel Juden in sein Hauss sein Weib Vögl ist in Khindlpöten verschiden, alt 40 J.

8. Januar. Der Lockha Judt, ins Samuel Juden Hauss ist an der Wassersucht beschaut, alt 50 J.

9. Januar. Der Joachimb Judt in Juden Spitall ist an der Dör beschaut, alt 40 J.

17. Januar. Der Sellig Judt in sein Hauss ist am Cartär beschaut, alt 60 J.

25. Januar. Dem Hierschl Juden ins Jidl Juden Hauss sein Khindt Jacob ist an der Fraiss beschaut, alt 1 J. — Der Jacob Judt, ins Jacob Juden Hauss ist an der Thör beschaut, alt 80 J.

27. Januar. Dem Abrahamb Juden in sein Hauss sein Khindt Veitl ist an der Schwindtsucht beschaut, alt $^1/_2$ J.

28. Januar. Dem Marx Juden in sein Hauss sein Khindt Joachiml ist an der Fraiss beschaut, alt $^5/_4$ J.

3. März. Die Mallckha ein Juden Khindt in ihren Spitall ist an der Thör beschaut, alt 8 J.

6. März. Der (!) Moÿses Judt in sein Hauss, sein Weib Rechl ist am Catharr beschaut, alt 30 J.

7. März. Der Wolff Jud, im Juden Spital ist am Catharr beschaut, alt 20 J.

16. März. Der Froimb Judt im Judten Spital ist an der Dörr beschaut, alt 18 J.

17. März. Der Joachimb Judt in Juden Spital ist an der Gelbsucht beschaut, alt 66 J. — Dann die Lenora Jüdin Wittib, welche gestern vorm rothen Thurn erschossen worden, ist vom Khaÿ. Stattgericht beschaut, alt 50 J.

29. März. Die Lehe Jidtin Wittib in Juden Spitall ist an der Dör beschaut, alt 80 J.

5. April. Die Ester Jidtin Wittib in Juden Spital ist am Cartär beschaut, alt 40 J.

25. April. Dem Veit Juden in Juden Spital sein Weib Khafa ist an der Dör beschaut, alt 40 J. — Der Fraitl Jidtin Wittib in Juden Spital ihr Khindt Rebeca ist an der Frais beschaut, alt $^1/_2$ J.

30. April. Dem Davidt Juden ins Moÿses Juden Hauss sein Khindt Veith ist an der Lungensucht beschaut, alt 6 J.

11. Mai. Dem Davidt Juden ins Abrahamb Juden Hauss sein Kind Lehe ist an der Frais beschaut, alt 1 J. — Der Rechl Jüdtin Wittib, ins Hierschl Juden Hauss ihr Khindt Veitl ist an der Frais beschaut, alt 4 J.

19. Mai. Dem Modl Juden, ins David Franckhl Judens Hauss, sein Khind Seÿa ist an der Fraiss beschaut, alt 5 J.

22. Mai. Dem Jöckhl Juden in sein Haus sein Kind Veitl ist an der Wassersucht beschaut, alt 5 J.

29. Mai. Der Ëgerer Judt, ins Wolff Juden Hauss ist an der Wassersucht beschaut, alt 47 J.

8. Juni. Dem Hertz Judten, ins Söekhl Judten Hauss sein Khindt Berl ist an der Wassersucht. beschaut, alt 10 J.

14. Juni. Dem Lembl Juden, in sein Haus sein Weib Resl ist am Catharr beschaut, alt 30 J.

21. Juni. Dem Abrahamb Juden in sein Hauss sein Ziech Tochter Jidl ist am Catär beschaut, alt 12 J.

6. Juli. Der Jodl Judt, ins Dröschl Juden Hauss ist an der Wassersucht beschaut, alt 30 J. — Dem Leb Juden in sein Hauss, sein Weib Rachl ist in Khindlpöten verschiden, alt 20 J.

11. Juli. Dem Ara Juden, in sein Hauss, sein Khindt Anna ist an der Fraiss beschaut, alt 6 Wochen.

13. Juli. Dem Khopl Juden, ins Modl Bennedict Hauss, sein Khindt Veit ist an der Fraiss verschiden, alt 6 Wochen.

19. Juli. Dem Munckh Juden, ins Mayr Juden Hauss sein Khindt Ressl ist an der Fraiss beschaut, alt $2^1/_2$ J.

21. Juli. Der Johaimb Judt, ins Abrahamb Juden Hauss ist an der Thör beschaut, alt 18 J.

12. August. Dem Tavidt Juden in guedten (!) Spitall sein Khindt Welle ist an Cartar beschaut, alt 1 J.

28. August. Der Isaac Judt in Judenspitall ist an fressenen Löb beschaut, alt 60 J.

7. September: Dem Samuel Juden in sein Haus sein Weib Hendl ist am Cartar beschaut, alt 40 J.

10. September. Dem Itzig Juden ins Moyses Judten Haus sein Weib Sara ist an der Thör beschaut, alt 30 J.

16. September. Der Leb Judt in Judtenspital ist an der Wassersucht beschaut, alt 18 J.

22. September. Der Löw Judt ins Hirschl Judens Haus ist an der Dörr beschaut, alt 30 J.

28. September. Der Moyses Judt in sein Hauss ist an der Dör beschaut, alt 50 J.

29. September. Dem Michael Juden in sein Hauss sein Khindt Sarl ist an der Fraiss beschaut, alt $1^1/_2$ J.

1. Oktober. Dem Moyses Juden ins Israel Juden Hauss sein Khindt Sarl ist am sohenten Füeber beschaut, alt 10 J.

4. Oktober. Der Jüdl Judt in sein Hauss ist am Cartar beschaut, alt 88 J.

9. Oktober. Der Leb Judt ins Khopl Juden Hauss ist an der Lungensucht beschaut, alt 90 J.

13. Oktober. Dem Dritl Judten ins Joachimb Juden Hauss sein Khindt Rebeca ist an der Mundtfaill beschaut, alt 3 J.

19. Oktober. Dem Scheyo Judten in sein Hauss sein Khindt Ressl ist an Reisent (!) beschaut, alt 4 J.

9. November. Dem Perman Judten in sein Hauss, sein Khindt Peritz ist an der Fraiss beschaut, alt 1 J.

22. November. Dem Jacob Judten in sein Hauss, sein Khindt Sara ist am Catar beschaut, alt 4 J.[1])

8. Dezember. Dem Leb Juden, ins Hierschl Juden Hauss sein Khindt Sara ist an der Fraiss beschaut, alt $^1/_2$ J.

19. Dezember. Dem Marx Judten, ins Aberhamb Judten Hauss sein Khindt Sara ist an der Fraiss beschaut, alt $^1/_4$ J.

20. Dezember. Dem Gerstl Juden in sein Hauss sein Khindt Rebekha ist am Catar beschaut, alt 1 J.

1652.

5. Januar. Dem Joseph Judten in Judenspitall sein Weib Pella ist in Khindlpöten beschaut, alt 30 J.

12. Januar. Die Belle Jüdtin Wittib ins Mayr Judten Hauss ist an der Dörr beschaut, alt 50 J. — Dem Henich Juden ins Kopel Juden Hauss sein Khindt Rebeca ist an der Fraiss beschaut, alt 3 Wochen.

26. Januar. Dem Davidt Juden in sein Hauss sein Khindt Leb ist an der Dörr beschaut, alt 10 J.

1. Februar. Die Libisz Judtin ein Wittib, ins Siman Juden Hauss ist an Cathar beschaut, alt 60 J.

6. Februar. Die Riffgilla Judtin, ein Wittib in Judenspital ist an der Wassersucht beschaut, alt 36 J. — Dem Schwarz Mulch Juden in sein Hauss, sein Khindt Perl ist an Cathär beschaut, alt 3 J.

10. Februar. Die Esterl, ein Judenkhindt, in Judenspital ist am Scharpockh beschaut, alt 3 J.

12. Februar. Dem Jacob Juden in sein Hauss, sein Khindt Sara ist an der Fraiss beschaut, alt $1^1/_2$ J.

16. Februar. Dem Isac Juden, ins Magis Juden Hauss sein Khindt Abrahamb ist am Catär beschaut, alt 6 J.

24. Februar. Der Jacob Judt in der Flaschin Judtin Wittib Hauss ist an Cathär beschaut, alt 60 J.

---

[1]) Derselbe Eintrag wiederholt sich irrtümlich unter dem 23. November.

3. März. Dem Scheÿa Juden, in sein Hauss sein Sohn Benedict ist an hitzigen Fieber beschaut, alt 16 J. — Dem Leb Juden, in sein Hauss sein Khindt Siman ist an der Fraiss beschaut, alt 10 Wochen.

4. März. Dem Maÿr Juden in sein Hauss sein Khindt Eva ist an der Schwindsucht beschaut, alt $1^1/_2$ J.

10. März. Dem Abrahamb Juden ins Marx Juden Hauss sein Khindt Moÿses ist an der Fraiss beschaut, alt 18 Wochen. — Der Sara Jüdtin Wittib, ins Jonass Juden Hauss ihr Khindt Jidele ist an der Dör beschaut, alt 8 J.

23. März. Dem Liban Juden ins Leb Juden Hauss sein Khindt Jendl ist an der Schwindtsucht beschaut, alt 1 J.

26. März. Dem Liban Juden ins Leb Juden Hauss sein Weib Sara ist an der Dör beschaut, alt 40 J.

30. März. Der Jacob Jud, ins Maÿr Juden Hauss ist an der Haubtkrankheit beschaut, alt 30 J.

14. April. Die Esterl Judtin Wittib in Judtenspithall ist am Cathär beschaut, alt 46 J. — Dem Salomon Judten in der Mindtele Judtin Wittib Hauss sein Khint Sara ist an der Fraiss beschaut, alt 3 J.

21. April. Dem Hierschl Juden ins Veith Juden Hauss sein Weib Peÿerl ist an der Dör beschaut, alt 40 J.

23. April. Dem Däbat Juden in sein Hauss sein Khindt Abrahamb ist an der Wassersucht beschaut, alt 3 J.

24. April. Der Jacob Jud in Judenspital ist an Schlag beschaut, alt 70 J.

25. April. Dem Lebl Juden in sein Hauss sein Weib Sprinze ist an der Wassersucht beschaut, alt 26 J.

5. Mai. Dem Moÿses Juden in Judenspital sein Weib Ressl ist am Dampf beschaut, alt 36 J.

6. Mai. Dem Austerlitz Juden in sein Hauss sein Khindt Daderlitz ist an der Fraiss beschaut, alt 2 J.

7. Mai. Der Leb Judt, ins Maÿr Juden Hauss ist an ein winigen Hundtsbiss beschaut, alt 18 J.

14. Mai. Die Preinl Judtin Wittib, in Judenspital ist an der Wassersucht beschaut, alt 50 J.

16. Mai. Die Pella Judtin Wittib in Judenspital ist an der Lungensucht beschaut, alt 60 J.

23. Mai. Der Nochamb Judt in Judenspital ist an der Dör beschaut, alt 15 J.

7. Juni. Dem Hierschl Juden in sein Hauss sein Weib Sprinzin ist an hitzigen Fieber beschaut, alt 20 J.

22. Juni. Der Anna Jidtin Wittib ins Hierschl Juden Hauss ihr Khindt Thinna ist an Cartär beschaut, alt 4 J.

6. Juli. Dem Jacob Juden, in Judenspital sein Khindt Joseph ist an der Durchbruch beschaut, alt 2 J.

22. August. Der Ester Jüdtin Wittib in der Puna Jüdtin Wittib Hauss ihr Khindt Veitl ist am sohenten Füeber beschaut, alt 4 J.

23. August. Dem Joseph Jüdten in sein Hauss sein Khindt Rebeca ist am Durchbruch beschaut, alt 4 J.

16. August. Dem Jändl Juden in sein Hauss, sein Khindt Rebeca ist an der Schwindtsucht beschaut, alt $1^1/_2$ J.

16. September. Dem Gerstl Judten in sein Haus sein Khindt Rebeca ist an der Fraiss beschaut, alt 1 J.

20. September. Der Moÿses Judt in sein Hauss ist an der Wassersucht beschaut, alt 50 J.

22. September. Dem Leb Judten ins Dabet Juden Hauss sein Khind Jochamb ist an der Wassersucht beschaut, alt $1^1/_2$ J. — Der Anna Jidtin Wittib in ihr Haus ihr Khind Ressl ist am Durch[bruch] beschaut, alt 5 J.

23. September. Der Moÿses Judt in Judtenspital ist an der Wassersucht beschaut, alt 50 J.

27. September. Der Rebeca Jidtin Wittib in ihr Hauss ihr Khind Ara ist an dem Durchbruch beschaut, alt 4 J.

28. September. Dem Jochamb Juden in Judenspital sein Weib Sprinza ist an der Wassersucht beschaut, alt 45 J.

4. Oktober. Dem Schallamb Juden in sein Hauss sein Khindt Jochamb ist an der Wassersucht beschaut, alt $1^1/_2$ J.

7. Oktober. Dem Meÿer Juden in sein Hauss ein Khindt Jochamb ist an der Wassersucht beschaut, alt $1^1/_2$ J.

8. Oktober. Dem Maÿr Juden in sein Haus sein Khindt Rebeca ist an der Frais verschiden, alt 5 Wochen.

12. Oktober. Dem Micherl Judten in sein Hauss sein Khindt Jochamb ist an der Fraiss beschaut, alt $^3/_4$ J.

18. Oktober. Dem Moÿses Juden in sein Hauss sein Weib Perl ist in Khindlbethen verschiden, alt 20 J.

22. Oktober. Der Israel Judt in sein Hauss ist an der Wassersucht beschaut, alt 45 J.

29. Oktober. Dem Pisk Juden ins Samuel Juden Hauss sein Khindt Rebeca ist an der Frais beschaut, alt $^{1}/_{4}$ J.

3. November. Der Isackh Judt ins Joseph Judten Hauss ist am Catär beschaut, alt 73 J.

6. November. Der Jacob Judt in Judenspital ist am Durchbruch beschaut, alt 40 J.

19. November. Der Nohaimb ein Judenkhindt ins Marckhes Juden Hauss ist am Füeber beschaut, alt 8 J.

29. November. Der Salloman Judt ins Ara Austerlitz Judten Hauss ist an der Dör beschaut, alt 27 J.

5. Dezember. Dem Marckhuss Judt in sein Hauss sein Khindt Israel ist an der Fraiss beschaut, alt $1^{1}/_{2}$ J.

10. Dezember. Der Lebl Judt in sein Hauss ist an der Dör beschaut, alt 15 J.

11. Dezember. Dem Murÿ Judt ins Lebl Judten Hauss sein Weib Pössl ist an der Wassersucht beschaut, alt 21 J.

14. Dezember. Dem Jacob Judten, im Judenspitall sein Khindt Jendl ist am Catär beschaut, alt 9 J.

17. Dezember. Die Gidl Jidtin Wittib in ihren Hauss ist an der Dör beschaut, alt 60 J.

23. Dezember. Dem Leb Juden in sein Haus sein Khint Rebeca ist an der Frais beschaut, alt $1^{1}/_{2}$ J.

29. Dezember. Die Rebeca Jidtin Wittib inss Marx Juden Haus ist an der Dör beschaut, alt 70 J.

1653.

5. Januar. Dem Rÿel Judten in sein Hauss sein Weib Vogl ist an der Wassersucht beschaut, alt 43 J.

6. Januar. Die Sprinzl Jüdtin Wittib ins Marx Juden Hauss ist an der Lungensucht beschaut, alt 70 J.

10. Januar. Dem Liebmann Juden ins Jacob Juden Haus sein Weib Frädl ist am Catär beschaut, alt 43 J.

11. Januar. Dem Hirschl Juden in sein Hauss sein Khind Sara ist an der Wassersucht beschaut, alt 1 J.

18. Januar. Die Schenl Jüdtin Wittib ins Maÿr Juden Hauss ist an Schlag beschaut, alt 60 J.

9. Februar. Dem Janna Juden, in sein Hauss sein Sohn Davidt ist an der Dör beschaut, alt 20 J.

19. Februar. Der Elias Judt in sein Hauss ist an Cartär beschaut, alt 66 J.

2. März. Dem Jochamb Juden in sein Hauss sein Khindt Heÿdl ist am Cartär beschaut, alt 2 J.

2. März. Dem Johamb Judten in sein Haus sein Khindt Heitl ist am Bladtern beschaut, alt 2 J.

3. März. Die Rebecca Jidtin Wittib ins Leb Juden Hauss ist an der Dör beschaut, alt 80 J.

9. März. Dem Michel Juden in sein Hauss sein Khindt Jochamb ist an der Fraiss beschaut, alt 2 J. — Der Rebecca Jidtin Wittib ins Mayr Juden Hauss ihr Khindt Lehe ist an Apostem beschaut, alt 6 J.

14. März. Der Salleckh Judt in Judenspital ist an Dampf beschaut, alt 62 J.

27. März. Dem Hierschl Juden in sein Hauss sein Khind Jochamb, ist an Blatern beschaut, alt 4 J.

8. April. Dem Isac Juden, in sein Hauss, sein Khindt Rebecca ist an Blatern beschaut, alt $1^1/_2$ J.

9. April. Dem Abrahamb Juden, in sein Hauss, sein Khindt Leÿa ist an Bladern beschaut, alt 5 J.

14. April. Dem Davit Juden, ins Maÿr Juden Hauss, sein Khindt Jochamb, ist an Blatern beschaut, alt 2 J.

21. April. Dem Leml Juden in sein Hauss, sein Khindt Rebecca ist an der Fraiss beschaut, alt 2 J.

23. April. Dem Davit Juden, in ihren Spital, sein Khindt Veitl ist am Blatern beschaut, alt $^3/_4$ J.

27. April. Dem Moÿsses Juden, in sein Hauss, sein Khindt Salomon ist an Bladern beschaut, alt $1^1/_2$ J.

29. April. Dem Abrahamb Juden in sein Hauss, sein Khindt Rebecca ist am Bladern beschaut, alt 2 J.

1. Mai. Dem Henig Juden, in sein Hauss sein Khindt Joseph, ist an Bladern beschaut, alt 7 J.

5. Mai. Der Anna Jüdtin Wittib, ins Wolff Juden Hauss, ihr Khindt Rebecca, ist am Blatern beschaut, alt $^1/_2$ J.

6. Mai. Dem Hierschl Juden, in sein Hauss, sein Khindt Veitl ist am Platern beschaut, alt $^1/_2$ J.

11. Mai. Dem Wolff Juden in sein Hauss, sein Khindt Jochamb ist am Platern beschaut, alt $^1/_2$ J. — Dem Moÿsses Juden, in sein Hauss sein Khind Veitl ist am Platern beschaut, alt $^1/_2$ J.

21. Mai. Dem Salloman Juden in sein Hauss sein Khindt Veitl ist an der Fraiss beschaut, alt 7 J.

22. Mai. Dem Joseph Juden in sein Hauss sein Khindt Jochamb ist am Platern beschaut, alt 2 J.

23. Mai. Dem Joseph Juden, in sein Hauss, sein Khindt Rebecca ist an Platern beschaut, alt 1/2 J.

24. Mai. Dem Joseph Juden in sein Hauss sein Khindt Veitl ist an der Fraiss beschaut, alt 8 J. — Dem Mayr Juden in sein Hauss sein Khindt Plimbl ist an Cartär beschaut, alt 1 J.

25. Mai. Dem Joseph Juden, in sein Hauss sein Khindt Rebecca, ist an der Frais beschaut, 3 J.

31. Mai. Dem Berman Juden in sein Hauss, sein Khindt Rebecca ist am Platern beschaut, alt 1/2 J. — Dem Nadl Juden in sein Hauss sein Khindt Rebecca ist am Platern beschaut, alt 1 J.

5. Juni. Dem Jacob Juden in sein Hauss sein Khindt Rebecca, ist am Platern beschaut, alt 2 J. — Dem Jacob Juden, in sein Hauss sein Khindt Veitl ist an Platern beschaut, alt 3/4 J.

14. Juni. Dem Sallomon Judten in sein [Hauss sein] Khint Rebeca ist an der Schwintsucht beschaut, alt 2 1/2 J. — Dem Davit Juden in sein Haus sein Khint Veitl ist am Blatern beschaut, alt 1 1/2 J.

16. Juni. Der Leb Judt in sein Hauss ist am Cartär beschaut, alt 60 J. — Dem Abrahamb Juden in sein Hauss sein Khint Veitl ist am Blatern beschaut, alt 1/2 J.

19. Juni. Dem Abrahamb Juden ins Fröschl Juden Hauss sein Khint Rebeca ist am Blatern beschaut, alt 5/4 J.

21. Juni. Dem Simon Judten, in sein Haus sein Khindt Frädl ist am Bladtern beschaut, alt 3/4 J.

23. Juni. Dem Marx Juden in sein Hauss sein Khindt Rebeca ist am Blatern beschaut, alt 1 1/2 J.

27. Juni. Dem Moyses Judten in sein Hauss sein Khindt Rebeca ist an der Schwintsucht beschaut, alt 3 J.

7. Juli. Die Rebeca Jidtin Wittib in Juden Spitall ist an dem Gallflus beschaut, alt 30 J.

9. Juli. Dem Isackh Judten in sein Hauss sein Khint Rebeca ist am Blatern beschaut, alt 2 J.

10. Juli. Dem Jochamb Juden in sein Hauss sein Weib Rachel ist an der Wassersucht beschaut, alt 30 J.

14. Juli. Dem Mayr Juden in sein Hauss sein Khint Veitl ist an Platern beschaut, alt 3 J.

18. Juli. Dem Jochamb Juden ins Auerbachs Juden Hauss sein Weib Cröndl ist an der Lungensucht beschaut, alt 24 J.

28. Juli. Dem Hierschl Juden in sein Hauss sein Khint Veitl ist an Platern beschaut, alt 3 J.

7. August. Die Rebecca Jidtin Wittib, ins Henig Juden Hauss ist an Schlag beschaut, alt 80 J.

18. August. Dem Samuel Juden ins Jochamb Juden Hauss, sein Khint Veitl ist an Platern beschaut, alt $^1/_2$ J.

19. August. Der Michel Judt in sein Hauss, ist an der Wassersucht beschaut, alt 30 J.

27. August. Dem Salloman Juden in sein Hauss, sein Sohn Pörl ist an Nierngeschwehr beschaut, alt 27 J.

21. September. Dem Ascha Juden in sein Hauss sein Sohn Gabriel ist am 4täglichen Fieber beschaut, alt 18 J.

7. Oktober. Dem Jochhamb Juden ins Salomon Juden Hauss sein Weib Crässl ist an Khindl Pöthen verschiden, alt 24 J.

13. Oktober. Die Rebecca ein Juden Mensch, in Judenspitall ist an der Dör beschaut, alt 15 J.

17. Oktober. Dem Khive Juden in sein Hauss sein Tochter Sorl ist an der Dör beschaut, alt 20 J.

1. November. Der Saloman Judt in sein Hauss ist an der Wassersucht beschaut, alt 60 J.

19. November. Dem Hierschl Juden in sein Hauss sein Khint Veitl ist an der Frais beschaut, alt $1^1/_2$ J.

1. Dezember. Die Plyemel Jidtin Wittib, inss Jochamb Juden Hauss ist an der Lungensucht beschaut, alt 77 J.

3. Dezember. Die Ressl Jidtin Wittib, ins Mayr Juden Hauss ist am Dampf beschaut, alt 77 J.

4. Dezember. Die Ressl, ein Mensch, in Judten Spital ist an der Dör beschaut, alt 15 J.

9. Dezember. Der Rebeca Jidtin Wittib inss [Lücke] Juden Hauss, ihr Khindt Ressl ist am Scherbakh beschaut, alt 8 J.

10. Dezember. Dem Gerstl Juden, in sein Hauss sein Weib Werl ist an Cathär beschaut, alt 56 J.

26. Dezember. Die Sara Jidtin Wittib ins Wolff Juden Hauss, ist an der Wassersucht beschaut, alt 55 J.

1654.

4. Januar. Dem Janas Juden in sein Hauss sein Weib Bella ist an der Dör beschaut, alt 50 J.

7. Januar. Dem Lipp Juden in sein Hauss sein Khind Samuel ist an der Fraiss beschaut, alt $^1/_4$ J.

11. Januar. Dem Samuel Juden in sein Hauss sein Weib Rebeca, ist an der Bermuetter beschaut, alt 31 J.

17. Januar. Die Rebecca Jidtin Wittib, in Judenspitall ist an der Wassersucht beschaut, alt 45 J.

21. Januar. Dem Balla (!) Jud in sein Hauss sein Khind Veitl ist an der Schwintsucht beschaut, alt 4 J.

22. Januar. Die Bella Jidtin Wittib, ins Hierschl Juden Hauss, ist an der Dör beschaut, alt 79 J.

2. Februar. Der Partschelle (!) Jidtin Wittib Hauss dem Veitl Juden sein Khindt Mendl an den Winten beschaut, alt $^5/_4$ J.

14. Februar. Der Hierschl Judt in Juden Spitall ist an der Lungensucht beschaut, alt 25 J.

15. Februar. Dem Lebl Juden in sein Hauss sein Khindt Rebeca ist an der Schwintsucht beschaut, alt 3 J. — Die Sara ein Juden Mensch ins Abrahamb Juden Hauss ist am Fieber beschaut, alt 15 J.

7. März. Die Frädl Jidtin Wittib inn Juden Spital ist an der Dör beschaut, alt 66 J.

9. März. Die Preinel Jidtin Wittib, in Juden Spital ist an der Dör beschaut, alt 66 J.

13. März. Dem Jeckheff Juden inss Marx Juden Hauss sein Weib Ressl ist an sochenten Fieber beschaut, alt 40 J.

18. März. Der Mayr Jud in sein Hauss ist am Cathar beschaut, alt 60 J.

21. März. Dem Hirschl Judten, in sein Hauss, sein Khindt Veitl ist an der Wassersucht beschaut, alt 4 J.

22. März. Dem Sambsa Judten in sein Hauss, sein Khindt Juda, ist an der Schwindtsucht beschaut, alt 3 J.

23. März. Dem Schallamb Judten, in sein Hauss, sein Weib Jidtl, ist an der Lungensucht beschaut, alt 40 J.

20. März. Der Leb Judt, in der Khella Jidtin Wittib Hauss, ist am Cathär beschaut, alt 30 J. — Dem Abrahamb Juden, in sein Hauss, sein Khind Veitl, ist am Dampf beschaut, alt 4 J. — Die Malckha Jüdtin Wittib, ins Joseph Juden Hauss ist am Cathär beschaut, alt 66 J.

28. März. Der Seckhelle Judt ins Berl Judten Hauss ist am Dampf beschaut, alt 40 J. — Der Leb Judt, ins Gerstl Juden Hauss, ist an der Dör beschaut, alt 80 J.

1. April. Der Veivel Judt ins Leb Judten Hauss ist am Dampff beschaut, alt 77 J.

2. April. Dem Lassruss Juden in sein Hauss sein Kindt Sara ist an der Schwindtsucht beschaut, alt 4 J.

3. April. Der Moyses Judt ins Samuel Juden Hauss ist an der Dör beschaut, alt 80 J.

6. April. Der Nässe Judt in sein Hauss ist an der Dör beschaut, alt 80 J. — Dem Davit Judt in sein Hauss sein Kindt Rebeckha ist am Blattern beschaut, alt 19 Wochen.

15. April. Der Lipp Judt ins Hierschl Juden Hauss ist an der Dör beschaut, alt 50 J.

22. April. Der Herz Sembl Judt, ins Perl Judten Hauss ist an der Wassersucht beschaut, alt 50 J.

25. April. Dem Wolff Juden, ins Hierschl Juden Hauss sein Kindt Veitl ist am Plattern beschaut, alt 2 J.

29. April. Der Hintl Jüdin, ein Witib in Juden Spital ihr Kindt Rebeca ist an der Schwindtsucht beschaut, alt 4 J.

11. Mai. Dem Hierschl Juden, in sein Hauss sein Khindt Rebeca ist an der Dör beschaut, alt 4 J.

12. Mai. Dem Abrahamb Judten, in sein Hauss sein Weib Senftl ist an der Wassersucht beschaut, alt 50 J.

14. Mai. Dem Seckhele Juden, ins Gerstl Juden Hauss sein Khindt Joseph, ist am Blatern beschaut, alt $^1/_2$ J.

18. Mai. Der Salamon Judt in Juden Spithal ist an der Wassersucht beschaut, alt 45 J. — Dem Lipp Juden, ins Jonas Juden Hauss sein Khind Ressl ist am Blatern beschaut, alt 2 J.

2. Juni. Dem Hierschl Juden, ins Falckh Juden Hauss, sein Kindt Rebeca ist am Blattern beschaut, alt 9 Wochen.

13. Juni. Dem Moyses Juden in sein Hauss sein Tochter Rebeca ist am Stain beschaut, alt 18 J.

19. Juni. Dem Perman Juden in sein Hauss sein Weib Mechine ist im Kindlbetten verschiden, alt 31 J.

20. Juni. Dem Khisiel Juden, ins Hierschl Juden Hauss sein Weib Sprinze ist im Kindlbetten verschiden, alt 20 J. — Dem Wolff Juden, ins Samuel Juden Hauss sein Sohn Veitl ist an der Wassersucht beschaut, alt 13 J.

3. Juli. Die Zierl ein Judten Mensch ins Wolff Juden Hauss ist an der Fraiss beschaut, alt 17 J.

7. Juli. Dem Khopl Juden, ins Michael Juden Hauss, sein Weib Ressl ist an der Dörr beschaut, alt 32 J. — Ingleichen dem David Juden, in sein Hauss sein Khindt Rebeca ist an der Wassersucht beschaut, alt 5 J.

15. Juli. Der Fränckhl Jud in sein Hauss ist an der Dörr beschaut, alt 60 J.

16. Juli. Dem Arrer Juden, in sein Haus, sein Weib Miriam ist an der Dörr beschaut, alt 40 J.

19. Juli. Der Joseph Judt in Juden Spital ist an der Dörr beschaut, alt 50 J.

29. Juli. Dem Maurÿ Juden in sein Hauss, sein Khindt Rebeckha ist an der Fraiss beschaut, alt $^1/_2$ J. — Dem Gerscha Juden in sein Hauss sein Khindt Anna ist am Cathar beschaut, alt $^3/_4$ J. — Dem Salomon Juden in sein Hauss sein Weib Miriumb ist an der Wassersucht beschaut, alt 70 J.

31. Juli. Dem Jochamb Juden, ins Abrahamb Juden Hauss sein Khind Israel ist an der Wassersucht beschaut, alt 6 J. — Dem Gerstl Juden, in sein Hauss sein Khindt Sarl ist an der Schwindtsucht beschaut, alt $1^1/_2$ J.

5. August. Dem Gerstl Juden, in sein Hauss sein Khind Veitl ist an der Wassersucht beschaut, alt 3 J.

12. August. Dem Moÿses Juden in sein Hauss sein Khindt Sara ist an Durchbruch beschaut, alt $^1/_2$ J.

13. August. Der Issrael Jud in sein Hauss ist an der Dörr beschaut, alt 40 J. — Dem Salckhe Juden in sein Hauss, sein Khindt Bennisch ist an der Wassersucht beschaut, alt 4 J.

16. August. Dem Leb Juden, in sein Hauss, sein Khint Veitl ist an der Fraiss beschaut, alt $^1/_4$ J.

21. August. Dem Lazarus Juden ins Victorins Juden Hauss sein Weib Sälte ist im Kindlbetten verschiden, alt 22 J.

26. Juli (soll wohl heißen „August“). Der Simon Judt ein Jung welcher gestern hinder der Judten Statt gebadt, und ertrunckhen ist von Kay: Stattgericht beschaut, alt 13 J.

23. August. Dem Jocham Judten in sein Hauss sein Kindt Rebeckha ist an der Frais verschidten, alt 6 Wochen.

24. August. Dem Leb Juden in sein Hauss sein Khint Veitl ist an der Schwintsucht beschaut, alt 3 J.

28. August. Dem Volle Juden, in sein Hauss sein Khindt Simon ist an der Wassersucht beschaut, alt 5 J.

2. September. Dem Maurÿ Juden in sein Hauss, sein Khündt Veitl, ist an der Wassersucht beschaut, alt 3 J.

12. September. Dem Samson Judten, in sein Haus, sein Khindt Rebeca ist an der Frais beschaut, alt 10 Wochen.

14. September. Der Samuel Judt inss Hierschl Judten Hauss ist an der Dörr beschaut, alt 70 J. — Dem Sussme Judten in sein Haus, sein Khündt Veitl ist an der Wassersucht beschaut, alt 10 J.

28. September. Der Libisch Jidtin Wittib, in Juden Spital, ihr Kind Ressl, ist am Ausatz beschaut, alt 8 J.

29. September. Dem Schalam Judten, ins Hierschl Judten Hauss sein Khindt Moÿses ist an der Frais beschaut, alt $^1/_4$ J.

Oktober (Tagesdatum, da verklebt, nicht lesbar). Der Abrahamb Judt, ins Joseph Greislers Judten gesperthen Hauss ist 5 Tag inficirt gestorben, alt 24 J.

21. Oktober. Dem Marx Judten, in sein Hauss sein Weib Hintl ist an der Wassersucht beschaut, alt 40 J.

25. Oktober. Dem Moÿses Juden, in sein Hauss, sein Kind Rachel ist an der Schwintsucht beschaut, alt $1^1/_2$ J. — Dem Salomon Wurmus Juden, in ihren gespörten Gmain Hauss, sein Jung Lipman, ist 4 Tag inficirt gestorben, alt 18 J.

1. November. Dem Gimbl Juden, in Juden Spital, sein Kind Gidl ist an der Schwintsucht beschaut, alt 2 J.

3. November. Dem Isackh Juden in sein Hauss sein Weib Ressl ist an der Dör beschaut, alt 35 J.

16. November. Dem Moÿses Juden, in sein Hauss, sein Weib Riffkha ist an der Lungensucht beschaut, alt 52 J. — Dem Samuel Juden, in Ihren gespörten Lazareth Heussl, sein Dienstmenschl Mierl ist 4 Wochen in Inficirten Garten gelegen aniezo aber durch den darzue geschlagenen hüzigen Fieber sambt den Durchpruch und Fraiss gestorben, alt 18 J.

8. Dezember. Die Mächele Jidin Wittib, ins Isaac Juden Hauss, ist an der Lungensucht beschaut, alt 80 J.

21. Dezember. Der Moÿses Judt ins Jacob Judten Hauss ist an der Dörr beschaut, alt 60 J.

31. Dezember. Dem Salomon Juden, in sein Hauss, sein Weib Ressl ist am Leibpruch beschaut, alt 40 J.

1655.

1. Januar (im Orig. irrtümlich 1654). Dem Jacob Juden, ins Judten Spitall sein Weib Ferggi (!), ist in Kindlbetten verschiden, alt 36 J.

5. Januar. Die Hendtl Jüdtin, Wittib ins Marx Judten Hauss ist an der Lungensucht beschaut, alt 50 J. — Dem Samuel Judten, ins Lewen Poläckhen Judten Hauss sein Khindt Sara ist an Wassersucht beschaut, alt 1 J.

6. Januar. Dem Berman Judten in sein Hauss sein Khindt Nachma ist an Cathar beschaut, alt $^3/_4$ J.

22. Januar. Dem Vigtor Juden, in sein Hauss, sein Weib Edl, ist an der Lungensucht beschaut, alt 40 J.

4. Februar. Dem Lebl Juden ins Jonas Juden Hauss sein Kind Lazarus ist an der Schwindtsucht beschaut, alt 4 J.

8. Februar. Dem Samuel Juden, ins Hierschl Juden Hauss, sein Khind Lazarus, ist am Cathär beschaut, alt 1 J.

5. März. Der Simon Judt ins Wolff Juden Hauss ist am Cathär beschaut, alt 45 J.

14. Februar (März?). Dem Gumprecht Juden in sein Hauss sein Khind Rachl ist an der Wassersucht beschaut, alt 2 J.

24. Februar. Der Rebeckha Jidin Wittib in Juden Spital ihr Khind Sarl ist an der Schwindtsucht beschaut, alt $1^1/_2$ J.

16. März. Die Sara Jidtin, ein Ledigsmensch in Juden Spithall ist an der Dörr beschaut, alt 17 J.

14. April. Der Leb Judt in sein Hauss ist an der Dörr beschaut, alt 50 J. — Dem Wolff Juden in sein Hauss sein Kind Hindl ist an der Schwindtsucht beschaut, alt 8 J.

22. April. Dem Ara Juden in sein Hauss sein Khind Rebeca ist an der Schwindtsucht beschaut, alt 3 J.

23. Mai. Die Rebeckha Jüdtin ein Ledigsmensch, welche heinth auss des Salekhen Juden Hauss in dess Juden Spithal komen, ist alda 5 Tag an schwarzen Pedetschen gestorben, alt 15 Jahr.

29. Mai. Dem Salomon Juden in der Scheichischen Erben Juden Hauss sein Weib Eggele, ist an der Dörr beschaut, alt 23 J.

31. Mai. Der Sara Jidin Wittib inss Tressl Juden Hauss ihr Tochter ist an der Wassersucht beschaut, alt 13 J.

6. Juni. Dem Jäckhl Juden in Juden Spital sein Gödl Isackh ist 7 Tag am Schwarzen Pedetschen gestorben, alt 9 J.

8. Juni. Der Jubitsch Jidin ein Wittib in der Wuna Flaschin Wittib Hauss ihr Tochter Preinl ist an der Dörr beschaut, alt 11 J.

9. Juni. Dem Maÿr Juden ins Solckhen Juden Hauss sein Dienstjung Lewl ist 5 Tage inficirt gestorben, alt 18 J.

13. Juni. Die Jidl Jidin ein Wittib in ihren gespörten Juden Spital ist 4 Tag am schwarzen Pedetschen gestorben, alt 24 J.

15. Juni. Die Heÿa Jidin ein Köchin inn Juden Spital ist 4 Tag an schwarzen Pedetschen gestorben, alt 40 J.

17. Juni. Dem Maÿr Juden ins Solckhen Juden Hauss sein Weib Ressl, so heint kranckher in ihr Contumaciae-Hauss getragen worden, ist alda 3 Tag inficirt beschaut, alt 23 J. — Wie auch sein Kind Abrahamb ist alda 3 Tag inficirt erkhendt worden, alt 6 J.

21. Juni. Dem Märlitz Juden in der Hündl Jüdin Wittib Hauss ist an der Dörr beschaut, alt 46 J.

9. Juli. Dem Joseph Juden ins Veith Juden Hauss sein Weib Khanna, ist am Khrebss beschaut, alt 45 J.

10. Juli. Dem Jäckhl Juden in Juden Spital sein Khint Hüerschl ist 7 Tag inficirt in ihr Contumaciae-Hauss erkhent, alt 8 J.

20. Juli. Dem Davidt Juden in sein Hauss sein Khind Simon, ist an der Schwindtsucht beschaut, alt 16 Wochen.

22. Juli. Der Simon Jud ins Henig Juden Hauss ist an der Lungensucht beschaut, alt 24 J.

25. Juli. Dem Wolff Juden ins Moÿses Juden Hauss sein Weib Rechel ist an der Dörr beschaut, alt 42 J.

21. August. Der Samuel Judt in der Mädl Jidin Wittib Haus ist an der Wassersucht beschaut, alt 35 J.

6. September. Dem Isac Juden in der Derrin Jidin Wittib Haus sein Kind Jidl ist an der Schwindtsucht beschaut, alt $^1/_2$ J.

8. September. Dem Salomon Juden in der Juden Gmain Haus sein Kind Issrael ist an der Frais beschaut, alt $^3/_4$ J.

9. September. Dem Salomon Misslitz in sein Hauss sein Kind Ressl ist 3 Tag am schwarzen Petetschen gestorben, alt 6 J.

12. September. Dem Samuel Juden ins Maÿr Juden Hauss sein Kindt Lebl, ist am sochenden Fieber beschaut, alt $^3/_4$ J.

15. September. Dem Folle Juden ins Abrahamb Juden Hauss sein Khind Veitl ist an der Fraiss beschaut, alt 3 J.

21. September. Dem Veischl Juden ins Jacob Juden Haus sein Kind Anna ist an der Schwindtsucht beschaut, alt 1 1/2 J.

23. September. Dem Marx Juden in sein Haus sein Weib Ella ist an der Dörr beschaut, alt 30 J. — Der Ellsas Judt in Juden Spital ist an Dampf beschaut, alt 73 J.

24. September. Dem Misslitz Juden, so vor 14 Tagen auss sein in ihr Contumacie-Hauss khomen, alda sein Köchin Malckha ist 5 Tag an schwarzen Petetschen gestorben, alt 69 J.

27. September. Der Schlama Judt in Moÿses Juden Hauss ist an der Dörr beschaut, alt 31 J.

30. September (Orig. irrtümlich Okt.). Die Rebeckha Jidin ein Ledigsmensch in Juden Spital ist an der Wassersucht beschaut, alt 15 J.

2. Oktober. Der Joseph Neustädl, Judt in sein Hauss ist 4 Tag inficirt gestorben, alt 41 J. — Der Saillÿ Judt ein Waiss in ihren Contumati-Hauss ist 4 Tag inficirt gestorben, alt 29 J., den 7. Oktober 1655.

10. Oktober. Der Maÿr Judt ins Leben Juden Hauss ist an Prandigen Schaden beschaut, alt 30 J.

17. Oktober. Der Reüzerin Neüstädlin Jidlin Wittib, in ihren Contumaciae-Heüssl ihr Khind Riffckha ist 2 Tag inficirt gestorben, alt 8 J.

20. Oktober. Der Jidl Jüdin ein Wittib in ihren Hauss ihr Sohn Cöpl ist an der hinfalenten Frais beschaut, alt 15 J.

2. November. Dem Abrahamb Juden in sein Hauss sein Khind Rebeca ist an der Schwindtsucht beschaut, alt 1 1/2 J.

8. November. Der Khife Judt in des Isaac Juden Hauss ist am Leibpruch beschaut, alt 70 J.

15. November. Der Lembl Jidin Wittib ins Falckhen Juden Hauss ihr Khind Ressl ist an der Schwindtsucht beschaut, alt 1 J.

17. November. Der Nachamb Judt ins Volle Juden Hauss, ist an Stainpladern beschaut, alt 1/2 J. — Dem Hierschl Juden ins Modl Juden Hauss sein Kind Herschl ist an der Lungensucht beschaut, alt 3/4 J.

2. Dezember. Der Manasch Judt in sein Hauss ist an der Lungensucht beschaut, alt 70 J.

6. Dezember. Die Wuna Jidin Wittib in ihr Hauss ist an der Wassersucht beschaut, alt 60 J. — Dem Aron Juden in sein Hauss sein Weib Rechel ist an der Dörr beschaut, alt 70 J.

10. Dezember. Der Isackh Judt ins Wolff Juden Hauss ist an der Lungensucht beschaut, alt 50 J.

12. Dezember. Dem Hierschl Juden ins Marx Juden Hauss sein Khind Israel ist an der Fraiss beschaut, alt 4 J.

1656.

16. Januar. Der Schoblach Judt in sein Hauss ist am Cathär beschaut, alt 50 J.

20. Februar. Der Veisch Judt in Juden Spithal ist an der Lungensucht beschaut, alt 18 J.

22. Februar. Der Moyses Judt in sein Haus ist am Cathär beschaut, alt 45 J.

5. März. Dem Moyses Juden in sein Hauss, sein Khind Jocham ist an der Schwindtsucht beschaut, alt $^3/_4$ J. — Der Riekhl Jidin ein Wittib in Juden Spithal ihr Sohn Jezig, ist an der Dörr beschaut, alt 12 J.

8. März. Der Machalle Judt in Juden Spithal, ist an der Wassersucht beschaut, alt 16 J.

27. März. Dem Elias Juden in sein Hauss sein Khind Veitl ist am Cathär beschaut, alt 13 Wochen.

2. April. Die Rebeca Jidin Wittib, ins Leb Juden Hauss, ist an der Dörr beschaut, alt 50 J.

6. April. Der Rebeca Jidin Wittib in Juden Spithal ihr Khind Sara ist an der Schwintsucht beschaut, alt 5 J.

30. April. Der Davidt Judt in Juden Spithal, ist am Dampff beschaut, alt 80 J.

11. Mai. Dem Hierschl Juden in sein Hauss, sein Kind Veitl ist an der Frais beschaut, alt 2 J.

17. Mai. Dem Moyses Juden in sein Hauss sein Khind Sarl ist an der Schwintsucht beschaut, alt 2 J.

22. Mai. Der Moyses Judt in ihren Spithal, ist an der Dörr beschaut, alt 73 J.

27. Mai. Dem Moyses Juden in sein Hauss ein Khind Davit ist an der Schwintsucht beschaut, alt 1 J.

2. Juni. Der Moyses Judt in ihren Spithal, ist an sochender Kranckheit beschaut, alt 36 J.

8. Juni. Dem Löb Juden in sein Hauss sein Tochter Rebeca ist am Schlag beschaut, alt 14 J.

14. Juni. Der Lew Judt, in der Hindlin Jidin Wittib Hauss, ist an der Lungensucht beschaut, alt 32 J.

17. Juni. Dem Joseph Judten in sein Hauss sein Khind Jidl ist an der Lungensucht beschaut, alt 4 J.

24. Juni. Dem Moÿses Juden, in sein Hauss sein Weib Malcula ist an der Lungensucht beschaut, alt 23 J.

10. Juli. Dem Victori Juden, in sein Hauss, sein Khind Israel, ist an der Frais beschaut, alt 1/2 J.

24. Juli. Dem Marx Juden in der Hindl Jidin Wittib Hauss sein Khind Jochamb ist an der Frais beschaut, alt 4 J.

29. Juli. Die Gala Jidin Wittib, in ihren Spithal ist an der Dörr beschaut, alt 50 J.

17. August. Dem Gabriel Juden, in sein Hauss sein Khind Rebeca ist an der Frais beschaut, alt 2 J.

25. August. Der Lazarus Judt, in ihren Spithal, ist an der Wassersucht beschaut, alt 47 J. — Der Jacob ein Judt, so vor 4 Tagen von Waiderstorff herein in Juden Spithal komen, ist alda 4 Tag am schwarzen Pödetschen gestorben, alt 18 J.

27. August. Dem Wolff Juden, ins Abrahamb Juden Hauss, sein Khind Raphael, ist an der Schwindtsucht beschaut, alt 3 J.

5. September. Dem Lebl Juden, ins Davit Juden Hauss, sein Khindt Jidl ist an der Frais beschaut, alt 19 Wochen.

8. September. Dem Hirschl Juden, in Salomon Juden Hauss sein Khindt Isaac ist an Durchbruch beschaut, alt 2 J.

13. September. Der Moÿses Jud, ins Jacob Juden Hauss ist am Cathär beschaut, alt 18 J.

14. September. Dem Israel Juden ins Simon Juden Hauss, sein Khind Berl ist an Cathar beschaut, alt 2 J.

17. September. Der Jacob Jud in sein Hauss ist an der Lungensucht beschaut, alt 45 J.

20. September. Dem Berman Juden in sein Hauss, sein Khindt Rachael ist an der Fraiss beschaut, alt 14 Wochen.

4. Oktober. (Orig. irrtümlich (?) Sept.) Der Davidt Jud in sein Hauss ist an der Lungensucht beschaut, alt 65 J. — Dem Wolff Juden ins Moÿses Juden Hauss sein Khindt Samuel ist an der Darmbfrais beschaut, alt 8 J.

6. Oktober. Der Reüzel Jidin Wittib, in ihren Hauss ihr Khind Seckhl ist an der Schwindtsucht beschaut, alt 3 J. —

8. Oktober. Der Isacc Jud in sein Hauss ist an Cathar beschaut, alt 25 J.

25. Oktober. Dem Mayr Judten in sein Hauss sein Khint Veitl ist an der Fraiss beschaut, alt 2 J.

(Der die Eintragungen v. 25. Okt. 1656 bis 1. Jan. 1659 enthaltene Band fehlt.)

1659.

1. Januar. Dem Leeb Juden in sein Hauss, sein Kindt Veitl ist am Pladern beschaut, alt 4 J.

4. Januar. Dem Hierschl Juden, in sein Hauss sein Kindt Veitl ist an Bladern beschaut, alt 2 J. — Dem Joachimb Juden, in der Rebeca Jüdtin Wittib Hauss, sein Khind Veitl, ist an Bladern beschaut, alt $^3/_4$ J.

5. Januar. Dem Maure Juden, in sein Hauss, sein Kindt Rebeca ist an der Schwindtsucht beschaut, alt 2 J.

8. Januar. Dem Perl Juden, in sein Hauss, sein Khindt Veithl, ist an Platern beschaut, alt $^3/_4$ J.

9. Januar. Dem Moysus Juden, in sein Hauss, sein Khindt Veithl, ist an Platern beschaut, alt $^5/_4$ J.

11. Januar. Dem Joseph Juden, in sein Hauss, sein Khindt Anna, ist an Platern beschaut, alt 4 J.

13. Januar. Dem Jochamb Juden, ins Joseph Juden Hauss sein Khindt Rebeca ist an Blatern beschaut, alt 2 J.

15. Januar. Dem Leb Juden, in sein Hauss, sein Khind Rebeca ist an Platern beschaut, alt $1^1/_2$ J. — Dem Israel Judten, ins Veidl Juden Hauss, sein Khindt Veidl ist an Bladern beschaut, alt $1^1/_2$ J.

17. Januar. Dem Moyses Juden, in sein Hauss, sein Khind Veit ist an der Wassersucht beschaut, alt 4 J.

20 Januar. Der Moyses Judt, in sein Hauss ist an der Dörr beschaut, alt 50 J. — Dem Mächel Juden, in sein Hauss, sein Khind Veitl ist an Pladern beschaut, alt $^3/_4$ J.

22. Januar. Dem Leeb Juden, in sein Hauss sein Khind Rebeca ist an Bladern beschaut, alt 4 J.

28. Januar. Dem Arl Juden, in sein Hauss, sein Khindt Ressl ist an Platern beschaut, alt 6 J. — Dem Jacob Juden, ins Hierschl Juden Hauss, sein Khindt Rebeca ist an Platern beschaut, alt $^3/_4$ J.

30. Januar. Der Thobias Judt, ins Schör Juden Hauss, ist an der Lungensucht beschaut, alt 57 J.

31. Januar. Dem Mädl Juden, in sein Hauss, sein Khindt Rebeca ist an Platern beschaut, alt 6 J. — Dem Leeb Juden, ins Jonas Juden Hauss, sein Khindt Veitl, ist an Platern beschaut, alt $^3/_4$ J.

2. Februar. Dem Gerstl Juden, in sein Hauss, sein Khindt Welle, ist an Platern beschaut, alt $^3/_4$ J.

6. Februar. Der Rebeca Jüdtin Wittib, in Ihren Hauss Ihr Khindt Ressl ist an Blatern beschaut, alt 6 Jahr.

8. Februar. Dem Arra Judlin, ins Schalckho Judten Hauss, sein Khindt Veitl, ist an Platern beschaut, alt 1 J.

9. Februar. Dem Abrahamb Judten, in sein Hauss, sein Khindt Veitl ist an Platern beschaut, alt 3 J. — Dem Eure Judten, in sein Hauss, sein Khindt Copel ist an Platern beschaut, alt 2 J.

10. Februar. Der Isackh Judt, in sein Hauss, ist an einem Leibschadten beschaut, alt 57 J.

12. Februar. Dem Hierschl Juden in sein Hauss, sein Khindt Nassza ist an Pladtern beschaut, alt 3 J.

15. Februar. Dem Leeb Juden, in sein Hauss, sein Khindt Ressl ist an Pladern beschaut, alt $1^1/_2$ J.

16. Februar. Dem Hierschl Juden, in sein Hauss, sein Khindt Salomon ist ann Pladern beschaut, alt 5 J. — Dem Hierz Juden, ins Itzigg Juden Hauss sein Khindt Ressl, ist ann der Schwindtsucht beschaut, alt 2 J.

18. Februar. Der Jacob Judt in ihren Spittall ist an der Wassersucht beschaut, alt 36 J.

19. Februar. Dem Wolff Juden, in sein Hauss, sein Khindt Veithl, ist an Platern beschaut, alt 4 J. — Dem Judÿ Juden, in sein Hauss, sein Khindt Israel, ist an der Schwindtsucht beschaut, alt $^3/_4$ J.

22. Februar. Dem Sambl Juden, ins Abrahamb Juden Hauss sein Khindt Ressl, ist an Platern beschaut, alt 12 Wochen.

25. Februar. Dem Fallÿ Juden, in sein Hauss, sein Weib Bälla ist an der Wassersucht beschaut, alt 40 J. — Dem Järl Juden, in sein Hauss, sein Khindt Veitl ist an Bladern beschaut, alt $^3/_4$ J.

28. Februar. Dem Moÿses Juden, ins Marx Juden Hauss, sein Khindt Veithl ist an Pladern beschaut, alt $1^1/_2$ J.

2. März. Dem Hierz Judten, ins Copel Judten Hauss, sein Khindt Veithl, ist an der Frais beschaut, alt 1 J.

4. März. Der Hierschl Judt ins Vallä Judten Hauss ist an der Wassersucht beschaut, alt 70 J.

12. März. Der Veithl Judt, in Ihrem Spithal, welcher gestern zwischen der Täber Prukh, auf freÿen Felt erfrohren, beschaut, alt 13 J.

(Lücke v. 12. März bis 19. Okt.)

19. Oktober. Die Egidin Jüdin Wittib, ins Marx Juden Hauss, ist an der Schwindtsucht beschaut, alt 36 J.

20. Oktober. Dem Leeb Juden, ins Davidt Juden Hauss, sein Khind Anna ist an der Frais beschaut, alt $^3/_4$ J.

31. Oktober. Der Aramb Judt in sein Hauss, ist an der Dörr beschaut, alt 57 J. — Dem Moÿses Juden, in sein Hauss, sein Khindt Veitl ist an der Schwindtsucht beschaut, alt $^3/_4$ J.

16. November. Die Sara Jüdin Wittib, ins Scheÿa Juden Hauss, ist an der Wassersucht beschaut, alt 52 J.

19. November. Der Schiessl Judt, ins Joseph Juden Hauss, ist an Dampf beschaut, alt 30 J.

20. Dezember. Der Samuel Judt, in Ihren Spitall ist ann der Wassersucht beschaut, alt 20 J.

23. Dezember. Die Ressl Judtin Wittib, ins Jacob Juden Hauss, ist an der Wassersucht beschaut, alt 54 J.

28. Dezember. Die Rebeca Jüdtin ein Waiss, in ihren Spitall ist an der Schwindtsucht beschaut, alt $1^1/_2$ J.

29. Dezember. Dem Judas Juden in sein Hauss, sein Khindt Rebeca ist an der Frais beschaut, alt $^1/_2$ J.

1660.

6. Januar. Der Veitl Jud ein Waisz in ihren Spittall ist an der Wassersucht beschaut, alt 12 J.

8. Januar. Dem Saal Juden ins Simon Juden Hauss, sein Weib Rebeca ist an der Wassersucht beschaut, alt 54 J. — Der Leew Judt ein Waisz in ihren Spital ist an der Wassersucht beschaut, alt 12 J.

19. Januar. Der Mostl Judt ins Arra Juden Hauss ist an der Lungensucht beschaut, alt 30 J.

24. Januar. Der Scheÿa Jud ins Ennoch Juden Hauss, ist an Schlaag beschaut, alt 55 J.

27. Januar. Die Rebeca Jüdtin ein Wittib in ihren Spital ist an ein Seitten Geschwer beschaut, alt 27 J.

13. Februar. Die Gietl Jüdin Wittib, in ihren Spitall ist am Dampf beschaut, alt 80 J.

14. Februar. Dem Leeb Juden, in sein Hauss, sein Kind Rebeca ist an Cathar beschaut, alt $^1/_2$ J.

21. Februar. Die Bessl Jüdin Wittib in ihren Spitall ist an der Dörr beschaut, alt 50 J.

23. Februar. Der Leeb Judt, in ihren Spitall ist an der Wassersucht beschaut, alt 30 J.

24. Februar. Dem Jacob Juden, in sein Hauss, sein Weib Schenl ist an der Lungensucht beschaut, alt 30 J.

26. Februar. Der Eberl Judt, in ihren Spitall ist an einem innerlichen Apostemb beschaut, alt 60 J.

28. Februar. Der Joachimb Judt, in ihren Spitall ist ann der Wassersucht beschaut, alt 60 J. — Der Israel Judt, ins Simon Juden Hauss, ist an ein Brustgeschwehr beschaut, alt 50 J.

29. Februar. Dem Moÿsses Juden, ins Leeb Juden Hauss, sein Khind Veitl ist an der Dörr beschaut, alt 3 J.

19. März. Der Rössl Jüdin Wittib, ins Jocham Juden Hauss, sein Kindt Anna ist an der Fraiss gestorben, alt 6 Wochen.

24. März. Die Feiblin Jüdin Wittib, ins Simon Juden Hauss, ist an der Lungensucht beschaut, alt 70 J.

1. April. Dem Samuel Juden, ins Isac Juden Hauss, sein Kind Rebeca ist an der Fraiss beschaut, alt $^5/_4$ J.

4. April. Dem Davidt Juden, in sein Hauss, sein Weib Rachel ist in Khindsnötten beschaut, alt 40 J. — Dem Valckh Juden, in sein Hauss, sein Kind Anna ist an der Frais beschaut, alt 2 J.

9. April. Der Rabinar Judt, ins Samuel Juden Hauss, ist an der Wassersucht beschaut, alt 60 J.

11. April. Die Bella Jüdin Wittib, ins Janna Juden Hauss, ist an der Lungensucht beschaut, alt 70 J.

4. Mai. Dem Joachim Jud, in der Judessin Wittib Hausz sein Khind Ressl ist an der Fraiss beschaut, alt 6 J.

5. Mai. Dem Jacob Juden, in Lazarus Juden Hauss sein Khindt Veitl, ist an der Collera beschaut, alt 3 J.

7. Mai. Der Abrahamb Judt, in ihren Spittall, ist an der Wassersucht beschaut, alt 33 J.

13. Mai. Dem Sallomon Juden, ins Jannus Juden Hauss sein Weib Rebeca ist an ein Seittengeschwer beschaut, alt 20 J.

23. Mai. Die Rebeca Jüdin Wittib, in ihren Spittall ist an der Gelbsucht beschaut, alt 50 J.

26. Mai. Dem Jeremiaus Juden, in sein Hauss, sein Thochter Khaba ist an Schlaag beschaut, alt 10 J.

30. Mai. Dem Jacob Juden ins Leeb Juden Hauss, sein Weib Sara ist an der Wassersucht beschaut, alt 31 J.

3. Juni. Der Rebeca Jüdin Wittib, in ihren Spittall ihr Khindt Veitl ist an der Fraiss beschaut, alt $^1/_4$ J.

6. Juni. Dem Jacob Juden, ins Lippen Juden Hauss, sein Weib Ressl ist in Khindtesnöthen verschiden, alt 20 J.

16. Juni. Die Rebeca Jüdin Wittib in ihren Spittall ist an der Wassersucht beschaut, alt 89 J.

28. Juni. Dem David Juden, in sein Hauss sein Khind Veitl ist an der Wassersucht beschaut, alt 4 J.

2. Juli. Dem Jacob Juden, in sein Hauss, sein Khindt Veitl ist an Magenwürmben beschaut, alt 2 J. — Dem Leeb Juden, ins Lazarus Juden Hauss, sein Khindt Israel ist an der Fraiss beschaut, alt $^1/_2$ J.

8. Juli. Die Jüdel Jüdin Wittib, in ihren Hauss ist an der Wassersucht beschaut, alt 50 J.

21. Juli. Dem Leeb Juden, in sein Hauss sein Weib Edl ist an der Fraiss beschaut, alt 27 J.

23. Juli. Dem Schime Juden, in sein Hauss, sein Weib Zimel ist an der Lungensucht beschaut, alt 35 J.

9. September. Der Rebeca Jüdin Wittib, ins Joseph Juden Hauss ihr Khind Ressl ist an der Wassersucht beschaut, alt 4 J.

13. September. Dem David Juden, ins Samuel Juden Hauss sein Khindt Teübl ist an der Fraiss beschaut, alt $^3/_4$ J.

15. November. Dem Moysses Juden, ins Jackhel Juden Hauss, sein Khindt Anna, ist an der Fraiss abgestanden, alt 6 Wochen.

21. November. Dem Veitl Juden, in sein Hauss, sein Khindt Sara, ist an der Fraiss beschaut, alt 2 J. — Dem David Juden, in Ihren Spittal, sein Weib Machle ist an der Wassersucht beschaut, alt 40 J.

22. November. Der David Jud, in ihren Spittal ist an der Wassersucht beschaut, alt 23 J.

10. Dezember. Dem Simon Judten, ins Jacob Juden Hauss, sein Khindt Veitl ist an der Schwindtsucht beschaut, alt $^3/_4$ J.

12. Dezember. Dem Abrahamb Juden, in sein Hauss, sein Weib Sara ist an der Dörr beschaut, alt 50 J.

15. Dezember. Dem Copl Juden, in sein Hauss, sein Khindt Ressl ist an der Fraiss beschaut, alt $1^1/_2$ J.

1661.

8. Januar. Dem Mori Juden in sein Hauss, sein Weib Ceia, ist an der Wassersucht beschaut, alt 33 J.

18. Januar. Dem Altl Kopl Juden, in sein Hauss, sein Weib Creml ist an einer Apostemb beschaut, alt 31 J.

1. Februar. Dem Marx Juden, ins Abrahamb Juden Hauss, sein Khindt Heÿo, ist an der Fraiss beschaut, alt 7 J.

2. Februar. Dem Leeb Juden, ins David Juden Hauss, sein Khindt Hürschl ist am Catar beschaut, alt 2 J.

3. Februar. Der Khibo Judt, ins Lembel Juden Hauss, ist an der Wassersucht beschaut, alt 50 J.

9. Februar. Dem Abrahamb Juden, in ihren Spittal sein Khindt Jachat ist an der Fraiss beschaut, alt 2 J.

10. Februar. Der Maÿr Judt, in ihren Spittal, ist am Aussatz beschaut, alt 50 J.

11. Februar. Der Bössl Jüdtin, Wittib, in ihren Spittal, ihr Khindt Rössl ist an der Fraiss beschaut, alt $^3/_4$ J.

13. Februar. Der Jacob Judt, in ihren Spittal ist an der Lungensucht beschaut, alt 40 J.

25. Februar. Der Joseph Judt, in sein Hauss, ist an der Lungensucht beschaut, alt 60 J. — Der Änzl Judt, in sein Hauss, ist an ein Prust Apostemb beschaut, alt 33 J.

27. Februar. Die Hanckhl Jüdin Wittib, ins Perma Juden Hauss ist an der Wassersucht beschaut, alt 80 J.

28. Februar. Die Jero Jüdtin, Wittib, in ihren Hauss, ist an ein Prust Apostemb beschaut, alt 30 J.

5. März. Der Abrahamb Judt, in ihren Spittal, ist an der Lungensucht beschaut, alt 72 J.

7. März. Dem Löb Judten, ins Simon Juden Hauss, sein Weib Rössl ist an ein Prust Gschwer beschaut, alt 40 J.

8. März. Die Hamele Jüdin Wittib, in ihren Hauss, ist an ein Prust Catar beschaut, alt 56 J.

11. März. Dem David Juden, in sein Hauss, sein Weib Rachl ist am Schlaag beschaut, alt 26 J.

13. März. Der Moÿsses Judt, in ihren Spittal, ist an der Wassersucht beschaut, alt 70 J.

14. März. Der Änzl Judt, ins Abrahamb Juden Hauss, ist am Blassenstain beschaut, alt 40 J.

15. März. Dem Moisses Juden, in sein Hauss. sein Weib Reizele ist an der Dörr beschaut, alt 47 J.

18. März. Dem Elias Juden, in sein Hauss, sein Weib Jüdl ist an ein Prust Apostemb beschaut, alt 23 J.

19. März. Dem Hürschl Juden, in sein Hauss sein Weib Jüdl ist an der Lungensucht beschaut, alt 49 J.

20. März. Der Liebman Jud, ins Zacharias Juden Hauss, ist an ein Prust Catar beschaut, alt 40 J.

6. April. Der Hirschl Judt ins Davidt Judten Hauss ist an Hützigen Fiber beschaut, alt 45 J.

8. April. Die Rebecca Jüdtin, in ihren Spittahl ist ann der Lungensucht beschaut, alt 70 J.

12. April. Dem Wolf Judten ins Jacob Judten Haus, sein Tochter Beilla ist ann Würmen beschaut, alt 14 J.

15. April. Dem Moÿsses Judten, ins Jacob Judten Hauss, sein Weib Sara ist an ein Prust Apostemb beschaut, alt 27 J.

21. April. Dem Löbl Judten, in der Sarl Judten Hauss, sein Weib Rebecca ist an Leibs Schaden beschaut, alt 30 J.

22. April. Der Lippen Judt, ins Jacob Judten Hauss, ist an der Lungensucht beschaut, alt 73 J.

24. April. Der Schollem Judt, in ihren Spittahl ist an ein Prust Apostemb beschaut, alt 15 J.

26. April. Dem Michel Judt, in sein Hauss, sein Kindt Sarl ist ann der Darmbfreis beschaut, alt $3^1/_2$ J.

30. April. Dem Wolfen Judt, in sein Hauss sein Tochter Rössl ist ann der Wassersucht beschaut, alt 15 J. — Der Salel Judt, so gestern todter von Linz zue ihren Freÿthof hieher geführt worden, ist an der Dörr beschaut, alt 40 J.

1. Mai. Dem Schambsche Juden, ins Simon Judten Hauss, sein Weib Döscha ist am hützigen Füber beschaut, alt 57 J.

7. Mai. Die Bascheba Jüdtin, Wittib, ins Ascha Judten Hauss, ist an der Dörr beschaut, alt 80 J.

30. Mai. Dem Menisch Judten, in sein Hauss sein Kindt Itzig ist ann der Schwindtsucht beschaut, alt 10 J. — Die Rössl Jüdtin, ins Simon Judten Hauss, ist an einen Prust Cathar beschaut, alt 14 J.

12. Juni. Die Rössl Jüdtin, ein leediges Mensch ins Jonde Judten Hauss, ist an der Wassersucht beschaut, alt 8 J.

14. Juni. Dem Joachimb Judt, in sein Hauss, sein Kindt Veitl ist an einer langwirigen Wassersucht beschaut, alt 7 J.

30. Juni. Der Löeb Judt, ins Wolff Judten Hauss, ist an der Lungensucht beschaut, alt 60 J.

23. August. Die Preinl Jüdtin, Wittib, in ihren Hauss, ist langwirig an der Dörrsucht beschaut, alt 70 J.

12. September. Dem Aschar Judt ins Samuel Judten Hauss, sein Weib Rössl, ist langwirig an der Lungensucht beschaut, alt 50 J.

13. September. Dem Moisses Judt, ins Hürschl Judten Hauss sein Khindt Rössl, ist langwirig an der Schwindtsucht beschaut, alt $2^1/_2$ J.

16. September. Dem Gumpl Judten, in ihren Spittal, sein Weib Bella ist langwirig an der Wassersucht beschaut, alt 40 J.

17. September. Die Rössl Jüdtin, Wittib, ins Leeb Juden Hauss ist langwirig an der Lungensucht beschaut, alt 72 J.

8. Oktober. Der Mayr Judt, in sein Hauss, ist langwirig ann der Lungensucht beschaut, alt 50 J.[1])

15. Oktober. Dem Salomon Judten, in sein Hauss, sein Weib Malckha ist langwirig an der Dörr beschaut, alt 77 J.

18. Oktober. Dem Moisses Judten, ins Ara Judten Hauss sein Khindt Rössl ist langwirig an der Gelbsucht beschaut, alt 3 J.

2. Dezember. Der Elias Judt, ins Joseph Judten Hauss, ist 14 Tag am Schlaag beschaut, alt 50 J.

7. Dezember. Dem Moysses Judten, in der Rebeca Jüdtin Wüttib Hauss, sein Khindt Joseph, ist an der Fraiss beschaut, alt $^1/_2$ J.

12. Dezember. Der Mayr Judt, in ihren Spittal, ist an der Dörr beschaut, alt 15 J.

1662.

1. Januar. Dem Salomon Judt, ins Isac Judten Hauss, sein Weib Rössl, ist an ein Prust Apostemb beschaut, alt 18 J.

12. Januar. Dem Issac Judten, ins Joseph Judten Hauss, sein Kindt Veitl ist langwirig an Schwindsucht beschaut, alt $^6/_4$ J.

---

[1]) Dieselbe Eintragung mit der Altersangabe „30 J.“ unter Monat September nach dem 17. u. d. Datum „den 8. dito“, ferner unter 8. November m. d. Altersangabe „alt 30 Jahr“. Offenbar irrtümliche Wiederholungen, wie sie im Totenprotokoll häufig vorkommen.

29. Januar. Dem Mändl Juden, in sein Hauss, sein Khindt Rössl ist 8 Tag an der Fraiss beschaut, alt $^5/_4$ J.

1. Februar. Der Rifftgi Judt,[1]) ins Marx Judten Hauss, ist langwirig an der Dör beschaut, alt 63 J.

4. Februar. Der Moyses Judt, in ihren Spitall ist langwirig an der Dör beschaut, alt 50 J.

12. Februar. Die Bella Jidtin, Wittib in ihren Spital ist an der Lungensucht beschaut, alt 53 J.

3. März. Der Samuel Judt, in der Ressl Jidtin Wittib Hauss, ist an der Lungensucht beschaut, alt 52 J.

4. März. Dem Wolff Judt, ins Joachimb Juden Hauss, sein Sohn Veitl ist an der Lungensucht beschaut, alt 10 J.

18. März. Der Herzl Judt, in sein Hauss, ist an der Dör beschaut, alt 80 J. — Dem Perl Jud, in sein Hauss, sein Sohn Veitl ist an der Wassersucht beschaut, alt 12 J.

27. März. Der Leb Judt, in der Rechel Jidtin Wittib Hauss ist an der Wassersucht beschaut, alt 71 J. — Der Perbl Jud in sein Hauss ist an der Lungensucht beschaut, alt 57 J.

1. April. Dem Hierschl Juden, ins Jacob Juden Hauss sein Khind Veitl ist an der Dör beschaut, alt 9 J.

2. April. Der Wolff Jud, ins Mayr Juden Hauss ist an der Lungensucht beschaut, alt 72 J.

8. April. Dem Leb Judt, ins Wolff Juden Hauss, sein Khind Veitl ist an Magenfieber beschaut, alt 7 J.

15. April. Die Hanella Jidtin, Wittib, in der Rechel Jidtin Wittib Hauss, ist langwirig an Dampff beschaut, alt 70 J.

18. April. Dem Samuel Judt, ins Simon Juden Hauss, sein Khind Veitl ist an der Schwindsucht beschaut, alt $^3/_4$ J.

19. April. Dem Leb Judt, in sein Hauss, sein Khind Rössl ist an der Schwindsucht beschaut, alt 3 J.

3. Mai. Dem Gerstl Juden, ins Hierschl Juden Hauss, sein Sohn Samuel ist langwirig an der Lungen Apostemb beschaut.

10. Mai. Dem Peeraich Juden, ins Mayr Juden Hauss, sein Sohn Samuel ist langw. an der Lungen Apostemb beschaut, alt 16 J.

19. Mai. Die Ressl Jidin, ein armer Waiss, in ihren Spital, ist an der Schwindsucht beschaut, alt 2 J.

---

[1]) Wahrscheinlich soll die Stelle lauten: „Die Rifftge Jüdtin".

25. Mai. Die Rebeca Jidin, Wittib, ins Peer Juden Hauss ist an der Lungensucht beschaut, alt 80 J.

27. u. 28. Mai. Die Liebl Jidin, Wittib ins Mayr Juden Haus ist an der Lungensucht beschaut, alt 80 J. — Dem Leb Jud in sein Hauss, sein Weib Riffge ist an der Wassersucht beschaut, alt 40 J.

29. Mai. Dem Salomon Jud, in sein Hauss, sein Khind Veitl ist an der Wassersucht beschaut, alt 7 J.

1. Juni.[1]) Der Wolff Judt in sein Hauss ist an ein Lungen Apostemb beschaut, alt 19 J.

12. Juni. Dem Lazaruss Judt ins Saloman Juden Hauss sein Khindt Veitl ist an der Fraiss beschaut, alt $^{5}/_{4}$ J.

19. Juni. Der Leb Judt, in ihren Spitall, ist an der Wassersucht beschaut, alt 70 J.

10. Juli. Der Moyses Judt, ins Davidt Juden Hauss ist langwührig an der Dörr beschaut, alt 36 J.

26. Juli. Dem Berl Judt, in der Rachel Jidtin Wittib Hauss, sein Khindt Veitl ist 8 Tag an Khinder Pladern beschaut, alt 3 J.

1. August. Die Dobara Jidtin, Wittib, in ihren Spitall ist langwührig an der Wassersucht beschaut, alt 50 J.

16. August. Der Ressl Jidtin Wittib, ins Henoch Juden Hauss ihr Khindt Anna ist an der Därmb Frais beschaut, alt $^{1}/_{2}$ J.

20. August. Dem Jona Judten, ins Abrahamb Juden Hauss sein Khind Veitl ist an der Frais beschaut, alt $1^{1}/_{2}$ J.

5. September. Der Riss Judt in sein Hauss ist langwührig an der Dörr beschaut, alt 68 J.

24. September. Der Abraham Judt in der Jeneckhl Jidtin Wittib Hauss, ist an ein Brust Apostem beschaut, alt 60 J.

27. September. Dem Simon Juden in sein Hauss sein Khind Nacham ist an Durchbruch beschaut, alt $3^{1}/_{2}$ J.

29. September. Die Ressl Jidtin, ein Wayss in ihren Spital ist an der Lungensucht beschaut, alt 12 J.

2. Oktober. Der Leb Judt ins Zachariae Mayr Juden Hauss ist an ein Brust Apostem beschaut, alt 37 J.

8. Oktober. Dem Victor Juden ins Moyses Juden Hauss, sein Khint Ressl ist an der Fraiss beschaut, alt 4 J.

[1]) Bruchstück der Toteneintragungen v. 1. Juni bis 19. Nov. 1662, 1 Bl., vorgebunden dem Totenprotokoll 7 (1664—1666). Die 2. Seite stark wasserfleckig.

11. Oktober. Die Ressl, ein Juden Khint, ins Hierschl Juden Hauss ist an der Dörr beschaut, alt 10 J. — Dem Veit Juden in sein Hauss sein Khint Lehe ist an der Rotten Ruhr beschaut, alt $^{5}/_{4}$ J.

13. Oktober. Der Hessl Jud ins Veith Juden Hauss ist an Seitenstehent beschaut, alt 13 J.

18. Oktober. Dem Schmule Juden ins Berl Juden Hauss, sein Khint Veitl ist an der Fraiss beschaut, alt $^{5}/_{4}$ J.

1. November. Die Sara Jidtin Wittib ins Hierschl Juden Hauss ist an der Lungensucht beschaut, alt 31 J.

13. November. Der Joachamb Jud in ihren Spitall ist an der Schwindtsucht beschaut, alt 6 J.

19. November. Dem Joseph Jud in sein Hauss sein Khint Ve[itl] ist an ein Brust Cathar beschaut, alt $^{1}/_{2}$ J.

1667.[1])

3. Januar. Dem Fissl Judten, in sein Hauss, sein Khindt Rachel ist an der Därmb Fraiss beschaut, alt 3 J.

4. Januar. Dem Schmulle Juden, in sein Hauss, sein Weib Vigl ist an Cathar beschaut, alt 30 J.

11. Januar. Der Gunfel Judt, in ihren Spital ist an der Fraiss beschaut, alt 40 J.

12. Januar. Der Ressl Jidtin Wittib in ihren Hauss ihr Khindt Gitl ist an der Fraiss beschaut, alt $1^{1}/_{2}$ J.

20. Januar. Dem Freÿssig Judten, ins Samuel Judten Hauss, sein Tochter Ressl ist an der Schwindtsucht beschaut, alt 19 J.

22. Januar. Der Mausche Judt, in ihren Spital ist an der Lungensucht beschaut, alt 35 J.

25. Januar. Dem Salamon Judten, in sein Hauss sein Weib Marl ist an der Wassersucht beschaut, alt 50 J.

28. Januar. Dem Sallamon Judten, in sein Hauss, sein Khindt Ressl ist an der Fraiss beschaut, alt $^{1}/_{2}$ J.

30. Januar. Dem Wolff Judten, in sein Hauss sein Khindt Ressl ist an der Schwindtsucht beschaut, alt 6 J. — Dem Leb Juden, in sein Hauss, sein Khindt Rachl ist an Cathar beschaut, alt $^{5}/_{4}$ J.

---

1) Im Totenprotokoll 7 (1. Jan. 1664—31. Dez. 1666) fehlt die Abt. der Judeneintragungen, ebenso in dem früheren die Einträge aus dem J. 1663, so daß eine Lücke von 4 Jahren zu konstatieren ist.

31. Januar. Dem Khopl Frenkhl Judten, in sein Hauss, sein Khindt Sarl ist an der Fraiss beschaut, alt $^3/_4$ J. — Dem Sendter Judten, in ihren Spital sein Khindt Lebele ist an der Wassersucht beschaut, alt 5 J.

2. Februar. Der Gitl Jidtin, ein Wittib, in ihren Hauss, ihr Khindt Veitl ist an der Dörr beschaut, alt 12 J.

5. Februar. Die Reissl Jidtin, ins Itzig Judten Hauss, ist an der Dörr beschaut, alt 30 J.

8. Februar. Der Lemo Judt, in ihren Spital ist an der Lungensucht beschaut, alt 50 J.

9. Februar. Die Mörl Jidtin Wittib in ihren Spital ist an der Dörr beschaut, alt 70 J.

13. Februar. Der Maness Judt, in der Nissl Jidtin Wittib Hauss ist an der Wassersucht beschaut, alt 60 J.

15. Februar. Die Ressl Jidtin, ein Wais ins Maister Judten Hauss ist an der Fraiss beschaut, alt 12 J.

19. Februar. Der (!) Laser Judt, in sein Hauss sein Khindt Odl ist an der Fraiss beschaut, alt $^1/_4$ J.

3. März. Der Davidt Judt, in sein Hauss, ist an Schlaag beschaut, alt 64 J. — Dem Sallaman Judten, ins Israel Judten Hauss, sein Khindt Veitl, ist an der Schwindtsucht beschaut, alt 7 J.

10. März. Der Isackhof (!) Judt ins Sallaman Judten Hauss, ist an der Dörr beschaut, alt 50 J. — Dem Veisch Judten, ins Hierschl Judten Hauss, sein Weib Hindl ist an der Mueterfraiss beschaut, alt 23 J.

14. März. Dem Mayr Judt, in sein Hauss, sein Weib Lehe ist an der Dörr beschaut, alt 40 J.

22. März. Dem Martha Judten, in sein Hauss sein Khindt Eysekh ist an der Schwindtsucht beschaut, alt 11 J. — Der Schlame Judt, in ihren Spital, ist an der Lungensucht beschaut, alt 70 J.

25. März. Der Sara Jidtin, Wittib, in ihren Hauss ihr Khindt Israel ist an der Fraiss beschaut, alt $1^1/_2$ J. — Die Dine Jidtin, ein Wittib, in ihren Haus ist an der Dörr beschaut, alt 90 J. — Dem Lasser Judten, ins Victor Judten Haus, sein Khindt Veitl ist an der Fraiss beschaut, alt $^3/_4$ J.

1. April. Die Baella Jidtin, Wittib ins Joseph Judten Haus, ist an Dampff beschaut, alt 70 J.

4. April. Die Rachl Jidtin, ein Wittib, ins Trestl Judten Haus, ist an Dampff beschaut, alt 70 J.

14. April. Dem Schmule Judten, ins Samuel Juden Hauss, sein Khindt Veitl ist an der Schwindtsucht beschaut, alt $^3/_4$ J.

1. Mai. Dem Wolff Judten, ins Sallaman Judten Haus, sein Khindt Rachl ist an der Fraiss beschaut, alt $^1/_4$ J.

2. Mai. Dem Kheyem Judten, in sein Hauss sein Khindt Veitl ist an der Schwindtsucht beschaut, alt $^3/_4$ J.

3. Mai. Der Hierschl Judt, in sein Hauss ist an der Lungensucht beschaut, alt 52 J.

4. Mai. Dem Davidt Judten, in sein Hauss, sein Sohn Node ist an der Fraiss beschaut, alt 15 J.

6. Mai. Der Veith Judt, ein Wais, ins Samuel Judten Hauss, ist an der Fraiss beschaut, alt 4 J.

19. Mai. Der Jese Judt, in ihren Spital ist an der Lungensucht beschaut, alt 20 J.

20. Mai. Die Ratesch Jidtin, ein Wittib, ins Jacob Judten Haus ist an der Dörr beschaut, alt 70 J.

23. Mai. Ressl Jidtin, ein Wittib, in ihren Hauss, ihr Khindt Rachl ist an der Schwindtsucht beschaut, alt 3 J.

28. Mai. Dem Muesche Judten, ins Itzig Juden Haus, sein Khindt Ressl ist an der Schwindtsucht beschaut, alt $^6/_4$ J.

8. Juni. Dem Schmule Judten, in sein Hauss sein Khind Veitl, ist an der Fraiss beschaut, alt $^3/_4$ J.

17. Juni. Der Riffkhy Jidtin, ein Wittib in ihren Spitall, ihr Khindt Veitl, ist an der Schwindsucht beschaut, alt 4 J. — Dem David Judten ins Hierschl Judten Haus sein Khindt Ressl ist an Platern beschaut, alt $^6/_4$ J.

23. Juni. Dem Jacob Juden, in ihren Spital sein Khindt Gitl ist an der Wassersucht beschaut, alt 3 J.

8. Juli. Dem Leb Judten, ins Joseph Juden Hauss, sein Weib Sara ist an der Lungensucht beschaut, alt 20 J.

10. Juli. Der Smibl Judt, ins Leb Judten Hauss ist an Schlaag beschaut, alt 60 J.

12. Juli. Dem Aberhamb Judten, in sein Haus sein Khindt Veitl ist an der Fraiss beschaut, alt 1 J.

19. Juli. Der Itzig Judt, ins Judten Spital ist an der Dörr beschaut, alt 30 J.

20. Juli. Dem Leb Judten, ins Aberhamb Juden Hauss, sein Weib Sara ist an der Wassersucht beschaut, alt 30 J.

24. Juli. Dem Aberhamb Judten, in sein Haus sein Khindt Itzig ist an der Schwindtsucht beschaut, alt 4 J.

25. Juli. Dem Jobl Judten, ins Hierschl Judten Haus, sein Weib Pella ist an Khindlpeten beschaut, alt 30 J.

1. August. Dem Meyer Judten, in der Mirin Judtin Wittib Haus, sein Khindt Joseph ist an der Fraiss beschaut, alt 3 J.

5. August. Dem Schlame Judten, in sein Hauss, sein Khindt Sara ist an der Fraiss beschaut, alt 2 J.

9. August. Dem Hierschl Judten, in sein Hauss, sein Khindt Prauna ist an der Schwindtsucht beschaut, alt 2 J.

12. August. Dem Schime Judten, in der Sara Jidin Wittib Hauss, sein Khindt Ressl ist an Platern beschaut, alt 3 J. — Die Sarl Jidtin, ein Waiss, ins Moÿses Judten Hauss ist an Platern beschaut, alt $2^1/_2$ J.

14. August. Der Rachl Jidin, ein Wittib, in ihren Hauss, ihr Khindt Israel ist an Platern beschaut, alt 6 J. — Dem Lembl Judten, in sein Hauss, sein Khindt Veitl ist an Platern beschaut, alt 2 J.

15. August. Der Leia Jidtin, Wittib, in ihren Hauss, ihr Khindt Sarl ist an Platern beschaut, alt 3 J.

17. August. Die Bella Jidtin Wittib, in ihren Spital ist an der Lungensucht beschaut, alt 27 J.

22. August. Dem Jude Juden, in sein Hauss sein Khindt Ressl ist an der Fraiss beschaut, alt $^1/_2$ J.

23. August. Der Rachl Jidtin, Wittib, in ihren Hauss ihr Khindt Sarl, ist an der Fraiss beschaut, alt $2^1/_2$ J.

24. August. Dem Sekhl Judten ins Moyses Juden Hauss, sein Khindt Ressl ist an Schwindtsucht beschaut, alt $^6/_4$ J. — Dem Davidt Judten, in sein Hauss, sein Khindt Sarl ist an der Schwindtsucht beschaut, alt 3 J.

25. August. Der Sarl Jidtin Wittib, ins Joseph Juden Hauss, ihr Khindt Kheyum ist an der Fraiss beschaut, alt $^1/_2$ J.

26. August. Der Davidt Judt, in sein Hauss sein Khindt Israel ist an der Schwindtsucht beschaut, alt 5 J. — Dem Leb Judten, in sein Hauss, sein Khindt Veitl ist an Platern beschaut, alt 3 J.

28. August. Dem Hemÿ Judten, ins Dressl Juden Haus, sein Khindt Veitl, ist an Platern beschaut, alt $^1/_2$ J. — Der Sarl Jüdtin, ein Wittib, ins Abrahamb Judten Hauss, ihr Khindt Israel ist an der Schwindtsucht beschaut, alt 5 J.

31. August. Der Jochel Jidtin, Wittib, in ihren Hauss, ihr Khindt Sarl ist an der Fraiss beschaut, alt 3 J.

2. September. Der Idl Jidtin, in der Peyerlin Jidin Wittib Hauss ist an der Lungensucht beschaut, alt 50 J. — Dem Schime Juden, ins Sallaman Judten Hauss, sein Khindt Volekhl ist an der Schwindtsucht beschaut, alt 2 J.

6. September. Dem Noe Judten, ins Sallaman Judten Hauss, ist an der Schwindtsucht beschaut, alt 3 J. — Dem Schime Juden, ins Sallaman Judten Hauss, sein Khindt Volekhl ist an der Schwindtsucht beschaut, alt 2 J. (S. oben unter 2. Sept.)

8. September. Dem Scheye Juden, in sein Hauss sein Khind Veitl ist an den Platern beschaut, alt $1^1/_2$ J.

10. September. Dem Jacob Judten, in sein Hauss sein Khind Perl ist an der Schwindtsucht beschaut, alt 2 J.

11. September. Dem Hierschl Judten, in sein Hauss, sein Weib Mindele ist an der Dörr beschaut, alt 50 J.

16. September. Dem Aberhamb Judten, in sein Haus sein Khindt Ressl ist an Platern beschaut, alt 1 J.

17. September. Der Jacob Judten (!) ins Dressl Juden Haus, ist an Cathar beschaut, alt 70 J.

18. September. Dem Hössl Juden in sein Hauss sein Khindt Sarl ist an Platern beschaut, alt 3 J.

23. September. Dem Moyses Judten, in sein Haus sein Khindt Ressl ist an Platern beschaut, alt $^1/_2$ J.

26. September. Der Redl Jidtin, Wittib, in ihren Spital, ihr Khindt Sarl ist an der Fraiss beschaut, alt $^1/_2$ J.

27. September. Der Itzig Judt, in ihren Spital ist an der Lungensucht beschaut, alt 40 J.

30. September. Der Sarl Jidtin Wittib in ihren Spital ihr Khindt Veitl ist an Platern beschaut, alt $^6/_4$ J.

1. Oktober. Dem Maness Judten, in sein Hauss sein Khindt Ressl ist an Platern beschaut, alt $^3/_4$ J.

3. Oktober. Dem Samel Judten, in sein Hauss sein Khindt Redl ist an Plattern beschaut, alt 2 J.

4. Oktober. Davitl Judten, in sein [Hauss] sein Kint Salloma ist an der Schwindtsucht beschaut, alt 2 J.

5. Oktober. Dem Leb Judten, in der Launa Jidtin Wittib Hauss sein Khindt Veitl ist an Platern beschaut, alt 2 J.

7. Oktober. Dem Veitl Judten [Lücke], in ihren Spital ist an Platern beschaut, alt 4 J.

9. Oktober. Dem Lip Judten, in sein Hauss, sein Khindt Veitl ist an der Fraiss beschaut, alt $^3/_4$ J.

14. Oktober. Dem Aran Judten, in sein Hauss, sein Khindt Israel ist an der Schwindtsucht beschaut, alt 4 J. — Dem Sallaman Judten in Moÿses Judten Hauss, sein Khindt Ressl ist an Platern beschaut, alt 3 J.

15. Oktober. Der Rifkhÿ Jidtin in ihren Spital ihr Khindt Sarl ist an Durchbruch beschaut, alt $^3/_4$ J.

17. Oktober. Dem Aran Judten in sein Hauss, sein Khindt Sarl ist an Plattern beschaut, alt 1 J.

22. Oktober. Der Solde Jidtin Wittib, ins Hainich Judten Hauss ihr Khindt Sarl ist an der Schwindtsucht beschaut, alt 3 J.

23. Oktober. Dem Lew Judten, in sein Hauss sein Khindt Lasel ist an Pladtern beschaut, alt 2 J.

24. Oktober. Itzi (!) Judten in sein Hauss sein Khindt Sarl ist an Plattern beschaut, alt 2 J. — Der Ressl Jidtin, Wittib in ihren Hauss ihr Khindt Veitl ist an Platern beschaut, alt 3 J.

25. Oktober. Dem Iseÿ Judten, in sein Hauss sein Khindt Veitl ist an der Fraiss beschaut, alt 1 J.

26. Oktober. Dem Heÿem Judten, ins Wolf Judten Hauss, sein Khint Veitl ist an Platern beschaut, alt $^3/_4$ J.

29. Oktober. Der Hirschl Judt, ins Itzig Juden Hauss ist an der Dörr beschaut, alt 60 J.

31. Oktober. Dem Israel Judten, in sein Hauss sein Khindt Sarl ist an der Fraiss beschaut, alt $^3/_4$ J. — Der Sara Judtin Wittib ins Joseph Judten Hauss, ihr Khindt Sarl ist an der Schwindtsucht beschaut, alt $^1/_2$ J.

4. November. Dem Samel Judten, in sein Hauss, sein Sohn Lepme ist an der Gallsucht beschaut, alt 15 J. — Die Rachel Jidtin, ein Waiss in ihren Spital ist an Plattern beschaut, alt 3 J.

5. November. Demততtheÿ Judten in sein Hauss sein Khindt Sarl ist an Bladern beschaut, alt 1 J. — Dem Abrahamb Judten in sein Hauss sein Khindt Veitl ist an der Fraiss beschaut, alt $^3/_4$ J.

7. November. Dem Hirschl Judten, in sein Hauss, sein Khindt Veitl ist an Pladern beschaut, alt $^3/_4$ J.

9. November. Die (!) Prainl Jüdtin Wittib in ihr Hauss, ihr Khindt Ressl ist an der Fraiss beschaut, alt 2 J.

12. November. Der Lew Judt in ihren Spital an der Dörr beschaut, alt 10 J.

14. November. Der Ara Judten (!) in ihren Spital ist an der Schwindtsucht beschaut, alt 18 J. — Dem Marta Judten in sein Hauss, sein Khindt Veitl ist an Pladtern beschaut, alt 2 J.

16. November. Dem Moÿses Judten, in sein Hauss, sein Khindt Veitl ist an der Fraiss beschaut, alt $^3/_4$ J.

18. November. Dem Veisch Judten in sein Hauss, sein Khindt Sarl ist an Pladern beschaut, alt 6 J.

21. November. Dem Schime Judten, in sein Hauss sein Khindt Idtes ist an der Windtsucht beschaut, alt 3 J. — Der Giedl Jidtin, ein Wittib in ihren Hauss ihr Khindt Nissl ist an Durchbruch beschaut, alt 3 J. — Dem Lew Judt, in Sallomon Judten Hauss, sein Khindt Sarl ist an der Fraiss beschaut, alt 3 Jahre.

24. November. Dem Susman Judten, ins Maÿr Judten Hauss, sein [Khindt] Rahel ist an der Windtsucht beschaut, alt 2 J.

27. November. Dem Leb Judten, in sein Hauss sein Khindt Ressl ist an Plattern beschaut, alt 1 J.

28. November. Dem Moÿses Judt in Perl Judten Hauss, sein Khindt Itzig ist an Cathar beschaut, alt $1^1/_2$ J.

1. Dezember. Dem Hierz Judten in sein Hauss, sein Khindt Sarl ist an Platern beschaut, alt 18 Wochen.

6. Dezember. Die Sarl Jidtin Wittib, ins Moÿses Judten Hauss ist an der Lungensucht beschaut, alt 63 J.

3. Dezember. Dem Jekheff Judten in Sallamon Judten Hauss, sein Khindt Veitl ist [Lücke], alt 6 Wochen.

13. Dezember. Dem Affner (!) Judten ins Abrahamb Judten Hauss, sein Khindt Rachl ist an der Windt beschaut, alt 4 J.

16. Dezember. Dem Heymen Judten ins Schime Judten Hauss sein Khindt Rachl ist an Platern beschaut, alt 4 J. — Dem Mendl Judten, in sein Hauss, sein Khindt Sarl ist an der Schwindtsucht beschaut, alt 1 J. — Dem Leb Judten, in sein Hauss, sein Khindt Ressl ist [Lücke], alt 6 Wochen. — Der Coppl Judt, ein Waÿss in ihren Spitall ist an der Lungensucht beschaut, alt 15 J.

20. Dezember. Der Davidt Judt, ins Joseph Judten Hauss ist an der Dörr beschaut, alt 40 J.

22. Dezember. Dem Hönig Judten, in sein Hauss, sein Khindt Davidt ist an der Fraiss beschaut, alt $^1/_2$ J.

29. Dezember. Dem Abrahamb Judten ins Lipp Judten Hauss sein Weib Pehla ist an der Lungensucht beschaut, alt 30 J.

1668.

1. Januar. Der Jobst Judt in sein Hauss, ist an der Dörr beschaut, alt 70 J. — Dem Lipp Judt, ins Sallaman Judten Hauss, sein Khindt Leb ist an der Windtsucht beschaut, alt 4 J. — Der Leb Judt, ein Waisz ins Mayr Judten Hauss ist an der Wassersucht beschaut, alt 12 J.

9. Januar. Dem Perl Judten, in sein Hauss sein Khindt Sarl ist an Platern beschaut, alt 4 J.

12. Januar. Der Itzig Judt, in sein Haus, ist an der Wassersucht beschaut, alt 60 J. — Dem Leb Judten, in sein Hauss, sein Khindt Rachl ist an der Fraiss beschaut, alt 1/2 J.

16. Januar. Der Moyses Judt in sein Hauss, ist an Dampf beschaut, alt 72 J.

22. Januar. Die Marchinn Jidtin Wittib in ihren Spitall ist an der Windtsucht beschaut, alt 60 J. — Dem Ascher Judten, ins Leb Judten Hauss, sein Khindt Veitl ist an der Fraiss beschaut, alt 3 J.

23. Januar. Dem Jacob Judten, in sein Hauss, sein Khindt Israel ist an Platern beschaut, alt 2 J.

4. Februar. Der Leb Judt ins Joseph Judten Hauss ist an der Lungensucht beschaut, alt 30 J.

17. Februar. Dem Martha Judten, in sein Hauss, sein Khint Rachel ist an der Fraiss beschaut, alt 7 J.

19. Februar. Dem Mohre Judten, ins Lippe Judten Hauss, sein Khint Veitl ist an der Fraiss beschaut, alt 3/4 J.

20. Februar. Die Gidl Jidtin Wittib in ihren Hauss, ist an der Lungensucht beschaut, alt 50 J.

22. Februar. Dem Moyses Judten, in sein Hauss, sein Khint Aberhamb ist an Plattern beschaut, alt 2 1/2 J.

24. Februar. Dem Sallaman Judten, in sein Hauss, sein Khint Israel ist an der Fraiss beschaut, alt 3/4 J.

3. März. Dem Khaiam Judten in der Nissl Jidtin Wittib Hauss, sein Sohn Veitl ist an der Schwindtsucht beschaut, alt 12 Jahr.

7. März. Die Marhinn Jidtin Wittib in ihren Hauss ist an der Dörr beschaut, alt 60 J.

20. März. Die Sara Jidtin ein Wais in ihren Spital ist an der Schwindtsucht beschaut, alt 8 J.

29. März (im Orig. irrtümlich Mai). Dem Lew Judten in sein Hauss, sein Khindt Nachame ist an der Schwindtsucht beschaut, alt 2 J.

7. Mai. Die Marhimb Jidtin Wittib ins Veitl Judten Hauss ist an der Dörr beschaut, alt 60 J.

10. Mai. Dem Joell Judten, ins Hirschl Judten Hauss, sein Khindt Veitl ist an der Schwindtsucht beschaut, alt $^3/_4$ J.

15. Mai. Dem Saloman Judten in sein Hauss, sein Khindt Antschl ist an Platern beschaut, alt 4 J.

18. Mai. Dem Seissl Judten, in sein Hauss, sein Sohn Veitl ist an der Wassersucht beschaut, alt 12 J.

17. Juni. Dem Abrahamb Judten, ins sein Hauss, sein Weib Ziperl ist an Schlaag beschaut, alt 80 J. — Dem Heÿim Judten, in sein Hauss, sein Weib Malckha ist an der Wassersucht beschaut, alt 50 J.

20. Juli. Dem Leb Judten, in sein Hauss sein Khindt Sara ist an der Fraiss beschaut, alt $^1/_4$ J.

18. August. Der Antschl Judt in sein Hauss ist an der Lungensucht beschaut, alt 20 J. — Dem Maister Judten, in sein Hauss, sein Khindt Redl ist an der Fraiss beschaut, alt 10 Wochen.

26. August. Dem Moÿsÿ Judt in sein Hauss, sein Weib Fegele ist an der Dörr beschaut, alt 54 J.

7. September. Der Sarl Jidtin Wittib in ihren Hauss, ihr Khindt Veitl ist an der Schwindtsucht beschaut, alt $^3/_4$ J.

22. September. Die Bona Jidtin, ein Wittib in ihren Spitall ist an einen Prust Apostemb beschaut, alt 60 J.

30. September. Dem Heÿem Judten, in sein Hauss, sein Sohn Lewl, ist an der Fraiss beschaut, alt 14 J. — Der Bella Jidtin ein Wittib, in ihren Hauss, ihr Khindt Jochai ist an der Fraiss beschaut, alt 1 J.

30. September. Die Gendl Jidtin Wittib in ihren Hauss, ist an der Dörr beschaut, alt 60 J.

3. November. Der Moÿses Fränckhl Judt, in sein Hauss, ist an einen Prust Cathar beschaut, alt 70 J.

19. November. Dem Kopl Judten, in sein Hauss, sein Khint Sarl ist an der Windtsucht beschaut, alt $2^1/_2$ J.

25. November. Dem Joseph Judten, in sein Hauss, sein Weib Rachel ist an der Dörr beschaut, alt 30 J.

30. November. Der Ressl Jidtin Wittib, in ihren Hauss, ihr Khint Veitl ist an der Fraiss beschaut, alt 9 J.

5. Dezember. Der Lazarus Judt, in der Rachel Jüdin Wittib Hauss, ist an Dampf beschaut, alt 64 J.

10. Dezember. Dem Hierschl Maÿr Judten, in sein Hauss sein Weib Ester ist an Dampf beschaut, alt 56 J.

11. Dezember. Dem Izickh Judten in sein Hauss, sein Khint Abrahamb ist an der Fraiss beschaut, alt 6 J.

28. Dezember. Dem Mayr Judten, in sein Hauss, sein Khint Veitl, ist an der Fraiss verschiden, alt 15 Wochen.

1669.

12. Januar. Dem Jude Juden, in sein Hauss, sein Khindt Ressl ist an der Frais beschaut, alt 2 J.

14. Januar. Dem Issel Juden, in sein Hauss, sein Khindt Rachel ist an der Frais beschaut, alt 11 Wochen.

1. Februar. Der Jüdl Judt in ihren Spitall ist an der Dörr beschaut, alt 36 J.

2. Februar. Der Reizele Judt, in ihren Spitall ist an Dampf beschaut, alt 56 J.

10. Februar. Dem Lebl Judt in sein Hauss, sein Khindt Berma ist an der Fraiss beschaut, alt $^1/_2$ J.

12. Februar. Dem Ora Juden, in sein Hauss, sein Khindt Berma ist an der Frais beschaut, alt $^1/_2$ J.

17. Februar. Den Moyses Judten, in sein Hauss, sein Khindt Veitl ist an Stain beschaut, alt 4 J.

22. Februar. Dem Simacha Juden, in sein Hauss, sein Weib Chele ist an der Hectica beschaut, alt 40 J.

3. März. Dem Abrahamb Juden, in sein Hauss, sein Khindt Nötl ist an Cathar beschaut, alt $^3/_4$ J.

4. März. Dem Ora Juden, in Schime Juden Hauss, sein Khindt Ressl ist an der Schwindtsucht beschaut, alt 1 J.

6. März. Dem Eser Juden, in sein Hauss sein Weib Zierl ist an dem Cathar beschaut, alt 40 J.

8. März. Dem Moyses Juden in sein Hauss, sein Khint Morlin ist an der Frais beschaut, alt $^1/_2$ J.

11. März. Dem Jacob Juden, in sein Hauss, sein Weib Buna ist an der Mutterfraiss beschaut, alt 22 J.

16. März. Dem Simon Polläckh Judten, in sein Hauss, sein Khindt Joseph ist an der Fraiss beschaut, alt $^1/_2$ J.

21. März. Die Sarl Jüdtin Wittib in ihren Spitall ist an der Wassersucht beschaut, alt 33 J.

REGISTER.

Hausbesitzer.

A. Juden.

Die beigefügten Ziffern bezeichnen die Seitenzahlen, die danebenstehende Ziffer die Ordnungsnummer der Eintragung, resp. der Reihenfolge der Häuserverzeichnisse.

Abkürzungen: Br. = Bruder. E. = Erben. H. = Hausfrau. M. = Mutter. S. = Sohn. T. = Tochter. V. = Vater. W. = Witwe.

B. Christen.